무용
정태절 전집

삶이란 무엇인가

삶과 그 보람

부용
김태길 전집

삶이란 무엇인가
삶과 그 보람

철학과 현실사

학술원 회장 재직 시 초상화. 이원희 화백 작품

차례

■ 삶이란 무엇인가

1장 어린이의 삶 — 17
2장 행복으로 가는 길 — 47
3장 행복의 조건 — 67
4장 삶의 설계 — 87
5장 사람과 사람의 관계 — 105
6장 가족, 결혼, 남녀 — 125
7장 사랑 — 145
8장 '정열적'과 '이지적' — 165
9장 일과 놀이 — 179
10장 미모와 재능과 심덕 — 199
11장 늙음 그리고 죽음 — 219
12장 다시 인간으로 태어난다면 — 239

■ 삶과 그 보람

1부 삶과 그 보람 — 261
2부 나와 가족 — 325
3부 한국의 밝은 내일을 향하여 — 395
4부 그밖의 소론 — 465

삶이란 무엇인가

머리말

'인생론'이라는 이름을 붙일 수 있는 틀이 잡힌 책 한 권을 쓰고 싶다는 생각을 오래전부터 가지고 있었다. 40여 년의 긴 세월에 걸쳐서 비교적 많은 글을 쓴 편이고, 그 대부분이 삶의 문제를 이모저모에서 살펴본 기록이었으니, 이제 새삼스럽게 '인생론'이라는 거창한 이름을 내걸고 쓸 만한 말이 있겠느냐는 의문은, 저 욕심에 눌려서 고개를 들지 못했다. 아마 내 마음의 세계와 필력(筆力)을 과신했기 때문일 것이다.

계간지 『철학과 현실』에 연재하기로 하고 원고를 쓰기 시작한 것은 1992년 봄부터였다. 구상이랄 것까지는 없지만, 전체의 방향과 순서를 염두에 두고 차례로 써내려 가는 동안에는 별다른 불만이 없었다. 나는 뜻있는 저술에 종사하고 있는 것으로 믿고 스스로 대견하다는 생각도 하였다.

그러나 한 권의 책으로 묶는 과정에서 전체를 통독(通讀)했을 때, 불만스러운 점이 많다는 것을 발견하였다. 학생 시절에 누군가의 '인생론'을 읽고 크게 감명을 받은 적이 있었다는 기억이 되살아나며, 내 것은 너무 초라하다는 생각에 기(氣)가 꺾였다. '인생론'이라는 것은 아무나 쓰는 책이 아니라는 생각이 뒤늦게 고개를 든 것이다.

개인의 생애는 출생으로부터 시작하여 유년기와 청소년기 그리고 장년기를 거쳐서 노년에 이른다는 사실을 염두에 두고 붓을 들기 시작했다. 그러나 반드시 그러한 구분을 따라서 장절(章節)을 나누지는 않았다. 생물학적 발달에 기준을 둔 그러한 구분이란 다분히 인위적인 것이며, 그 경계선이 뚜렷하지도 않다. 삶의 과정은 연속적인 흐름이며, 그 흐름 속에서 우리는 여러 가지 문제 상황과 부딪친다. 사람이면 대개 누구나 부딪치기 마련인 공통의 문제들 가운데서, 기본적이라고 생각되는 것들을 추려서 각 장의 주제로 삼았다.

삶의 문제들이란 젊어서부터 생각해 왔던 문제들이며, 글을 쓰는 사람이면 대개 한 번쯤은 그 생각을 발표하기도 한 문제들이다. 여기 유별나게 새로운 주장이 있을 리 없으며, 남달리 기발한 생각으로 독자의 관심을 끌 수 있으리라는 기대도 없다. 굳이 의의를 찾는다면, 단편적인 생각들을 한자리에 모았다는 점과 만년(晩年)의 상념이 비교적 크게 반영되었다는 점에서 찾을 수밖에 없을 것이다.

그러나 모두가 부질없는 변명에 지나지 않는다. 차라리 한갓 노욕(老慾)의 산물이라고 말하는 편이 마음 편할지도 모른다. 아직도 살아 있다는 것을 과시하고 싶은 노욕.

노욕을 부리면서까지 글을 쓰고자 하는 의욕을 갖게 한 것은 내 글에 대해서 관심을 표명하신 독자들이다. 우선 그분들에게 감사한다.

2003년 5월
김 태 길

차례

머리말 — 11

1장 어린이의 삶 — 17
    1. 출생 — 17
    2. 유아기 — 27
    3. 유년기 — 35
    4. 유년기에서 청소년기로 — 41

2장 행복으로 가는 길 — 47
    1. 삶에 대한 물음 — 47
    2. 행복은 어디에 있는가 — 52
    3. 우리는 어디서 행복을 찾고 있는가 — 60

3장 행복의 조건 — 67
    1. 기본 생활 그리고 건강 — 67
    2. 자아의 성장 — 74
    3. 고독으로부터의 탈출 — 78

4장 삶의 설계 — 87
    1. 왜 설계가 필요한가 — 87
    2. 타인과 사회에 대한 배려 — 90
    3. 소질과 적성에 대한 고려 — 93
    4. 내면적 가치의 우위 — 95
    5. 폭넓은 전문가의 길 — 100

5장 사람과 사람의 관계 — 105
　　1. 사회적 갈등 — 105
　　2. 갈등 해소를 위한 지혜로서의 도덕 — 110
　　3. 도덕적인 사람은 손해를 보는가 — 114
　　4. 새 시대를 위한 삶의 지혜 — 119

6장 가족, 결혼, 남녀 — 125
　　1. 가족 — 125
　　2. 결혼 — 133
　　3. 남자와 여자 — 138

7장 사랑 — 145
　　1. 사랑의 근원 — 145
　　2. 집단생활 속의 사랑 — 148
　　3. 우정 — 152
　　4. 연애 — 159

8장 '정열적'과 '이지적' — 165
　　1. 어떤 기억 — 165
　　2. 감정이 우세한 한국인의 기질 — 167
　　3. 감정 우세의 장점과 단점 — 170
　　4. 뜨거운 가슴과 차가운 머리 — 173
　　5. 신앙에 관하여 — 176

9장 일과 놀이 — 179
　　1. 개미와 베짱이 — 179
　　2. 일이 놀이일 때 — 183
　　3. 직업과 돈 — 186
　　4. 육체노동과 가사 노동의 경우 — 191
　　5. 놀이와 쾌락주의 — 195

10장 미모와 재능과 심덕 — 199
　　1. 잘났음과 잘난 척함 — 199
　　2. 외모 — 202
　　3. 재능 — 206
　　4. 심덕(心德) — 211
　　5. 재승덕박(才勝德薄)과 대재대덕(大才大德) — 216

11장 늙음 그리고 죽음 — 219
　　1. 삶과 늙음 — 219
　　2. 만인의 문제로서의 늙음 — 226
　　3. 편안한 죽음 — 233

12장 다시 인간으로 태어난다면 — 239
　　1. 부질없는 생각 — 239
　　2. 시행착오로 잃은 세월 — 240
　　3. 직업의 선택 — 243
　　4. 여백이 있는 생활 — 246
　　5. 멋있는 삶 — 249

1장 어린이의 삶

1. 출생

내가 출생하기 이전에는 나는 존재하지 않았다. 그러므로 나의 출생에 대해서 내가 어떤 선택을 할 자유는 전혀 없다. 나의 부모, 나의 성별, 나의 체질, 나의 시대와 나의 조국, 이 모든 것들은 나의 의사와는 관계없이 오로지 숙명적으로 주어진다. 나의 출생에 대해서 나는 아무런 책임도 없다.

삶의 문제는 내가 출생할까 말까 하는 문제로부터 시작되지 않는다. 내가 어떤 시대와 어떤 나라에 어떤 사람으로 태어날까 하는 것도 나의 문제가 될 수 없다. 삶은 이미 시작되어 있고, 이미 시작된 이 삶을 어떻게 살 것인가 하는 것이 우리들에게 주어진 문제다.

우리는 우리들의 출생을 감사하는 마음으로 받아들이는 것이 좋을 듯하다. 나의 하잘것없는 지능으로는 도저히 헤아릴 수 없는 대자연의 조화에 따라서 나는 이 시대와 이 땅에 이 모습으로 태어났다고밖에 생각할 수가 없다. 무한히 큰 존재의 뜻을 따라서 나의 출생이 있게 된 것이라면, 피조물인 우리는 그 뜻을 겸허하게 받아들여야 마땅할 것이다.

유리한 조건들을 갖추고 타고난 사람은 자기의 출생을 감사하는 마음으로 받아들여야 마땅하지만, 불리한 조건들의 부담을 안고 출생한 사람은 그렇게 할 이유가 없다고 보는 견해도 있다. 이러한 견해에도 일리가 없는 것은 아니나, 더욱더 깊이 생각할 때 우리는 그러한 견해에 잘못이 있음을 알게 된다.

가난한 가정에 태어난 사실을 비관하는 것은 부유한 집에 태어난 사람과 비교하기 때문이다. 빈약한 체격을 불평하는 것은 건장한 체격과 비교하기 때문이요, 두뇌가 나쁘다고 불평하는 것은 머리가 좋은 사람과 비교하기 때문이다. 약소민족으로 태어난 사실을 비관하는 것은 강대한 민족을 생각하기 때문이고, 어지러운 시대에 태어난 사실을 비관하는 것은 태평성대를 생각하기 때문이다.

광막한 우주에는 수를 헤아릴 수 없을 정도의 많은 별들이 돌고 있으며, 그 가운데서 지구는 비록 작기는 하나 가장 아름답고 풍요로운 별이다. 이 지구에는 무수하게 많은 종류의 생물들이 살고 있으며, 그 가운데는 지렁이보다도 하급으로 분류되는 미미한 동물의 종류도 무수하다. 그런데 우리는 지금 이 쾌적한 지구에 살고 있으며, 동물의 왕국에서 가장 높은 자리를 차지하는 인간으로서 살고 있다. 그럼에도 불구하고 우리가 우리의 처지에 불만을 품는다면, 조물주는 우리를 생각이 좁은 배은망덕의 무리로서 괘씸하게 생각할 것이다. 만약 조물주에게도 감정이 있다면 그럴 것이라는 말이다.

옛날의 신분 사회에서는 어떤 가문에 태어나느냐에 따라서 사람의 생애가 거의 숙명적으로 결정되었다. 귀족 가문에 태어나면 별다른 노력이 없어도 평생을 귀족으로서 살기 마련이었고, 천한 가문에 태어나면 아무리 노력하여도 천민으로 살 수밖에 도리가 없었다. 현대에는 부모의 빈부가 가문을 대신하여 신분의 벽을 쌓고 있다. 이 빈부의 벽도 결코 만만한 존재는 아니나,

옛날의 가문의 벽과 같이 절대로 넘을 수 없을 정도로 높은 것은 아니다. 꾸준한 노력으로 가난의 불이익을 극복한 입지전적 인물의 사례도 적지 않다. 역경을 이겨 냄으로써 입지전적 인물이 된 사람의 생애는 유리한 조건들의 도움 아래서 손쉽게 부귀를 누린 사람의 생애보다 몇 갑절 고귀하다고 보아야 한다.

약소민족으로서 어지러운 세상에 태어난 사람들에 대해서도 유사한 논리가 성립할 수 있다. 문제가 많은 나라일수록 할 일이 많은 나라이고, 어려운 문제에 도전하여 그 극복을 위해서 정성과 열정을 쏟는 것은 그 자체만으로도 매우 뜻있는 일이다. 운명이 던져 주는 불리한 조건들에게 압도당하는 사람에게는 그 불리한 조건들이 바로 불행을 의미한다. 그러나 용감한 도전으로써 불리한 조건과 맞서는 사람에게는 역경이 도리어 보람된 사람의 요인이 될 수도 있다.

우리에게 가장 소중한 것은 유리한 조건들을 갖추고 세상에 태어나는 일이 아니라, 어려운 상황에 처했을 때 대처할 수 있는 용기와 지혜를 기르는 일이다. 삶이란 누구에게나 어려움이 많은 과정이다. 아무리 운이 좋은 사람이라 하더라도 언제나 좋은 날만의 연속일 수는 없다. 괴롭고 어려운 문제는 누구에게나 가끔 닥치기 마련이고, 이 어려운 문제 상황을 슬기롭게 처리할 수 있는 능력이 있느냐 없느냐에 따라서 삶의 성패가 판가름난다.

어려운 문제 상황을 슬기롭게 극복할 수 있는 능력은 선천적으로 타고나는 것이기보다는 경험을 통하여 습득하는 것임에 가깝다. 어떤 체질 또는 어떤 기질을 타고나느냐 하는 것도 물론 중요하지만, 그 체질과 기질을 바탕으로 삼고 어떤 인품으로 성장하느냐 하는 것이 더욱 중요하다.

문제 상황을 슬기롭게 극복할 수 있는 능력, 그것이 다름 아닌 덕성(德性)이다. 아리스토텔레스도 덕성은 타고나는 것이 아니라 경험을 통하여 습득되는 것이라고 말했거니와, 그것은 자연적으로 얻어지는 무엇이 아니라 꾸준한 노력으로 얻어지는 사회생활의 능력이다.

갓난아이는 스스로 덕성을 기를 힘이 없으므로 초기의 덕성 함양은 부모의 가정교육을 통하여 이루어진다. 삶의 지혜를 가르치는 일은 어린이의 장래를 위하여 지극히 중요한 일이나, 요즈음 부모들은 자녀에게 피아노와 컴퓨터를 가르치는 일에는 열성이 놀라움에도 불구하고 덕성을 가르치는 일에는 무관심한 경우가 적지 않다. 유치원이나 학교에 들어가게 되면 선생님들도 삶의 지혜를 가르치는 일에 큰 비중을 두어야 마땅하다. 그러나 학교 선생님들도 이 중대한 일에 대해서 매우 소극적이다.

옛날의 부모들은 자녀들을 먹이고 입히는 일에 대해서는 요즈음의 부모들처럼 잘하지 못했으나, 삶의 지혜를 가르치는 일에 대해서는 도리어 훨씬 훌륭하게 처신하였다. 옛날의 부모들은 학교교육을 별로 받지 못했어도 자녀에 대한 스승으로서의 구실을 비교적 잘했으나, 요즈음의 부모들은 학력이 높아도 자녀들의 인간 교육에 대해서 대체로 속수무책이다.

옛날의 부모들에 비해서 오늘의 부모들이 인간 교육의 스승으로서의 구실에서 뒤떨어지는 까닭을 생각해 보자. 그 가장 큰 이유는 다음 세대에게 삶의 지혜를 가르치는 일이 옛날에 비해서 점점 어려워지고 있다는 사실이 아닐까 한다. 사회적 변동이 완만했던 옛날 농경시대에는 할아버지 세대의 윤리 내지 삶의 지혜가 아버지 세대에서도 타당성을 가졌고, 또 그 다음 세대에 이른 뒤에도 타당성을 잃지 않았다. 그러므로 할아버지와 할머니로부터 물려받은 전통 윤리를 아버지와 어머니가 아들과 딸에게 그대로 가르쳐도 여전히 타당성 있는 가정교육으로서의 의의를 잃지 않았다. 이를테면 삼강(三綱) 또는 오륜(五倫)을 원칙으로 삼는 생활 태도는 할아버지 세대에게도 지혜로운 것이었고, 손자 세대에게도 지혜로운 태도였다.

그러나 사회의 양상이 급격하게 변동하고 있는 현대의 경우는 사정이 크게 다르다. 전통 윤리의 원칙을 그대로 묵수하는 것이 오늘의 실정에 맞지 않는 경우가 흔히 있다. 쉽게 말해서 오늘의 아버지나 어머니가 어린 시절에 할아버지나 할머니로부터 배운 대로 아들이나 딸에게 가르쳐서는 실정에 맞지 않을 경우가 생긴다. 하나의 예를 들어 보기로 하자.

얼마 전에 텔레비전에서 '성폭행'의 문제를 다룬 일종의 좌담을 방송하였다. 그 자리에 나온 사람들은 모두 성폭행이라는 것은 마땅히 근절되어야 할 악(惡)이라는 점에서 의견의 일치를 보았다. 끝으로 성폭행을 막는 방법이 무엇이냐는 문제가 다루어졌고, 참석자들 가운데서 가장 연세가 많아 보이는 '어른'에게 고견을 물었다. 흰 두루마기를 입고 나온 분으로서 그전에도 텔레비전 화면에 자주 나왔던 노신사였다.

노신사가 말한 성폭행 방지책의 요점은 '남녀칠세부동석'이라는 옛 성현의 가르침으로 되돌아가는 것이었다. "좀 고루하게 들릴지는 모르겠으나, 역시 그 길밖에는 달리 도리가 없습니다."라고 하였다. 현대사회에서는 남녀의 접근이 너무 용이한 까닭에 성범죄가 일어나지 않을 수 없다고, 그는 권위 있는 어조로 말하였다. 그러나 이 노신사의 '고견'은 오늘의 실정에 맞지 않는다. 왜냐하면 옛날 사람들이 지켰던 '내외'의 예절로 우리가 지금 되돌아간다는 것은 현실적으로 거의 불가능한 일이기 때문이다.

위의 예는 지나칠 정도로 특수한 경우이지만, 현대사회에서 흔히 일어나는 문제들 가운데서 조상들이 가졌던 삶의 지혜만으로는 해결하기 어려운 것은 얼마든지 찾아볼 수 있다. 예컨대, 요즈음 심각한 사회문제로서 흔히 대두되는 노사의 분규는 옛날에는 거의 없었던 문제다. 옛날에는 후덕한 은혜를 베푸는 것이 주인의 미덕이었고, 주인의 처분에 대해서 불평을 하지 않고 주인이 주는 것은 적든 많든 감사하는 마음으로 받아들이는 것이 머슴의 미덕이었다. 그러나 현대의 노사문제를 이러한 전통적 사고방식으로 해결할 수는 없다. 현대의 노사관계는 은혜를 주고받는 주종(主從)의 관계가 아니라 동일한 생산에 종사하는 동업자의 관계다. 따라서 현대의 노사관계에서 요구되는 덕목은 복종이나 관후(寬厚)가 아니라 공정성(公正性)이다.

가족주의가 당연한 것으로서 받아들여졌던 전통 사회에서는 고관대작의 지위에 오른 사람이 친인척에게 특혜를 주고 조상의 묘지를 호화롭게 꾸미는 것은 오히려 잘하는 일로 인정되었다. 그러나 민주주의를 표방하는 현대 사회에서는 공사(公私)의 혼동은 용납될 수 없으며, 친인척에 대한 특혜는 가차 없는 비난의 대상이 된다. 이 밖에도 전통적 도덕관념이 현대에 맞지 않는 경우는 얼마든지 생각할 수 있다.

전통적 도덕원리의 근본정신은 살리되 현대의 실정에 맞도록 재해석을 하면 옛날의 가치관으로도 오늘의 문제를 해결할 수 있다는 견해가 있다. 예컨 대, 옛날의 대가족제도 아래서 실천했던 효도의 방식을 오늘의 핵가족제도에 맞도록 고치면 된다든지, 또는 옛날에는 군주에 대해서 바쳤던 충성을 현대에는 국가에 바침으로써 충(忠)의 정신을 살려야 한다든지 하는 주장이다. 이러한 주장에도 우리가 귀를 기울여야 할 귀중한 지혜가 들어 있다. 다만 이 주장에 관해서 우리가 염두에 두어야 할 두 가지 중요한 사항이 있다.

첫째로, 전통 윤리의 기본 원리 가운데는 현대에도 타당성을 갖는 것이 있고 그렇지 못한 것도 있다는 사실을 우리는 깊이 생각해야 한다. 예컨대, 부모의 은혜를 잊어서는 안 된다는 효(孝)의 사상은 그 근본정신을 현대에서도 살려야 마땅하다. 그러나 충(忠)의 사상의 경우는 사정이 다르다. 군주에 대한 신하의 도리를 말할 때의 '충'은 본래 상하(上下)의 질서를 전제로 한 개념이다. 따라서 이 '충'의 개념은 전체주의 국가관을 받아들일 경우에는 군주 대신 국가를 봉사의 대상으로 삼음으로써 현대에서도 살릴 수가 있다. 그러나 개인주의를 전제로 삼는 국가관을 받아들일 경우에는, '충'의 개념의 기본 정신을 그대로 두고서 현대에 맞도록 재해석하기가 어렵다.

둘째로 유념해야 할 것은, 전통 윤리의 기본 원리를 오늘의 현실에 맞도록 재해석하는 과제가 아무에게나 가능한 쉬운 일이 아니라는 사실이다. 이 과제를 제대로 수행하는 것은 전문가에게도 어려운 일이며, 일반 가정의 아버지나 어머니가 상식만으로 해결하기는 더욱 어려운 일이다.

유치원이나 학교에 들어가도 사정은 크게 달라지지 않는다. 학교에서 가르치는 과목 가운데 '도덕' 또는 '국민 윤리'라는 과목이 있기는 하나, 교과서에도 문제가 있고 이 과목을 다루는 교사들의 신념과 지식에도 부족한 점이 많다. 교과서에도 교사들에게도 철학이 부족한 까닭에, 인간 교육을 위한 과목이 있기는 하나, 그 실효를 거두지 못하고 시늉만 내다 마는 결과가 된다.

기성세대가 인간 교육의 스승으로서 제구실을 못하는 또 하나의 근본적 사유는 기성세대가 만들어 놓은 사회 현실이 비교육적이라는 사실에 있다. 인간 교육에서 가장 중요한 것은 말보다도 실천이며, 실천은 주로 모방을 통해서 배우게 된다. 그런데 보고 모방할 만한 모범을 기성세대가 보여주지 못했을 뿐 아니라, 도리어 모방해서는 안 될 좋지 못한 표본을 거듭 보여주었다. 이에 젊은 세대는 기성세대를 비난하면서도 그들이 비난하는 그 기성세대를 본의 아니게 닮아 간다.

교육은 교육자를 위해서보다도 피교육자를 위해서 필요한 능력을 피교육자에게 길러 주는 행위에 해당한다. 다시 말하면 피교육자가 앞으로 맞이하게 될 사회를 위해서 좋은 일꾼이 될 수 있고, 그 사회에 적응해 가며 행복하게 살 수 있기 위해 갖추어야 할 여러 가지 능력을 길러 주는 것이 교육 본래의 목적이다. 그런 뜻에서 교육은 과거지향적이기보다는 미래지향적인 것이 바람직하다.

가령 미래 사회에서는 컴퓨터도 생활필수품이 될 것이라는 전망을 따라서 어린이에게 컴퓨터를 가르친다거나, 장차는 국제적 교류가 점점 더 빈번하게 될 것이라는 예측을 따라서 일찍부터 영어나 그 밖의 외국어를 가르치는 것은 우리 주변에서도 흔히 보게 되는 현상이다. 그리고 이러한 현상은 미래

지향적 교육의 원칙에 부합된다고 볼 수 있을 것이다.

그러나 여기서 우리가 명심해야 할 것은 여러 가지를 한꺼번에 모두 가르치기는 어렵다는 사실과 먼저 가르칠 것과 뒤에 가르칠 것의 순서를 현명하게 정할 필요가 있다는 사실이다. 컴퓨터나 영어를 가르치기로 작정을 하기에 앞서서, 컴퓨터나 영어보다도 더 중요하고 더 먼저 가르쳐야 할 것이 있지 않을까 하는 점을 신중히 고려하는 것이 바람직하다.

우리가 길러야 할 능력 가운데는 사회 경쟁에서 남들과 겨루어서 승리자가 되는 데 필요한 것도 있고, 남들과 함께 도와 가며 서로 사이좋게 사는 데 필요한 것도 있다. 요즈음의 가정이나 학교에서는 전자에 속하는 능력을 가르치는 일에 치중하는 반면에 후자에 속하는 능력을 가르치는 일은 소홀히 여기는 경향이 있다. 그러나 우리가 가장 먼저 길러 주어야 할 것은 남과 겨루어서 상대편을 물리칠 수 있는 능력이 아니라, 우리 모두를 사이좋게 잘살수 있도록 하는 능력이다. 그리고 사회의 질서와 평화를 유지해 가며 모두가 사이좋게 잘살 수 있게 하는 능력이 바로 덕(德)에 해당한다.

원만한 사회생활을 위해서 필요한 능력 또는 심성(心性)이 덕이므로, 사회 또는 시대에 따라서 특별히 절실하게 요구되는 덕이 다를 수도 있다. 또 같은 사회에서도 직업에 따라서 특히 강조되는 덕이 다를 수가 있다. (예컨대 봉건사회에서는 정절(貞節)이 여자의 가장 높은 덕이었으나, 현대에는 반드시 그렇다고 보기 어렵다. 그리고 군인에게는 복종이 중요한 미덕이 될 수 있으나, 민간인의 경우는 사정이 다르다.) 그러나 어떤 시대 어떤 사회를 막론하고 또 어떤 직업에 종사하는 사람에게나 보편적으로 요구되는 덕도 있다. 예컨대 정직, 약속 이행, 근면, 절제, 협동 정신, 공정성, 용기 등은 모든 사회의 모든 사람들을 위해서 공통으로 요구되는 덕이다. 어떤 사회에 살게 되더라도 필요하고 어떤 직업에 종사하더라도 필요한 이 보편적으로 요구되는 덕을 가장 우선적으로 길러 주는 것이 인간 교육의 현명한 순서다.

가장 중요한 것이 이기적이 아닌 심성, 즉 자애(自愛)와 타애(他愛)의 균형이 잡힌 심성을 길러 주는 일이다. 갓난아이는 본래 이기적이다. 좀 자라도 나이가 어린 동안은 누구나 대체로 이기적이다. 자신을 보호하고 자신을 나타내고자 하는 본능 때문일 것이다. 본래 이기적인 어린이는 남의 생각은 별로 하지 않는다. 나이가 들수록 타인을 존중하도록 유도하는 것은 모든 부모가 역점을 두어야 할 교육의 핵심이다.

텔레비전에서 어린이를 키우는 문제를 두고 이야기를 나누는 장면을 본 적이 있다. 이런저런 이야기를 주고받는 가운데 사회자가 방청객에게 이런 질문을 던졌다. "아이를 데리고 남의 집을 방문했을 때, 댁의 아이가 그 집의 경대 서랍을 뒤지거나 화분에 심은 나무의 잎을 딴다거나 한다면, 어머니로서 그것을 막아야 한다고 생각하십니까, 또는 내버려 두어야 한다고 생각하십니까?"

이 물음에 대해서 어떤 젊은 어머니는 내버려 두는 것이 옳다고 대답하였다. 그 이유의 하나는 귀여운 자식의 기를 꺾지 말아야 한다는 것이었고, 이유의 또 하나는 아이가 커감에 따라서 무엇이 옳고 무엇이 그른지를 자연히 알게 될 것이므로 굳이 일찍부터 가르치려고 신경을 쓸 필요가 없다는 것이었다. 그러나 나는 이 젊은 어머니에 생각에 찬동할 수가 없다.

어린아이의 기를 꺾어서는 안 된다는 생각은 원칙적으로 옳다고 볼 수 있다 하더라도, 어떤 행동이든 제약을 가해서는 안 된다는 생각은 잘못이다. 무엇이든 제멋대로 하게 내버려 두는 것까지 '기를 죽이지 않는다'는 명분 아래 정당화할 수는 없다. 내 자식의 기를 살리기 위해서 남에게 피해를 주는 행위도 막을 필요가 없다는 생각은, 그 자체가 매우 이기적이다. 이기적인 어머니의 치마폭에 싸여서 자란 어린이는 따라서 이기적인 사람이 될 것이다.

나이가 들면 무엇이 옳고 무엇이 그른지 저절로 알게 된다는 생각도 잘못된 믿음이다. 덕이라는 것은 사춘기가 되면 자연히 성욕을 느끼게 되듯이 성숙의 결과로서 자연적으로 생기는 것은 아니다. 덕이라는 것은 교육과 거듭된 습관을 통하여 길러지는 인위적 노력의 산물이다. 어린 시절에 이기적으로 행동하는 버릇을 그대로 내버려 두면, 자라서 그 버릇을 벗어나기가 어렵다.

유교의 영향을 크게 받은 우리나라의 전통 사회는 젊은 세대에 대한 윤리 교육이 지나칠 정도로 엄격하고 권위주의적이었다. 8·15 해방과 동시에 미국의 자유주의 교육 사상이 소개되었고, 전통 사회에서의 윤리 교육이 지나치게 억압적이었다는 비판의 소리가 높아졌다. 그리고 어린이들에 대한 간섭은 최소한으로 줄이는 것이 진보적 교육의 원칙으로서 받아들여졌다. 이러한 변화는 그 기본적 방향에 있어서 바람직한 것이었으나, 그 정도가 좀 지나쳤다. 자유와 방종을 혼동하는 사회적 분위기 속에서 '자율적 교육'의 본뜻을 잘못 이해했던 것이다.

아주 어린 자녀들에게는 한동안 타율적 교육이 불가피하다. 생떼를 부리는 태도는 받아들이지 말아야 하며, 다른 어린이를 해치는 행동은 단호히 제지해야 한다. 그러나 말귀를 어느 정도 알아듣게 되면, 사리를 밝혀서 납득이 가도록 조용히 타이르는 방법을 택해야 할 것이다. 일방적으로 타이르기만 하는 것보다는 어린이에게도 자기의 주장을 전개할 기회를 주는 편이 바람직하다. 그리고 어린이의 주장 가운데서 옳은 것은 받아들여야 한다. 이렇게 해서 대화의 길이 열리면, 굳이 억압을 가하지 않더라도 어린이를 옳은 길로 인도할 수 있을 것이다. 어린이에게도 인격이 있고, 그 나름의 논리와 사고력이 있다는 사실을 항상 염두에 두어야 할 것이다.

2. 유아기

사자, 호랑이, 표범, 치타 등 사람보다 힘이 세고 빠른 동물이 적지 않은 이 지구 위에서 인간이 지배자로서 군림할 수 있게 된 것은, 다른 동물은 세대가 바뀌어도 항상 같은 생활양식을 되풀이하나, 인간만은 조상들이 터득한 지식과 기술 또는 지혜를 자손 대대로 물려주고 쌓아 올림으로써 문명 내지 문화를 갖게 되었기 때문이다. 선조들이 터득한 지식 또는 지혜를 후손에게 전달해 주는 행위가 다름 아닌 '교육'이며, 교육이 잘되느냐 잘못되느냐에 따라서 국가 또는 가문의 흥망이 좌우된다.

교육 가운데서 가장 기본적이고 가장 중요한 것은 인간 교육이다. 왜냐하면, 인간 교육이 잘되면 그것을 토대로 삼고 지식이나 기술을 가르치는 일이 순조롭게 될 뿐 아니라, 배운 지식과 기술을 공동체의 평화와 번영에 적합하도록 선용(善用)하게 되기 때문이다. 그런데 이 인간 교육이 잘 안 되고 있는 것이 우리들의 현실임은 이미 앞에서 지적한 바와 같다.

인간 교육이 제대로 되기 위해서는 피교육자에 대한 깊은 이해가 앞서야 한다. 피교육자에 대한 깊은 이해 없이 부모나 교사가 자기의 생각을 일방적으로 주입시키고자 할 때, 그 인간 교육은 실패하기 쉽다. 그런데 타인을 이해하기란 일반적으로 어려운 일이며, 특히 연령의 차이가 많은 타인을 이해하기는 더욱 어렵다.

어떤 사람을 충분히 이해하기 위해서는 그 사람의 개인적 특수성까지 잘 파악할 필요가 있다. 다만 개인의 특수성도 인간이 일반적으로 가지고 있는 속성을 바탕으로 삼고 형성된다. 그러므로 인간 교육의 책임을 지기 마련인 부모와 교사는 어린이 또는 청소년의 일반적 심리에 대해서 어느 정도의 지식을 우선 가지고 있는 것이 바람직하다.

모든 생물이 그렇듯이, 인간도 생명에 대한 애착을 가지고 태어난다. 그 애착은 자신의 생명에 대한 애착이며, '나'의 생명에 대한 애착은 모든 어린이들로 하여금 자기중심적(egocentric) 태도를 취하게 만든다. 이 자기중심적 태도는 우선 나부터 살고 보자는 태도이며, 그것이 나아가서는 남을 능가하고 남을 지배하며 살고자 하는 태도로 발전한다. 부모들은 유아들의 자기중심적 태도를 어리광으로서 귀엽게 받아들이는 까닭에, 유아가 어머니의 품 안에 있는 동안은 그의 자기중심적 태도는 별다른 저항에 부딪침이 없이 무사히 통과한다.

그러나 유아는 조만간 어머니의 품을 떠나기 마련이고, 어머니의 품을 떠나서 비슷한 또래의 다른 어린이들과도 만나게 된다. 이 다른 어린이들도 역시 자기중심적 태도를 취하는 까닭에, 어린이들 사이에 충돌 내지 갈등이 생긴다. 이렇게 생기는 갈등은 어린이들 자신의 힘 또는 절충을 통하여 해결되기도 하고, 때로는 해결을 얻지 못하고 갈등의 상태가 계속되기도 한다. 그리고 더러는 그 해결이 강자의 힘에 눌려서 약자가 불평조차 못하는 상태에 불과하여, 바람직한 해결이 아닐 경우도 있다.

자기중심적인 성향은 어린이들에게서만 볼 수 있는 현상이 아니다. 정도의 차이는 있겠지만, 어른이 되어도 우리는 자기중심적 태도를 벗어나기 어렵다. 따라서 자기중심적인 사람들의 만남에서 오는 갈등은 평생 동안 따라다닌다. 이 자기중심적 태도에 기인하는 사회적 갈등의 문제를 원만하게 해결하는 지혜를 우리는 '윤리'에서 찾게 된다. 그리고 이 지혜를 심어 주는 일이 인간 교육의 중심 과제에 해당한다.

어린아이가 걸을 수 있게 되면서부터 그의 행동 반경은 크게 늘어나고 타인과 접촉할 수 있는 범위도 크게 확대된다. 유아는 일반적으로 생후 1년 반쯤 되면 말을 하기 시작하거니와, 언어를 구사할 수 있는 능력의 발달을 계기로 그의 사회적 관계는 그 지평을 한층 더 넓혀 간다. 쉽게 말해서, 유아의 나이가 많아짐에 따라서 그는 많은 사람들과 접촉하게 되고, 접촉하는 사람들이 자기의 뜻대로 움직여 주기를 희망한다. 어른들 가운데는 어린아이에게 모든 것을 양보하는 사람이 많지만, 같은 또래의 경우는 사정이 다르다. 같은 또래의 어린이들은 각각 서로 자기를 고집할 것이며, 여기서 생기는 갈등이 문제 상황으로서 경험되기도 할 것이다.

갈등에서 오는 문제 상황을 일찍부터 경험하는 것은 어린이의 정신적 성장을 위해서 매우 바람직한 일이다. 그러한 경험을 통하여 어린이는 인간 사회를 배우고 삶의 지혜를 터득하게 된다. 어린이나 어른이나 인간은 언어를 통해서보다도 체험을 통해서 더욱 많은 것을 배운다. 이런 관점에서 볼 때, 자녀를 하나만 키우는 부모들은 자녀가 다른 집 아이들과 어울릴 수 있는 기회를 애써 만들어 줄 필요가 더욱 절실함이 명백하다.

내 집 아이가 남의 집 아이와 의견의 충돌을 일으켜 다투는 것을 목격한 부모가 내 집 아이의 편에 서서 역성을 드는 것은 현명한 처사가 아니다. 내 집의 큰 아이와 작은 아이가 다툴 때 무조건 작은 아이의 역성을 드는 것도 자제하는 편이 좋을 것이다. 어린이들의 문제는 어린이들 자신이 해결하도록 일단 내버려 두는 것이 원칙이다. 어린이들 사이에서 의견의 대립이 생기고 다투기도 하는 것은 아주 정상적인 현상이며, 그 충돌이 지나치지 않을 경우에는 어른들이 걱정할 문제가 아니다. 우리나라 속담에도 "애들은 싸워야 큰다."는 말이 있다. 아이들 싸움이 어른 싸움 되지 않도록 주의해야 할 사람은 아이들이 아니라 어른들이다.

아이들의 싸움이 너무 격렬해서 어른들의 중재가 필요할 경우도 물론 있다. 그러나 중재자는 항상 공정한 입장을 견지해야 할 것이며, 팔이 안으로 굽는 것은 이 경우에 슬기로운 처사가 아니다.

친구들을 기피하고 혼자 있기를 좋아하는 어린이가 있다면, 그 아이에게 문제가 있다고 보아야 한다. 인간은 사회적 동물이어서 남과 떨어져서 살 수는 없는 일이므로, 어려서부터 남들과 잘 어울릴 수 있도록 대인관계의 적응력을 길러 줄 필요가 있다. 혼자 있기를 좋아하는 어린이를 가진 부모는 그에게 친구를 만들어 주도록 신경을 써야 한다.

처음부터 친구를 기피하고 혼자 있기를 좋아하는 어린이는 아마 없을 것이다. 갓난아이는 항상 누군가가 자기 곁에 있기를 원하며, 일반적으로 두돌이 지날 무렵부터 어린이들은 같은 또래의 친구와 놀기를 좋아한다. 처음보는 어른에 대해서는 낯을 가리는 어린이도 자기와 비슷한 또래의 어린이에 대해서는 호기심과 호감으로 접근하는 경향이다.

"자신과 다른 사람에 대해서 매력을 느낀다."는 말도 있기는 하나, 심리학자들의 연구 보고에 따르면, 어린이들은 자기와 비슷한 사람에 대해서 호감을 갖는 경향이 우세하다. 여자 어린이는 여자 어린이와 친구가 되기를 좋아하고, 남자 어린이는 남자 어린이와 친구가 되기를 좋아한다. 나이도 비슷한 또래끼리 어울리기를 좋아하고, 성격이나 몸집도 차이가 많은 것보다는 적은 편이 친구가 되기에 도움이 된다. 물론 여기에는 예외도 있을 것이다.

자기와 비슷한 점이 많은 사람과 친구가 되느냐 또는 다른 점이 많은 사람과 친구가 되느냐 하는 것은 그리 중요한 문제가 아니다. 중요한 것은 친구들과 잘 어울릴 수 있느냐 없느냐 하는 문제다. 단적으로 말해서, 사람을 좋아하느냐 싫어하느냐 하는 것이 중요한 문제다. 모든 사람을 좋아하기는 어려운 일이지만, 되도록 여러 유형의 사람들과 친구가 될 수 있는 사람이 사회생활에 적응하는 데 어려움이 적을 것이다. 어린이의 경우나 어른의 경우나 좋아하는 사람이 많을수록 사회생활이 수월하고, 싫어하는 사람이 많을수록 사회생활에 어려움이 따른다는 것은 우리가 일상적으로 경험하는 상식이다.

혼자의 힘만으로는 살 수 없는 것이 인간인 까닭에, 사람은 사람을 좋아하는 것이 정상적이다. 특별한 이유가 없어도 사람은 사람을 좋아하기 마련이다. 뒤집어서 말하면, 사람이 사람을 싫어하는 것은 그럴 만한 사유가 있기 때문이다.

사람이 사람을 싫어하는 사유에는 여러 가지 경우가 있을 수 있다. 다만 그 가장 근본적인 것은 내 마음대로 안 되고 나에게 방해가 되는 대상을 미워하는 심정이다. 그러므로 모든 것을 자기 위주로 생각하는 사람은 그의 욕심대로 되지 않을 경우가 그만큼 많은 까닭에, 남을 미워할 소지를 많이 갖는다. 여기서 우리는 어린이를 키우는 과정에서 이기적 태도를 극복하도록 유도할 필요가 있음을 보게 된다.

자기중심적 기질을 타고나기 마련인 어린이가 이기적 태도를 극복하는 데 가장 큰 도움이 되는 것은, 이기적 태도를 고집함이 도리어 자신에게 불리한 결과를 부른다는 사실을 체험하는 일이다. 그리고 이 체험은 나이가 어린 동안에 가질 필요가 있다. 왜냐하면 사람의 성격은 유아기와 유년기에 걸쳐서 그 바탕이 형성되며, 일단 형성된 성격의 바탕을 고치기는 매우 어려운 일이기 때문이다.

지금 우리는 이기주의적 성격이 형성되기 쉬운 시대에 살고 있다. 첫째로 현대는 개인주의적 가치관이 지배하는 시대다. 이 개인주의라는 것은 이기주의와 매우 가까운 거리에 있다. 개인주의가 이기주의로 흐르지 않기 위해서는 강한 지성이 작용해야 하며, 어릴 때부터 타인과 공동체를 아끼는 마음이 체질화되어야 한다. 그런데 한국의 기성세대는 그들 자신이 이미 자기중심적 성격의 소유자일 뿐 아니라, 자녀들을 과보호함으로써 그들의 자기중심적 태도를 조장하는 경향이 있다.

인구의 기하급수적 증가를 막기 위해서는 가족계획이 불가피한 실정이다. "아들딸 구별 말고 둘만 낳아서 잘 기르자."라는 표어를 따라서 적게 낳기 운동에 실천으로 호응하는 것은 바람직한 일이다. 그러나 자녀의 수가 적을수록 과보호가 따르기 쉬운 것이 부모된 마음이며, 유아기 내지 유년기의 과보호는 자기중심적 성격의 바탕을 굳히는 결과를 부른다.

여기서 우리는 매우 어려운 문제 앞에 서게 되었다. 자녀의 수는 제한하되 자기중심적 성격의 형성은 막아야 한다는 과제를 안게 된 것이다. 이 과제를 앞에 좋고 몇 가지 처방을 생각할 수 있을 것이다. 첫째로, 부모들 자신의 자기중심적 태도에 대한 깊은 반성이 있어야 할 것이며, 이 반성이 실천으로 이어져야 할 것이다. 둘째로, 자녀에 대한 과보호가 자녀의 장래를 위해서 매우 좋지 않은 결과를 초래하리라는 사실을 명심하여 냉철한 태도로 자녀를 대해야 한다. 셋째로, 이기적 태도의 고집이 도리어 자신에게 불리한 결과를 초래한다는 것을 체험할 기회를 일찍부터 자녀에게 만들어 줄 필요가 있다.

형제와 자매의 수가 많았던 옛날에는 저희들끼리 부딪침을 통하여, 이기적 태도가 함부로 통하기 어렵다는 것을 체험할 기회가 많았다. 그러나 지금은 자녀의 수가 적을 뿐 아니라 이웃 아이들과 어울릴 기회도 많은 편이 아니다. 그러므로 오늘의 부모들은 자녀를 일찍이 놀이방 또는 유치원에 보내거나 이웃 아이들과 놀 기회를 만들어 주도록 꾀할 필요가 있다.

놀이방 친구들 또는 이웃 아이들과의 만남을 원치 않거나, 만나도 사이좋게 노는 데 어려움이 있는 어린이가 있다. 이러한 어려움은 정서(emotion)와 불가분의 관계를 가졌다. 두려움, 미움, 시샘 등 사람과 사람을 떼어 놓기 쉬운 정서가 발동하면 원만한 인간관계 유지에 어려움이 생긴다. 어떤 특정한 사람에 대해서 심한 두려움 또는 미움을 경험한 어린이는 조건반응의 확산(irradiation)을 통하여 다른 사람들에 대해서까지도 두려움 또는 미움의 정서를 느낄 수 있다. 이런 경우가 심하게 되면, 일반적으로 사람을 기피하는 염인증(厭人症)에 빠지기도 한다. 그러므로 어린이가 심한 정서 불안에 시달리고 있음을 발견한 부모는, 그 원인을 규명하여 정서의 불안이 해소되도록 방법을 강구해야 할 것이다. 만약 부모의 상식만으로는 해결하기 어렵다고 판단될 경우에는 전문가의 도움을 받을 필요가 있다.

다소의 정신 불안은 대부분의 사람들이 가지고 있는 일반적 현상이다. 다만 그 정도가 지나쳐서 사회생활에 지장이 있을 지경이 되면 이상 심리학(abnormal psychology)의 문제가 된다. 우리나라에서는 심리적 이상(異常)을 '미친다'는 말과 연결시키는 경향이 있고, 신경 질환 내지 정신 질환을 잘못 이해하는 사람들이 많다. 사람들은 정신 질환을 매우 부끄러운 병으로 잘못 알고 있으며, 정신 질환이 있는 사람은 그 사실을 부인한다. 그러나 감기나 위장병이 부끄러울 것이 없듯이, 정신 질환도 부끄러워해야 할 이유가 없다. 많은 사람들이 무좀과 치질을 가볍게 앓고 있듯이, 가벼운 정신 질환도 매우 흔한 현상이다. 정신과를 기피하는 것 자체가 건전하지 못한 심리의 나타남이다.

갓난아이의 행동은 주로 생리적으로 불만스러운 상태를 벗어나기 위한 움직임이라고 볼 수 있을 것이다. 배가 고프면 젖을 빨고 기저귀가 축축해서 기분이 나쁘면 운다. 배가 부르도록 젖을 먹으면 곧 잠이 들고, 기저귀를 갈아 채워 주면 울음을 그친다. 그러나 좀 더 자라면 생리적 불만을 해소하기 위한 행동 이외에도 여러 가지 활동을 하게 된다. 배고픔, 목마름, 졸림 등 생리적 기본욕구 이외에도 행동을 일으키는 동기가 자연적으로 생기게 되는 것이다. 어린이로 하여금 어떤 행동을 하게 하는 동기가 무엇인가를 이해하는 것은, 부모나 교사를 위해서 중요한 일이다. 어린이들이 일반적으로 가지고 있는 행동의 동기 가운데서 중요한 것 몇 가지만 지적해 두기로 한다.

첫째로, 어린이들은 활동하기를 좋아한다. 어린이가 신생아의 시기를 지나서 좀 자라게 되면, 잠자는 시간 이외에는 항상 활동하기를 좋아한다. 어떤 다른 목적을 위해서보다도 가만히 있기가 싫어서 활동하는 경향이 생기는 것이다. 어린이들에게는 가만히 있는다는 것이 고역이라는 사실을 어른들은 이해해야 하며, 함부로 "가만히 있어라." 또는 "조용히 해라." 따위의 명령으로 어린이들의 활동을 억제하는 일은 삼가야 한다. 알기 쉽게 말하면 어린이들은 놀기를 좋아하기 마련이며, 놀지 못하게 막으면 불만을 느낀다. 그러므로 어린이들이 좋지 않은 장난을 할 때에는 다른 장난 거리 또는 마음 대로 뛰고 놀 수 있는 자리를 마련해 주도록 배려할 필요가 있다.

  어린이들에게는 노는 것이 일이다. 어린이들에게 일과 놀이를 구별하도록 가르칠 필요는 없을 것이다. "놀지 말고 공부해라." 하고 잔소리하는 것보다는 공부가 놀이의 성격을 띠도록 유도하는 편이 바람직하다. 여기서 놀이의 성격을 띠도록 한다 함은 흥미를 느낄 수 있도록 한다는 뜻이다. 공부도 적성에 맞도록 하면 매우 흥미로울 수가 있으나, 가르치는 방법이 잘못되거나 강요당할 경우에는 고역이 된다. 어떤 일이 단순한 고역이냐 또는 놀이의 성격을 함축하느냐 하는 것은 그 일 자체의 속성을 따라서 일방적으로 결정되는 것이 아니라, 일을 대하는 사람의 태도와도 깊은 관계를 가지고 있다.

  둘째로, 어린이들은 남의 칭찬을 받고 싶어 한다. 특히 자기가 좋아하는 사람의 칭찬을 받고 싶어 한다. 칭찬은 남을 기쁘게 했을 때 돌아오는 것임을 체험을 통하여 알게 되므로, 칭찬을 받고자 하는 행동은 곧 남을 기쁘게 하고자 하는 행동이기도 하다. 칭찬을 받고 싶어 하는 심리는, 그 자체로 볼 때 '나'를 위하는 마음이다. 그러나 칭찬을 받기 위해서는 남을 기쁘게 할 필요가 있다는 것을 알게 되면서 칭찬을 원하는 마음은 남을 위하는 마음으로 발전할 수 있는 소지를 가진다.

  칭찬을 원하는 마음과 남을 위하고자 하는 마음이 불가분의 관계를 가졌다는 이 사실은 매우 중요한 의미를 지녔다. 칭찬과 비난을 적절하게 활용함으로써 남을 위하는 마음을 조장할 수 있으며, 남을 위하는 마음은 도덕적 심성의 바탕이 되기 때문이다. 그러나 칭찬과 비난이 적절하지 못할 경우에는 어린이의 성격 형성에 매우 좋지 않은 결과를 초래한다.

칭찬이라는 것이 남을 위하는 행위에 대해서만 주어지는 것은 아니다. 얼굴이 잘생긴 것도 칭찬의 사유가 되고, 힘이 센 것도 칭찬의 사유가 되며, 노래를 잘 불러도 칭찬을 받는다. 탁월한 소질을 타고나거나 유력한 부모를 가진 어린이는 대체로 지나치게 많은 칭찬을 받기가 쉽다. 그런데 지나치게 많은 칭찬을 받고 큰 어린이는 자만심이 강한 어른으로 자라기 쉬우며, 자기의 실체를 정확하게 파악하는 데 어려움을 갖는다. 칭찬만 받고 큰 어린이는 더욱 자기중심적이 되기 쉬우며, 사소한 비난에 대해서도 견디지 못하는 약점을 갖게 된다.

셋째로, 어른들의 경우와 마찬가지로 어린이들도 자기 자신을 과시하고자 하는 욕망을 가지고 있다. 남의 칭찬을 받고 싶어 하는 심리와 밀접한 관계를 가진 이 과시욕은 여러 가지 형태로 나타나서, 더러는 좋은 결과를 낳기도 하고 더러는 좋지 않은 결과를 낳기도 한다. 자신을 돋보이게 하고 싶은 욕망이 가치 있는 일을 성취하고자 하는 노력으로 이어지고 그 노력이 성공할 경우에는 대체로 좋은 결과를 낳는다. 그러나 그것이 남을 정복하고자 하는 공격적 태도로 이어지거나 지나친 경쟁심으로 이어질 경우에는 대체로 자기 자신을 위해서나 타인을 위해서나 좋지 않은 결과를 초래한다.

3. 유년기

심리학자들은 어린이 시절을 '유아기(幼兒期)'와 '유년기(幼年期)'로 나누는 것이 보통이다. 그렇게 나누는 근거는 주로 육체적 성장과 관계가 있다. 사람에 따라서 또는 문화적 배경을 따라서 다소의 차이는 있으나, 신생아의 몸은 하루가 다르게 크기 시작하여 만으로 다섯 살 무렵까지는 무럭무럭 자란다. 그러나 그 뒤에는 약 6년 내지 7년 동안 성장 속도가 줄었다가 사춘기를 맞으면서 또다시 부쩍 자란다. 어린이 시기 가운데서 성장 속도가 비교적 느린 6-7년 동안 즉 다섯 살 무렵부터 열한 살 내지 열두 살 전후까지를 '유년기(middle childhood)'라 부르고, 그 이전을 '유아기(early childhood)'라고 부른다. (유아기에서 유년기로 넘어가는 나이와 유년기가 끝나는 나이는 일반적으로 여자 어린이들이 남자 어린이들보다 다소 빠르다.)

유년기는 육체의 성장에서는 비교적 부진한 시기이나, 정신의 성장에서는 매우 중요한 시기다. 이 시기에 있어서 지능과 정서의 발달은 더욱 촉진되며, 특히 중요한 것은 성격의 기본적인 틀이 대체로 이 시기에 형성된다는 사실이다. 유년기에 이르러도 어린이들 자신이 스스로 삶의 방향을 정하거나 삶을 설계하기에는 아직 이르다. 그러므로 이 시기도 인간 교육의 일익을 담당하는 부모의 책임이 매우 무거운 기간이다.

유년기는 유치원을 거쳐서 초등학교에 다니는 시기이기도 하다. 새싹들의 인간 교육의 다른 일익을 교사들이 담당하게 된다. 이 일의 중요성에 대한 교사들의 인식과 사명감이 중요함은 물론이요, 가정과 학교의 긴밀한 협조도 매우 중요하다. 이 점에 관해서 우리나라의 학부모와 교사들은 깊은 사려(思慮)와 슬기로운 행동으로 대처할 필요가 있다.

어린이에게 유치원에 들어갈 무렵은 여러 가지 면에서 과도기적 성격을 가졌다. 앞에서도 말했듯이, 육체적으로는 성장 속도가 갑자기 떨어지는 변화를 경험한다. 정신적으로는 순간적인 욕구를 따라서 행동하던 것이 시간이 경과한 뒤에 달성될 목표를 위해서 행동하기 시작한다. 그리고 사회적으로는 타인에 대한 관심의 범위가 넓어지는 변화가 생긴다. 유아기의 어린이들이 관심을 갖는 것은 주로 자신의 육체적 욕구 충족에 이바지하는 사람들에 국한되나, 유년기에 이르면 모든 타인을 자기에게 봉사할 사람으로서 생각하는 자기중심적 태도를 벗어나기 시작한다. 친구를 사귈 때도 '나하고 놀아 줄 친구'를 원하는 태도에서 '우리가 함께 놀 친구'를 갖고자 하는 방향으로 태도의 발전을 보인다.

유년기에는 육체의 성장 속도가 떨어지는 반면에 여러 가지 학습에서 큰 진전을 보게 된다. 유년기에 이르러서 전혀 새로운 것을 습득하기도 하지만, 더욱 현저하게 나타나는 특색은 이미 습득한 바를 완성과 정착의 방향으로 발전시킨다는 사실에서 찾아볼 수 있을 것이다. 불완전하게 습득한 단편적 지식들을 연결시키고 관계지음으로써 더욱 광범위한 지식 체계를 얻게 되는 것이 이 시기의 특색 가운데 하나다. 말, 즉 언어에 대한 지식을 예로 들어서 생각해 보기로 하자.

유치원 또는 초등학교에 들어갈 무렵이 되면, 어린이들은 못하는 말이 거의 없을 정도로 자유롭게 언어를 구사한다. 더러는 어른들이 사용하는 어려운 말을 즐겨 사용하는 어린이도 있다. 그러나 그들의 말에 대한 이해는 단편적이며 불완전한 단계를 벗어나지 못할 경우가 있다. 미국의 아동심리학자 구디너프(F. L. Goodenough)의 책에서 하나의 예를 인용하기로 한다.

만으로 다섯 살과 여섯 살짜리 두 남자 어린이가 인가가 드문 농촌에서 어머니와 살고 있었다. 어느 여름날 그들의 이모가 찾아와서 며칠 묵게 되었다. 날씨가 더운 어느 날 오후에 이모는 아이들에게 가까운 호수로 수영을 하러 가자고 제안하였다. 형제는 기뻐서 날뛰었지만, 그들의 어머니가 안 된다고 반대하였다. 아이들에게 수영복이 없다는 것이 반대의 이유였다. 그 호수 근방에는 인가도 없고 큰길도 없으니 누가 볼 염려가 없다며 이모는 언니를 설득하려 하였다. 그러나 보수적인 언니는 "아이들이 너무 커서 이모가 보는 앞에서 옷을 벗고 입는 것은 옳지 않다."며 계속 반대하였다. 이때 이모가 절충안을 냈다. 수영복 대신 속옷이나 짧은 바지를 가지고 가자는 것이었다. 아이들의 어머니도 그것이 좋겠다고 찬성을 하여 세 사람은 호수를 찾아갔다.

호숫가에 도착했을 때, 두 어린이는 나무가 우거진 숲 속으로 달려가며 이모에게는 따라오지 말라고 신신당부하였다. 이모의 시선이 닿지 않는 숲 속으로 숨은 두 아이들이 한참 뒤에 다시 모습을 나타냈다. 그때의 두 아이들은 완전 나체였고 고추를 가리려고 수건이나 손을 사용하지도 않았다. 이모는 그 모습을 보고 속으로 약간 놀랐으나 모르는 척해 두었다.

수영이 끝난 다음에 두 아이들은 또 숲 속으로 달려갔다. 달려가면서 이모에게 따라오지 말라고 신신당부하였다. 이번에도 이모의 시선이 닿지 않는 곳까지 깊숙이 들어가서 옷을 입고 다시 나타났다. 그리고 둘 중의 큰 아이가 이모에게 자랑스러운 어조로 말했다. "이모, 다아 잘됐지? 우리가 옷을 벗고 입는 것을 이모는 전혀 보지 못했지, 그지?"

"이모가 보는 앞에서 옷을 벗고 입는 것은 옳지 않다."고 한 어머니의 말을 아이들은 글자 그대로 이해했을 뿐 그 이상의 뜻은 몰랐던 것이다.

이 예화가 우리에게 시사하는 바는 어린이들의 정신세계와 어른들의 그것 사이에 상당한 차이가 있을 수 있다는 사실이다. 여기서 우리는 어린이들의 세계를 이해하기 위해서는 어린이들의 시각에서 사물을 바라볼 필요가 있다는 교훈을 얻게 된다.

유아기에 비하여 유년기는 많은 정신적 성장을 이룩하는 시기이기는 하나, 어린이 자신의 생각으로 자신의 삶을 설계하여 독립된 인격으로서 모든 문제를 주체적으로 해결하기에는 아직 때가 이르다. 따라서 어른들에게 경제적으로 의존해야 할 뿐 아니라, 삶의 전 과정에 걸쳐서 어른들의 지도와 협조를 얻어야 한다. 어른들의 견지에서 볼 때, 유년기의 어린이들은 넓은 의미의 '인간 교육'으로써 도와주어야 할 대상이다. 어린이들 스스로의 시행착오를 통하여 삶의 바른 길을 터득하는 데는 너무 많은 시간이 걸리는 까닭에, 이미 많은 것을 알고 있는 기성세대의 교육적 협조가 필요한 것이다.

'인간 교육'의 일환으로서 부모와 교사들이 어린이들에게 가르쳐 주어야 할 것 가운데서 가장 핵심이 되는 것은 삶의 지혜를 가르쳐 주는 일이다. 삶의 과정은 잇따라 일어나는 문제들과 만나고 그 문제들을 해결해 나가는 과정이다. 삶의 과정에서 부딪치기 마련인 문제들을 슬기롭게 풀어 갈 때 삶이 순조롭거니와, 문제들을 슬기롭게 풀어 나갈 수 있는 그 능력의 기본이 다름 아닌 '삶의 지혜'에 해당한다.

삶의 과정에서 우리가 부딪치는 문제들 가운데는 개인적 차원의 것도 있고 사회적 차원의 것도 있거니와, 한 어린이가 자라면서 만나게 될 무수한 문제들의 구체적 모습을 미리 예측할 수는 없다. 그러므로 부모나 교사가 어린이들에게 가르칠 수 있는 것은 특정한 구체적 문제들에 대한 대응책이 아니라, 이 시대 또는 다음 시대에 일반적으로 일어나기 쉬운 문제 상황에 대처하는 기본적인 태도에 관한 것들이다.

인간은 예로부터 사회적 동물로서 집단생활을 해왔고, 앞으로도 이 점에는 근본적 변화가 없을 것으로 보인다. 여러 사람들이 집단을 이루고 사는 사회생활 안에서는 여러 가지 인간관계가 형성되기 마련이고, 각기 자신의 삶을 우선적으로 생각하는 경향을 가진 사람들이 관계를 맺고 살다 보면 자연히 갈등이 생기기 마련이다. 인간관계에서 흔히 생기는 이 갈등의 문제가 삶의 과정에서 봉착하는 문제들의 대종을 이루는 것이 현대사회의 일반적 상황이다. 그러므로 어린이들을 위한 인간 교육의 내용으로서 가르쳐야 할 삶의 지혜 가운데서 가장 중요한 것은, 인간적 갈등을 미연에 방지하고 일단 생긴 갈등을 무리 없게 풀어 나갈 수 있는 역량, 즉 덕성(德性)을 길러 주는 일이라는 결론을 얻게 된다.

사람 사는 곳에 갈등이 생기는 것은 욕심과 욕심이 부딪치기 때문이요 감정과 감정이 대립하기 때문이다. 욕심과 감정 사이에는 불가분의 관계가 있으므로 욕심의 부딪침은 감정의 대립으로 이어지기 쉽고, 대부분의 갈등에는 욕심과 감정이 한데 엉겨 붙어서 상승작용을 하게 된다. 여기서 우리가 얻게 되는 잠정적 결론의 하나는 지나친 욕심과 지나친 감정은 인간적 갈등의 온상이라는 상식이다.

욕심에 대한 자제력이 없는 사람은 타인과의 갈등을 일으킬 소지가 많다. 욕심에 대한 자제력은 어린 시절부터 길러 줄 필요가 있으며, 원하는 것이라면 무엇이든지 들어주는 부모의 태도는 욕심에 대한 자제력이 자라지 못하도록 작용한다. 어린이를 위해서 필요한 것과 필요하지 않은 것을 구별하는 안목은 어른과 어린이 모두에게 필요하다. 그 구별을 어린이 스스로 깨닫기는 어려운 일이므로, 어른들의 설득력 있는 깨우침이 필요하다.

감정에도 여러 가지 종류가 있으며, 어떤 것은 사람들 사이의 갈등을 조장하고 어떤 것은 사람들 사이의 친화를 조장한다. 그런데 어린이들에게 어떤 종류의 감정이 발달하기 쉬운가를 결정함에 있어서 결정적 작용을 하는 것은 가정환경이다. 사랑과 신뢰가 가득하고 단란한 분위기가 지배하는 가정의 아이들은 따뜻하고 너그러운 친화의 감정으로 가슴을 채우기 쉬우며, 미움과 시기심이 가득하고 반목(反目)의 분위기가 지배하는 가정의 아이들은 거칠고 냉혹한 불화(不和)의 감정으로 가슴을 채우기 쉽다.

'바람직한 인간상'의 틀을 미리 정해 놓고 그 틀에 맞도록 어린이들을 가르치는 것은 올바른 인간 교육의 길이 아니다. 자신이 못 이룬 꿈을 아들 또는 딸로 하여금 성취하도록 꾀하는 것도 바른 교육의 태도가 아니다. 어린이들은 장성하여 각각 그들이 원하는 삶을 설계할 권리가 있다. '인간 교육'의 이름으로 그 권리를 침범하는 것은 어른들의 월권이다.

그러나 어린이들이 각각 제멋대로 크도록 내버려 둘 수도 없는 것이 어른들의 처지이며, 그들은 '인간 교육'과 '자유의 침범'을 구별해 가며 어린이들에게 길을 안내해야 하는 짐을 지게 된다. 그러나 '자유를 침범하지 않는다'와 '인간 교육을 베푼다' 사이에 어떤 모순 내지 자가당착이 있는 것은 아닐까?

무릇 개인이 누릴 수 있는 '자유'에는 한계가 있다. 모든 짓을 제멋대로 하고 싶은 것이 어린이들의 원초적 욕망이며, 이 방종의 욕망을 무제한으로 용납할 수 없는 것이 사회생활을 하기 마련인 인간의 현실이다. 이 인간존재의 현실을 알리고 개인이 누릴 수 있는 '자유'에 한계가 있다는 것을 터득하도록 가르치는 것이 바로 '인간 교육'의 핵심이다.

나 혼자만이 사는 세상이라면 내가 하고 싶은 짓을 내멋대로 해도 별로 큰 지장은 없을지도 모른다. 여러 사람들이 모여서 사는 것이 인간의 현실이고, 나 이외의 다른 사람들도 나와 마찬가지로 자유를 누릴 권리를 가졌다는 사실이 무제한의 자유를 허락하지는 않는다. 그러므로, 자유에는 한계가 있다는 것을 터득하도록 가르친다 함은 '나'와 마찬가지로 귀중한 '남'들이 무수히 존재한다는 사실을 깊이 깨닫도록 인도함을 의미한다.

타인의 존재에 대한 깨달음의 지평을 넓혀 가는 과정을 심리학자들은 '사회화(socialization)'라고 말하거니와, 이 사회화의 과정이 바르고 충분하게 되도록 인도하는 것이 다름 아닌 인간 교육이라고 보아도 크게 어긋나지 않을 것이다. 나와 마찬가지로 귀중한 타인들과 함께 사는 것이 바로 인생의 참모습임을 터득하고, 타인들과 함께 잘살도록 노력하는 것이 나 자신의 보람되고 행복한 삶을 실현하는 길이기도 하다는 사실을 깨닫도록 하는 것이 '인간 교육'의 근본이다.

4. 유년기에서 청소년기로

사람에 따라서 빠르고 더딘 개인차는 있지만, 사람은 대개 열한 살 내지 열두 살에 이르면 사춘기를 맞이하게 된다. 유년기에서 청년기로 넘어가는 과도기라고 볼 수 있는 사춘기는 성적(性的) 성숙과 직접적 관계를 가지며, 이 시기에 도달한 소년 소녀들에게는 여러 가지 신체적 변화가 생긴다. 생식에 적합한 신체를 가지기 위한 생물학적 변화가 급격하게 일어나는 것이다. 남녀 모두 육체의 성장이 빨라지고, 남성 또는 여성에게 고유한 신체적 특성이 나타난다.

이 시기에 도달한 소년 소녀들이 경험하는 변화는 신체적인 것에만 국한되지 않고, 정신적 측면의 변화도 현저하게 나타난다. 청소년기로 접어들면서 생각하는 능력 즉 사고력도 새로운 단계로 발달한다. 유년기까지의 사고는 주로 구체적으로 경험한 사물에 관한 것이나, 사춘기 이후에는 추상적 개념을 매개로 삼는 사유(思惟)를 자주 하게 된다. 예컨대, 자유, 평등, 정의, 진리, 행복 등과 같은 추상적 관념에 대해서도 생각할 수 있게 된다. 유년기까지의 어린이들은 주로 현재 눈앞에 전개되는 현실적 상황에 대해서 생각하는 경향이 강하지만, 청소년기에 이르면 사유의 대상 범위가 과거 또는 미래로까지 확대된다. 청소년들은 과거에 있었던 일에 대해서 비판적으로 평가하기도 하고, 미래에 실현하기를 원하는 이상에 대해서 많은 생각을 하기도 한다.

사춘기 이후에 생기는 정신적 변화 가운데서 가장 중요한 것의 하나는 '자아(自我)'에 대한 의식이 심화된다는 사실이다. 유년기까지의 어린이들은 주로 자기 밖에 있는 사물에 대하여 호기심을 느끼고 그것들을 관찰하는 데 그치는 경향이 있으나, 청소년기에 들어서면서부터는 자기 자신을 안으로 들여다보는 내향적(內向的) 사고로 전환하는 변화를 보인다.

일반적으로 중학생이 될 무렵부터 소년 소녀들은 '나'라는 것에 대하여 깊이 생각하기 시작한다. 그전에는 그저 본능적으로 애착하기만 했던 '나'의 정체(正體)에 대해서 어렴풋하게나마 의문을 갖기 시작하는 것이다. "나는 도대체 누구일까?" 이러한 의문이 생기면서 '나'에 대한 관심이 단순한 본능적 애착의 단계를 넘어서게 되며, 나를 하나의 객관적 존재로서 의식하고 사랑하는 단계로 발전한다. 내가 사랑하는 '나'와 나의 사랑을 받는 '나'가 막연하게나마 나누어지기 시작하는 것이다.

"나는 누구인가?" 이러한 의문이 사춘기에 이르러서 비로소 생긴다고 말하기는 어렵다. 나의 개인적 기억만으로도 그러한 의문은 훨씬 빠르게 생길 수 있다는 것을 인정하게 된다. 내가 대여섯 살 어린이였을 무렵에 어머니가 "너는 내가 낳은 아들이 아니고 다리 밑에서 주워 온 아이다."라고 농담을 하신 적이 있었다. 그때 나는 어머니의 말씀이 거짓말일 것이라고 생각하면서도, 그것이 정말이면 어쩌나 하고 걱정한 기억이 남아 있다.

내가 어렸던 시절에는 어른들로부터 옛날이야기를 듣는 것이 큰 즐거움이었다. 그 옛날이야기 가운데 백 년 묵은 여우가 사람으로 둔갑해서 마을로 내려오는 이야기도 있었다. 그런 이야기를 들었을 때, 내가 바로 그 여우일지도 모른다는 생각을 골똘히 해본 적도 있었다.

위에 소개한 두 가지 기억은 "나는 도대체 누구일까?" 하는 의문이 유아기나 유년기의 어린이에게도 일어날 수 있음을 암시한다. 그러나 어린 시절에도 일어날 수 있는 그러한 의문은 일시적으로 잠깐 머리를 스쳐 가고 만다. 이와는 달리 사춘기 이후에 갖게 되는 '나'에 대한 의문은 끊임없이 따라다니는 지속적 의문이며, 청소년들이 흔히 경험하는 '인생의 고민'과 직결되는 심각한 성질의 것이다.

'나'에 대한 생각을 골똘히 할수록 '나'가 누구인지, '나'의 정체가 무엇인지 도리어 모르는 점이 점점 많아진다. 다만 확실한 것은 '나'라는 무엇이 존재한다는 사실이며, 그 '나'가 매우 소중한 것으로 느껴진다는 사실이다. 왜 소중한지 그 이유를 설명할 수는 없으나, 어쨌든 매우 소중한 존재임을 직관적으로 느끼게 된다. 매우 소중한 존재인 까닭에 나는 나를 아끼게 되고, '나'의 삶이 만족스럽고 보람된 것이 되기를 염원한다.

그러나 '나'의 삶을 만족스러운 것으로 만들 수 있는 길이 무엇인지 구체적으로 계획을 세우기에는 아직 지식이 부족하며, '보람된 삶'의 참모습이 무엇인지조차도 모르고 있는 것이 청소년 초기에 이른 젊은이들의 일반적 수준이다. 또 설령 '보람된 삶'의 참모습을 제대로 파악하고 그 실현을 위해서 어떤 길을 밟아야 한다는 것을 어느 정도 알고 있다 하더라도, 그 길을 실제로 밟기에는 '나'를 둘러싼 현실에 너무나 어려운 장애가 많다는 것을 발견하는 것이 젊은이들의 일반적 상황이다. 여기서 젊은이들은 이상과 현실의 격차 앞에서 고민과 방황, 좌절과 반항 등의 괴로운 경험을 하게 된다.

자아에 대한 의식의 발달은 부모의 간섭을 벗어나서 자주적 인격으로 독립하고자 하는 욕망과 불가분의 관계를 가졌다. 그러나 부모의 보호를 떠나서 독자의 힘으로 살아갈 능력은 아직 갖추지 못한 상태의 과도기에 처한 청소년 초기의 젊은이들은 부모에 대해서도 애착과 반항의 상반된 감정을 느끼며 살아간다. 부모의 도움은 받되 간섭은 받지 않기를 바라는 것이 이 시기의 젊은이들이 일반적으로 품는 소망이나, 그러한 소망대로 움직여 주는 부모는 적은 까닭에 여기에도 세대간의 갈등이 생긴다.

청소년의 관점에서 볼 때, 그들을 둘러싼 사회 현실에는 불만스러운 점이 많고, 그러한 현실에 대하여 책임을 져야 할 기성세대와는 대화가 통하지 않는다. 대화가 통하지 않는 기성세대 가운데 첫째로 꼽아야 할 대표적인 사람은 부모요, 그 다음으로 꼽아야 할 사람은 학교의 교사들이다. 싫든 좋든 매일같이 만나야 할 사람들이 가정의 부모요 학교의 교사들인 까닭에, 부모와 자녀의 관계 및 교사와 학생의 관계는 우리 모두에게 깊이 생각해야 할 문제로서 다가온다.

젊은이들의 견지에서 볼 때, 기성세대보다는 동년배 친구들이 훨씬 가깝게 느껴진다. 같은 또래끼리는 기분도 통하고 말도 통하는 경우가 많다. 이에 젊은이들은 고민거리가 생기면 부모나 선생보다도 같은 또래와 이야기하고 상의하는 길을 선호한다. 그러나 말이 잘 통한다고 믿었던 친구들도 알고 보면 믿을 만한 사람이 못 된다는 것을 느낄 때가 온다. 이러한 상황에서

'참된 우정'의 문제를 앞에 놓고 그 본질을 묻기도 하고 그 가능성을 의심하며 고민하기도 한다.

동년배 가운데서도 사춘기 젊은이들의 관심을 가장 강하게 끄는 것은 비슷한 또래의 이성(異性)이다. 문화의 영향을 따라서 이성에 대한 관심의 비중이 육체 쪽으로 기울기도 하고 정신 쪽으로 기울기도 하는 차이는 있으나, 생물학적 자연에 근거를 둔 이 관심은 동서고금 모든 젊은이들이 보편적으로 강하게 느껴 온 감정이다. 현대의 젊은이들 가운데는, 개방의 물결을 타고 이성과의 교제 문제를 가볍게 처리하는 사람도 없지 않으나, 대개의 젊은이들에게는 '참된 사랑'의 문제가 한두 번쯤은 진지한 문제로서 다가온다.

"나는 누구인가?" "자유란 무엇인가?" "진정한 우정은 가능한가?" "바람직한 사랑의 모습은 어떠한 것인가?" 이러한 물음을 문제로 삼는 궁극적 동기는 우리가 보람된 삶 또는 행복한 삶을 희구함에 있을 것이다. 바꾸어 말하면, 감수성이 강한 젊은이들이 고민하는 문제들은 결국 보람된 삶 또는 행복한 삶에 관한 문제와 직접 또는 간접으로 연결되어 있다고 보아도 틀리지 않을 것이다.

유아기와 유년기의 어린이들은 그들이 부딪치는 삶의 문제에 스스로 대처할 능력을 갖지 못한다. 그들이 부딪치는 삶의 문제와 의식적으로 대결하는 것은 양육 또는 교육을 담당한 부모와 교사들의 몫이다. 그러나 청년기를 맞이한 젊은이들은 자신들의 삶의 문제에 대해서 스스로 생각하고 스스로 행동할 책임을 가지게 된다. 한동안은 그 책임을 기성세대와 함께 나누고, 성인이 된 다음에는 자신의 삶에 대해서는 전적으로 자신이 책임을 져야 한다.

2장 행복으로 가는 길

1. 삶에 대한 물음

우리는 인간인 까닭에 생각을 하게 되고, 살아서 숨쉬는 동안 '생각'이라는 것을 벗어나기 어렵다. 더러는 '생각을 말자'는 생각까지 해가며 우리는 살고 있다. "골치 아프게 생각을 하느라고 애쓸 것 없이 그저 닥치는 대로 살아가면 그만이다." 이것도 하나의 생각이다.

우리는 온갖 것을 생각의 대상으로 삼는다. 사랑에 대해서도 생각을 하고, 미움에 대해서도 생각을 하며, 우정에 대해서도 생각을 한다. 우리는 지난날을 생각하기도 하고, 오늘 이 순간을 생각하기도 하며, 앞으로 다가올 날을 생각하기도 한다. 우리는 돈과 재물을 생각하고, 권력과 지위를 생각하며, 유흥과 향락을 생각한다. 우리는 깊고 아름다운 생각에 잠기기도 하고, 쓸데없는 생각으로 나와 남을 해치기도 한다.

우리들의 생각은 따지고 보면 결국은 '삶'이라는 것과 직접 또는 간접으로 연결된다. 우리는 각각 자신의 삶을 아끼고 사랑하거니와, 이 소중한 삶을 가꾸어 나가는 과정에서 생각을 하게 되고 생각의 힘을 빌리게 된다. 삶의 과정은 넓은 의미로 '투쟁의 과정'이라는 일면을 가지고 있으며, 투쟁의 어려운 과정을 이겨 나가기 위해서 '생각'이라는 무기를 동원한다고도 볼 수 있다.

그러나 우리가 언제나 삶 전체에 대해서 생각하는 것은 아니다. 많은 경우에 우리의 생각은 단편적이며, 우리들은 그 생각이 삶 전체와 어떤 연관성을 가졌는지에 대해서는 묻지 않고 흘려 보낸다. 삶 전체에 대한 체계적 연구를 본업으로 삼는 철학자나 종교 사상가조차도 단편적인 생각에 머무르고 마는 경우가 흔히 있다.

항상 그렇게 할 필요는 없을 것이나, 더러는 삶·전체를 하나로 연결시켜서 거시적으로 바라보며 깊이 생각할 필요가 있다. 전문가가 아닌 일반 생활인의 경우에도 그렇게 하는 것이 바람직하다고 믿는다. 자신의 생애를 하나의 성공적 작품으로 만드는 것은 누구에게나 소망스러운 일이며, 그렇게 하기 위해서는 예술가가 작품을 구상할 때 하듯이 전체를 하나로 연결시켜서 생각할 필요가 있다고 보는 것이다.

"사느냐 죽느냐 그것이 문제로다."라는 햄릿의 유명한 독백(獨白)이 있다. 그러나 우리에게 현실적으로 절실한 문제는 "살 것인가, 말 깃인가?"가 아니라 "어떻게 살 것인가?"라는 물음이다. 우리는 지금 삶의 세계 밖에서 삶의 세계 안으로 뛰어들까 말까 하며 망설이고 있는 것이 아니라, 이미 삶의 세계 안에 들어와 있다. 주사위는 벌써 던져진 것이다. 따라서 우리에게 절실한 물음은 "이미 시작된 이 삶의 과정을 어떻게 보낼 것인가?"라는 것일 수밖에 없다.

내세(來世)의 존재를 믿는 사람도 있고, 이 지상에서의 삶이 전부라고 생각하는 사람도 있다. 어떤 생각이 옳고 어떤 생각이 그른지 단정해서 말하기는 어려울 것이다. 다만 확실한 것은 현재 우리가 지상에서의 삶을 누리고 있다는 사실이며, 현재의 이 삶이 뜻과 보람으로 가득 찬 것이 되기를 우리 마음의 깊은 곳이 갈망하고 있다는 사실이다.

"우리는 무엇 때문에 사는가요?" 이렇게 아버지에게 여쭤 본 적이 있다. 중학생 시절의 일이다. 그 물음에 대한 아버지의 대답은 동문서답에 가까웠다. "너는 아직 어려서 모른다. 더 크면 자연히 알게 될 것이다. 우선 공부나 잘해라."

아버지의 대답은 불만스러웠다. 무엇 때문에 더 커야 하는 것이며, 무엇 때문에 공부를 잘해야 하는 것인지, 나는 그것이 바로 알고 싶었던 것이다. 그러나 더 이상 캐묻지는 않았다. 그 당시만 하더라도 아이가 어른에게 꼬치꼬치 캐묻는 것은 좋지 않다고 생각하던 시절이었다. 그러기에 아이들은 빨리 어른이 되고 싶었다.

나도 어른이 된 뒤에 "무엇 때문에 사는가?" 하는 질문을 여러 번 받았다. 철학 교수라는 직업을 갖게 된 까닭으로 그 같은 질문을 자주 받게 되었다. 그러한 질문을 나에게 던진 사람들은 모두 젊은이였으며, 어른들은 그런 것을 묻지 않았다. 젊은이들은 묻는데 어른들은 왜 묻지 않는 것일까? 젊은이들은 모르는 까닭에 묻고, 어른들은 이미 해답을 아는 까닭에 묻지 않는 것일까? 반드시 그런 것 같지는 않다.

"무엇 때문에 사는가?" 이 말의 뜻은 "삶의 목적이 무엇인가?"라는 그것과 비슷하다. 삶의 목적이 무엇이냐고 묻는 것은 삶의 목적이 있다는 것을 은연중에 전제하고 있다. 삶의 목적이 없다면, "삶의 목적이 무엇인가?" 하는 물음은 무의미한 발언이 될 것이다. 가령 '도깨비'라는 것이 존재하지 않는다면 "도깨비는 어떤 모습을 하고 있는가?" 하는 물음은 무의미한 물음이 될 것이다.

옛날 사람들은 삶의 목적이 있다는 것을 믿어 의심하지 않았다. 인생에 목적이 있음은 물론이요, 인간 이외의 사물들까지도 모두 어떤 목적이 있어서 존재한다고 믿었다. 이른바 목적론적 세계관이다. 그러나 자연과학의 발달로 인하여 목적론적 세계관에 대한 믿음은 약화되기 시작했다.

산이나 바다나 들은 자연현상으로서 그저 있을 뿐이지, 그것들이 어떤 목적을 위해서 존재하는 것은 아니라고 보는 것이 자연과학자들의 세계관이다. 산비탈에 선 소나무나 시냇가에서 자라는 버드나무는 무엇을 위해서 거기 그렇게 있는 것이 아니라, 그저 인과의 법칙을 따라서 그렇게 있을 뿐이라고 대부분의 자연과학자들은 생각한다. 같은 논리를 따르면, 인간도 주어진 목적을 위해서 이 세상에 태어나는 것이 아니라, 젖은 흙 위에 떨어진 소나무 씨에서 싹이 나듯이 그저 하나의 자연현상으로 생겨날 뿐이라고 보아야 한다.

그러나 목적론적 세계관은 절대로 틀렸고 자연과학적 세계관은 절대로 옳다고 간단하게 단정지을 수는 없을 것이다. 이것은 그렇게 간단한 문제가 아니다. 다만 분명한 것은 현대에서는 자연과학적 세계관이 압도적 지지를 받고 있다는 사실이다. 그리고 자연과학적 세계관에 따르면, 모든 사람들이 그것을 위해서 살아야 할 객관적 목적이 미리부터 정해져 있다고 단정할 수 있는 증거는 아직 발견된 바 없다.

우리가 세상에 나오기 전부터 미리 정해진 삶의 목적이 없다 하더라도, 그것만으로 인생에는 목적이 전혀 없다고 말하기는 어렵다. 남이 정해 놓은 목적이 없다는 사실이 우리 인간 스스로가 주체적으로 정하고 추구하는 목적의 존재까지도 없는 것으로 만들지는 않는다.

우리 인간은 고도의 감성(感性)과 지성(知性)을 가지고 있으며 의지(意志)도 가지고 있다. 욕구를 내포하는 감성을 가지고 있을 뿐 아니라 거기에 고도의 지성까지 가담하여 의지라는 것을 갖게 된 인간은 어떤 목적을 머릿속에 그려 가며 그것을 추구하기 마련이다. 짧게 말해서, 우리는 인간인 까닭에 우리 스스로가 어떤 목적을 세우고 그 목적의 달성을 위하여 온갖 노력을 하며 살아간다. 밖으로부터 미리 주어진 목적이 없다 하더라도, 인간 자신이 설정하는 목적은 엄연히 존재하며 이 목적의식을 떠나서 산다는 것은 정상적인 성인(成人)에게는 불가능한 일이다.

사람들이 스스로 세우고 추구하는 목적은 서로 다를 경우가 많다. 어떤 사람은 재물을 추구하고, 어떤 사람은 지위를 추구하며, 또 어떤 사람은 사랑을 추구한다. 그러나 사람들이 추구하는 눈앞의 목표는 서로 다르다 하더라도, 모든 사람들이 추구하는 궁극의 목적은 결국 같다고 말한 철학자가 있다. 고대 그리스의 철학자 아리스토텔레스는, 모든 사람들이 애써 추구하는 궁극의 목적은 '행복(eudaimonia)'이라고 단언했던 것이다.

'행복하다'는 뜻을 가진 영어 'happy'는 매우 가벼운 의미로도 쓰인다. 만나게 되어서 기쁘다든지 저녁 식사가 즐거웠다든지 할 때도 그 말을 쓸 경우가 있다. 만약 우리가 '행복'이라는 말을 가벼운 뜻으로 사용하여 단순히 '즐겁고 고통이 적은 삶'이 곧 행복이라고 생각한다면, 아리스토텔레스의 말이 맞지 않는 경우도 있을 것이다. 예컨대, 김구 선생이나 안창호 선생 또는 안중근 의사 같은 지사(志士)들은 일신의 안락을 꾀하지 않고 스스로 고난의 길을 택했으니, 그분들이 즐겁고 고통 없는 삶을 추구했다고 말하기는 어렵다.

그러나 '행복'이라는 말의 좀 더 깊은 뜻은, 단순히 감각적인 고락의 차원을 넘어서서, 마음속 깊은 곳에서 보람과 만족을 느끼며 지속적인 기쁨이 가득한 삶을 가리킨다. 그러한 뜻으로 이해할 때는 스스로 고난의 길을 선택한 지사들도 역시 행복을 추구했다고 볼 수 있을 것이다. 어쨌든 우리는 누구나 각자 나름으로 행복을 추구하며 살아간다고 보아도 틀림이 없을 것이다.

행복은 모든 사람들이 간절히 소망하는 삶의 궁극목적이다. 그러므로 사회적 관점에서 본다면, 되도록 많은 사람들이 실제로 행복을 얻게 되는 것이 우리들의 공동 목표가 아닐 수가 없다. 그러나 우리들의 주위를 살펴볼 때, 실제로 행복을 얻었다고 보기 어려운 사람들이 생각보다 많이 있다. 왜 그렇게 된 것일까? 우리가 행복을 열심히 추구함에도 불구하고 그것을 얻지 못하는 이유는 어디에 있는 것일까?

아마 여러 가지 사유가 있을 것이다. 많은 사람들에게 불행을 안겨 주는 주요 원인으로서 우리는 사회의 구조적 모순을 지적할 수도 있을 것이며, 또 인간 능력의 한계를 말할 수도 있을 것이다. 그러나 이 자리는 그토록 거창한 문제를 다루기에 적합한 지면이 아니다. 다만 여기서 나는 지극히 일상적인 문제 하나만 우선 언급하고자 한다. 도대체 우리가 행복의 주소를 제대로 짚었는가 하는 문제에 대해서 생각해 보고자 하는 것이다.

가령 물고기를 잡고자 하는 사람이 낚싯대를 들고 산으로 사거나 펭귄의 생태를 파악하고자 하는 사람이 카메라를 메고 아마존강을 찾아간다면, 그는 결코 뜻을 이루지 못할 것이다. 행복의 경우도 마찬가지여서, 그것을 얻기 위해서는 행복이 있는 곳에서 그것을 구해야 한다. 그런데 실제에 있어서는 엉뚱한 곳에서 행복을 찾아 헤매는 사람들이 많았고, 현대에는 그런 사람들이 더욱 많다는 인상이 강하다. 『파랑새』의 오누이 치르치르와 미치르가 그랬듯이, 행복이 없는 곳에서 행복을 구하다가 세월만 보내는 사람들이 많은 것으로 보인다.

2. 행복은 어디에 있는가

행복을 얻기 위해서는 우선 그것이 있는 곳을 제대로 알아야 한다고 하였다. 그러나 '행복'이라는 것은 물고기나 펭귄과 같이 형태를 갖춘 물체가 아닌 까닭에, 엄밀하게 말하자면 그것이 존재하는 장소를 지적할 수는 없다. 그러므로 어떤 공간을 염두에 두고 '행복이 있는 곳'을 묻는 것은 무의미한 헛수고에 가까운 결과를 부를 것이다.

"행복은 마음속 깊은 곳에 자리잡고 있다." 이렇게 말하는 사람이 있음직하다. 행복과 사람의 마음 사이에 깊은 관계가 있음을 지적하는 뜻이라면, 이 말은 옳은 말이 될 수 있을 것이다. 그러나 '마음'이라는 것은 어떤 장소나 공간을 가리키는 말이 아닌 까닭에, 이 말도 엄밀하게 정확한 표현이라고 보기는 어렵다.

"행복은 어디에 있는가?" 이 물음은 행복으로의 접근을 꾀하는 우리가 던지는 첫 번째 물음으로서 가장 적절한 물음은 아닌 것 같다. 그보다는 "어떤 사람이 행복한 사람인가?"라는 물음에서부터 시작하는 편이 나을 것 같은 생각이 든다. 어떤 사람이 행복한지 그 조건을 알게 되면, 행복으로의 접근을 꾀하는 길목에서 우리는 구체적 지표를 얻을 수 있을 것 같은 예감이 든다.

행복한 사람은 첫째로 마음이 평화롭다. 분노와 공포 또는 증오와 시기심 등으로 마음이 항상 불안한 사람을 우리는 행복하다고 말하지 않는다. 근심이나 걱정으로 인하여 정서의 안정을 잃고 고민하는 사람을 우리는 행복하다고 말하지 않는다. 마음의 평화는 행복의 기본 조건이다.

그러나 사람인 이상 근심이나 걱정이 전혀 없을 수는 없다. 우국지사는 나라를 생각하는 근심과 걱정으로 마음이 아프고, 철학자는 인간의 유한성(有限性)에 부딪쳐 고통을 느낀다. 그렇지만 모든 우국지사와 모든 철학자를 불행하다고 말하기는 어렵다. 거꾸로 말하면, 근심과 걱정이 있고 마음의 고통을 느낀다는 사실만으로 어떤 사람을 불행하다고 단정할 수는 없다. 우리가 지금 다루고 있는 행복의 문제는 복잡하고 미묘하므로 결론을 너무 서둘러서는 안 될 것으로 생각된다.

우국지사라고 언제나 근심과 걱정만으로 가득 차 있는 것은 아니다. 진실로 나라를 위하는 사람은 자신이 나라를 위하여 애쓰며 고생하는 그 일 가운데서 삶의 기쁨을 느끼기도 한다. 어떤 철학자도 모든 나날을 마음의 고통만으로 보내지는 않는다. 풀릴 듯하면서도 좀처럼 풀리지 않는 어려운 문제와 씨름하는 자신의 진지한 생활 속에서 철학자는 삶의 보람을 느끼기도 하고 그 사람 나름의 만족을 경험하기도 한다.

일반적으로 말해서, 우리들의 삶에는 고통스러운 측면도 있고 만족스러운 측면도 있기 마련이다. 고통과 불만의 측면이 환희와 만족의 측면을 압도하는 사람을 우리는 보통 '불행하다'고 말하며, 환희와 만족의 측면이 고통과 불만의 측면을 압도하는 사람을 흔히 '행복하다'고 말한다. 결국 완전히 행복한 사람 또는 완전히 불행한 사람은 현실적으로 찾아보기 어려우며, 보통 사람들은 행복한 시간과 불행한 시간을 아울러 경험하며 살고 있는 셈이다.

둘째로, 행복한 사람은 자신의 삶에 대해서 보람을 느낀다. 자신의 삶에 별다른 가치도 이렇다 할 보람도 느끼지 못하는 사람을 우리는 '행복하다'고 말하기 어렵다. 한 인간으로서 의미 있는 하루를 보냈다고 스스로 인정하며 편안한 마음으로 잠자리에 드는 사람을 우리는 행복한 하루를 보낸 사람이라고 말할 수 있을 것이다. 달력의 마지막 한 장을 넘기면서 보람 있는 한 해였다고 스스로 회고하는 사람에 대해서 우리는 '행복하다'는 말을 사용할 수 있을 것이다.

삶의 보람에 대한 느낌과 마음의 평화 사이에는 불가분의 관계가 있다. 비록 고생스럽기는 했으나 고생한 보람이 있었다고 스스로 인정할 때, 우리의 마음은 평화롭다. 마시고 춤추며 즐거운 나날을 보냈지만 결과적으로 아무런 보람도 없는 세월이었다고 회고할 때, 우리의 마음은 편안하기 어렵다. 더러는 유흥과 방탕 그 자체를 '보람된 삶'이라고 느끼는 사람도 있을지 모른다. 그러나 그러한 느낌이 오래가지는 않을 것이다. 조만간 그에게는 그러한 삶이 허망하다는 것을 깨닫게 될 날이 온다. 반드시 그날이 오기 마련이다.

순간적 즐거움보다는 지속적 즐거움 속에 행복은 깃들어 있으며, 지속적 즐거움은 보람된 세월을 보내는 사람들만이 느낄 수 있는 삶의 기쁨이다. 여기서 우리는 잠정적 결론 하나를 얻게 된다. 보람된 삶을 살고 있음을 스스로 인정하는 가운데 마음이 평화로운 사람은 행복하다는 결론이다. 행복에는 즐거움이 필수적이다. 다만 행복과 불가분의 관계를 가진 것은 순간적 쾌락이 아니라 지속적 만족감이다.

유흥가를 찾아가서 술을 마시고 춤을 춘다. 그 시간이 즐겁기 그지없다. 그러나 지나친 유흥의 뒤끝은 그리 개운한 편이 아니다. 마약을 복용한다. 황홀한 느낌 속에서 그 순간이 즐거울 것이다. 그러나 마약의 기운이 사라지면 기나긴 고통의 시간이 뒤따른다.

기나긴 고통이 뒤따르는 순간적 향락의 추구는 행복으로 가는 길이 아니다. 차라리 괴로움이 앞에 오고 즐거움이 뒤따르는 순서가 바람직하다. 그러기에 동양의 지혜는 '고진감래(苦盡甘來)'의 길을 축복하였고, 서양의 격언은 "끝이 좋으면 모든 것이 좋다."고 가르쳤다.

되풀이해서 말한다. 행복은 순간적 쾌락 속에 있는 것이 아니라 지속적 만족 속에 있다. 여기서 우리는 "지속적 만족을 얻는 길이 무엇인가?"라는 물음 앞에 서게 된다. 기나긴 고통이 뒤따르는 순간적 쾌락이 아니라, 괴로운 시간의 터널을 통과하는 한이 있더라도 지속적 만족감으로 뒤끝이 축복되는 그 길은 어느 방향으로 뚫려 있는가?

일종의 쾌락주의자라고 말할 수 있는 19세기 영국의 철학자 밀(J. S. Mill)은 다음과 같은 유명한 말을 남겼다. "만족한 돼지가 되기보다는 차라리 불만족한 인간이 되는 편이 낫다. 바보로서 만족하기보다는 차라리 소크라테스로서 불만족함이 낫다." 이 말의 핵심은 인간의 행복과 짐승의 행복은 그 본질이 다르다는 점을 강조함에 있다. 인간이 경험하는 쾌락에는 질적으로 높은 것과 낮은 것이 있으며, 인간의 행복은 질적으로 높은 쾌락을 향유하는 가운데 실현된다는 것을 밀은 말하고 싶었던 것이다. 그렇다면 '질적으로 높은 쾌락'이란 어떠한 심리 현상을 말하는 것일까?

무릇 '쾌락'이란 욕구가 충족되었을 때 느끼는 만족감을 가리키는 말이다. 식욕 또는 성욕을 채웠을 때, 우리는 쾌락이라는 만족감을 느낀다. 학문 탐구의 욕구를 채웠을 때도 쾌락을 느끼고, 예술 창작의 욕구가 충족되었을 때도 쾌락을 느낀다. 식욕이나 성욕 따위의 육체적 욕구는 짐승도 가지고 있지만, 학문과 예술 등 문화에 대한 욕구는 인간만이 가지고 있다. 인간만이 가지고 있는 문화적 욕구는 인간 특유의 복잡한 정신적 기능에 근거를 둔 것이며, 이 정신적 기능에 근거를 둔 인간만의 욕구가 충족되었을 때 경험하는 만족감이 바로 '질적으로 높은 쾌락'이라고 밀은 설명한다.

인간은 뚜렷한 자아의식(自我意識)을 가진 유일한 동물이다. 인간만이 자기 자신을 의식적으로 아끼고 사랑한다. 자아를 훌륭한 존재로 만들기를 원하며 또 훌륭한 존재로서 인정받고자 하는 욕구는 인간만이 가지고 있으며, 이 인간 특유의 욕구가 충족되었을 때 느끼는 기쁨이 바로 밀이 말하는 '질적으로 높은 쾌락'에 해당한다고 볼 수 있다.

'나'는 '나' 자신을 훌륭한 존재로 만들기를 원한다. 그러나 도대체 어떻게 하는 것이 나 자신을 훌륭한 존재로 만드는 것일까? 이것은 간단하게 대답하기 어려운 물음이다. 이 물음에 대해서 여러 사상가들은 서로 다른 해답을 내놓을 것이다. 어떤 사람은 애국자가 되라고 가르칠 것이며, 어떤 사람은 사회를 위해서 봉사하라고 가르칠 것이다. 어떤 사람은 예술가의 길을 가리킬 것이고, 어떤 사람은 학자의 길을 가리킬 것이다. 어떤 사람은 종교가를 말할 것이고, 다른 어떤 사람은 교육자를 말할 것이다.

이들 여러 가지 대답 가운데서 하나만이 옳고 다른 것은 그르다고 말하기는 어렵다. 훌륭한 사람이 되는 길에도 여러 갈래가 있을 것이며, 각자는 자신에게 적합한 하나의 길을 선택하여 그 길에서 최선을 다하면 그것으로 충분할 것이다.

자신이 선택한 분야에서 '일류'가 될 수 있다면 그 이상 바랄 일이 없을 것이다. 그러나 각 분야에서 최고 수준에 이른 사람들만이 훌륭하다고 생각할 이유는 없다. 사람들은 소질에도 개인차가 있고 환경에도 개인차가 있으므로, 모든 사람이 누구나 '일류'가 될 수는 없다. 각자에게 주어진 여건 아래서 스스로 선택한 길을 위하여 최선을 다한다면, 그는 비록 '일류'가 못 된다 하더라도 훌륭한 사람으로서 평가되어야 마땅할 것이다.

'회갑' 또는 '칠순'과 같이 특별한 이름이 붙은 나이에 도달하면, 사람들은 대개 자기가 걸어온 과거를 회상하게 된다. 나도 그런 계기에 나의 과거를 돌아보고, 내 생애 가운데서 특별히 좋았던 때가 언제였던가를 생각해 본 적이 있다. 매우 좋았던 때로서 세 시기가 차례로 떠올랐다.

첫째로 떠오른 것은 일본에서 고등학교와 대학교에 다니던 학생 시절이었다. 그 시기가 매우 좋았던 시절로서 회상되는 이유는 명백하다. 한 해가 다르게 나 자신이 성장한 시기로서 기억되는 까닭에, 그 학생 시절이 매우 보람되고 좋았다고 생각된 것이다. 그 시절에 나는 몸도 눈에 띄게 성장했지만, 특히 마음의 세계가 빠른 속도로 성장하고 있음을 의식할 수 있었다.

역시 학생 시절이기는 했지만, 서울대학교로 편입하여 학부와 대학원에서 철학을 공부한 3년 반 동안은 별로 좋았던 시절로 기억되지 않는다. 이 시기에는 학원도 좌우익의 정치 싸움의 마당이 되었고, 학문을 통한 자아의 성장이 크게 이루어졌다고 기억되지 않기 때문일 것이다.

6·25 전쟁 때와 한국정신문화연구원에 관계했던 2년 남짓한 시기는 내 생애가 겪은 매우 어려운 시기였다. 그 당시에는 불행을 느끼기도 했으나, 지금 돌이켜 볼 때 그다지 나쁜 시기였다는 생각은 별로 들지 않는다. 그때의 어려웠던 경험을 통하여 도리어 많은 인생 공부를 했다고 회고하기 때문일 것이다. 어쨌든 나는 나의 경험을 통하여 '자아의 성장'이 행복을 위한 필수 조건임을 믿게 되었다.

나뿐 아니라 다른 사람들의 경우도, 자신의 성장을 의식할 때 일반적으로 삶이 보람되고 만족스럽게 느껴질 것이다. 늙거나 병들어서 신체의 기능이 떨어지고 정신의 활력이 퇴보할 때 우리가 느끼는 좌절감은, 자아의 성장이 행복의 필수 조건임을 역으로 말해 준다.

생애 가운데서 특별히 좋았던 시절로서 두 번째로 떠오르는 것은 6·25 전쟁 당시에 시골 여자고등학교에서 교사 노릇을 했던 시절이다. 서울에서 이화여대 전임강사를 지냈던 전력(前歷)에 비하면 초라하기 짝이 없는 낙향이었고, 단칸 셋방이 세 식구를 위한 거실 겸 식당 겸 침실 그리고 나의 서재로도 사용된 궁핍한 살림이었다. 그럼에도 불구하고 그때가 매우 좋았던 시절로 회고되는 까닭은, 내가 비록 평교사에 불과했지만 그 학교에서 떳떳한 구실을 했기 때문일 것이다.

그때가 전쟁 중이라 그랬는지 학생들이 교칙을 위반하는 사례가 많았고, 학교 측에서는 엄벌로써 기강을 세우려고 하였다. 그러나 잇따른 엄벌은 도리어 학생들의 반발을 초래했을 뿐 사태는 호전될 기미를 보이지 않았다. 그 같은 상황에서 나는 엄벌을 무기로 삼은 학교의 간부와 반항적인 학생들 사이에서 거중조정(居中調停)의 임무를 맡고 나섰다. 우선 지나치게 번거롭고 불필요한 교칙을 완화하여 교칙 자체에 대한 반발을 없애고, 다음에는 엄벌보다는 대화를 통한 설득으로 학생들의 자율(自律)을 유도하자는 것이 나의 대안이었다.

처음에는 교장과 교감이 내 의견에 반대했으나, 나중에는 반신반의하면서 내 의견을 받아들였다. 나에게 책임을 지우는 뜻에서, 가장 말썽을 많이 피우는 3학년 한 학급 담임을 나에게 맡기고 '훈육 주임'이라는 보직까지 맡게 하였다. 전체가 6학급밖에 안 되는 작은 규모의 학교였고, 내가 명문 여자대학 교수를 지낸 사람이라는 외화(外華)의 도움도 있어서, 학생들의 자율적 협력을 얻어 내는 데 성공하였다. 결과적으로 학교가 기강을 되찾고 명랑하게 되었다. 조그만 일이었지만, 나의 적극적 참여로 학교의 분위기가 바뀌게 된 그때의 체험이 나에게는 매우 뜻있고 보람된 일로서 회고된다.

서울대학교에 근무했을 때도 운동권 학생들과 학교 당국 사이에서 어떤 조정을 시도한 적이 여러 번 있었다. 그러나 번번이 실패만 하고 말았다. 나도 처음에는 학생들 편에 가까웠으나, 점점 과격해 가는 그들과도 거리가 생기게 되었다. 그렇다고 문교 당국의 지시를 따를 수밖에 없었던 보직 교수들과 혼연일체가 되기도 어려운 상황이었다. 그런 상황에서 교실 밖에서도 학교를 위해서 무엇인가 기여하는 바 있기를 원했던 것인데, 그것이 실패로 돌아간 것이다. 서울대학교에서 근무한 사반세기 동안도 나에게 소중한 시기였음에 틀림이 없으나, 청주여자고등학교에서의 짧은 체험은 공동체를 위해서 떳떳한 구실을 한다는 것이 행복을 위해서 빼놓을 수 없는 조건임을 깨닫게 하였다.

내 생애 가운데서 매우 좋았던 시기로서 세 번째로 떠오르는 것은 지금의 고려대학교 의과대학의 전신인 수도여자의과대학에서 교양 철학을 가르치던 시절이다. 의과대학에서는 의학을 가르치는 교수들이 단연 주역이며, 철학 따위의 교양과목을 맡은 사람은 보잘것없는 단역에 불과하다. 그럼에도 불구하고 그 시절이 그토록 아름답게 회상되는 까닭은 무엇일까? 대답은 '원만한 대인관계'다.

그 의과대학은 당시 6백 명 미만의 학생과 20명 미만의 교수를 가진 작은 규모의 대학이었다. 대체로 가족적 분위기가 지배했으며, 교수들과 학생들 사이가 매우 화목하였다. 순진한 여학생들은 나의 설익은 철학 강의를 신선한 것으로 받아들였고, 의학을 전공한 선배 교수들은 아무런 경쟁 상대도 되지 않는 젊은 철학도를 동생처럼 아껴 주었다. 그 밖에 같은 또래의 막역한 친구도 생겨서, 그 무렵이 대단히 좋았던 시절의 하나로서 회상된다.

이상과 같은 나의 회고는 나에게 다음과 같은 신념을 안겨 주었다. "행복의 가장 중요한 조건은 막강한 권력이나 막대한 금력이 아니라, 자아의 성장과 공동체를 위한 떳떳한 구실 그리고 원만하고 따뜻한 대인관계다." 여기에 한두 가지 더 추가한다면 '기본 생활의 안정'과 '건강'을 손꼽을 것이다.

3. 우리는 어디서 행복을 찾고 있는가

물고기를 잡으려면 물고기가 사는 곳을 찾아가야 하듯이, 행복을 얻으려면 행복이 있는 곳에서 그것을 구해야 한다고 하였다. 더 정확하게 말하자면, 행복을 얻기 위해서는 행복의 조건을 갖추기에 적합한 길을 따라서 살아야 한다. 그런데 우리는 어느 길을 따라서 행복을 추구하고 있는가?

사람에 따라 걷는 길이 각각 다를 것이다. 그러나 대체로 말해서, 행복을 얻고자 한국 사람들이 걷는 길에는 뚜렷한 경향이 있음을 볼 수 있다. 많은 사람들이 거액의 돈을 버는 길에서 행복을 구하고 있다. 많은 사람들이 권력과 높은 지위를 지향하는 길에서 행복을 찾고 있다. 또 많은 사람들이 호화로운 물질생활과 향락을 통하여 행복을 얻고자 하고 있다.

금력과 권력 그리고 향락은 서로 맞물려서 같은 길로 합류한다. 거액의 돈이 있으면 세도의 길로 들어서거나 세도가를 매수할 수 있는 것이 우리의 현실이며, 권력이 막강하면 돈을 긁어 모을 수도 있는 것이 오늘의 세태다. 그리고 금력이나 권력만 강하면 향락을 누릴 수 있는 길이 저절로 열리는 사회상이다. 큰길과 뒷골목 도처에서 값비싼 향락 상품이 손짓하며 유객(遊客)을 부른다. 결국 그 길이 그 길이다.

행동의 세계와 언어의 세계 사이에는 현저한 차이가 있다. 이 세상에서 가장 소중한 것은 돈이나 권력이 아니라고 말하는 사람들이 대다수를 차지한다. 사치스러운 소비생활을 공공연하게 찬양하는 사람은 적으며, 대개는 검소한 생활이 바람직하다고 주장한다. 그러나 그렇게 말하는 사람들도 실천의 마당에서는 돈과 권력의 유혹에 넘어가고, 검소하기보다는 사치스러운 생활의 길로 빠져들어 간다. 자신도 모르는 사이에 사회 풍조에 떠밀려 가는 사람들이 적지 않다.

우리가 언어의 세계에서 돈이나 권력보다 인격이나 학식이 더 소중하다고 말하며, 뇌물을 받아서 돈을 얻는 것보다는 가난하게 살더라도 결백과 명예를 지키는 편이 더 중요하다고 말하는 것은, 전통 윤리가 그렇게 가르쳐 왔기 때문일 것이다. 전통 윤리라는 것을 전적으로 무시하는 젊은이들 가운데는 공공연하게 돈의 가치를 찬양하고 향락의 생활을 구가하는 사람들도 있다.

우리가 행동의 세계에서 돈과 권력 또는 향락을 학식과 예술 또는 인격보다도 더 강하게 추구하는 것은, 오늘의 사회 풍조가 돈과 권력 또는 향락을 좇도록 부추기기 때문일 것이다. 오늘의 사회 풍조는 사람들을 사치스럽고 호화로운 생활로 몰고 가는 경향이 있으며, 물질생활에서 뒤떨어진 사람은 인생 전체에서 뒤떨어진 사람으로 평가하는 경향이 있다. 비록 인격이 고매하다 하더라도 가난하고 초라하면 사람 대접을 받기가 어려운 것이 우리들의 사회 인심이다. 이러한 사회 분위기 속에서 우리는 자신도 모르는 사이에 소유와 향락의 길로 빠져들게 되는 경우가 많다.

옛날의 우리 조상들도 재물을 좋아하고 벼슬자리를 사랑하였다. 그들도 역시 외면적 가치를 추구하며 살았다고 볼 수 있을 것이다. 다만 그들은 '이웃간의 사랑', '예술과 학문', '멋과 풍류' 등 내면적 가치의 세계에 대해서도 상당히 강한 애착을 보임으로써, 삶 전체의 균형을 어느 정도 유지했던 것으로 전해지고 있다.

옛날 우리 조상들의 생활 태도와 오늘날 후손들의 그것 사이에는 또 하나의 다른 점이 있다. 우리 조상들은 대가족을 자아와 동일시하면서 '우리'를 위하여 살았다. 땅을 사도 그것은 '우리 집 땅'이었고, 벼슬을 해도 그 가장 큰 보람은 '가문을 빛냄'에 있었다. 노래를 부르고 춤을 추는 즐거움도 '나' 한 사람의 것이기보다는 '우리' 모두의 것이었다.

그러나 요즈음 우리 후손들은 각각 '나'를 위주로 살고 있다. 돈을 버는 것은 '나'를 위해서 버는 것이며, 어떤 지위를 탐내는 것도 '나'의 출세를 위해서이다. 여럿이 어울려서 술을 마시거나 춤을 출 때도 마음속에서는 각각 '나'에 대한 애착을 벗어나기 어렵다. 이러한 경향은 젊은 세대로 갈수록 현저하다.

오늘날 우리들의 대다수는 소유의 극대화 또는 향락의 극대화를 위해서 각각 뛰고 있다. 많은 사람들이 타인의 존재와 공동체의 흥망을 외면하고 각자의 행복을 추구한다. 그런데 우리는 과연 얼마나 행복으로 접근하고 있는가? 일률적으로 말하기는 어려우나, 선뜻 '우리는 행복하다'고 대답하기 어려움을 느낀다.

1960년대 중반 이후에 우리나라는 괄목할 만한 경제 발전을 이룩하였다. 못 하나, 연필 한 자루도 제대로 만들지 못하던 나라에서 전자 제품과 자동차를 수출하는 나라로 성장하였다. 우리들의 소비생활도 그 수준이 크게 향상되었다. '보릿고개', '초근목피(草根木皮)', '아침 밥 저녁 죽(朝飯夕粥)' 등 가난을 상징하는 낱말들의 뜻을 어린이들은 실감 나게 이해할 수 없게 되었다. 텔레비전과 냉장고를 가지고 있으면서도 '영세민'으로 불리는 가정이 생기기에 이르렀다.

물질생활의 풍요로움을 따라서 우리들의 몸도 많이 편해졌다. 옛날에는 사람들의 육체로 하던 일들의 대부분을 기계가 대신해 주고 있다. 엄동설한에도 개울가에 나가거나 샘물을 길어서 빨래를 하던 시절과 버튼 하나만 눌러 놓고 텔레비전을 보고 있으면 세탁이 저절로 되는 오늘은 비교조차 어려울 정도로 크게 다르다. 이제 도시에 거주하는 중산층 이상은, 악취 속에 쪼그리고 앉아서 여름에는 파리떼에 시달리고 겨울에는 추위와 싸우는 변소의 괴로움을 모르고 산다.

물질생활이 풍요롭게 된 것과 발맞추어 정신생활도 풍요롭게 되었으면 좋았을 터인데, 사실은 그렇지 못하다. 물질생활의 향상에도 불구하고 우리들의 내면생활은 도리어 빈곤한 상태로 후퇴한 어두운 측면을 갖게 되었다. 몸은 편하지만 마음은 옛날보다도 불편한 시간이 늘어 가고 있다는 느낌을 가질 때가 적지 않다.

옛날의 우리 조상들은 가난 속에서도 서로 도와 가며 평화롭게 살았다. 가족과 친족들 사이는 물론이요, 이웃 사이에서도 오순도순 정을 나누며 살았다. 간혹 좀도둑은 있었으나 강력범은 드물었다. 그러나 오늘날 우리 후손들은 몸만 편하고 마음은 편하지 않은 세상을 만들고 있다. 극도의 자기중심적 태도로 서로가 서로를 밀어내는 까닭에, 심한 사회적 갈등이 도처에서 일어난다. 흉악한 범죄가 날로 늘어나고 있으며, 환경의 오염도 심각한 지경에 도달하였다.

우리는 지금 각각 외톨이로 살고 있다. 부모와 자녀 사이에도 칸막이가 생기고, 아내와 남편 사이에도 칸막이가 생긴다. 마치 누에고치 속의 번데기처럼 각각 둘레에 성(城)을 쌓고 떨어져서 산다. 인구가 늘어서 몸과 몸 사이의 거리는 가까워지지만, 마음과 마음의 거리는 점점 멀어진다. 나는 나고 너는 너라는 생각이 사람들의 의식구조의 바탕을 이루는 가운데, '우리'의 관념은 점차 희미해져 가고 있다.

'인간 존중'을 외치고 '민주주의'를 내세우지만, 사람의 값은 점점 떨어지고 있다. 인간이 인간을 귀중히 여기지 않는 것이다. 사람을 그 자체가 귀중한 인격으로서 대접하기보다는 어떤 목적을 위해서 이용할 도구로서 대접한다. 서로가 서로를 그렇게 대접할 뿐 아니라, 급기야는 자기 자신의 인격까지도 소홀히 대접한다. 그래서 '인간의 비인간화' 또는 '인간의 자기소외'라는 말이 유행어가 되어 돌아다닌다.

외톨이로 사는 까닭에 우리는 마음이 어둡고, 인간이면서 인간 대접을 못 받는 까닭에 우리의 마음은 무겁다. 예나 지금이나 인간은 사회적 존재이고, 시대가 바뀌어도 인간은 인격으로서 대접받기를 원하는 자존심 강한 존재다.

물질생활도 중요하고 정신생활도 중요하다. 그러나 그 가운데서 어느 편이 더욱 인간적이냐고 굳이 묻는다면 나는 후자라고 대답할 것이다. 몸도 소중하고 마음도 소중하다. 그러나 인간의 견지에서 볼 때 몸과 마음 가운데서 어느 편이 더 큰 비중을 갖느냐고 묻는다면, 나는 '마음'이라고 대답하고 싶다. 비록 물질생활이 풍요로워도 정신생활이 빈약한 사람은 인간으로서 떳떳한 사람은 아니다. 아무리 몸이 편해도 마음이 아픈 사람은 행복한 사람이 아니다.

많은 사람들이 소유의 극대화와 향락의 극대화에서 행복을 찾았다. 옛날에 비해서 풍부한 소유를 얻게 되었고 사치스러운 향락을 누리게 되었다. 그러나 오늘의 우리 후손들이 옛날 우리 조상들보다 더 행복하다고 말하기는 어렵다. 행복을 위해서 가장 중요한 조건은 마음의 평화인데, 소유와 향락이 우리에게 마음의 평화를 가져다주지 않은 것이다. 결국 우리는 행복으로 가는 길을 잘못 선택했다고 보지 않을 수 없다.

물질생활이 향상되고 몸이 편해짐에 따라서 정신생활도 풍요로워지고 마음도 더 편해졌어야 앞뒤가 맞을 것이다. 그러나 우리의 경우는 물질생활의 향상에도 불구하고 정신생활은 도리어 후퇴한 듯한 느낌이 강하다. 이것은 분명히 역설적 현상이며, 어디엔가 잘못이 있음에 틀림이 없다. 도대체 그 잘못 또는 모순의 근원은 어디에 있는 것일까?

잘못된 근원은 사회구조의 비리(非理)에 있다고 역설하는 사람들이 있다. 또 다른 사람들은 가치관의 혼란 즉 의식구조의 뒤틀림이 모든 잘못의 근원이라고 주장한다. 두 가지 주장이 모두 옳다고 받아들여야 할 것이다. 실은 사회구조와 의식구조 사이에는 불가분의 관계가 있으며, 모순된 사회구조와 뒤틀린 의식구조는 서로가 서로의 원인도 되고 결과도 되면서 엉클어져 있다. 비리에 가득 찬 사회구조 속에서 오래 생활한 사람들은 의식구조에 병이 들기 마련이고, 병든 의식구조를 가진 사람들이 주도권을 잡으면 그들이 형성하는 사회구조에도 병이 들기 마련이다.

우리나라의 도덕적 타락이 화제에 오른 어느 좌석에서 서양사의 권위자로 알려진 학자가 로베스피에르의 말을 인용하였다. "도덕적 타락의 근본 원인은 심한 빈부의 격차에 있다."고 그가 말했음을 강조하면서, 오늘날 우리 사회의 부정부패의 근본 원인도 빈부의 격차에 있다는 것을 암시하였다. 그러나 사회 현실의 원인과 결과는 그렇게 간단히 말할 수 있는 것이 아니다. 반대로 도덕적 타락이 빈부의 격차를 부른 원인이라는 말도 성립할 수 있을 것이다. 해방 이후에 우리나라가 걸어온 발자취는 도덕적 타락이 빈부의 격차를 초래했다는 주장을 역사적으로 뒷받침한다.

해방 당시에도 빈부의 격차는 있었으나 오늘날과 같이 심한 것은 아니었다. 산업화 이전의 농업국이었던 까닭에 부유층을 형성한 것은 주로 지주였고, 지주들이 누렸던 부의 규모는 오늘의 재벌의 경우처럼 방대한 것은 아니었다. 그리고 해방을 계기로 지주에게 불리한 법령이 제정되어 지주계급은 점차 몰락하였다. 1960년대 이후에 산업화의 바람이 불었고, 상공업에 종사하는 새로운 부자들이 생겼다. 이 새로운 부유층이 형성되는 과정에서 많은 비리와 불법이 자행되었다. 해방을 계기로 전통 윤리의 질서가 무너지고 새로운 윤리가 형성되지 못한 도덕의 공백기가 지속되는 동안, 방법을 가리지 않고 돈벌이에 열중한 사람들이 도처에 나타났던 것이다. 그리고 기업 윤리를 무시한 경제활동과 사회정의를 위한 정책의 부재는 빈부의 격차를 지나칠 정도로 확대하는 결과를 낳았다.

외형적 제도 내지 사회구조도 매우 중요하지만, 사람들의 가치관 내지 의식구조는 더욱 중요하다. 제도를 만들고 운영하는 것은 결국 인간이다. 인간을 떠받들고 있는 마음의 질서가 무너지면 바람직한 제도를 만들어 내기가 어려우며, 외형상으로 바람직해 보이는 제도를 만든다 하더라도 그것을 운영하는 과정에서 그 본래의 내실(內實)을 거두기가 어렵다.

3장 행복의 조건

1. 기본 생활 그리고 건강

앞에서 우리가 '행복으로 가는 길'을 고찰했을 때, 행복에는 주관적 측면과 객관적 측면이 있다는 것을 은연중에 언급하였다. 행복의 주관적 측면이라 함은 마음의 평화와 자신의 삶에 대한 깊은 만족이라고 요약할 수 있을 것이다. 그리고 행복의 객관적 측면이라 함은 마음의 평화와 삶에 대한 깊은 만족을 얻기 위해서 갖추어야 할 객관적 조건들이다. 그 객관적 조건으로서 제시한 것은 다음의 다섯 가지였다. 첫째는 기본 생활의 안정, 둘째는 건강, 셋째는 자아의 성장, 넷째는 공동체 안에서의 떳떳한 구실, 다섯째는 원만한 대인관계.

위에 열거한 행복의 다섯 가지 조건을 갖추게 된다면, 성격에 특별한 이상이 없는 한 자신의 삶에 대하여 깊은 만족을 얻는 동시에 마음의 평화에 도달할 것이다. 즉, 사람이면 누구나 절실하게 염원하는 행복에 도달할 것이다. 그렇다면 이 행복의 다섯 가지 조건을 갖추기에 적합한 삶의 자세와 일상적 노력이 다름 아닌 행복을 실현하는 구체적 방안이라는 결론이 된다. 이

다섯 가지 조건을 갖추는 지혜와 처방이 근본적으로 서로 다르다고는 생각되지 않는다. 이것들을 갖추기에 필요한 지혜와 처방은 아마 근본에 있어서 같은 바탕을 가지고 있을 것이다. 그러나 여기서 문제를 구체적으로 생각하기 위하여 다섯 가지를 하나하나 떼어서 살펴보기로 하자. 우선 '기본 생활의 안정' 문제부터 생각해 보기로 한다.

옛날 농경시대에는 기본 생활의 안정을 위해서 가장 소중한 것이 땅이었다. 땅만 있으면 곡식과 채소를 가꾸어서 식량을 장만할 수 있고 목화를 재배해서 의류를 마련할 수도 있었다. 땅만 있으면 흙벽돌을 찍고 산에서 서까랫감을 구하여 집을 지을 수도 있었다. 그러나 공업과 정보가 경제를 주도하는 현대사회에서는 사정이 크게 다르다. 현대사회에서 기본 생활의 안정을 위하여 가장 소중한 것은 땅이 아니라 돈이다. 돈만 있으면 의식주가 보장될 뿐 아니라 의료와 교육의 문제까지도 해결된다. 민간요법이 성행하고 집안 어른이나 서당 훈장이 교육을 담당하던 옛날에는 돈이 없어도 병을 고치고 아이들을 가르칠 수 있었다. 그러나 자급자족이 어려운 현대사회에서는 돈이 없으면 하루를 살기도 쉽지 않다. 돈이 없으면 아무 일도 할 수 없고, 돈만 있으면 무슨 일이라도 할 수 있다고 생각하는 사람이 많을 정도로, 현대는 돈의 위세가 강한 시대다.

돈의 위세가 매우 강하다는 바로 이 사실은, 돈을 지극히 소중한 것으로 만드는 동시에, 한편으로는 그것을 매우 위험한 것으로 만들었다. 돈이 없으면 하루도 살기 어려운 현대사회에서, 우리는 돈이 매우 소중하다는 것도 알아야 하고, 또 그것이 매우 위험한 물건이라는 사실도 알아야 한다. 정확하게 말하면, 돈 자체가 위험한 것이 아니라, 돈을 좋아하는 사람의 욕심에 위험이 깃들어 있다.

사람들은 돈을 매우 좋아한다. 그러나 돈 그 자체가 본래 어떤 목적으로서 소중한 것은 아니다. 돈은 본래 다른 무엇을 위한 수단이며 돈의 가치는 그것으로써 얻을 수 있는 다른 무엇에 달려 있다. 바꾸어 말하면, 어떤 사람의 수중에 들어간 돈의 가치는 그것이 무엇을 위해서 쓰이느냐에 따라서 크게 달라진다. 그러므로 우리가 돈 그 자체를 좋아하고 맹목적으로 돈에 애착하는 것은 옳지 못한 짓이다. 무엇에 쓸 돈인가를 생각하고, 필요한 만큼만 벌면 그것으로 충분하다.

'기본 생활'은 말 그대로 삶의 기본이다. 기본 생활의 토대 위에서 우리는 여러 가지 뜻있는 활동을 하기 마련이다. 그런 의미에서 기본 생활은 매우 소중한 것이며, 기본 생활을 위해서 쓰이는 돈도 따라서 매우 큰 가치를 갖게 된다. 그것이 누구의 기본 생활이든, 기본 생활을 위해서 쓰이는 돈은 큰 가치를 발휘하는 돈이라고 보아야 한다. 그러므로 우리가 자신과 가족의 기본 생활에 필요한 돈을 벌기 위해서 응분의 노력을 하는 것은 당연한 일이며, 국가와 사회는 모든 사람들의 기본 생활이 우선 안정되도록 공동의 노력을 기울일 필요가 있다.

기본 생활이 안정되는 것만으로 삶이 만족스럽다고 생각하는 사람은 없을 것이다. 기본 생활의 안정만으로는 만족하지 못하는 것이 인간을 다른 동물과 구별하게 하는 인간의 특색이다. 기본 생활의 안정을 토대로 삼고 더욱 뜻있는 삶을 갖고 싶은 것이 인간인 우리들의 공통된 심정이다. 기본 생활을 넘어서서 하는 일 가운데는 돈벌이가 되는 것도 있고, 자기 돈이 들어가는 일도 있다. 돈벌이를 해가며 할 수 있는 일이 다름 아닌 직업이다. 세상 사람들은 자기 돈 써가며 하는 일을 보고 '좋은 일을 한다'고 흔히 말하지만, 돈벌이를 해가며 하는 직업을 통해서도 뜻있는 일을 얼마든지 할 수 있다. 직업이 소중한 까닭이다.

우선 많은 돈을 벌고 그 돈으로 '좋은 일'을 하겠다는 계획을 말하는 사람들이 있다. 많은 돈을 번다는 것이 여간 어려운 일이 아닌 까닭에, 방법을 가리지 않고 돈벌이에 열중하는 경우도 있다. 그러나 좋은 일을 하기 위해서 좋지 않은 짓을 한다는 것은 명백한 자기모순이다. 그뿐만 아니라 방법을 가리지 않고 돈벌이에 열중하는 사람은 돈을 모으는 일 자체에서 만족을 느끼고 모아 놓은 돈이 줄어드는 것을 아깝게 여기는 까닭에, 결국 그 돈을 좋은 일에 쓰지 못하고 세상을 떠나기 쉽다. 돈을 바르게 벌기도 어렵지만 바르게 쓰기는 더욱 어렵다.

돈의 위력이 지나치게 강한 세상이다. 그 위력이 지나친 까닭에 돈에 대한 욕심도 지나치기 쉽다. 시간이 귀중하다는 것을 강조하는 표어 가운데 "시간은 돈이다."라는 것이 있을 정도로 돈의 값이 올라갔다. 그러나 돈보다는 시간이 훨씬 더 귀중하다. 어리석은 사람은 돈을 아끼고, 현명한 사람은 시간을 아낀다. 다만 시간이 귀중한 까닭은 시간 자체에 있는 것이 아니라, 시간을 써서 하게 되는 뜻있는 활동에 있다.

여러 사람들이 모인 자리에서 행복을 위하여 갖추어야 할 객관적 조건 가운데서 가장 기본적인 것이 무엇이겠느냐고 물어본 적이 있다. '건강'이라는 대답이 많았다. 건강이 우선 앞서야 한다는 것은 어느 정도의 경험을 가진 사람이라면 누구나 통감하는 일반적 상식이다. 특히 근래에 우리의 경제 생활이 다소간 여유를 갖게 된 뒤부터 건강에 대한 일반의 관심이 높아졌고, 건강관리에 관한 여러 가지 이야기를 자주 듣는다. 대중매체를 통하여 전문가들의 귀중한 조언을 들을 기회도 가끔 있다.

나는 건강에 대해서는 문외한에 불과하다. 문외한이기는 하나, 70여 년 동안 살아오는 가운데 건강에 대하여 이런저런 생각을 하게 되고 의견도 갖게 되었다. 보통학교 1학년 때 학교 선생님으로부터 '선병질(腺病質)'이라는 말을 들은 것이 충격이 되어, 나는 허약 체질이라는 생각을 줄곧 하게 되었고 건강에 대하여 남다른 관심을 갖게 된 것이 그런 결과를 가져온 것이 아닐까 한다.

담임 선생님을 만나기 위하여 교무실에 갔을 때, 옆자리의 선생님이 나의 호리호리한 체구를 보고 웃통을 벗어 보라고 하였다. 담임은 아니었지만 선생님은 선생님이었으므로 하라는 대로 했던 것이고, '이건영(李建榮)'이라는 이름을 가졌던 그 선생님은 "선병질이구나." 했다. '선병질'이라는 말은 그때 처음 들었지만, 허약 체질이라는 뜻임을 직감적으로 알 수 있었다. 의학에 대한 전문 지식이 있는 사람의 말도 아니고, 보통학교를 마친 다음에 단기 교원양성소를 다니고 교사가 된 사람의 말에 불과했지만, 교사를 크게 우러러보던 시절이라 나는 그 말을 그대로 믿었다.

지금 돌이켜 보면, 나는 그리 허약한 체질이 아니었다는 생각이 든다. 보통학교에 다니던 6년 동안에 결석을 두세 번밖에 하지 않았고, 고등보통학교에 다니던 5년 동안은 단 한 번의 결석도 하지 않았으니 별로 허약한 체질이 아니라고 볼 근거는 충분하다. 그러나 뚱뚱한 사람은 건강하고 마른 사람은 허약하다는 통념(通念)이 지배하던 시절이었고, 무책임한 사람이 '선병질'이라는 진단까지 내린 바 있어서 나는 내가 허약하다는 것을 믿지 않을 수 없었다.

내 건강에 대한 부정적인 믿음은 항상 건강에 유의하도록 만들었다는 긍정적 결과도 가져왔으나, 그보다는 건강에 대한 열등감에서 오는 부정적 영향이 더 컸다고 생각된다. 젊어서는 만사에 자신감을 가지고 능동적 자세로 사는 것이 바람직한데, 건강에 대한 열등감에 사로잡히면 자연히 움츠러들기 쉽고 만사에 소극적 자세를 취하게 된다. 정신적 위축은 그 자체가 건강에 부정적으로 작용한다. 기(氣)를 펴고 활달하게 움직여야 건강에도 좋을 터인데, 나는 그 반대의 길을 걸었다.

건강체에 대한 통념이 달라져서, 뚱뚱한 것보다는 차라리 마른 편이 낫다는 말이 돌아다니게 된 뒤에도 나는 그 말을 믿기가 어려웠다. 어릴 때부터 머리에 꽉 박힌 고정관념을 벗어나기는 어려운 일이어서, 나는 계속 뚱뚱한 사람을 부러워하면서 살았다. 그러다가 60세를 바라볼 무렵부터 마른 것도 나쁘지 않다는 것을 조금씩 느끼게 되었다. 겉모양은 볼품이 없지만 생활하는 데는 유리한 점이 많다는 것을 차차 알게 된 것이다. 특히 비대한 동년배들과 계단이나 오르막길을 올라갈 때, 옆 사람의 가쁜 숨소리를 들으면서 나는 가벼운 체중의 유리함을 피부로 느낄 수가 있었다.

건강에 대한 자신감이 생긴다는 것은 참으로 중요한 일이다. 건강에 대한 자신감이 지나쳐서 폭음 폭식을 하거나 밤샘을 하는 따위의 무리를 한다면 사정은 달라지겠으나, 그렇지만 않다면 건강에 대하여 자신을 갖고 기를 펴는 것이 건강 자체를 위해서도 바람직하고 삶 전체를 위해서도 바람직하다. 옛날 사람들이 기상(氣像)의 중요성을 강조한 것은 지극히 슬기로운 가르침이다. 기상이 죽으면 건강도 시들고 삶 전체도 시든다.

기상이 중요하다 함은 정신 상태가 중요하다는 뜻으로 이해해도 무방할 것이다. 어쩌면 정신의 건강이 육체의 그것보다 더 기본적이라는 생각도 든다. 정신만 건강하면 육체의 건강은 정신력으로 쌓아 올릴 수가 있다. 정신이 무너지면 건장하던 육체도 따라서 서서히 무너진다. 육체가 건강해야 정신도 건강하다는 말에 전혀 일리가 없는 것은 아니나, 그보다는 정신이 건강해야 육체도 건강할 수 있다고 말하는 편이 문제의 핵심을 더욱 깊이 들여다본 주장일 것이다.

요즈음 대중매체와 강연 등을 통해서 자주 이야기되는 건강법은 대부분이 육체의 건강에 관한 정보에 국한되고, 사람들이 뜨거운 관심을 가지고 추구하는 것도 육체의 건강이다. 정신 건강에 관한 이야기에도 관심이 전혀 없는 것은 아니겠지만, 어쩌다 있는 예외적인 경우에 가깝다. 이것은 크게 잘못된 현상이다. 우리는 정신의 건강에 대해서도 더 많은 관심을 기울이고 더 많은 지혜를 발휘해야 한다고 믿는다. 오늘날 우리들의 심각한 문제는 육체의 건강이 부실함에 있기보다도 정신의 건강이 부실함에 있다고 보아야 한다.

'정신 건강'이라는 말을 좁은 의미로 이해할 때, 그것은 신경정신과 의사들이 다루는 대상 영역이라고 볼 수 있을 것이다. 그리고 현대의 우리 사회에는 이 좁은 의미의 정신 건강에 문제가 있는 사람들이 대단히 많은 것으로 보도되고 있다. 물질과 육체의 생활은 옛날보다 크게 향상되었으나, 정신의 생활에는 불안과 고민이 옛날보다 더 많아진 것이 오늘의 상황이다. 이 불안과 고민으로 인하여 마음이 평화를 잃게 되었을 때, 그 사람의 정신 건강에 문제가 있다고 보는 것이 우리들의 상식이다.

정신 건강과 깊은 관계가 있는 것으로서 '스트레스'를 이야기하는 사람들이 많다. 심리적 압박을 이기지 못하면 정신 건강에 무리가 온다는 것이 오늘의 상식이다. 그런데 그 스트레스라는 것이 외부에서 오는 자극에 의해서 일방적으로 결정되는 것이 아니라, 외부의 자극을 내가 어떻게 받아들이느냐에 따라서 달라진다. 그리고 때로는 나의 정신 상태가 내가 받는 스트레스의 중요한 원인이 되기도 한다. 바꾸어 말하면, 내가 어떤 마음의 자세로 세상을 사느냐에 따라서 내가 받는 스트레스가 커지기도 하고 작아지기도 한다. 마음을 비우면 비울수록 스트레스는 줄어들 것이다. 그러나 마음을 비운다는 것이 좀처럼 쉬운 일이 아니다.

'정신 건강'이라는 말을 넓은 의미로 이해할 때, 그것은 도덕성(道德性)의 문제와 직결된다. '도덕'이란 결국 인생을 건강하게 사는 지혜의 진수에 가까운 것이어야 하고, 건강한 사회생활에 도움이 되지 않는 것은 참된 도덕이라고 보기 어렵다. 그러므로 참된 의미로 도덕적인 사람은 정신이 건강한 사람이기도 하다. 요즈음 우리 사회의 도덕성에 심각한 문제가 있다 함은 우리들의 정신 건강에 큰 문제가 있다는 것을 의미한다.

"사람이 40세가 되면 자기 얼굴에 대하여 책임을 져야 한다." 링컨이 남긴 이 말은 어떤 마음가짐으로 세상을 사느냐에 따라서 그의 얼굴 인상이 달라진다는 사실을 가리킨 것으로서 자주 인용되곤 한다. 건강에 대해서도 비슷한 말을 할 수 있다고 생각한다. "어른이 된 이후의 건강에 대해서는 각자가 책임을 져야 한다." 얼굴이 생활의 거울이듯이, 건강도 생활 태도 여하에 따라서 크게 좌우된다.

강건한 체질을 타고난 사람도 있고, 허약한 체질을 타고난 사람도 있다. 그러나 출생 시의 우열이 평생 동안 지속되는 것은 아니며, 본인의 생활 태도에 따라서 도중에 많은 변화가 생긴다. 강건한 체질을 타고난 사람도 자기와의 싸움에서 지면 건강을 잃게 되고, 허약한 체질을 타고난 사람도 자기와의 싸움에서 이기면 건강을 얻게 된다. 가까운 주변에서도 그런 사례를 찾아보기는 그리 어려운 일이 아니다.

2. 자아의 성장

'나'에 대한 의식 즉 자아(自我)에 대한 의식을 가진 동물이 인간 이외에도 있는지 동물 심리학자에게 물어본 적은 없다. 어쨌든 인간에게는 강한 자아의식이 있으며, 자아에 대한 강한 의식이 아니었다면 인간의 삶의 모습은 크게 달라졌을 것이다. 인간이 행복을 추구하는 것도 강한 자아의식에 연유하는 것이며, 행복이란 자아의 상태가 만족스러울 때 실현되는 무엇이라고 볼 수 있다.

모든 것이 변화하는 가운데 자아의 상태도 변화한다. 자아의 상태는 좋은 방향으로 변화하기도 하고 나쁜 방향으로 변화하기도 한다. 좋은 방향으로의 변화를 '성장(成長)'이라고 부른다면, 나쁜 방향으로의 변화에는 '퇴보(退步)'라는 말이 적합하다. 자아의 성장은 육체의 상태에도 나타날 수 있고 정신의 상태에도 나타날 수 있다. 체력이 좋아지는 것은 육체적 성장의 예이고, 인격이 완숙해지는 것은 정신적 성장의 예이다.

인간은 자아의 성장을 의식할 때 만족을 느끼고, 자아의 퇴보를 의식할 때 불만을 느낀다. 자아의 성장은 행복을 조장하고 자아의 퇴보는 불행을 조장한다. 일반적으로 말해서, 젊은이들이 늙은이들보다 행복을 느끼기 쉬운 이유의 일부를 우리는 자아의 성장 또는 퇴보와 관련해서 이해할 수 있을 것이다.

여기서 우리는 매우 난처한 물음 하나와 만나게 된다. 만약 자아의 성장이 행복을 조장하고 그 퇴보가 불행을 조장한다면, 인생은 결국 불행할 수밖에 없지 않느냐 하는 물음이다. 성장이라는 것은 젊었을 동안에만 가능하고 절정기를 지나면 퇴보할 수밖에 없는 것이 생물로서의 인간이 밟는 삶의 과정이다. 그리고 한 개인의 생애는 단명한 사람들의 경우를 제외하면, 절정기 이후가 훨씬 더 길다. 단명한 사람을 행복하다고 말하기도 어려우므로, 퇴보의 기간이 오래 지속하는 인간의 생애는 전체적으로 볼 때 불행하다는 결론을 피하기 어렵지 않느냐 하는 물음이 우리를 난처하게 만든다.

그러나 자아의 성장이 젊었을 동안에만 가능하다는 전제는, 육체적 측면의 성장에 대해서는 참이나, 정신적 측면의 성장에 대해서는 참이 아니다. 사상과 인격 등 정신적 역량의 성장을 위해서 가장 중요한 밑거름이 되는 것은 체험이다. 실패의 경험이든 성공의 경험이든 체험을 잘 살릴 때 정신적 측면의 성장을 얻게 된다. 그런데 체험은 나이가 많아질수록 풍부해지기 마련이므로, 체험을 살리는 지혜만 있다면 늙은 뒤에도 정신적 성장을 계속하는 것은 충분히 가능하다고 보아야 한다. 다만 체험을 살린다는 것이 그리 쉽지 않다는 점에 문제가 있다.

노년에 이른 뒤에 인격적 성장을 계속한 사람이 흔하지는 않으나 더러 있다. 그 가장 현저한 예로서 우리는 공자(孔子)를 들 수 있을 것이다. 『논어(論語)』에 기록된 공자 자신의 회고에 따르면, 공자의 마음의 세계는 나이가 많아짐에 따라서, 불혹(不惑), 지천명(知天命), 이순(耳順)이라는 말들이 상징하듯, 점점 높은 경지에 이르렀다. 그러나 60대에 도달한 이순의 경지도 인격 완성의 단계는 아니며, 공자의 인격이 완성의 단계에 도달한 것은 종심 (從心)으로 상징되는 70 고개를 넘은 뒤였다.

학덕이 높으며 어떤 일을 당해도 초연할 수 있을 정도로 마음을 비운 경지에 도달한 스님을 '고승(高僧)'이라고 부른다. 그런데 고승 이야기를 들었을 때 우리 머리에 떠오르는 것은 수염과 눈썹이 하얗게 센 노승(老僧)의 그림이며, 새파랗게 젊은 고승은 생각하기 어렵다. 불교에 귀의하기로 결심하더라도 젊었을 동안에는 속세의 욕망을 완전히 버리기는 어려우므로 번뇌와 고민이 따라다닌다. 그러는 가운데 체험이 늘고 수양을 쌓아서 속세에 초연한 경지에 이른 스님이 더러 있거니와, 그 경지에 도달하기까지에는 많은 세월이 필요하다.

성현이나 고승은 예외적인 사람들이므로 그들에 관한 이야기는 우리 보통 사람에게는 적합하지 않다고 생각하는 사람도 있을 것이다. 그러나 성현 또는 고승의 씨가 따로 있는 것은 아니다. 누구나 성현 또는 고승의 경지에 도달할 수 있다고 말한다면, 그것은 거짓말에 가까울 것이다. 그러나 누구든지 노력만 하면 성현 또는 고승의 경지로 한 치 두 치 가까이 갈 수는 있다고 말한다면, 그것은 지나친 말이 아닐 것이다.

이제까지 철학자들은 '자아의 성장'이라는 말보다는 '자아의 실현'이라는 말을 즐겨 사용하였다. 인간의 본바탕을 이성(理性)이라고 전제하고, 마음속에 잠재해 있는 이성을 남김 없이 발휘하여 도덕적 완성의 경지에 도달하는 것을 '자아의 실현'이라 부르고, 자아의 실현이 인생의 목적이요 행복의 요체라고 본 철학자들도 있었다. 인간의 본질을 이성이라고 보는 형이상학적 인간관에 입각한 주장이다.

그러나 앞에서 말한 '자아의 성장'은 형이상학적 인간관에 입각한 철학자들이 이상으로 삼은 '자아의 실현(self-realization)'과는 다르다. 나도 인간이 가지고 있는 이성적 소질을 충분히 발휘하는 것이 크게 바람직한 일이라고 믿는다. 그리고 이성을 충분히 발휘하여 도덕군자의 경지에 이른 인물에 대해서 끝없는 존경을 느낀다. 그러나 이성적 소질만이 인간이 타고난 여러 가지 소질 가운데서 유일하게 소중하다고는 생각하지 않으며, 모든 사람이 도덕군자가 되어야 한다고도 생각하지 않는다.

한 개인이 타고난 소질에는 여러 가지 종류의 것이 아울러 있는 것이 보통이다. 과학자의 소질, 예술가의 소질, 운동선수의 소질, 기술자의 소질, 교육자의 소질 등 여러 가지 소질 가운데서 어느 것은 많이 타고나기도 하고 어느 것은 적게 타고나기도 한다. 그 여러 가지 소질은 모두 귀중한 것이며, 그 가치의 경중(輕重)을 일률적으로 말하기는 어렵다. 다만 자신이 타고난 여러 가지 소질을 모두 살리기는 어려운 일이므로, 그 가운데서 크게 개발할 것과 조금만 개발할 것, 그리고 차라리 묻어 둘 것을 선정할 필요가 있다. 자기 개인과 공동체를 위해서 어느 길로 가는 것이 가장 바람직할까를 고려하여 스스로 삶을 설계해야 하는 것이다.

삶의 설계는 각자의 자유의사를 따라서 각자가 결정할 문제다. 바꾸어 말하면, 각자는 각자의 소망을 따라서 자신의 삶을 설계할 권한과 책임을 가졌다. 그러나 이 경우에도 우리의 자유는 무제한의 것은 아니어서, 아무렇게나 제멋대로 삶을 설계해도 좋다고 보기는 어렵다. 바람직한 삶을 실현하기 위해서는, 그 설계의 단계에서부터 반드시 지켜야 할 기본 원칙이 있다.

바람직한 삶이 한 가지밖에 없다면, 우리는 오직 한 가지밖에 없는 그 바람직한 삶을 추구해야 마땅할 것이며, 각자가 자신의 소망과 취향을 따라서 삶을 설계할 자유는 인정될 수 없을 것이다. 각자가 자신의 소망을 따라서 삶을 설계할 자유를 가졌다 함은 바람직한 삶이 다양하다는 믿음에 입각한 주장이다. 그러나 바람직한 삶이 다양하다 함은 아무렇게나 살아도 좋다는 뜻은 아니다. '바람직한 삶'이라는 말 자체가 '바람직하지 않은 삶'도 존재한다는 것을 의미하는 것이며, 따라서 바람직한 삶을 설계하는 과정에서 지켜야 할 원칙이 있다고 보지 않을 수 없게 된다.

여기서 제기되는 것이 바람직한 삶과 바람직하지 않은 삶을 판가름하는 기준이 무엇이며, 무엇에 의거해서 삶의 설계가 지켜야 할 원칙을 정하느냐 하는 물음이다. 이 물음에 대한 대답을 나는 '이성(理性)'이라고 생각한다. 이성의 요구에 맞는 삶이 바람직한 삶이며, 이성의 요구에 맞는 삶을 실현하기 위해서는 이성이 가리키는 원칙을 따라서 삶을 설계해야 한다고 보는 것이다. 오로지 이성 하나만을 발휘하기 위해서 살아야 한다고까지는 믿지 않으나, 이성의 지시를 따라서 자신의 타고난 소질을 유감없이 발휘하도록 사는 것이 우리가 걸어야 할 옳은 길이라고 생각하는 것이다.

3. 고독으로부터의 탈출

옛날 농경 사회에서는 개인이 가족을 떠나서 독립하여 살아가기란 매우 어려운 일이었다. 토지를 떠나서는 생계를 유지하기 어려운 것이 국민의 대부분을 차지하는 농민들의 실정이었고, 토지는 어느 개인의 단독 소유이기보다는 가족의 공동소유로서 인식되는 경향이 있었다. 그러므로 가족이 한 단위가 되어 긴밀한 공동생활을 하기 마련이었고, 개인이 살아남기 위해서는 어떤 가족의 일원으로서의 신분을 확보하는 일이 필수적이었다. 무리를 떠난 한 마리의 꿀벌이 단독으로 살아가기 어렵듯이, 개인이 일단 가족을 떠나면 심히 무력한 존재가 되어 생존을 지속하기가 어려웠다.

가족을 떠나서는 생존 자체가 어려웠던 까닭에, 농경 사회의 개인들은 가족에 대하여 강한 공동체 의식을 느끼기 마련이었고, 가족을 위하여 공헌하는 일 가운데서 큰 보람을 느꼈다. 그들에게는 가족을 위하는 길이 곧 '나' 자신을 위하는 길이었다. '우리'로서 의식되는 가족과 '나'를 떼어서 생각하기가 어려웠던 까닭에, 농경 사회의 개인들에게는 가족의 경사는 곧 나의 경사였고, 가족의 불행은 곧 나의 불행이었다.

그러나 산업사회 또는 정보사회 속에서 사는 현대인의 경우는 사정이 크게 다르다. 성장기와 수학기를 지난 다음부터는 부모가 주도하는 가족의 품을 떠나서도 충분히 살아갈 수 있는 길이 열린다. 부모가 종사한 가업(家業)을 계승하는 것보다는 새로운 직업을 갖는 편이 도리어 유리할 경우도 허다하다. 부부가 각각 직업을 가질 수도 있으며, 그런 경우에는 남편과 아내가 각자의 독립성을 주장할 수 있는 길이 열린다. 이러한 경제적 사정을 배경으로 삼고 발달한 것이 오늘의 개인주의 사상이다. 현재 우리는 개인의 자유와 독립성을 구가하는 개인주의 시대에 살고 있다.

인간의 생활양식이 바뀌어서 개인의 자유와 독립성이 강조되는 시대이기는 하나, 인간이 사회적 존재라는 것은 여전히 엄연한 사실이다. 가족이라는 공동체의 보호와 구속을 벗어나서 살 수 있는 길이 열린 대신, 가족 아닌 다른 공동체의 보호와 규제가 더욱 필요하게 된 것이 오늘의 현실이다. 우리는 자유와 독립성을 갈망하지만, 어느 누구의 협력도 간섭도 받지 않는 완전한 고립 상태를 원하지는 않을 것이다. 누구의 사랑도 미움도 받지 않는 완전한 무관심 속에서 살 경우를 상상해 보라. 아마 그것은 가장 견디기 어려운 삭막한 삶일 것이다. 우리는 자유를 외치면서도 타인의 관심이 다가오기를 원하고 있으며, 완전한 무관심은 심한 고문보다도 더욱 고통스럽게 느껴진다.

옛날 농경 사회의 개인들은 숙명적으로 주어진 '가족'이라는 공동체와 고락을 같이하며 평생을 살 수밖에 다른 선택의 여지가 없었다. 한편 산업사회에 사는 오늘의 개인들은 여러 가지 공동체 가운데서 자기에게 적합한 것을 선택하거나 이미 속해 있던 공동체를 떠나서 다른 공동체로 소속을 바꿀 수 있는 자유를 가지고 있다. 그러나 어떠한 공동체와도 인연을 끊고 오로지 개인 독자의 힘만으로 살아갈 수 있는 사람은 옛날에도 없었고 현재에도 존재하지 않는다. 어떠한 개인도 그러한 완전 고립을 원하지는 않을 것이다. 타인과의 관계를 떠나서, 공동체와의 인연을 떠나서 행복을 얻는다는 것은 옛날에도 불가능했고 현대에도 불가능하다.

현대에도 모든 개인들은 어떤 공동체의 일원으로서 살고 있다. 어떤 공동체에 속해 있는 것만으로 그 사람의 행복이 보장되는 것은 아니며, 공동체 안에서 어떠한 위치를 차지하고 어떠한 일을 하느냐에 따라서 그 사람의 행복 또는 불행이 크게 좌우된다. 일반적으로 말해서, 공동체 안에서 존경과 사랑을 받는 사람일수록 행복으로 접근할 공산이 크며, 경멸과 미움의 대상이 되면 불행하게 되기가 쉽다.

옛날 신분 사회에서는 운명적으로 주어진 신분에 따라서 자동적으로 존경과 사랑을 받게 되는 사람들도 흔히 있었다. 그러나 '평등'이 강조되는 현대 사회에서는 개인이 공동체 안에서 어떻게 행동하느냐에 따라서, 존경과 사랑을 받기도 하고 경멸과 미움의 대상이 되기도 한다. 내가 받는 존경과 경멸 또는 사랑과 미움에 대해서, 내가 경험하는 행복과 불행에 대해서, 나 스스로 져야 할 책임의 비중이 옛날보다 커진 것이다.

무엇보다도 중요한 것은 공동체를 위하여 필요한 일꾼 노릇을 하는 일이다. 공동체를 위해서 떳떳한 구실을 해야 떳떳한 대우를 기대할 수 있고, 스스로 자신의 삶에 대해서 보람과 긍지를 느낄 수 있다. 공동체에 대해서 아무런 보탬도 되지 못하고 오히려 짐스럽기만 한 사람이 되어서는 그 공동체 안에서 존경이나 사랑을 받을 수 없을 것이고, 그렇게 되면 자신의 삶에 대해서 보람이나 만족을 느낄 수 없을 것이다.

옛날의 노인들에 비해서 현대의 노인들에게 불행한 경우가 많은 이유를 여러 가지로 설명할 수 있을 것이다. 옛날에는 효자 효부가 많았으나 요즈음은 그렇지 않다는 것도 이유가 될 수 있을 것이고, 옛날에는 경로사상이 체질화되어 있었으나 지금은 사정이 다르다는 사실을 지적할 수도 있을 것이다. 그러나 그보다도 더욱 근본적인 이유는, 옛날 사람들에게는 늙은 뒤에도 가족과 마을을 위하여 할 수 있는 일거리가 있었으나, 현대의 노인들에게는 공동체를 위해서 수행할 만한 구실이 별로 없다는 사실에서 찾아야 할 것이다. 옛날에는 노인들에게 풍부한 농사의 경험 또는 민간요법에 대한 지식 등이 귀중한 지혜로서 활용되었으나, 과학과 기술이 날로 발달하는 현대에서는 체험과 기억에 의존하는 노인들의 소박한 지식은 별로 쓸모가 없게 되었다. 어쨌든 공동체를 위하여 도움이 될 만한 구실을 못하는 오늘의 노인들이 불행하다는 사실은, 공동체를 위하여 필요한 일꾼 노릇을 하는 것이 행복의 필요조건임을 역으로 말해 준다.

젊고 능력이 있음에도 불구하고 공동체를 위하여 별로 도움이 되지 않는 사람들이 있다. 공동체를 위하여 봉사하고자 하는 의지가 부족하기 때문이다. 늙거나 그 밖의 사유로 능력이 부족한 사람들 가운데도 공동체를 위하여 도움을 주는 사람이 있다. 공동체를 위해서 봉사하고자 하는 의지가 있기 때문이다. 속담도 "의지가 있으면 길이 열린다."고 하였다.

60-70년 전의 물질생활과 오늘의 그것을 비교하면 실로 엄청난 차이가 있다. 물질생활이 풍요롭게 됨에 따라 몸도 많이 편해졌다. 요즈음 밥을 굶고 허기에 시달리거나 옷이 없어서 추위에 떠는 사람은 거의 없을 것이다. 지금도 주부들 가운데는 가사 노동이 힘에 겹다고 불평하는 사람들이 많으나, 옛날의 주부들이 감당했던 그것에 비하면 아무것도 아니다. 옛날 주부들은 겉보리를 디딜방아로 찧은 다음에 연기 자욱한 청솔가지를 눈물로 태우면서 꽁보리밥을 지었다. 옛날 어머니들은 아기를 업고 개울에 가서 빨래를 했으며, 그것이 마르면 풀을 먹여서 다시 말렸다. 그 다음에 다듬이질까지 하여 손바느질로 한복을 지어야 했다. 농사일이 고되다고 젊은이들이 농촌을 떠나고 있지만, 옛날의 농사는 지금보다도 훨씬 더 힘들었다. 경운기니 콤바인이니 이앙기니 하는 따위의 기계화된 농기구는 이름도 들어 보지

못하였다.

몸이 편해진 것과 발맞추어 우리의 마음도 편해졌는가? '그렇다'고 선뜻 대답하기가 어렵다. 마음은 옛날 사람들보다도 오히려 불편한 경우가 많다. 사람과 사람 사이에, 집단과 집단 사이에 심각한 갈등이 항상 도처에서 일어나고 있기 때문이다. 갈등은 마음고생의 가장 큰 원인이고, 마음이 평화롭지 못하면 풍요로운 물질생활도 행복을 보장해 주지 않는다.

원만한 대인관계 즉 인화(人和)는 물질생활의 풍요나 육체의 안락보다도 행복을 위해서 더욱 중요한 조건이다. 금력이나 권력에서 아무리 막강한 위치에 오른 사람이라 하더라도 많은 사람들의 미움을 사는 처지에 놓이게 되면, 행복과는 요원한 거리에 있다. 그러나 돈도 권세도 없는 서민에 불과한 사람도, 주위 사람들과의 대인관계가 원만하여 기쁨 또는 슬픔을 함께 나눌 친구가 많으면 그런대로 삶이 대견하고 다사롭다.

인화가 바람직하다는 것을 모르거나 부인하는 사람은 별로 없을 것이다. 바람직한 줄 알면서도 마음대로 되지 않는 데 원만한 대인관계 문제의 어려움이 있다. 남편과 아내, 부모와 자녀같이 가까운 사이에서도 인화가 어려울 경우가 많다. 이쪽에서 원만한 관계를 원한다 하더라도 저쪽에서 응하지 않으면 문제는 어렵다. 인간의 감정이 복잡하고 까다롭기 때문일 것이다.

비록 마음대로는 되지 않는다 하더라도, 인화의 문제는 역시 노력의 대상이다. 대인관계를 원만하게 하고자 하는 노력을 하면, 그런 노력이 전혀 없을 경우보다 좋은 결과를 얻을 공산이 크다. 인화를 위한 노력의 처방은 상대편의 성격에 따라서 다를 것이다. 그러나 일반적으로 통용될 수 있는 몇 가지 상식적 원칙을 말하기는 어려운 일이 아니다.

첫째로, 흥분을 느낄 때는 참아야 한다. 한국인에게는 다혈질이 많으며 비위에 거슬리는 일을 당하면 흥분하는 경우가 흔히 있다. 흥분한 상태에서 말을 마구 하면 폭언이 되고, 행동을 마구 하면 폭행이 된다. 폭언 또는 폭행은 원만한 대인관계에 치명적이므로 흥분된 기분에 좌우되는 언행은 일단 참아 두는 것이 현명하다. 흥분된 상태에서는 판단이 객관성을 잃기 쉬우므로, 흥분이 가라앉은 다음에 객관적으로 타당한 판단을 따라서 말도 하고 행동도 하는 것이 상책이다.

둘째로, 잘난 척하는 태도는 대인관계에 좋지 않은 영향을 끼친다. 잘났느니 못났느니 하는 것은 상대적 개념이며, 남의 잘난 척하는 태도에 접한 사람은 그것을 "나는 당신보다 잘났소." 하며 우월감을 표시하고 있는 것으로 받아들이기 쉽다. 알기 쉽게 말하자면, 잘난 척하는 사람은 상대편에게 교만하다는 인상을 주기 쉽다. 특수한 경우가 아니면 교만한 태도에 호감을 느끼는 사람은 적으므로, 교만한 태도는 남을 심리적으로 물리치는 결과를 부르기 쉽다. 잘난 것은 크게 복받은 일이나, 잘난 척하는 것은 복을 쫓는 어리석음이다.

사람에게는 대개 경쟁 심리가 있어서, 나보다 우월한 사람을 대할 때보다 열등한 사람을 대할 때가 마음이 편하다. 상대편의 마음을 편안하게 해주는 것은 원만한 대인관계를 위해서 가장 기본적인 요청이다. 부자연스러울 정도로 겸손한 척해도 상대편의 마음을 불편하게 만들지만, 교만한 태도는 불편하다는 느낌을 넘어서서 불쾌하다는 느낌까지 준다.

셋째로, 남의 처지는 무시하고 자기의 주장과 이익만을 내세우는 사람도 대인관계가 원만하기 어렵다. 자기의 주장만 일방적으로 하고 남의 말은 묵살하거나 말할 기회조차 주지 않는 사람은 아무도 좋아하지 않는다. 자기 욕심만 차리고 남의 권익은 고려하지 않는 사람도 상대방의 미움을 산다. 일반적으로 말해서, 내 욕심을 억제하고 남의 처지에 대해서 깊은 배려를 하는 사람들이 많은 친구들로부터 환영을 받는다.

욕심을 억제하고 남의 처지에 대해서 신경을 써가며 양보를 하게 되면 결국 내가 손해를 보게 되리라는 점을 걱정하는 사람들이 있을 것이다. 모두가 자기 이익을 챙기기에 여념이 없는 이 이기적인 세상에서, 나만 너그러운 태도를 취한다면 나는 결국 손해만 보고 낙오자가 될 뿐이라고 반론을 제기하는 사람도 있을 것이다. 이 반론에는 어느 정도의 타당성이 있음을 부인하기 어렵다. 사회 현실을 무시하고 공자님 같은 소리만 하고 있을 시대가 아니라는 것을 부인하기는 어렵다.

남의 권익과 남의 의견이 소중하면, 나의 권익과 나의 의견도 중요하다고 인정해야 공정한 판단이다. 인간이 귀중한 존재임에 틀림이 없다면 나라는 인간도 귀중한 존재로서 대접해야 마땅할 것이며, 나 자신에게도 나의 권익을 무시할 권한은 없다. 내가 나를 위하고 사랑하는 것은 당연한 일이며, 사랑하는 나 자신의 권익을 지켜 주기에 가장 적합한 사람은 바로 나 자신이 아니겠는가.

그렇다. 나 자신도 귀중한 인간의 하나이며, 이 귀중한 존재를 사랑으로 지키기에 가장 적합한 사람은 바로 나 자신이다. 만약 나도 나를 사랑하지 않는다면 누가 과연 나를 사랑할 것이며, 설령 거기 누가 있어 나를 사랑한다 하더라도 이미 나 자신에게 버림받은 나를 그 사람인들 무슨 수로 건져 낼 수 있을 것인가? 나에 대한 사랑 즉 '자애(自愛)'는 인간을 포함한 생물에게 요구되는 가장 기본적인 덕(德)의 하나다.

그렇지만 성현들은 타애(他愛)는 강조했어도 자애는 별로 강조하지 않았다. 아마 굳이 강조하지 않아도 자애는 본능적으로 실천되고 있다는 사실을 너무나 잘 알고 있었기 때문일 것이다. 내버려 두어도 '나'에 대한 애착이 지나쳐서 세상이 어지러운데, 그 이상 더 자애를 권장할 이유는 없었을 것이다. 옛날부터 자애는 지나치고 타애는 부족하였다.

내 욕심을 억제하고 남의 처지에 깊은 배려를 하라는 말도 결국은 지나치기 쉬운 자애의 심리를 자제하고 모자라기 쉬운 타애의 심리를 북돋우라는 뜻에 지나지 않는다. 자애와 타애의 조화를 얻고자 함에 도덕의 요체가 있다고 하여도 과언이 아닐 것이다. 만약 그렇게 할 수만 있다면, 자애를 최소한으로 억제하고 오로지 타애를 위하여 헌신하는 것은 자애와 타애의 균형을 힘쓰는 합리주의적 태도보다도 더욱 존경스러운 삶의 길이 될 것이다. 그 길을 걷는 사람은 작은 나를 희생하는 대가로 큰 나를 살리게 되며, 작은 것을 잃는 대신 큰 것을 얻는 결과를 가질 것이다.

넷째로, 자질구레한 일을 일일이 따지는 것은 인화를 깨는 결과를 부르기 쉽다. 특히 우리 한국인은 따지는 것을 싫어하는 경향이 강하며, 알고도 모르는 척 덮어 두는 사람을 후덕한 사람으로서 환영하는 경향이 있다. 대의(大義)에 관계되는 큰 문제는 마땅히 따져서 시비를 가려야 할 것이다. 그러나 사사로운 이해관계의 사소한 문제나 개인적 감정의 문제에 지나지 않는 것은 보류해 두는 편이 바람직할 경우가 많다. 가장 좋지 않은 것은 마땅히 가져야 할 근본적 문제에 대해서는 침묵을 지키고, 묻어 두는 편이 바람직한 사소한 문제를 가지고 말을 많이 하는 옹졸한 태도다.

그러나 원만한 대인관계를 위해서 가장 중요한 것은 요령 또는 처세술은 아니다. 요령이 나빠서 또는 처세술이 서툴러서 대인관계가 원만하지 못한 경우도 없지 않다. 요령과 처세술이 뛰어나서 많은 친구를 가진 사람도 우리 주변에서 흔히 찾아볼 수 있다. 그러나 요령과 처세술이 원만한 대인관계를 위한 가장 근본적인 조건은 아니다. 가장 근본적인 것은 인간을 대하는 마음의 거짓 없는 성실성이다.

4장 삶의 설계

1. 왜 설계가 필요한가

사람들이 살아가는 태도는 각양각색이다. 어떤 사람들은 즉흥적으로 그날그날을 살아간다. 순간의 기분을 중요시하는 삶의 태도다. 앞날을 멀리 내다본다는 것이 쉬운 일이 아니고, 설사 멀리 내다보고 계획을 세운다 하더라도 세상일이 뜻대로 된다는 보장은 없다. 지나간 일들은 이제 다시 돌이킬 수 없는 과거이며, 앞으로 다가올 일들은 예측을 한다 해도 불확실하기 짝이 없다. 내 손 안에 확실하게 들어 있는 것은 오직 오늘의 이 현재뿐이다. 오늘의 이 순간을 즐거운 하루가 되도록 흥겹게 보내는 것이 가장 실속 있는 삶의 길이다. 이렇게 생각하며, 그 생각을 따라서 살아가는 사람들이 있다.

이와는 정반대의 길을 걷는 사람들도 있다. 지나간 일들을 반성하기도 하고, 앞으로 할 일에 대하여 차근차근 생각해 가면서 계획성 있게 사는 사람들이다. 복잡하고 치열한 현대사회에서의 삶이란 결국 두뇌 싸움의 연속이라고 하여도 과언이 아니다. 두뇌 싸움에서는 더 멀리 내다보고 더 깊이 생각하는 사람이 결국 승리자가 될 확률이 높다. 이러한 관점에 서서 생각도 많이 하고 계획도 치밀하게 세우며 멀리 내다보고 살아가는 사람들도 있다.

사람들은 각각 자신이 원하는 길을 따라서 살 수 있는 일차적 자유를 가졌다. 삶의 길이란 각자가 좋아하는 길이 그 사람에게 좋은 길이라는 말이 성립할 수 있을 것도 같다. 각각 자신의 식성에 맞는 음식을 즐겨 먹는 사람에 대해서 남이 이래라저래라 간섭하기가 어렵듯이, 삶의 태도 전반에 대해서도 남이 걷는 길에 대해서 왈가왈부 말하는 것은 매우 조심스러운 일이다.

그러나 우리가 달성하기를 원하는 어떤 목표를 일단 세운 다음에는, 각자가 좋아하는 대로 아무렇게나 살아도 그만이라는 논리는 성립하지 않는다. 예컨대 우리가 건강을 얻겠다는 목표를 일단 세우게 된 다음에는, 줄담배를 피우거나 과음 과식을 하는 행위는 옳지 못하다는 평가를 받아도 할 말이 없게 된다. 그리고 또 사회나 타인에 대해서 피해를 끼치는 행위에 대해서도 "내가 좋아서 하는 일인데 왜 참견하느냐?" 하는 말은 타당성을 가질 수 없다. 인간이 사회적 존재라는 사실이 그러한 말을 허용하지 않는다. 다른 사람들이 나와 공동체를 해치는 행위를 했을 때 내가 그것을 용납하지 않듯이, 다른 사람들도 나의 이기적 방종을 용납하지 않는다. 우리는 힘을 모아서 우리 사회를 지키고 건설하고자 하는 목적에 암묵리의 동의를 하고 살아가는 셈이다. 비록 인간이 자유의 주체라고는 하나, 이런저런 사유로 인하여, 충동을 따라서 제멋대로 살 수 없는 것이 인간존재의 엄숙한 현실이다.

충동을 따라서 제멋대로 살 수 없다 함은 생각해 가며 살아야 한다는 뜻이다. 인간의 삶에는 생각해야 할 문제가 무수하게 많거니와, 그 가운데서도 가장 중요한 것은 나와 사회의 관계를 생각하고 나의 현재와 나의 미래의 관계를 거시적 안목으로 생각하는 일이다. 공간적으로도 시간적으로도 먼 곳까지를 고려하는 원대한 시야(視野)를 갖느냐 못 갖느냐에 따라서 한 개인의 삶의 모습이 크게 달라진다.

바둑과 인생에는 매우 중요한 공통점이 있다. 바둑에서 고수(高手)의 경지에 이르기 위해서는 여러 수 앞을 내다볼 수 있어야 하며, 바둑판 전체를 한 눈에 바라볼 수 있어야 한다. 바둑의 고수는 바둑판 전체의 연관성과 움직임을 한눈에 주시하고, 여러 수 앞을 내다보며 지금의 한 점을 놓는다. 국지전의 양상에만 매달리는 것은 초보자들의 서투른 바둑이다. 삶의 마당도 거대한 바둑판과 같은 것이어서, 멀리 내다보며 오늘을 사는 사람들만이 인생의 고수로서 훌륭한 생애의 연출자가 될 수 있다. '나'의 오늘만 생각하고 충동적으로 행동하는 사람은 삶의 하수(下手)를 면하기 어렵다.

오두막이나 초가삼간 정도의 작은 집이라면, 굳이 설계도가 없더라도 지을 수가 있다. 그러나 웅대하고 예술적인 집을 짓기 위해서는 정교한 설계도가 있어야 한다. 설령 규모가 작다 하더라도 아름답고 정교한 건축을 위해서는 반드시 설계도가 필요하다. 인생의 경우도 사정은 비슷하다. 아무렇게나 되는 대로 살기로 작정한다면, 굳이 설계도나 청사진이 없어도 무방하다. 그러나 보람 있고 아름다운 삶을 실현하기 위해서는 우선 생애 전체를 미리 설계하는 청사진이 있어야 한다.

새 집을 짓고자 하는 사람은 그 설계를 전문가에게 맡기는 것이 보통이다. 그러나 삶의 설계는 결국 본인 자신이 마련해야 한다. 전문가의 조언을 받는 것은 바람직하나, 마지막 선택은 본인 스스로 해야 한다. 삶이란 각자가 자주적으로 살아야 할 과정인 까닭에 남이 만들어 준 설계를 따라서 살기는 어렵고, 또 그렇게 살아서는 안 될 것이다.

나의 인생은 내가 스스로 설계해야 하고, 나 스스로 그 설계를 실천에 옮겨야 한다. 기나긴 삶의 과정 속에서, 더러는 처음에 예상 못했던 상황의 변화가 생겨서 도중에서 부분적으로 설계를 변경해야 할 경우도 생길 것이다. 그러나 어쨌든 내 삶은 내가 설계하고 내가 살아야 한다. 여기서 우리가 부딪치는 문제는 "나는 내 인생을 어떻게 설계해야 할 것인가?" 하는 물음이다.

2. 타인과 사회에 대한 배려

어떠한 모양과 어떠한 크기의 집을 짓든 그것은 각자의 사정을 따라서 각자가 자유롭게 결정할 문제이듯이, 어떠한 목표를 세우고 어떻게 그 목표로 접근할 것이냐 하는 문제도 각자가 자유롭게 결정할 문제다. 그러나 그 자유가 무제한의 것일 수는 없으며, 건축을 설계함에 있어서나 인생을 설계함에 있어서나, 우리 모두가 염두에 두고 지켜야 할 몇 가지 원칙이 있다. 건축을 설계하는 사람은 건축공학의 원리와 건축 법령의 제약을 받아야 하듯이, 인생을 설계하는 사람도 지켜야 할 몇 가지 원칙의 제약을 받아야 한다.

인간이 사회적 존재라는 사실이 인간에게 무제한의 자유를 허락하지는 않는다. 만약 모든 사람들이 각각 제멋대로 살기를 꾀한다면 사회는 질서를 잃고 수라장이 될 것이며, 모든 사람들이 불행하게 되는 결과를 부를 것이다. 그러므로 우리는 삶을 설계함에 즈음하여, 적어도 몇 가지의 기본 원칙을 벗어남이 없어야 한다. 나는 삶을 설계하는 모든 사람들이 명심해야 할 원칙이 적어도 세 가지는 있다고 평소에 생각해 왔다. 그 첫째 원칙은 다음과 같이 표현될 수 있을 것이다.

원칙 1. 인생을 설계할 때 우리는 공정하고 건전한 사회가 요구하는 규범을 준수해야 한다.

예컨대, 우리가 어떤 직업을 가질 것이냐 하는 문제는 각자가 자유의사에 따라서 결정할 문제이지만, 여기에도 제한을 가하는 사회적 규범이 있다. 가령 의사가 되기를 원하는 사람은 의사의 자격에 관한 사회의 규범을 지켜야 하며, 의사로서의 자격을 얻기도 전에 제멋대로 의료 행위를 시작해서는 안 된다. 또 우리는 원칙적으로는 출판의 자유를 가졌다고 하지만, 아무 책이나 마음대로 찍어서 세상에 내놓을 수는 없다. 국가의 기밀을 누설하는 책이나 타인의 명예를 훼손하는 책을 출판할 수는 없다. 일반적으로 말해서, 우리는 우리들이 그 안에서 각자의 행복을 추구하되, 우리 사회를 파괴하는 모든 행위가 제외되도록 자제해 가며 각자의 삶을 설계해야 한다.

우리들이 이 첫째 원칙을 "인생은 국법과 윤리 규범에 어긋남이 없도록 설계해야 한다."고 표현하지 않은 것은, 현행법과 전통 윤리 가운데는 옳지 않은 것도 있을 수 있다는 사실을 염두에 두었기 때문이다. 옳지 않은 법과 이미 낡아서 현실에 맞지 않는 윤리를 고치는 일까지도 삶의 목표 가운데 포함시킬 수 있도록 하기 위해서, '공정하고 건전한 사회가 요구하는 규범을 지키는 범위 안에서'라는 표현을 사용한 것이다.

우리들의 첫째 원칙의 요점은, 사람들은 각각 자신이 원하는 바를 따라서 삶을 설계할 자유를 가졌으나, 타인의 권익을 손상하고 사회의 질서를 파괴하는 따위의 방종만은 삼가야 한다는 데 있다. 이것은 극히 당연한 사리(事理)를 말하고 있음에 지나지 않는다. 그러나 이 당연한 사리에 어긋나는 길을 걷는 사람들이 우리 사회에는 의외로 많이 있다. 어쩌면 이 당연한 사리의 원칙에 충실한 사람들보다도 이를 어기는 사람들이 더 많을지도 모른다.

뇌물을 주고받고, 사기를 치는 등 수단을 가리지 않고 돈벌이에만 열중하는 사람들이 있다. 자동차를 몰 때 교통법규를 어기는 사람들이 부지기수이다. 이러한 사람들이 공정한 사회의 규범을 어길 것을 미리 예측하고 삶의 설계를 세웠다고 말하기는 어렵다. 사기를 치거나 불량품을 만들어서 돈을 버는 일을 처음부터 인생 설계에 넣은 사람은 적을 것이며, 교통신호나 차선을 어기리라고 미리부터 계획한 사람도 별로 없을 것이다. 처음부터 그런 계획은 없었으나, 본의 아니게 규정을 어기는 경우가 많을 것이다. 그러나 사회의 규범을 존중하는 테두리 안에서 삶의 목표를 추구하겠다는 적극적 의지만 확고했다면, 반사회적 행위를 하지는 않을 것이다. 그러므로 사회의 규범을 어기는 사람은 처음부터 그럴 계획은 없었다 하더라도, 그의 인생 설계에 문제가 있었다고 보아야 한다.

만약 건전하고 공정한 사회가 이미 형성되어 있다면, 우리는 그 사회를 파괴하는 일이 없도록 지켜 가는 소극적 협력만으로도 충분할 것이다. 그러나 과거에 선인들이 경험했고 현재 우리가 경험하고 있는 현실의 사회 가운데 참으로 건전하고 공정한 사회는 거의 없다. 그러므로 우리는 현재의 불건전하고 불공정한 사회를 그대로 받아들일 수는 없으며, 오늘의 사회를 더욱 바람직한 방향으로 건설하는 일에도 응분의 참여와 협조를 해야 할 책임을 지게 된다.

세계의 어느 나라나 구조적 모순을 갖고 있겠지만, 특히 우리나라는 고쳐야 할 점이 많은 나라다. 8·15 해방을 계기로 우리 한국은 자유민주주의를 표방하고 새 나라의 건설을 꾀해 왔으나 많은 시행착오를 겪어야 했고, 현재도 많은 비리(非理)를 안고 있다. 바꾸어 말하면, 우리나라는 개혁으로써 시정해야 할 문제를 무수히 안고 있는 실정이다. 세월의 흐름을 따라서 문제가 저절로 풀리는 경우는 극히 드문 일이므로, 현재의 불건전하고 불공정한 우리 사회를 건전하고 공정한 사회로 건설하는 일은 우리 국민 모두가 함께 참여해서 책임을 나누어야 할 과제다.

한 개인이 사회를 개조하고 건설하는 일에 어느 정도의 참여와 헌신을 해야 하느냐 하는 물음에 대해서 명백하고 구체적인 대답을 주기는 어려울 것이다. 다만 분명히 말할 수 있는 것은 사람은 누구나 자신이 몸담고 있는 사회를 위해서 무엇인가 기여하는 바가 있어야 한다는 것과, 그 기여의 책임은 사회로부터 혜택을 많이 받은 사람일수록 그리고 능력이 큰 사람일수록 더 많이 분담해야 한다는 사실이다. 예컨대, 많은 교육을 받은 사람들, 지위가 높은 사람들, 돈이 많은 사람들, 그리고 그 밖의 '상류'에 속하는 사람들은 그렇지 못한 사람들보다 사회의 개조와 건설을 위하여 기여할 책임이 무겁다.

'나를 위해서 사는 길'과 '사회를 위해서 사는 길'은 궁극에 가서는 함께 만난다. 그러나 상식적 수준으로 볼 때는 '나'를 위하는 마음이 앞서는 행위와 '우리' 즉 사회를 위하는 마음이 앞서는 행위를 일단 구별할 수 있을 것이다. 이것은 이른바 '공직'의 자리를 갖지 않은 사람에게도 '공인(公人)'으로서의 일면이 다소간 있다는 것을 의미한다. 비록 공식적인 공직은 맡지 않았다 하더라도, 우리는 모두가 사회의 성원인 까닭에, 누구나 사회를 위해서도 각자의 시간과 노력을 어느 정도 할애할 의무를 가졌다.

사생활의 즐거움이나 가정생활의 안락을 거의 도외시하고 사회 또는 민족을 위해서, 더러는 특별히 고통받는 사람들을 위해서, 힘과 시간의 대부분을 바치는 사람이 있다. 남다른 삶의 설계를 따라서 대인(大人)의 길을 걷는 장한 사람들이다. 우리나라에도 일제의 탄압 아래서는 대인의 길을 스스로 택한 큰 인물들이 상당수 있었다.

그러나 요즈음은 거의 모두가 소시민의 길에 안주하고 있다 하여도 과언이 아닐 것 같은 인상이 강하다. 개인적 행복을 우선적으로 생각하는 현대인의 사고방식을 반드시 나쁘다고 말하기는 어렵다. 다만 타인과 사회 전체에 대해서도 항상 적지 않은 배려를 아끼지 않는 마음이 병행해야 할 것임을 강조해 두고자 한다. 그리고 더러는 개인의 사사로운 즐거움을 초월하여 국가와 사회에 대한 생각에 골몰하는 큰 인물이 나타나기를 오늘의 한국은 갈망하고 있다.

3. 소질과 적성에 대한 고려

우리가 삶을 설계할 때 마땅히 염두에 두어야 할 둘째 원칙은 다음과 같은 표현으로 정식화(定式化)할 수 있을 것이다.

원칙 2. 각자는 자신의 소질과 개성 그리고 자신에게 주어진 사회적 여건 등을 충분히 고려하여 삶을 설계해야 한다.

사람들은 각각 소질과 개성을 달리한다. 삶을 설계함에 즈음하여 우선 자신의 소질과 개성을 충분히 고려하여 이를 살리도록 해야 할 것이다.

그리고 사회적 여건도 살려야 할 것이다. 예컨대 자신이 사는 사회의 제도도 고려해야 할 것이고, 자신이 속하는 사회가 어떠한 인물을 많이 요구하고 있는가도 고려해야 할 것이다. 이것은 당연한 상식이다.

그러나 이 당연한 상식을 어기고 삶을 설계하는 사람들이 의외로 많이 있다. 한국의 부모들 가운데는 자녀의 소질이나 취향을 고려함이 없이 무턱대고 피아노나 그림 공부를 강요하는 경우가 있다. 대학에 진학하기 위하여 지망 학과를 선택할 경우에, 지망생의 소질이나 적성을 무시하고 의과 또는 법과와 같은 이른바 인기학과에 대한 욕심으로 진로를 결정하는 사례도 흔히 있다. 기업으로 많은 돈을 번 사람이 자신의 소양은 생각하지 않고, 단순히 명예나 권력을 탐내어 국회의원 또는 지방의원에 입후보하는 경우도 우리의 둘째 원칙을 어기는 사례에 해당한다.

소질과 개성에 맞도록 삶을 설계히고 또 그러한 설계에 따라서 살아갈 때, 개인은 자아의 실현으로 접근하게 되고, 사회 전체는 균형된 발전을 이룩하게 될 것이다. 그러므로 소질과 개성에 맞도록 삶을 설계하고 인생을 사는 것은 개인을 위해서도 바람직하고 사회 전체를 위해서도 바람직한 길이다. 그럼에도 불구하고 우리 주변에는 이 명백한 상식을 배반하는 사례가 비일비재하다. 도대체 무엇 때문에 이와 같은 모순된 현상이 일어나는 것일까?

원칙적으로 말하면 소질과 개성에 맞추어서 진로를 결정하는 것이 당연한 처세다. 그러나 우리의 사회 현실에 비추어 볼 때는 이 원칙에 구애됨이 없이 진리를 결정하는 편이 도리어 실정에 맞는 태도라는 것이 결과적으로 판명될 경우가 있다. 예컨대, 대학 지망생이 소질과 적성에 구애함이 없이 인기학과에 진학함으로써 취직이 보장되도록 삶을 설계함이 현실적으로는 도리어 우리 실정에 맞는 처사일 수가 있다.

그리고 또 행정가로서보다는 학자로서의 능력이 돋보이는 대학교수가 총장이나 장관의 자리에 앉는 것도 우리들의 둘째 원칙에는 맞지 않는 처사이지만, 현실적으로는 그것이 노후의 생활 보장을 위해서 유리한 결정일 경우가 있다. 요약해서 말하면, 우리들의 당연한 원칙을 무시하는 편이 도리어 현실에 적응하는 데는 유리할 경우가 흔히 있다. 도대체 이러한 모순은 어디에서 오는 것일까?

우리의 현실 전체가 "소질과 개성을 따라서 삶을 설계하라."는 원칙에 맞지 않는 것이다. 원칙과 현실 사이에 괴리가 있는 까닭에, 원칙을 따르면 현실에 맞지 않고 현실에 맞추면 원칙을 어기게 되는 모순이 생기는 것이다. 여기서 잘못은 우리의 원칙에 있는 것이 아니라 사회 현실에 있다고 보아야 할 것이다. 그러므로 우리는 현실을 고쳐서 건전하고 공정한 사회를 건설하는 일에 함께 참여해야 한다는 역사의 요구를 외면할 수 없다는 것을 여기서 다시 한 번 확인하게 된다. 우리가 삶을 설계함에 즈음하여, 나 한 사람의 득실(得失)뿐 아니라, 사회 전체의 문제도 깊이 고려해야 하는 까닭이 여기에 있다.

4. 내면적 가치의 우위

한 개인을 위해서 가장 바람직한 삶은 그 개인이 생애를 통하여 실현하는 가치의 총량을 극대화하는 삶이라고 볼 수 있을 것이다. 앞에서 제시한 "각자는 자신에게 주어진 소질과 개성 등을 충분히 고려하여 삶을 설계해야 한다."고 한 삶의 설계의 둘째 원칙도 결국 개인이 실현하는 가치의 극대화를 위한 처방이었다. 그리고 "공정하고 건전한 사회가 요구하는 규범을 준수해야 한다."고 한 첫째 원칙은, 모든 사람들에게 가능한 최대의 가치를 실현할 수 있는 기회를 고루 주기 위한 처방이었다. 각자가 실현하는 가치의 극대화를 위해서 명심해야 할 또 하나의 원칙이 있다. 우리는 이 셋째 원칙을 다음과 같이 정식화할 수 있을 것이다.

원칙 3. 외면적 가치보다도 내면적 가치에 우위(優位)를 두도록 삶을 설계하라.

우리는 가치의 세계를 '외면적 가치'와 '내면적 가치'의 두 부류로 나누어서 생각할 수 있다. 외면적 가치의 대표적인 예로서는 돈과 재물, 권력과 지위, 관능적 쾌락 등을 들 수 있으며, 내면적 가치의 대표적인 예로서는 인격, 생명과 건강, 학문과 예술, 자유와 평화 등을 들 수 있다. 이제까지 흔히 사용되어 온 '물질적 가치'와 '정신적 가치'라는 말을 사용하지 않은 것은 일종의 심리 현상인 관능적 쾌락을 '물질적'이라고 말하기 어려우며, 생명과 건강을 '물질적'이니 '정신적'이니 하는 말로 수식하기에 무리가 있다고 보았기 때문이다.

무릇 '가치'라는 것은 우리의 욕구를 충족시켜 주는 힘을 가졌다. 그 욕구 충족의 힘을 가진 것이 주로 욕구의 주체 밖에 있다고 인정될 경우에는 '외면적 가치'로 분류하고, 그것이 욕구의 주체 자신에게 주로 의존한다고 인정될 경우에는 '내면적 가치'로 분류하기로 하였다. 그러나 이 분류의 기준이 충분히 명확하다고 보기는 어려우며, 다만 편의상의 분류라고 이해하면 될 것이다. 앞에서 말한 예시(例示)로써 사용하고 있는 '외면적 가치'와 '내면적 가치'라는 말의 뜻이 독자들에게 전달될 수 있다면 그것으로 족하다.

외면적 가치보다 내면적 가치에 우위를 둔다 함은, 외면적 가치와 내면적 가치 사이에서 하나를 버리고 하나만 선택해야 할 상황에 처했을 경우에, 외면적 가치를 포기하고 내면적 가치 쪽을 살려야 한다는 뜻이다. 예컨대, 깨끗한 인격을 지키는 일과 큰돈을 버는 일이 양립하기 어려운 상황에 처했을 경우에 후자를 단념하고 전자를 살리는 선택을 한다면, 그것은 우리의 셋째 원칙을 지키는 경우에 해당한다.

우리들의 셋째 원칙의 본뜻은 외면적 가치의 세계보다도 내면적 가치의 세계가 더욱 소중함을 강조함에 있으며, 외면적 가치를 부정적으로 평가하고자 함에 있지 않다. 우리가 이 셋째 원칙을 따라서 삶을 설계하고자 할 때, 반드시 외면적 가치에 대해서 부정적 태도를 취할 필요는 없다. 다만 외면적 가치의 세계를 내면적 가치의 세계보다도 더 높은 자리에 놓아서는 안 되며, 따라서 삶의 최고의 목적으로는 반드시 어떤 내면적 가치를 선정해야 한다.

우리는 일상생활에서 여러 가지 목표를 추구하거니와, 일상생활에서 추구하는 목표는 대개 그보다 더 높은 어떤 목적의 달성을 위한 수단일 경우가 많다. 가령 돈을 벌기 위해서 아침에 일터에 나가는 사람은 그 돈으로 어떤 물건을 구입할 목표를 가지고 있으며, 그 어떤 물건도 또 그보다 더한층 높은 어떤 목적의 달성을 위해서 필요한 수단이다. 이와 같이 점차 거슬러 올라가면, 그 이상 더 올라갈 수 없는 최고의 목적이 나타난다. 이 삶의 최고의 목적으로는 돈이나 권력 또는 향락 따위의 외면적 가치는 부적합하며, 반드시 어떤 내면적 가치가 그 자리를 차지해야 한다.

외면적 가치보다도 내면적 가치에 우위를 두어야 한다고 주장하는 이유를 우리는 크게 두 가지로 설명할 수 있다. 첫째로 가치 이론으로 볼 때 내면적 가치의 세계가 외면적 가치의 세계보다 더욱 소중하므로, 내면적 가치에 우위를 두어야 마땅하다. 가치를 비교할 수 있는 척도의 하나로서 우리는 가치의 수명을 생각할 수 있다. 다른 점이 같을 경우에는 수명이 짧은 가치보다는 그것이 긴 가치를 더욱 높이 평가하는 것이 사리에 맞을 것이다. 그런데 예술과 사상 등의 예로써 알 수 있듯이, 내면적 가치는 대체로 그 수명이 길다. 반면에 권력과 향락의 예로써 알 수 있듯이, 외면적 가치는 대체로 그 수명이 짧다. 외면적 가치 가운데서 비교적 수명이 긴 부(富)의 가치도 백 년을 유지하기가 어렵다.

가치 비교의 또 하나의 척도로서 '혜택의 범위와 크기'를 생각할 수 있다. 가치를 지닌 것은 그것을 소유한 사람에게 혜택을 줄 힘을 가지고 있거니와, 어떤 가치는 여러 사람들에게 큰 혜택을 나누어 줄 수 있는 반면에, 다른 어떤 가치는 오직 소수에게만 혜택을 줄 수 있고 여럿이 나누면 각자의 몫은 반비례적으로 줄어든다. 다른 점이 같은 경우에는, 되도록 여러 사람들이 큰 혜택을 입을 수 있는 가치를 그렇지 못한 가치보다 더 높이 평가함이 마땅할 것이다. 그런데 학문과 사상 또는 인격 등의 예로써 알 수 있듯이, 내면적 가치는 많은 사람들이 나누어 가져도 각자의 몫이 별로 줄지 않으나, 외면적 가치의 경우는 재물과 권력의 예로써 알 수 있듯이 나누기가 어렵거나 나누면 나눌수록 각자의 몫은 반비례적으로 줄어든다.

그 밖에도 가치 비교의 척도로서 가치의 목적성과 수단성, 가치의 생산성(다른 가치의 형성을 조장하는 힘)과 소모성(다른 가치의 파괴나 손상을 가져오는 폐단) 등을 생각할 수 있다. 이들 가운데 어떠한 척도로써 비교하더라도 우리는 역시 내면적 가치의 세계가 외면적 가치의 세계보다 높고 크다는 결론을 얻게 된다.

외면적 가치보다도 내면적 가치에 우위를 두어야 한다고 주장하는 또 하나의 이유는 외면적 가치가 치열한 경쟁성을 가졌다는 사실에 있다. 내면적 가치의 하나인 인격의 향상을 위해서 직접적으로 치열한 경쟁을 벌일 필요는 없다. 타인의 인격 상승이 나의 인격 상승의 방해가 되지 않으며, 내 주위 사람 가운데 고매한 인격자가 나타나면 그는 나의 거울이 되어 내 인격 향상에도 도움이 될 것이다. 건강과 장수, 학문과 예술의 경우도 사정은 비슷하다. 다른 사람들의 건강과 장수는 나의 그것을 방해하지 않으며, 내 주위에 탁월한 예술가나 학자가 나타나면 나의 예술 또는 학문을 위해서 도움이 될 가능성이 많다.

내면적 가치가 지나치게 치열한 경쟁의 대상이 되지 않는 이유는 건강, 장수, 고매한 인격, 탁월한 예술, 심오한 학문 등의 내면적 가치는 사람들이 노력하기에 따라서 그 총량을 크게 늘어나게 할 수가 있기 때문이다. 쉽게 말해서 우리가 잘만 하면 건강한 사람, 고매한 인격자, 훌륭한 예술가와 학자 등의 숫자는 얼마든지 늘어날 수가 있으므로, 이 내면적 가치들의 실현을 위해서는 굳이 남을 밀어낼 필요가 없다.

그러나 외면적 가치의 세계는 사정이 전혀 다르다. 외면적 가치의 세계는 함부로 그 총량을 늘릴 수가 없다. 예컨대 현재 한국 사람들이 나누어 가질 수 있는 토지, 건물, 탐나는 자리, 향락의 기회 등은 대체로 그 총량이 한정되어 있다. 그러므로 외면적 가치에 우위를 두는 가치 풍토 속에서는 외면적 가치를 둘러싼 경쟁이 치열할 수밖에 없다. 나누어 먹을 파이의 크기는 일정한데 서로 많이 갖고자 여러 사람들이 아우성을 치게 되면 경쟁이 치열하게 될 수밖에 없는 것과 같은 사정이다.

경쟁성이 치열한 대상을 서로 얻으려고 앞을 다투는 상황 속에서는, 서로의 이해관계가 첨예하게 대립하는 까닭에 사회적 협동이 매우 어렵게 되고 공동체는 파괴되기 쉽다. 우리 한국은 현재 많은 사회적 협동을 필요로 하는 상황에 처해 있다. 그런데 이러한 상황에서 우리가 경쟁성이 치열한 외면적 가치를 지나치게 선호한다면, 사회적 협동이 어려워지는 동시에 우리 사회 전체의 질서와 번영이 큰 위협을 받게 될 것이다.

현재 우리는 외면적 가치를 지나치게 선호하는 가치 풍토, 즉 외면적 가치가 내면적 가치를 압도하는 가치 풍토 속에서 살고 있다. 말로는 내면적 가치가 더 소중하다고 주장하는 사람들이 많으나, 실제 행동의 마당에서는 외면적 가치로 달려가는 사람들이 대부분이다. 외면적 가치를 되도록 많이 확보하는 것이 바로 '잘사는 것'이요 '행복의 길'이라고 믿는 사람들이 너무 많은 것이다. 이 그릇된 믿음이 우리 한국의 현실을 온갖 혼란으로 몰고 가는 근본 원인이라고 하여도 과언이 아닐 것이다.

5. 폭넓은 전문가의 길

소나무 씨가 싹을 틔우고 잔솔이 점점 자라서 노송(老松)에까지 이르게 되면, 소나무로서는 그 이상 더 바랄 것이 없다. 인간도 일종의 생물이므로 건강하게 살다가 천수를 다하는 것은 자아실현의 일부가 될 것이며, 그것은 모든 사람을 위한 인생 목표의 일부로서 적합한 내면적 가치에 해당한다. 그러나 육체적 성장과 생존은 인간이 가진 잠재력의 일부에 불과하므로 건강과 장수만으로는 인간의 삶으로서 부족함이 없다고 보기 어렵다. 인간 특유의 정신적 잠재력의 충분한 발휘까지 수반될 때 비로소 인간의 자아실현은 만족스러운 경지에 이르게 된다.

정신적 잠재력까지를 고려할 때, 한 개인이 타고난 소질은 매우 여러 가지 종류의 것을 포함한다. 그 여러 가지 소질을 모두 충분히 연마하고 발휘할 수 있다면, 그것이 가장 바람직한 삶의 목표가 되겠으나, 여러 가지 소질을 모두 개발한다는 것은 사실상 불가능하다. 예컨대 음악가의 소질과 화가의 소질, 과학자의 소질과 소설가의 소질, 그리고 운동가의 소질까지도 다소간 타고난 사람은 흔히 있을 수 있는 일이다. 그러나 이 여러 가지 소질을 모두 개발하여 여러 분야에서 일가(一家)를 이룬다는 것은 사실상 불가능한 일이다. 여러 가지를 모두 조금씩 할 줄 아는 사람이 될 수는 있을 것이나, 여러 가지를 모두 잘하기는 지극히 어렵다.

여기서 우리는 현명한 취사선택을 할 필요가 있다. 자신이 타고난 여러 가지 소질 가운데서 가장 특출한 것 또는 가치가 가장 크다고 생각되는 것을 선택하여 그것을 집중적으로 개발함으로써 자신을 어떤 전문가로 키우는 동시에, 그 밖의 소질들은 사람됨의 균형을 고려해 가며 부차적으로 개발하는 청사진을 작성해야 하는 것이다. 예컨대, 음악가의 소질이 가장 뛰어나다고 판단되는 사람은 그 방향으로 자신을 훈련하되, 음악의 깊이를 더하기에 필요한 학문도 어느 정도 연구하고, 건강의 증진을 위한 신체의 단련도 겸하도록 설계를 작성하는 것이 바람직하다.

앞으로 다가올 정보사회에서는 전문적 지식 또는 전문적 기능을 가지도록 자신을 연마하는 것이 필요하다. 그러나 오직 한 가지 일밖에 모르는 기능인이 되는 것은 바람직하지 않으며, 두루 교양을 갖춘 균형 잡힌 인품으로 성장하는 것이 중요하다. 적성에 맞는 한 가지 일에 능숙한 전문인일 뿐 아니라 전공이 다른 여러 분야의 사람들과도 어울릴 수 있는 폭이 넓은 사람이 되는 것이 바람직하다. 특히 여러 사람들과 원만한 대인관계를 유지해 가며 떳떳하고 슬기롭게 살아갈 수 있는 덕성(德性)을 함양하는 일이 매우 중요하다.

삶의 설계는 실천을 위해서 있는 것이다. 건축의 경우와 마찬가지로 설계도만 그려 놓고 실천에 옮기지 않으면 별로 뜻이 없다. 건축의 경우는 설계도만 그려 놓고 시공(施工)을 하지 않는 사람은 많지 않으나, 인생의 경우는 설계를 끝까지 실천에 옮기지 못하고 흐지부지 주저앉는 사람이 허다하다. 새해 새 아침에 그해 1년 동안을 위한 계획을 세운 사람이 오래가지 않아서 그 계획의 실천을 중단하는 경우가 많다. 1년의 계획이 그럴 정도라면 수십 년에 걸치는 삶의 설계를 실천에 옮기는 것은 더욱 어려운 과제가 아닐 수 없다.

젊은 시절에 세운 삶의 설계를 평생 그대로 실천에 옮기기는 대체로 어렵다. 젊어서는 자신의 소질을 잘못 파악할 수도 있고, 환경의 여건이 크게 변화하기도 하며, 또 그 밖의 여러 사정으로 삶의 설계를 다소간 수정하지 않을 수 없는 경우가 흔히 생긴다. 여건의 변화에 적응하기 위하여 지엽적 궤도 수정을 하는 것은 누구에게나 필요한 정상적 현상이다. 다만 도달하고자 하는 근본적 목적만은 바꾸지 않아도 좋도록 미리 심사숙고해서 정하는 것이 바람직하다.

삶의 설계는 실천하기에 지나친 어려움이 없도록 세워야 한다. 목표를 너무 높게 잡은 설계는 실천에 옮기기 어려우며, 자신을 지나치게 구속하는 설계도 실천하기 어렵다. 그러므로 목표는 자신의 능력을 고려하여 무리가 없도록 설정해야 하며, 실천 계획은 상황에 따라서 융통성 있게 대처할 수 있도록 기본 윤곽만을 미리 결정해 두는 것이 바람직하다. 다만 가까운 장래에 우선 이룩해야 할 중간 목표에 대한 실천 계획은 치밀하고 확실해야 한다.

잘되면 크게 되나 뜻대로 되지 않으면 아무것도 아닌 그런 목표를 세우는 것보다는, 처음 세운 목표를 향하여 어느 정도 접근하는 것만으로도 뜻이 있는 목표를 세우는 편이 안전할 것이다. 예컨대, 국회의원이 되겠다는 목표를 세우고 차점으로 떨어지거나, 유명한 영화배우가 되리라는 목표를 세워 놓고 엑스트라로 세월을 보내는 것은, 별로 의미가 없는 낭비에 지나지 않는다. 그러나 백 권의 책을 읽으리라는 목표를 세우고 30권밖에 읽지 못했다 하더라도 그것은 뜻있는 일이다. 중앙에 진출하여 나라를 위해서 큰 봉사를 하리라는 포부를 가졌던 사람이 지방에 묻혀서 숨은 일꾼이 되는 것도 매우 뜻있는 일이다.

우리가 삶의 원대한 설계를 실천에 옮기기 어려운 가장 큰 이유는 당장 눈앞에 보이는 즐거움 또는 이익으로 마음이 쏠리기 때문이다. 당장 눈앞에 보이는 즐거움 또는 이익은 먼 장래에 실현될 어떤 성과보다도 강한 힘을 가지고 우리를 끌어당긴다. 유혹으로서의 성격이 강한 눈앞의 즐거움 또는 이익으로 관심을 쏟게 되면, 먼 후일과 연결되는 삶의 설계는 자연히 뒤로 밀려나기 마련이다. 그러므로 전체로서의 인생 설계를 실천에 옮기기 위해서는 원대한 안목을 가지고 먼 장래를 내다보며 오늘을 사는 태도가 몸에 배어 있어야 한다.

시간적으로나 공간적으로나 멀리 내다보며 산다는 것은 매우 중요한 일이다. 우리들의 삶은 각각 독립성을 가진 하루하루의 단순한 집합으로 이루어지는 것이 아니라, 전 생애가 유기적으로 연결되어 하나의 체계를 형성한다. 나의 오늘의 생활은 그것만으로 완결되지 않고 인과(因果)의 고리로서 내일로 연결되고, 내일은 다시 모레로 연결된다. 마치 기사(棋士)가 놓는 바둑돌 하나하나가 독립성을 갖는 것이 아니라, 차례로 놓인 수백 개의 돌들이 긴밀하게 연결되어 한 판의 명국(名局)을 형성하는 것과 비슷한 사정이다.

나는 앞에서 인생을 바둑에 비유하며, 바둑의 고수(高手)가 되기 위해서는 바둑판 전체를 한눈에 바라보면서 여러 수 앞을 내다보아야 한다고 하였다. 우리가 만약 나무만 보고 숲은 보지 못하는 등산객처럼 눈앞의 이익과 그날그날의 생활에만 얽매이게 되면, 자기가 세운 삶의 설계를 실천에 옮김으로써 인생의 고수가 되기는 어려울 것이다.

먼 장래를 내다보는 거시적 안목만 있고 오늘의 현실을 정확하게 분석하는 치밀함이 부족할 경우에도 문제는 생긴다. 등산객이 먼 곳만 바라보고 발밑을 보지 않는다면 헛디디거나 돌부리에 걸려서 넘어질 염려가 있다. 이상적인 학자가 되기 위해서는 총론과 각론에 모두 밝아야 하듯이, 이상적인 삶으로 접근하기 위해서는 넓은 시야와 치밀한 분석력을 아울러 가져야 한다.

혼자서 거시적 안목과 치밀한 분석력을 아울러 갖는다는 것은 그리 쉬운 일이 아니다. 넓은 시야를 가진 사람과 치밀한 분석력을 가진 사람이 협동함으로써 삶의 길을 함께 개척하는 방안도 있다. 전문화의 추세가 강한 시대일수록, 뜻을 같이하고 장단점을 서로 보완할 수 있는 친구 내지 동반자를 만나는 일이 중요하다. 개인주의가 팽배한 시대에 인간이 사회적 존재임을 더욱 절실하게 느낀다.

5장 사람과 사람의 관계

1. 사회적 갈등

너무나 진부한 까닭에 초등학교 교과서에서나 볼 수 있을까 말까 하며, 좀 안다는 사람은 거의 사용하지 않는 말들이 있다. "네 이웃을 사랑하라." 또는 '가화만사성(家和萬事成)' 따위가 그것이다. 속담과 같은 재치나 감칠맛도 없고 너무나 당연한 말 같아서 흥미가 없는 그런 말들이 사실은 매우 중요한 말이다.

"인간은 사회적 존재다." 이 말도 진부하기 짝이 없지만 사실은 항상 명심해야 할 귀중한 말들 가운데 하나다. '인간'이라는 한자어는 '사람 인(人)'자와 '사이 간(間)' 자를 결합한 것이니, 순전한 우리말로 풀면 '사람과 사람의 사이' 즉 '사람과 사람의 관계'라는 뜻이 된다. 사람을 인간이라고도 말한다는 사실은 사람이라는 것은 본래 '관계' 속에서 살기 마련인 사회적 존재임을 강력하게 암시한다. 예나 지금이나 인간은 사회적 존재로서 살아왔고, 앞으로도 계속 그렇게 살 수밖에 없을 것이다.

본래는 '사람과 사람의 사이'를 의미했던 한자어 '인간'은 '사람' 그 자체를 일컫는 뜻으로 쓰일 뿐 아니라, '사람됨'을 의미하기도 하고, '인간만사 새옹지마(人間萬事 塞翁之馬)'의 경우처럼, '사람들이 사는 세상'을 의미하기도 한다. '인간'이라는 말의 이와 같은 쓰임은 삶에 있어서 사람과 사람의 관계가 지극히 중요하다는 것을 암암리에 알려 준다. 사람들의 관계가 원만하면 삶은 행복으로 접근하고, 사람들의 관계가 거북하면 삶은 불행으로 접근한다.

원만한 대인관계, 즉 인화(人和)가 매우 중요하다는 사실을 우리는 잘 알고 있다. 그럼에도 불구하고 우리들의 일상생활은 불화와 갈등으로 가득 차 있다. 불화를 원하는 사람은 아무도 없으나, 세상은 불화와 반목(反目)으로 가득 차 있다. 그 연장선상에서, 전쟁을 원하는 사람은 아무도 없음에도 불구하고, 현재도 지구 도처에 전쟁 또는 준전쟁의 상황이 전개되고 있다. 인화 또는 평화가 결코 쉬운 목표가 아님을 단적으로 말해 준다. 사람들의 마음가짐에 달려 있는 문제임에 틀림이 없으나, 실제로는 마음대로 되지 않는 것이 인화 또는 평화의 문제다. 이 문제를 이토록 어렵게 만드는 사유가 있을 것이다. 도대체 그 사유가 무엇일까?

이해관계가 대립하는 곳에 흔히 불화가 생긴다. 그러나 단순한 이해관계의 대립만으로 불화가 생기는 것은 아니다. 하나의 우승컵을 놓고 기량을 겨루는 두 선수 또는 두 운동 단체 사이에는 이해관계의 대립이 있으나, 그들이 반드시 불화의 관계에 빠지는 것은 아니다. 하나의 과장 자리를 놓고 경쟁을 하는 두 사람의 직장 동료는 이해관계의 대립에도 불구하고 사이좋게 지낼 수도 있다. 비록 이해관계의 대립이 있다 하더라도 감정의 대립만 없으면 불화에는 이르지 않는다. 감정의 대립이 있을 때, 우리는 그 관계를 '불화'라고 부른다.

이해관계의 대립은 없음에도 불구하고 서로의 감정이 좋지 않을 경우가 있다. 어떤 오해로 말미암아 서로 미워할 경우도 있고, 별다른 이유도 없이 공연히 서로 싫어하는 사람들도 있다. 더러는 자신을 도와주고 있는 사람에 대해서 불만을 품기까지 한다. 결국 문제는 감정에 있는 것으로 보인다. 사람의 감정은 지극히 예민하고 까다로운 것이어서, 사소한 일로 인하여 서로 미워하고 싫어하는 경우를 흔히 경험하게 된다.

서로 아무런 관계도 없는 사람들 사이에서는 불화나 갈등은 생기지 않는다. 사회적 갈등은 어떠한 형태로든 직접 또는 간접으로 관계를 가진 사람들 사이에서만 일어난다. 서로 사이에 접촉이 잦을수록 친화(親和)의 감정이 생길 가능성도 많아지고, 갈등의 감정이 생길 가능성도 많아진다. 우리는 사랑과 미움, 친화와 갈등을 함께 느끼는 복잡한 인간관계도 흔히 경험한다. 인간을 이성적 동물이라고 규정한 옛 철학자의 말에도 일리가 있으나, 인간은 이성적 동물이기 이전에 감정적 동물이다.

농사를 주된 생업(生業)으로 삼았던 옛날 전통 사회에서는 사람들이 서로 만나고 접촉할 기회가 극히 제한되어 있었다. 농경 사회에서는 대부분의 사람들이 항상 농토에 붙어 있어야 했고 교통과 통신의 수단도 변변치 못했던 까닭에, 먼 곳에 사는 사람들과는 만날 기회가 적었고 또 만날 필요도 없었다. 자급자족하는 농경 사회에서는 같은 고장에 사는 일가와 친척 그리고 인근 마을 사람들이 서로 만나는 사람들의 전부에 가까웠다.

옛날 농경 사회에서는 만나는 사람들의 범위가 좁았으므로 갈등의 규모도 따라서 작았고, 사회의 구조가 단순했으므로 갈등의 내용도 비교적 단순하였다. 규모가 작고 내용이 단순했던 옛날의 사회적 갈등을 해결하는 마당에서는 전통 사회를 가득 채웠던 혈연(血緣)의 정과 지연(地緣)의 정이 큰 힘으로서 작용하였다. '사화 술'이라는 이름이 말해 주듯이 술잔을 나누며 한때의 불화를 씻어 버리기도 하고, "그 집안 떡 해 먹어야 하겠네."라는 말이 암시하듯이 떡 목판을 돌림으로써 불편한 관계를 해소했던 옛사람들의 지혜는 주로 정(情)의 힘에 의존한 화해(和解)의 방안이었다.

농경에 종사하며 전통 사회에 살았던 우리 조상들은 조손(祖孫)이 대를 이어 가며, 같은 고장에서 오순도순 생활하였다. 대가족 단위로 농사를 지어서 자급자족하며 살았던 까닭에, 그들에게는 치열한 사회 경쟁도 없었고, 사생결단의 각오로 싸워야 할 이해(利害)의 대립도 별로 없었다. 이토록 평화롭고 한가로운 사회에서 같은 마을의 주민이 되어 오랜 세월을 함께 사는 가운데 그들 사이에 두터운 정의(情誼)의 공감대가 생긴 것은 매우 자연스러운 현상이었을 것이다.

깊은 정을 나누고 사는 사람들 사이에서도 갈등이 생길 때가 있다. 늘 가까이서 살면 때로는 의견이나 감정의 대립이 생기기 마련이다. 그러나 정서적으로 친근한 사람들 사이의 갈등은 평소에 쌓였던 정(情)의 힘으로 풀 수 있는 경우가 흔히 있다. 부부 사이의 갈등이 시간이 지나면 자연히 해소되는 경우를 흔히 보거니와, "부부 싸움은 칼로 물 베기"라는 속담도 평소에 쌓인 정이 갈등 해소의 특효약이 될 수 있다는 사실에 근거를 두고 생긴 말일 것이다.

그러나 우리가 살고 있는 현대사회는 사정이 옛날과는 크게 다르다. 상공업의 발달과 교역의 증대로 인하여 직접 또는 간접으로 연결을 갖는 사람들의 범위가 어마어마하게 늘어났고, 교통과 통신 수단의 발달은 무수한 사람들에게 서로 만날 기회를 만들어 주는 결과를 불렀다. 같은 나라 안에 사는 모든 사람들의 행위는 서로가 서로에게 영향을 준다 하여도 과언이 아닐 정도로, 우리는 아주 먼 곳의 사람들과도 무엇인가를 주고받으며 살고 있다. 같은 나라의 내부에서뿐 아니라 외국 사람들과도 직접 또는 간접의 많은 관계를 맺을 정도로 세계가 좁아졌다. 이해관계로 얽힌 사람들의 범위가 농경 사회와는 비교하기조차 어려울 정도로 크게 늘어난 것이다.

옛날과 다른 점은 이해관계로 연결된 사람들의 범위가 넓어지고 사회의 구조가 복잡하게 된 것뿐만이 아니다. 각 개인이 자신의 권익을 주장하는 목소리도 옛날보다 높아졌다. 개인들이 집단에 예속했던 옛날 사람들과는 달리, 현대인은 각각 자신의 권익과 몫을 주장하는 목소리를 높이고 있다. 개인들의 이러한 태도 변화도 사회적 갈등을 조장하고 심화하는 조건으로서 작용한다. 옛날에는 보기 힘들었던 대규모의 집단 대 집단의 갈등이 도처에서 일어나고 있다. 이데올로기의 갈등, 남성과 여성의 갈등, 노사간의 갈등, 세대간의 갈등. 이것들은 옛날에는 표면화하지 않았던 새로운 종류의 갈등이다.

평화롭고 한가롭던 옛날 농경 사회에서는 사람과 사람을 서로 가깝게 만들고 융화시키는 친화(親和)의 감정이 발달하기 쉬웠다. 농경 사회의 인간관계는 개개인이 앞을 다투는 경쟁의 측면보다도 공동체를 위해서 힘을 합하는 협동의 측면이 우세했던 까닭에, 혈연의 정 또는 지연의 정과 같은 따뜻한 친화의 감정이 발달하기 쉬웠던 것이다.

그러나 오늘날 우리가 사는 산업사회 내지 정보사회에서는 사람과 사람을 융화시키는 따뜻한 정서보다도 사람과 사람을 떼어 놓는 거칠고 험악한 감정이 발달하기 쉽다. 모든 개인들이 각각 자신 이외의 모든 사람들을 경쟁의 상대로 삼고 앞을 다투는 현대사회에서는 시기와 증오 또는 불신과 같은 대립의 감정이 발달하기 쉬운 것이다. 치열한 경쟁 속에 사는 현대인에게는 평소에 쌓인 친화의 정이 부족할 뿐 아니라, 그 의식구조 바탕에는 서로를 경계하고 물리치는 대립의 감정이 깔려 있다. 이러한 상황인 까닭에 현대사회는 과거 어느 때보다도 심한 사회적 갈등의 몸살을 앓기 마련이고, 옛날 우리 조상들이 그렇게 했듯이, 술잔을 나누고 떡 목판을 돌리는 따위의 정에 호소하는 방법으로 갈등을 해소하기는 어려운 실정이다.

2. 갈등 해소를 위한 지혜로서의 도덕

살아 있는 동안 문제와 부딪치지 않는 날은 하루도 없다. 한 가지 문제를 해결하면 또 다른 문제가 생기고, 그 문제를 풀기도 전에 또다시 새로운 문제가 다가온다. 문제와의 만남과 그 해결을 되풀이하는 과정, 이것이 다름 아닌 삶의 과정이다. 잇달아 일어나는 문제들을 슬기롭게 해결하느냐 못하느냐에 따라서 개인의 행불행과 국가의 흥망성쇠가 좌우된다.

우리가 삶의 과정에서 만나게 되는 문제들은 크게 두 부류로 나눌 수 있다. 하나는 인간과 자연의 만남에서 생기는 문제들이요, 또 하나는 인간과 인간의 만남에서 오는 문제들이다. 태풍, 지진, 홍수, 세균에 의한 질병 등은 전자의 예이며, 개인 또는 집단 상호간의 갈등과 국가간의 전쟁은 후자의 예라 하겠다. 공업화로 인하여 자연환경의 오염과 생태계의 파괴가 생기고, 그 오염과 파괴가 다시 인간 상호간의 갈등을 초래하는 경우와 같이, 두 가지의 문제가 인과관계를 가지며 연결될 수도 있다.

아득한 옛날에 인류의 조상들을 괴롭힌 것은 주로 인간과 자연의 만남에서 오는 문제들이었을 것이다. 이웃한 씨족 내지 부족 상호간의 갈등 또는 같은 부족 내부의 갈등도 물론 있었을 것이나, 그보다는 인간의 힘을 초월한 천재지변과 여러 사람들의 생명을 한꺼번에 앗아 가는 무서운 돌림병이 더욱 심각한 문제였을 것이다. 천재지변의 원인을 천지신명의 노여움으로밖에 설명할 수 없었던 옛날 사람들에게는 자연은 불가사의한 숭배와 공포의 대상일 수밖에 없었을 것이다.

그러나 천문 기상학과 지질학의 발달은 천재지변을 과학적으로 설명할 수 있게 하였고, 의학의 발달은 질병의 원인이 마귀의 작용이 아니라 세균 또는 그 밖의 부적합한 생활 조건임을 분명하게 밝히는 일에 성공하였다. 자연과의 만남에서 오는 문제의 정체(正體)가 무엇인지 밝혀짐에 따라서 그 해결의 방법에도 많은 진전이 있었다. 아직도 천재지변 가운데는 과학 기술의 힘이 미치지 못하는 것도 남아 있으나, 가뭄에 대처하는 방법으로서 기우제(祈雨祭) 이외에 다른 길을 몰랐던 옛날에 비하면 사정은 크게 좋아졌다고 볼 수 있다. 세균으로 인한 전염병을 예방하거나 치료하는 문제는 이제 별로 심각한 걱정거리가 아니다.

인간과 인간의 만남에서 오는 갈등의 문제도 아득한 옛날부터 시작된 삶의 조건이었을 것이다. 인간이 지능과 감정을 아울러 갖게 된 날부터 사람이 만나는 곳에 갈등의 현상이 나타났을 것이다. 그러나 사람들이 만나는 범위가 좁고 사회의 구조도 단순하던 옛날의 사회적 갈등은 오늘의 그것에 비하면 비교적 수월한 문제였을 것이다. 다른 부족과의 충돌로 인한 전쟁의 경우를 제외한다면, 옛날 사람들이 경험한 갈등은 사화 술을 나누거나 떡 목판을 돌림으로써 풀 수 있는 그런 종류의 갈등에 가까웠다고 보아도 무방할 것이다.

그러나 역사의 진전을 따라서 사회의 구조가 복잡해지고 사람들이 만나는 범위가 넓어졌으며, 사람과 사람의 만남에서 오는 갈등의 문제는 점점 더 어려워지는 추세를 보여 왔다. 앞에서도 말한 바와 같이, 현대인은 한 국가 안에 사는 모든 사람들이 직접 또는 간접으로 얽힌 이해관계에 의하여 서로 연결되어 있을 뿐 아니라, 멀리 떨어진 외국 사람들과도 이해관계의 연결을 가지고 살기 마련이다. 따라서 갈등의 기회와 규모도 옛날보다 늘어났고, 갈등의 내용도 옛날에 비하여 더 복잡한 경우가 허다하다.

그러나 사회적 갈등을 해결하는 지혜는 옛날보다 월등하게 향상했다고 생각되지 않는다. 과학과 기술의 발달에 힘입어 자연과의 만남에서 오는 문제를 해결하는 역량이 크게 상승한 것과는 대조적이다.

몸에 질병을 그대로 두고 살아가기가 어렵듯이, 사회적 갈등을 그대로 두고 산다는 것은 매우 거북스러운 일이다. 갈등은 해결을 기다리는 과제다.

가장 바람직한 것은 갈등이 생기지 않도록 미연에 방지하는 일이며, 그 다음에 바람직한 것은 일단 생긴 갈등을 빨리 해결하는 일이다. 갈등이라는 것은 타인과의 갈등이든 내 마음속의 갈등이든, 손가락에 박힌 가시처럼 불편한 존재다.

병을 고치기 위해서는 의술이 필요하듯이, 갈등을 최소화하기 위해서는 지혜가 필요하다. 병을 고치는 기술을 가진 사람을 우리는 '의사'라고 부르며, 갈등의 문제를 해결하는 지혜가 탁월한 사람을 우리는 '성현(聖賢)'이라고 부른다. 의사는 개인의 병을 고칠 수 있는 능력을 가진 사람이고, 성현은 사회가 앓고 있는 병을 고칠 수 있는 처방을 터득한 사람이다. 의술을 인술(仁術)이라고 부르기도 하고 성현을 인자(仁者)라고 부르기도 하는 까닭이다.

'도덕'이라는 말을 모르는 사람은 거의 없으나, 도덕의 참뜻이 무엇인지 아는 사람은 그리 흔하지 않다. 그러나 알고 보면, 도덕이란 별것이 아니다. '도덕'이라는 한자어는 '길 도(道)' 자와 '큰 덕(德)' 자를 합하여 만들어진 것이니, '도'와 '덕'의 결합이 도덕이라는 해석이 성립한다. 그러므로 '도'라는 말과 '덕'이라는 말의 뜻을 살펴보면 '도덕'이라는 말의 뜻도 그 윤곽이 잡힐 것으로 생각된다.

'도'라는 말은 한자 문화의 세계에서는 널리 사용되어 온 말이며, 그 말을 사용한 사람이 유가(儒家)냐 도가(道家)냐 또는 불가(佛家)냐에 따라서 의미하는 바에도 차이가 있는 것으로 안다. 다만 '도'라는 말에 '길'이라는 뜻을 담아서 사용하는 점에는 공통성을 발견할 수 있으며, 가장 크고 바른 길이 무엇이냐는 문제에 대한 철학의 차이에서 '도'라는 개념에 대한 이해도 달라지게 된 것으로 보인다.

우리에게 가장 익숙한 '길'은 형태가 있는 길, 즉 사람이 걸어다니고 차가 굴러다니는 길 또는 배와 비행기가 다니는 길이다. 우리가 어떤 목적지를 향해서 출발할 때 그 목적지에 안전하고 빠르게 도착하기 위해서는 올바른 길을 따라서 움직여야 한다. 길이 아닌 곳을 뚫어 가며 가거나 엉뚱한 길로 접어들면 뜻을 이루기 어려울 것이다. 나들이나 여행하는 사람에게 우선 중요한 것은 바른 길을 알고 그 길을 따르는 일이라는 것이 우리들 모두의 상식이다.

눈에 보이는 길만이 길의 전부는 아니다. "물가의 상승을 막는 길이 무엇일까?" 또는 "당신 회사의 회장과 만나고 싶은데 무슨 길이 없겠소?" 하는 따위의 발언이 밝혀 주듯이, 눈에 보이지 않는 것에 대해서도 우리는 '길'이라는 말을 사용한다. 어떤 문제가 생겼을 때 그 문제를 푸는 방도의 구실을 하는 것은 무엇이든 '길'이라는 말로 표현하여도 의사가 소통하는 것이 우리들의 언어 행위다.

인간 사회에서 가장 일반적이고 가장 중요한 문제는 사람과 사람 또는 집단과 집단 사이에 일어나는 갈등의 문제다. 그러므로 인간이 모여서 사는 곳에서는 어디서나 일어나기 쉬운 갈등의 문제를 해결할 수 있는 열쇠의 구실을 할 '삶의 길'을 찾고 밝히는 일은 인류가 긴 역사를 통하여 고민해 온 과제가 아닐 수 없었다. 그 '삶의 길'이 다름 아닌 '도덕'의 '도'에 해당하며, 그 '삶의 길'을 밝혀 준 인류의 스승을 우리는 '성현'이라고 불러 왔다.

'삶의 길'이 무엇인지 알아야 우리는 그 길을 선택할 수 있을 것이다. 그러나 머리로 아는 것만으로 반드시 그 길을 선택하게 되는 것은 아니다. 담배를 피우지 않는 것이 건강을 위하는 길이며 건강은 매우 귀중한 행복의 조건이라는 것을 이론상으로는 알면서도 담배를 끊지 못하는 사람들이 적지 않다. 좋은 책을 읽는 것이 질이 높은 삶을 위한 필수 조건이며 질이 높은 삶이 바람직한 삶이라는 것을 관념적으로는 알면서도, 책다운 책을 읽지 않는 사람들도 흔히 있다. 옳은 길을 실천하기 위해서는 당장의 유혹을 물리쳐야 하고, 눈앞의 유혹을 이길 수 있기 위해서는 올바른 습관을 평소의 수양이 전제되어야 한다. 어릴 때부터 올바른 습관과 기르고 평소에 수양을 쌓음으로써 슬기로운 '삶의 길'을 실천할 수 있는 심성(心性)을 갖추었을 때, 우리는 그 심성을 '덕'이라고 부른다.

'도(道)'라 함은 슬기롭고 보람된 삶을 위해서 우리가 걸어야 할 길이요, '덕(德)'이라 함은 그 길을 실천으로 선택할 수 있는 심성 또는 인격의 힘이라고 하였다. 그렇다면 '도덕'은 삶의 과정에서 봉착하는 문제들, 특히 사회적 갈등의 문제들을 순조롭게 해결하기에 적합한 '삶의 길'에 대한 인식과, 그 인식을 따라서 실천할 수 있는 심성을 한데 묶어서 일컫는 말이라고 결론지어도 무방할 것이다.

'도덕'과 비슷한 뜻을 가진 말로서 '윤리(倫理)'라는 것이 있다. '도덕'과 '윤리'는 같은 뜻으로 사용할 경우도 적지 않으나, 엄밀하게 동의어(同義語)라고 말하기는 어렵다. '도덕가(道德家)'니 '도덕군자'라는 말은 있지만 '윤리가'니 '윤리군자'라는 말은 없다는 것만 보더라도, '동양 윤리'니 '서양 윤리'니 하는 말에는 어색함이 없으나 '동양 도덕'이니 '서양 도덕'이니 하는 말은 어색하다는 사실만 보더라도, 저 두 단어가 똑같은 말은 아님을 알 수 있을 것이다.

'윤리'라는 한자어는 '인륜 륜(倫)' 자와 '결 리(理)' 사를 결합하여 만든 말이며, '인륜 륜(倫)' 자는 본래 인간의 집단을 가리키는 글자였다. 그러므로 '윤리'라는 한자어를 우리말로 직역하면 '인간 집단의 결' 또는 '인간 집단의 도리'가 된다. 결국 윤리는 '사회인으로서의 삶의 지혜'에 해당하며, '도덕'의 도(道)와 맞먹는 개념이라고 볼 수 있을 것이다.

3. 도덕적인 사람은 손해를 보는가

'도덕'이든 '윤리'든 그것은 원만하고 화목한 사회생활을 위한 지혜에 해당하며, 그것은 나 자신을 포함한 모든 사람들을 위하여 매우 소중하고 보배로운 것이다. 윤리니 도덕이니 하는 것을 강조하는 것은 주로 타인을 위하라는 뜻이며 그것을 존중하는 것은 타인을 위해서는 이로우나 자신을 위해서는 손해가 되는 삶의 태도라고 보는 사람들을 흔히 보게 된다. 이러한 현상은 윤리 또는 도덕을 모든 사람들을 위해서 소중한 삶의 지혜라고 한 나의 말과는 먼 거리에 있다. 도대체 어디에 또는 누구에게 문제 또는 잘못이 있는 것일까?

윤리나 도덕을 존중하는 것이 본인을 위해서는 손해를 보는 길이라는 의견에 전혀 근거가 없는 것은 아니다. 실제에 있어서 도덕적으로 사는 사람이 손해를 보고 파렴치한 사람이 이득을 보는 경우는 우리 일상에서 흔히 볼 수 있는 현상이다. 그러나 이러한 현상이 "윤리와 도덕은 모든 사람들을 위해서 소중한 삶의 지혜다."라는 말을 거짓말로 만든다고 속단해서는 안 된다.

"윤리와 도덕의 존중이 본인에게는 손해를 가져온다."는 주장에 일리가 있게 하는 사유가 몇 가지 있다. 그 사유의 첫째는 그러한 주장을 하는 사람들의 계산법이 근시안적이라는 사실이다. 알기 쉽게 말하자면, 당장 눈앞에 보이는 이해관계만을 계산할 때 우리는 윤리를 존중하는 사람은 손해를 본다는 결론을 내리게 된다. 근시안적 관점에서 눈에 보이는 이해관계만을 눈여겨볼 때, 정직하고 성실한 사람은 손해를 본다는 인상을 받기 쉽다. 그러나 긴 안목으로 볼 때는, 정직하고 성실한 사람이 불행한 생애의 주인공이 된 경우보다는 부도덕하기로 소문난 사람이 말년을 비참하게 보낸 사례가 더 많을 것이다. '사필귀정(事必歸正)'이라는 말이 언제나 적중한다고는 보기 어려우나, 전혀 근거 없는 허사(虛辭)라고 보기는 더욱 어렵다.

오늘날 우리 상황에서 "도덕적인 사람은 손해를 본다."는 말을 '아니다'라고 단호하게 물리치기 어려운 둘째 사유는, 우리 사회에 도덕률을 어기는 사람들이 너무나 많다는 사실이다. 도덕률 또는 윤리가 '삶의 지혜'로서의 진가(眞價)를 발휘하는 것은 대부분의 사회 성원이 그것을 준수할 경우다. 대부분의 사람들이 도덕률을 실천으로써 존중할 경우에 나를 포함한 모든 사람들이 도덕률의 혜택을 입게 되는 것이며, 대부분의 사람들이 그것을 지키지 않고 소수만이 그것을 지킬 경우에는 도덕을 지키는 소수의 사람들은 피해자가 될 염려가 있다.

예를 하나 생각해 보기로 하자. 추석 또는 설을 맞이하여 고향에 가기 위한 기차표를 구입하고자 많은 사람들이 모였을 때는 줄을 서서 차례를 기다리는 것이 도덕적 태도다. 이 경우에 모두가 줄을 서서 질서를 지키는 것은 크게 볼 때 모든 사람을 위하는 슬기로운 행동이다. 그러나 차례를 무시하고 새치기를 하는 사람들이 많이 나타나면, 새치기하는 사람들은 이익을 보는 반면에 고지식하게 순서를 지킨 사람들은 손해를 보게 될 것이다.

그러나 이 경우에도 "줄을 서서 차례를 지키자."라는 도덕률이 슬기로운 삶의 지혜라는 주장이 송두리째 무너지는 것은 아니다. 왜냐하면 줄서기의 질서가 완전히 무너질 경우에 우리 모두가 입을 피해는 막대하며, '나' 자신도 그 피해자들 가운데 포함될 것이기 때문이다. 여러 해 전에 있었던 일이지만, 서울역에 운집했던 귀성객들이 차례를 무시하고 질서를 잃었던 까닭에 여러 사람들이 중경상을 입은 불상사는 질서의 문란이 사회 전체에 치명적 피해를 가져온다는 교훈을 남겼다.

더욱 일반적인 예를 하나 들어 보기로 하자. 교통량이 많은 큰 도로에는 차선과 신호등이 있고 속도제한이나 기타의 교통 규칙이 적용된다. 대부분의 사람들은 이런 교통 규칙을 존중하지만 일부 운전자와 보행자는 이를 무시하기도 하는 것이 우리의 현실이다. 이러한 상황을 염두에 두고, "모든 사람들이 교통 규칙을 존중할 경우에 그 규칙의 준수가 모든 사람들을 위하는 길임에는 의심의 여지가 없으나, 일부의 위반자가 생길 경우에는 위반자는 이익을 보고 준수자는 손해를 본다."는 주장을 할 수 있다. 그러나 대부분의 사람들이 차선과 신호등을 무시하는 등 제멋대로 행동한다면 교통은 완전히 마비될 것이고, 결국 통행을 원하는 모든 사람들이 큰 불편을 겪게 될 것이다. 이에 교통질서를 존중하는 도덕이 통행을 원하는 모든 사람들을 위해서 필요한 삶의 지혜임이 명백하다.

"도덕적인 사람은 손해를 본다."는 주장에 일리가 있게 하는 셋째 사유는, 시대상 또는 사회상이 급변하는 과정에서 옛날부터의 전통 윤리가 오늘의 우리 현실에 적합하지 않을 경우도 많다는 사실이다. '삶의 지혜'로서의 윤리는 행복한 삶을 위한 행위의 원칙 또는 그 처방에 해당한다. 그 행위의 처방은 상황에 적합해야 하거니와, 시대상 또는 사회상이 크게 바뀌고 생활의 조건이 크게 달라지면, 행복을 위한 행위의 처방도 따라서 달라져야 할 경우가 많다. 그런데 우리가 윤리와 도덕성을 강조할 때 사람들의 머리에 떠오르는 것은 대체로 전통 윤리의 규범들이다. 그 전통 윤리의 규범 가운데는 현대의 생활 조건에 맞지 않는 것도 흔히 있으며, 오늘의 상황에 맞지 않는 윤리의 규범을 맹목적으로 지키는 사람들은 현대의 생활 조건에 적응하지 못하고 어려움을 겪게 된다. 이러한 경우에 "윤리를 지키는 사람은 손해를 본다."라는 말이 나올 수 있는 여지가 생긴다.

그러나 전통적 윤리가 윤리의 전부일 수는 없으며, 지키는 사람을 불리하게 만드는 윤리는 이미 참된 윤리가 아니라는 주장으로 우리는 이에 맞설 수 있을 것이다. 전통적 윤리가 오늘의 현실에 맞지 않는다면, 현실에 맞는 새로운 윤리를 정립해야 할 것이며, 그 새로운 윤리는 현대인을 위한 삶의 지혜가 된다는 주장으로 일단 맞설 수 있다는 뜻이다.

그렇지만 이러한 주장만으로 논쟁이 끝났다고 보기는 어렵다. 여기서 만만치 않은 문제 하나가 제기될 수 있기 때문이다. 그 문제는 다음과 같은 표현으로 제기될 수 있을 것이다. "참된 윤리라는 것은 동서고금을 통하여 보편타당성을 가져야 하지 않는가? 만약에 시대에 따라 새로운 윤리를 정립해야 한다면, 윤리라는 것은 일정한 시대에만 타당성을 갖는 상대적 규범에 불과한 것이 되지 않는가? 도대체 '새로운 윤리'라는 것이 있을 수 있는가?"

본의 아니게 우리는 지금 어려운 이론적 문제 앞에 서게 되었다. 이 글은 이론적 탐구를 목적으로 삼지 않으므로, 우리가 이 문제에 길게 매달릴 필요는 없을 것이다. 그러나 부딪친 문제를 그대로 피하기만 할 수도 없는 일이기에, 이 문제에 대한 나의 생각을 간단히 소개할까 한다.

'새로운 윤리'라는 말에 대하여 두 가지 해석이 가능하다. 그 하나는 윤리의 기본 원리에는 새로운 것이 있을 수 없으나, 그 기본 원리를 구체적 상황에 적용했을 때는, 상황이 달라짐에 따라서 새로운 행위의 처방이 나오기 마련이며, 그 새로운 처방을 '새로운 윤리'라고 말한다는 해석이다. 예컨대, "이웃을 사랑하라." 하는 윤리의 기본 원리는 동서고금을 통하여 바뀔 수 없는 것이나, 이웃을 사랑하는 구체적 방식은 상황의 변화에 따라서 바뀌어야 마땅하다고 보는 해석이다. 또 "효성을 다하여 부모를 모시는 것이 자식의 도리다."라는 기본 원리는 예나 지금이나 다를 바가 없으나, 효성으로써 부모를 모시는 방식은 시대가 바뀌고 사회가 변함에 따라서 달라져야 마땅하다고 보는 주장도 같은 해석에 속한다고 볼 수 있을 것이다.

'새로운 윤리'라는 말의 또 하나의 해석은 절대 불변하는 보편적 윤리의 기본 원리가 존재한다는 것을 굳이 전제할 필요가 없다는 견해에서 출발한다. 앞에서 '윤리'를 '도(道)'와 같은 뜻이라고 말한 바 있거니와, 동양철학의 전통에서 말해 온 '도'는 절대 불변하는 '우주의 이치(理致)' 또는 '인간의 도리'로서 어떤 선천적 원리를 가리키는 말이다. 그러나 '도' 즉 '길'을 경험적인 것으로 보는 견해도 있을 수 있다. 지구 또는 우주가 처음 생겼을 때는 '길'이 필요한 인간이나 그 밖의 동물이 존재하지 않았으므로, 자연계에 '길'이라는 것은 없었을 것이다. 그러다가 지구에 생물이 나타나고 생물이 진화하여 인간이 생겼다. 인간은 생활양식이 발달함에 따라서 서로 왕래도

하고 사물을 운반하기도 해야 했으므로 '길'이 필요함을 알게 되었을 것이다. 이 필요에 따라서 인류의 조상들은 없던 길을 만들게 되었을 것이고, 교통수단의 발달을 따라서 '새로운 길'을 닦게 되었을 것이다. 그러는 가운데 신작로(新作路)에 밀려서 오솔길이 없어지기도 하고, 고속도로에 밀려서 신작로가 쓸모없게 되기도 했을 것이다. 다만 오솔길이든 신작로든 또는 고속도로든 모든 종류의 길이 사람들의 삶을 위해서 매우 소중한 구실을 했음에는 의심의 여지가 없다. '윤리'라는 것도, 사람이 걷고 차가 굴러다니는 '길'이 그렇듯이, 인간에 의하여 만들어진 것이라고 보는 견해도 반드시 무리한 억설이라고 말하기 어렵다.

'윤리'의 근본원리를 선천적인 것으로 보는 견해가 옳으냐 또는 경험적 산물로 보는 견해가 옳으냐 하는 문제에 대한 해답이 어느 편으로 기울더라도, 앞에서 말한 두 가지 명제는 그대로 타당성을 유지할 수가 있다. 그 두 명제의 첫째는 "윤리라는 것은 '나'를 포함한 모든 사람들의 원만한 인간관계와 행복을 위한 삶의 지혜다."였고, 그 둘째는 "시대와 사회의 양상이 바뀌면, 새로운 생활 조건에 맞는 새로운 윤리 규범이 요구되기도 한다."였다. 모든 사람들의 원만한 대인관계와 행복을 위한 삶의 지혜가 아닌 것은 참된 윤리가 아니므로, 정의(定義)에 의하여 첫째 명제는 언제나 타당성을 갖는다. 그리고 윤리의 근본원리는 절대 불변하는 선천적 원리라는 견해를 취한다 하더라도 그 원리의 구체적 적용은 생활 조건에 맞추어야 함을 부인하지 못하므로, 둘째 명제 역시 어느 경우에나 타당성을 잃지 않는다.

4. 새 시대를 위한 삶의 지혜

지구가 날로 좁아지고 있다. 세계 도처에서 일어나고 있는 일들이 순식간에 전 세계에 알려지고, 우리 모두의 관심사가 된다. 관심사가 되는 까닭은 그 일들이 우리 모두에게 영향을 준다는 사실에 있다. 옛날 같으면 소말리아나 보스니아에 무슨 일이 생겨도 그것이 우리 한국인에게 알려지기까지에는 여러 날 걸렸을 것이고, 설령 알려졌다 하더라도 우리와는 별로 관계가 없는 소문에 불과했을 것이다. 그러나 오늘날은 지구상에서 일어나는 모든 일들이 단순한 남의 일이라고 보기 어려운 연관성을 가지고 순식간에 우리에게로 다가온다.

국경이라는 것이 갖는 의의가 날로 감소해 가고 있다는 사실을 강조하며, 이 시대를 '국제 시대'가 아니라 '초국가 시대(transnational era)'라고 불러야 한다는 사람도 있고, '국제화'보다는 '세계화'를 서둘러야 할 때라고 강조하는 사람도 있다. 이러한 말을 하는 사람들이 우리 시대의 앞을 내다보는 혜안(慧眼)을 가진 사람들임에 의심에 여지가 없으며, 우리는 그들의 말에 깊이 귀를 기울여야 마땅할 것이다.

그러나 문제를 단순하게 생각하거나 상황을 지나치게 낙관해서는 안 될 것이다. 보호무역의 벽이 허물어지는 추세에 있으며 다국적기업이 우후의 죽순처럼 도처에 일어날 기세임에 틀림이 없다. 그러한 관점에서 볼 때, 바야흐로 초국가 시대가 다가오고 있음은 엄연한 현실이라 하겠다. 만약에 이러한 변화가 인종의 차별과 민족간의 불평등을 없애 줄 '하나의 세계국가'의 출현을 알리는 전주곡을 의미한다면, 우리는 앞으로 다가올 '초국가 시대'를 오로지 기쁜 마음으로 고대해도 좋을 것이다.

아마 아주 먼 장래에는 인종과 민족을 초월한 '하나의 세계국가'가 건설될 날이 올 수도 있을 것이다. 그러나 그러한 이상적 세계가 가까운 장래에 실현될 것으로는 보이지 않는다. 지금 보호무역의 장벽이 무너지고 다국적기업이 속출하는 세기적 변화를 일으키고 있는 것은 집단 이기주의로 무장한 경제적 강대국들의 지도자라는 사실이 우리들에게 미래에 대한 낙관적 전망을 허락하지 않는 것이다.

우리는 지금 우리가 원하고 원하지 않고에 관계없이 치열한 무역 전쟁에 말려들고 있다. 이 무역 전쟁에서 강대국을 위하여 요구되는 것이 보호무역의 벽을 허무는 일이요 기업의 국적을 말살하는 일이다. 그런데 우리는 아직 강대국 대열에 끼지 못하고, 약소국의 처지에서 이 힘겨운 전쟁에 임해야 하는 것이다. 이러한 현실을 직시할 때, 우리 한국인들은 우리 한국의 국익을 우선 염두에 두고 앞으로 다가올 '초국가 시대'에 대처하지 않을 수 없다는 결론을 얻게 된다.

　그러나 우리는 '세계화' 또는 '초국가 시대'라는 말이 가질 수 있는 또 하나의 의미에 대해서도 깊이 유념해야 한다. 현대는, 모든 나라들이 각각 자기 나라만을 생각하는 집단 이기주의를 넘어서서, 인류 전체가 협동하여 하나밖에 없는 지구를 살려야 한다는 것을 강력하게 요구하고 있다. 우리는 전 인류가 한마음으로 자연 자원의 고갈을 막아야 하고, 지구 전체의 환경오염을 막아야 한다. 나와 내 자손의 삶을 위해서 그렇게 해야 하는 것이다.

　아직 우리의 정서는 인류와 지구 전체에 대해서 뜨거운 애정을 느낄 정도로 높은 경지에 이르지 못하고 있다. 우리가 본능적으로 느끼는 심정은 나 한 사람 또는 나의 가족에게 애착하는 욕망의 범위를 벗어나지 못할 경우가 많으며, 깊은 생각 없이 하는 우리의 행동은 우선 나의 이익 또는 내 가족의 이익을 추구하는 그것이 되기 쉽다. 우리들의 자연적 정서에 따른다면, 나 자신과 내 가족의 이익부터 우선 챙기고 싶은 것이 보통 사람들의 심정이다. 우리들의 의식구조 안에서 지배적 세력을 가진 것은 개인주의 내지 이기주의적 사고방식이다.

　옛날 농경시대에 살았던 우리 조상들의 경우에는 가족주의적 정서가 그들의 의식구조의 바탕을 이루었다. 삼강(三綱) 또는 오륜(五倫)을 기본 원리로서 숭상하며 그들이 따랐던 전통 윤리의 바탕을 이룬 것도 역시 가족주의적 정서였음은 널리 알려진 상식이다. 그리고 우리 조상들의 경우에는 그들의 가족주의적 정서에 충실하게 사는 것만으로도 원만한 대인관계를 유지하기에 크게 부족함이 없었을 것이다. 왜냐하면 우리 조상들의 의식 안에서는 '나' 개인에 대한 사랑은 '우리'인 가문(家門)에 대한 사랑 속으로 흡수되었고, 가문에 대한 사랑은 마을 이웃에 대한 사랑으로 연장되었기 때문이다. 대가족과 고향 마을 밖의 사람들과 접촉할 기회는 별로 없었으므로, 가문과 부락 내부에서의 인화만 잘되면 그 이외의 인간관계의 문제는 크게 염려하지 않아도 좋았을 것이다.

그러나 현대를 사는 우리들의 경우는 사정이 크게 다르다. '나' 개인에 대한 애착이 강한 우리들의 정서에 충실하게 살아서는 사회적 갈등의 문제를 감당하기 어려운 것이 이 시대의 현실이다. 그뿐만 아니라, 가족주의적 정서에 바탕을 둔 전통 윤리의 규범만으로는 오늘의 사회적 갈등 문제를 해결하기에 어려움이 적지 않다. 바꾸어 말하면, 자연적 정서나 그 정서에 바탕을 둔 윤리 규범에 의존하는 것만으로는 사회적 갈등의 문제를 감당하기 어려운 것이 현대의 생활 조건이며, 오늘의 복잡하고 광범위한 인간 사회를 원만하게 살아가기 위해서는 깊이 생각하고 멀리 내다보는 지성(知性)의 힘을 동원해야 할 필요성이 높아졌다. 행위의 선택을 위한 기준이 되는 윤리도 이제는 단순한 정서에 바탕을 둔 옛날의 것으로는 미흡한 바가 많다. 이지(理智)의 힘으로 보강된 새로운 윤리의 길을 정립하고 따라야 할 상황이다.

이지의 힘, 즉 합리적 정신으로 갈등을 해결한다 함은, 냉철하고 장기적인 안목의 계산에 의존하여 불필요한 마찰을 미연에 방지하거나 해소한다는 뜻이다. 우리가 만약 철저하게 냉철하고 고도로 합리적이라면 공연한 갈등으로 피차를 괴롭히는 짓은 하지 않을 것이다. 그러나 철저하게 냉철하고 고도로 합리적인 것만으로 원만한 인간 사회가 성립될 수는 없다. 가령 여기에 철저하게 냉철하고 고도로 합리적인 두 사람이 있어서 그들 사이에 아무런 갈등이 없다 하더라도, 그것만으로는 그들 사이가 원만하다고 말하기 어렵다. 서로의 사이에 미움도 없고 사랑도 없어서 '소가 닭을 바라보는 것' 같은 무관심으로 일관하는 관계를 유지한다면, 우리는 그들의 관계를 바람직하다고 보지 않을 것이다. 무관심은 미움보다도 더욱 사람과 사람의 관계를 멀리 떼어 놓는 심리로서 작용하기도 한다.

갈등이 없는 것만으로 삶이 행복할 수는 없다. 우리의 삶을 풍요롭게 만드는 것은 차가운 이지가 아니라 따뜻한 정감이다. 나와 내 가족에 대한 사랑보다도 더 크고 깊은 사랑의 심정이 과거 어느 때보다도 더 절실하게 요청되고 있는 시대에 우리는 지금 살고 있다. 우리 모두의 행복한 삶을 위해서 '개인주의'가 과연 가장 현명한 삶의 철학인지, 다시 조용히 생각해 볼 필요가 있다는 생각을 떨쳐 버리기 어렵다.

6장 가족, 결혼, 남녀

1. 가족

"두 사람은 사이가 가깝다."는 말을 흔히 사용한다. 공간적으로 두 사람의 거리가 가깝다는 뜻으로 그 말을 쓰는 경우는 드물며, 대개는 마음이 서로 가까울 때 '두 사람은 가깝다'고 말한다. "마음이 지척이면 천리도 지척이요, 마음이 천리면 지척도 천리"라는 신파 연극의 대사가 소박하지만 마음에 와닿는 까닭이다.

그러나 마음이 가까워지기 위해서는 다른 어떤 관계가 선행해야 하며, 다짜고짜 마음부터 가까워지는 경우는 드물다. 우선 두 사람이 공간적으로 접근하거나 편지를 주고받는 등 어떤 유형(有形)의 접근이 있을 때, 그것을 계기로 삼고 그 다음에 마음의 접근이 생기는 것이 보통이다. 아직껏 듣지도 보지도 못했으며 나와는 아무런 상관도 없는 사람에 대해서 내 마음이 크게 끌리거나 거부감을 느끼는 경우는 생각하기 어렵다.

가족은 같은 지붕 밑에 살면서 한솥밥을 먹는다. 한 가정의 식구들은 공간적으로 가깝게 접근할 기회가 많을 뿐 아니라 공동의 목표를 위하여 협력하게 되는 경우도 자주 있다. 따라서 가족은 마음도 서로 가까워지기 쉬운 그런 조건 아래서 사는 사람들이다. 더욱이 우리나라에서는 '같은 핏줄'이라는 관념까지 크게 가세하여, 가족의 성원들이 하나의 '우리'로 뭉치는 전통을 세워 왔다.

인구의 대부분이 농업에 종사했던 옛날 우리나라의 전통 사회에서는 가족이 생활의 기본단위였다. 농경 사회에서는 가족이 하나의 '우리'가 되어 일도 함께하고 소비생활도 함께하였다. 땅은 가족의 공동소유였으며, 땅을 떠나서 개인이 단독의 힘으로 살아가기는 매우 어려운 상황이었다.

개인이 아닌 가족이 기본 생활의 단위였던 까닭에, 가족을 대표하고 통솔할 위치에 있었던 가장의 권한과 권위가 크고 높을 수밖에 없었을 것이다. 결혼의 상대를 선정하는 과정에서 신랑과 신부 개인들의 의견보다 집안 어른의 뜻이 중요시된 것도, 가족을 자주적 개인들의 집합으로 보지 않고 하나의 유기적 공동체로 간주하는 가족관의 견지에 설 때, 쉽게 이해할 수 있을 것이다.

전통적 가족제도 아래서도 개인적 자아의식이 전혀 발동하지 않았다고는 생각되지 않는다. 옛날의 대가족제도 아래서도 고부간의 갈등이 심했다는 사실은 그 시대에도 '우리'가 아닌 '나'를 위하고자 하는 마음이 발동했음을 단적으로 말해 준다. 재산을 사이에 두고 형제 또는 숙질이 이해를 다툰 사례도 있었으며, 왕실에서까지 부자와 형제 또는 숙질 사이에서 심각한 다툼이 생긴 적이 있었다. 그러나 전체적 경향으로 볼 때, 개인으로서의 '나'보다도 가족 또는 가문으로서의 '우리'를 앞세우는 관념이 지배적이었음을 부인하기는 어려울 것이다.

1950년대 후반에 처음 미국에 갔을 때, 그곳 교수로부터 저녁 초대를 받은 적이 있었다. 초대에 응할 때는 조그만 선물을 준비하는 것이 그 나라의 풍습이라고 들었기에, 나는 작은 그림 한 장을 들고 갔다. 교수 댁에 도착했을 때 초인종 소리를 듣고 현관에 나온 사람은 교수의 부인이었고, 나는 그분에게 가지고 간 그림을 내밀었다. 교수 부인은 그 자리에서 풀어 보며, 매우 아름다운 그림이라고 말하였다. 그리고 이렇게 물었다. "그런데 이것을 누구에게 주시는 거죠?" 나는 엉겁결에 대답하였다. "교수님과 부인께 드립니다."

교수 부인은 선물 포장을 다시 풀어서 자세히 살펴보았다. 그림이 두 장인가 하고 확인하는 눈치였다. 그러나 그림은 한 장밖에 없음을 알고 그녀는 고개를 갸우뚱했다. 한 장의 그림을 두 사람에게 준다는 것이 도저히 이해할 수 없는 말로 들린 모양이었다. 그 집에는 교수 내외만이 살고 있었으며, 벽에 걸어 놓고 둘이 보면 된다는 뜻으로 나는 그렇게 대답했던 것인데, 미국인에게는 그것이 이해할 수 없는 말로 들렸던 것이다. 나는 그때 미국 교수 부부를 '하나'로 묶어서 생각했던 것이며, 교수 부인은 자기와 자기 남편을 어디까지나 두 사람으로 나누어서 생각했음에 틀림이 없다.

미국에서 대학원 공부를 하고 있을 때 가까이 지낸 친구가 있었다. 굴드라는 그 친구와 나는 다른 학생들과는 나이 차가 많은 노학생이라는 공통점 때문에 가까워졌던 것인데, 내가 귀국한 뒤에도 크리스마스 때가 되면 카드와 선물이 오고 갔다. 그런데 두 사람이 선물을 보내는 방식에 근본적 차이점이 있음이 발견되었다. 굴드는 언제나 우리 식구 각자에게 하나씩 돌아가도록 자질구레한 여러 가지 물건을 보내 왔고, 나는 언제나 한국적 특색을 지닌 물건 하나만을 보냈던 것이다. 미국인 굴드는 가족을 여러 개인들의 집합으로 보았음이 분명하고, 한국인 나는 가족을 하나의 유기적 단위로 보았음에 틀림이 없다.

우리나라 가족의 모습도 서구의 그것을 닮아 가고 있다. 한국인의 경우도 '우리 집'보다 '나'를 먼저 생각하는 사람들이 날로 늘어 가는 추세다. 식구 하나하나를 생활의 기본단위로 보는 개인주의에 입각하여, 가족을 그 자체가 목적인 유기체로 보기보다는 식구들 각자의 개인적 목적 달성을 돕기 위한 수단적 성격의 조직체로 보는 경향이 우세하다. 물론 모든 사람들이 서구적 가족상을 바람직하다고 생각하는 것은 아니며, 늙은 세대 가운데는 우리나라의 전통적 가족상에 대하여 강한 애착을 느끼는 사람들도 적지 않다. 그러나 전체의 흐름은 서구적 핵가족의 방향으로 변하고 있다.

우리나라의 전통적 가족상에는 좋은 점이 있었다. 사람들의 자아가 개인의 테두리를 벗어나서 더욱 큰 '우리' 속에 융화된다는 좋은 점이다. 작은 '나' 하나만을 지키기에 급급한 인간상보다는 좀 더 큰 '우리'를 위하여 소아(小我)를 잊을 수 있는 인간상이 바람직함에 의심의 여지가 없다. 그러나 우리나라의 전통적 가족상에는 결함도 있다. 우리나라의 전통적 가족제도 아래서는 여성의 인권이 부당하게 유린당했으며, 젊은이들의 자유가 지나친 억압을 당했다.

개인주의의 색채가 강한 현대 서구의 가정에는 식구들이 다른 사람의 억압을 받지 않고 각자의 뜻을 따라서 자유롭게 살 수 있다는 장점이 있다. 그러나 그것은 식구들 각자가 작은 '나'의 테두리 안에 갇혀 있는 소아적 인간상을 벗어나기 어렵다는 결점도 가지고 있다. 개인과 개인 사이의 칸막이를 넘어서 여러 사람들이 하나의 '우리'가 되어 고락을 함께하는 심성이 인간의 삶을 더욱 값진 것으로 만든다는 사실을 고려할 때, 오늘의 서구적 가족상을 가장 바람직한 것으로 보기는 어렵다.

"부부는 일심동체"라든지 "주머닛돈이 쌈짓돈이고, 쌈짓돈이 주머닛돈이다."라는 말을 의심의 여지가 없는 옳은 말이라고 생각했던 시절이 있었다. 그러나 지금은 그런 말을 들어도 실감이 나지 않는다. 부부 사이에서도 서로를 '남'으로 의식하는 경우가 허다하고, 주머닛돈은 어디까지나 주머닛돈이요 쌈짓돈은 어디까지나 쌈짓돈이라고 생각하는 부부도 적지 않다.

부모와 자녀 사이에도 칸막이가 조금씩 두터워지는 추세로 흐르고 있다.

부모 쪽에서는 자식을 자신의 일부로 생각하는 경향이 아직도 남아 있지만, 자식 편에서는 자신이 독립된 주체로서 대접받기를 강하게 요구한다. 부모에게 경제적으로 의존하고자 하는 태도는 버리지 않으면서, 부모의 간섭은 철저하게 배제하는 이기주의적 젊은이들도 흔히 있다. 부모 측에서도 이제는 자녀에 대한 맹목적 사랑의 허무함을 느끼기 시작하는 추세이며, 자신들의 노후를 자식에게 의탁하겠다던 생각이 어리석다는 것을 인정하지 않을 수 없는 분위기가 지배적이다.

가족이 하나의 '우리'가 되어 뭉쳐서 살았던 전통 사회에서는 자식을 가진 사람이라면 노후의 생활을 특별히 걱정할 필요가 없었다. 늙은 부모를 타인으로 생각하지 않고 자신들의 뿌리로 의식한 자녀들의 보살핌으로 그들은 비교적 편안한 노후를 보낼 수가 있었다. 그러나 현대의 노인들은 자신들의 힘으로 끝까지 살아야 하는 부담을 안고 있다. 노쇠한 뒤의 힘이라는 것이 한계에 부딪치기 마련이므로, 노후 생활에 대한 불안을 벗어나기가 매우 어려운 실정이다. 노인의 씨가 따로 있을 리 없고 오래 살면 누구나 노인이 되기 마련이므로, 노후에 대한 불안은 예외 없이 모든 사람 앞에 검은 그림자로 다가온다.

늙은 부모에 대한 보살핌을 외면하고 저희들끼리의 즐거운 삶을 극대화하고자 하는 젊은 세대의 생활 태도에는 모종의 계산이 들어 있을 것이다. 쉽게 말해서, 늙은 부모를 위하여 소비하는 시간과 물자는 결과적으로 '나'의 손해를 의미한다는 계산이 은연중에 있다. 그러한 계산을 따라서 삶의 길을 선택하는 태도 자체가 잘못이 아니냐는 물음은 여기서 잠시 덮어 두기로 하자. 계산하는 인생관의 견지에서 본다 하더라도, 늙은이를 푸대접하는 현대 젊은 세대의 행동은 슬기롭지 못하다는 결론에 도달할 것이다.

돈의 여유가 있는 장년기에 노후를 위하여 저축하는 것을 우리는 슬기로운 처사로 인정한다. 같은 논리를 따라서, 다소라도 힘의 여유가 있는 젊은 시절에 늙은 부모를 위하여 시간과 돈을 할애하는 것은 슬기로운 처사가 될 것이다. 내가 늙은 부모에게 했듯이 나의 자녀도 장차 늙은 뒤의 나를 위하여 시간과 돈을 할애한다는 보장이 있다고 단언하기는 어렵다. 그러나 일반적으로 말해서, 젊은 세대는 기성세대의 실천을 보고 배우는 강한 모방의 심리를 가지고 있다는 사실을 우리는 알고 있다.

내가 부모에 대해서 했듯이 내 자녀도 나에 대하여 그렇게 할 것이라는 계산을 떠나서 생각하더라도, 심지어 나에게는 자녀가 없을 경우라도, 내가 부모에 효도해야 마땅하다고 볼 이유는 충분히 있다. 은혜를 잊지 않는 것은 사람을 사람답게 하는 심정의 대표적인 것이며, 자라고 배우는 과정에서 부모로부터 받은 은혜는 바다보다도 깊고 태산보다도 높다. 부모를 남으로 생각하는 사람들조차도 부모의 은혜만은 당연한 것으로 여기는 것은 논리에 맞지 않는다.

시각에 따라서, 부모를 자아(自我)의 일부로 볼 수도 있고 나 아닌 타아(他我)로 볼 수도 있을 것이다. 부모가 자아의 일부라면, 자아인 까닭에 당연히 나의 사랑과 보살핌을 받아야 할 것이다. 부모도 역시 타아임에 틀림이 없다면, 그들로부터 받은 은혜에 감사하고, 그들이 도움을 필요로 할 때 그 은혜에 보답하도록 노력해야 마땅할 것이다.

세상의 모든 부모가 예외 없이 자녀에게 크나큰 은혜를 베푼다고 말하기는 어렵다. 흔하지는 않지만 더러는 자녀에게 못되게 군 아비도 있고, 어린 아이를 버리고 달아난 어미도 있다. 이러한 예외적 부모를 가진 자녀들의 경우도 역시 극진한 효도로써 부모를 모셔야 하는 것일까? 부모와 자식을 같은 자아의 분신(分身)으로 생각한다면, 못된 부모라 하더라도 아끼고 사랑하는 편이 옳을 것이다. 병든 다리도 내 다리임에는 틀림이 없다면 아껴서 소중히 여기는 것이 마땅할 것이다. 그러나 부모를 타아라고 생각한다면, 모든 타인에 대하여 정성을 다해야 한다는 종교적 믿음이 없을 경우에는, 못된 부모도 효성으로 모셔야 한다는 주장이 근거를 잃는다.

부모를 가진 젊은이들이 효도의 덕을 강조할 때, 그 말은 지극히 아름답게 들린다. 그러나 자식을 가진 늙은이들이 효도 타령을 하는 것을 들으면 서글 프다는 생각이 든다. 강요를 따라서 또는 남의 이목이 무서워서 하는 효행은 아름다운 이야기가 아니다.

만약 그렇게 할 수만 있다면, 한국의 전통적 가족의 좋은 점과 서구의 현대적 가족의 좋은 점을 모두 살리는 새로운 유형의 가족상을 형성하는 것이 바람직할 것이다. 가족이라는 '우리'의 발전 속에 더욱 큰 자아의 성장을 발견한 전통적 가족 의식과 개인인 '나'의 독립성을 양도할 수 없는 기본권으로 믿는 현대적 자아의식을 모두 살릴 수 있는 가족상의 실현이 가능하다면, 그것이 내일을 위하여 가장 바람직한 가족의 상(像)이 될 것이다.

개인적 자아의식과 가족적 공동체 의식을 조화시키는 일은 가능하리라고 생각한다. 강한 개인적 자아의식을 가진 사람들이 가족에 대하여 확고한 공동체 의식을 갖는다는 것은 논리적으로 모순된 일이 아니며, 심리적으로도 무리가 없는 일이다. 강한 개인적 자아의식을 살리기 위해서 우리가 반드시 이기주의자가 될 필요는 없으며, 가족에 대해서 확고한 공동체 의식을 갖기 위해서 우리가 반드시 집단주의자가 될 필요도 없다.

개인으로서의 '나'를 살리기 위하여 양보할 수 없는 것은 나의 자주성(自主性)이며 나의 이기심(利己心)은 아니다. 공동체로서의 '우리'를 살리기 위하여 필요한 것은 공동체에 대한 사랑과 협동이며 개인의 자주성의 부정은 아니다. 공동체인 '우리'를 살리기 위하여 작은 '나'의 작은 이익을 부정할 필요는 더러 있을 것이다. 그러나 그 작은 이익의 부정이 한 개인 자체의 부정을 의미하는 것은 아니다. '나'의 작은 것을 부정하고 큰 '우리'를 위하여 협동할 때, 개인의 자아는 도리어 더욱 크게 실현된다.

옛날의 전통적 가족에서의 집단적 자아의식의 경우는 여러 구성원들의

'나'가 가족이라는 '우리' 안에 용해되었다. 이를테면 '우리'가 '나'를 삼켜 버렸다. 그러나 우리가 목표로 삼고자 하는 개인과 공동체를 조화시킨 개인 적 자아의식의 경우는 공동체가 자주적 자아로서의 '나'의 범위 안으로 포섭 된다. 이를테면, '나'가 '우리'를 내 가슴 안에 품는 것이다.

가족은 '우리' 즉 공동체의 한 가지 종류일 뿐이며, 가족 이외에도 직장, 사회단체, 국가 등 여러 가지 크고 작은 공동체가 있다. 그러므로 위에서 전 개한 '나'와 '우리'의 조화에 관한 주장은 가족 윤리뿐 아니라 사회윤리 전반 에 확대해서 적용할 수 있는 의견이다. 다만 여러 가지 공동체 가운데서 가 족은 그 규모가 가장 작고 또 '나'와의 관계가 가장 밀접하므로, '나'의 가슴 안에 품기가 용이한 공동체라는 특색을 가지고 있다. 그러므로 자아의 범위 를 우선 가족으로 확대하고, 그 '우리 의식'을 다시 더 큰 공동체에까지 넓혀 간다면, 가족 윤리의 정립이 사회윤리 전반의 정립을 위한 발판의 구실을 하 는 결과가 될 것이다.

개인적 자아의식과 가족적 공동체 의식의 조화 내지 종합에 성공한다면, 가족생활에 관한 그 밖의 남은 문제들은 그 종합의 바탕 위에서 해결책을 찾 아볼 수 있는 지엽적 문제가 될 것이다. 예컨대 노후의 부모와 함께 살아야 하느냐 또는 따로 살아야 하느냐 하는 따위의 문제는 작은 '나'의 작은 이익 에 애착하는 옹졸한 자아의식만 극복되면, 높은 차원의 자아의식을 바탕으 로 삼고 해결할 수 있을 것이다.

지엽적 문제들에 대해서 일률적인 해답을 내릴 필요는 없을 것이며, '가 족의 모든 성원(成員)을 위해서'라는 기본 원칙에 모두 협조하는 태도만 확 고하다면, 구체적 상황에 맞는 여러 가지 해결 방안의 모색이 가능하게 될 것이다. 노부모를 함께 모시고 사는 편이 바람직한 해결책이 될 경우도 있을 것이고, 따로 사는 편이 옳은 해결책이 될 경우도 있을 것이다. 원칙은 같더 라도 구체적 여건이 다르면, 그 해결책은 각각 다를 수 있다.

맞벌이가 바람직하냐, 또는 주부는 가사에만 전념하는 편이 바람직하냐 하는 문제도 그것을 해결하는 방식은 역시 마찬가지가 될 것이다. '우리'에 포함되는 가족 성원 모두의 행복을 고루 존중한다는 원칙을 전제로 삼고 그 가정이 처해 있는 구체적 상황을 충분히 고려한다면, 그 가정의 경우에 적합한 해결책을 찾아낼 길이 열릴 것이다.

2. 결혼

옛날 원시사회에서 어떠한 과정을 거쳐서 가족이라는 것이 생겼는지 정확하게 말하기는 어려울 것이나, 오늘의 상식으로 보면 정상적 가정은 결혼과 불가분의 관계를 가졌을 것이다. 결혼이 있는 곳에 가족이 생기고, 결혼이 없는 곳에는 정상적 가정도 존재하지 않는다. 결혼을 인륜의 대사(大事)라고 말하는 까닭이 아닌가 한다.

옛날에는 적령기에 달한 사람은 누구나 결혼을 해야 한다는 생각이 진리처럼 받아들여졌다. 그러나 요즈음은 '독신주의'라는 말이 암시하듯이, 반드시 결혼을 해야 한다고 생각하지 않는 사람들도 상당수 있는 것으로 알려져 있다. 옛날에는 결혼을 하고 싶어도 못한 사람은 많았으나 그것을 원하지 않는 사람이 거의 없었다는 것은, 결혼을 하지 않으면 살아가기가 매우 불편했기 때문일 것이다. 현대사회에 독신주의자가 생기는 까닭은 독신으로도 살아갈 수 있는 길이 열렸음에 있을 것이며, 자유롭게 살고 싶다는 욕망이 옛날보다 강해졌다는 사실에도 있을 것이다.

결혼이라는 제도가 동서고금 어디서나 발견되는 보편적 현상이 된 것은 그것이 여러 가지 좋은 점을 가지고 있기 때문일 것이다. 일반적으로 말해서, 독신으로 사는 사람보다는 결혼 생활을 하는 사람이 심리적으로나 경제적으로나 안정된 생활을 할 공산이 크다. 사생아보다는 결혼한 남녀 사이에서 출생한 어린이가 행복하게 자랄 가능성이 월등하게 높다. 사회의 안정과 번영을 위해서도 독신주의자가 많은 것은 바람직하지 않다. 그러나 뜻이 맞지 않는 사람과 결혼을 하여 평생을 함께 산다는 것은 견디기 어려운 괴로움이다. 우리는 삶의 과정에서 크고 작은 선택을 무수히 하거니와, 그 가운데서 배우자의 선택이 가장 어려운 선택의 하나가 아닐까 한다.

배우자의 선택이 어려운 까닭은 사람의 사람됨을 알기가 천 길 바닷속을 알기보다도 어렵기 때문이다. 사람됨이란 눈에 보이지 않는 무엇이며 일정 불변한 무엇이 아닌 까닭에, 그 실상을 파악하기가 지극히 어렵다. 배우자 후보의 경우는 상대가 이성인 까닭에, 그 사람됨을 알기가 더욱 어렵다. 이성을 대하게 되면 우선 성적 매력에 취하기 쉬우며, 일단 성적 매력에 취하게 되면 사람됨을 객관적으로 알아본다는 것이 생각보다도 훨씬 더 어렵다.

"나는 사람을 보는 눈이 밝다."고 자부하는 사람들이 있다. 한 번 척 보기만 해도 그 사람됨을 짐작할 수 있다는 것이다. 이러한 자부심에 전혀 근거가 없다고 말하기는 어렵다. 그러나 여기서 우리가 명심해야 할 것은 사람은 누구나 여러 개의 얼굴을 가지고 있다는 사실이다. 한 번 척 보아서 알 수 있는 것은 그 여러 개의 얼굴 가운데 하나에 불과하다. 여러 얼굴 가운데 하나만을 알고 전체를 알았다고 착각하는 것은 코끼리를 만져 본 상님만의 이야기가 아니다.

사람의 마음은 기상의 변화를 따라서 파도의 높낮이가 달라지고 하늘의 색깔을 따라서 시시각각으로 변색하는 바다와도 같다. 어떤 자극을 받느냐에 따라서 다른 모습으로 반응하는 것이 사람의 마음이며, 우리가 흔히 말하는 마음씨라는 것도 그 사람이 처하게 되는 상황 여하에 따라서 변화무쌍할 수 있는 소지를 가졌다. 단시일 동안 겪어 본 것만으로 사람됨을 알 수 있다고 하는 말을 믿기 어려운 까닭이다.

상대편의 사람됨을 충분히는 알지 못한 상태에서 결혼을 할 수밖에 없는 것이 우리들의 현실이다. 그런 의미에서 결혼은 크나큰 모험이다. 특별하게 모험심이 강하지도 않은 사람들이 결혼을 감행하는 것은 그것이 그토록 큰 모험이라는 사실을 모르기 때문일 것이다. 모험인 줄도 모르고 저지른 모험이 큰 파탄을 일으키지 않고 넘어가는 것은 음양(陰陽)의 조화의 힘이 워낙 강하기 때문이 아닐까 한다.

'조건'을 보고 결혼을 했다느니, '조건'이 나빠서 결혼에 반대했다느니 하는 말을 가끔 듣는다. 이런 경우에 '조건'이라 함은 경제적 조건을 가리키는 모양이다. 용모와 체격, 학력과 경력, 성격과 가족관계 등이 모두 결혼에서 고려되어야 할 중요한 조건일 터인데, 유독 경제적 조건만을 '조건'이라고 부르는 것은 우리 사회에 돈을 결혼의 가장 중요한 조건으로 보는 사고방식이 팽배해 있음을 의미한다.

그러나 이것은 매우 잘못된 사고방식이다. 결혼의 상대를 물색함에 즈음하여 고려해야 할 여러 조건 가운데서 가장 중요한 것이 무엇이냐고 묻는다면, '사람됨'이라고 대답해야 옳을 것이다. 다음으로 또 어떤 조건이 중요하냐고 묻는다면 건강과 용모, 학식과 능력 등을 손꼽아야 할 것이다. 경제적 조건도 무시할 수는 없을 것이나, 본인이 경제적 생활력을 가지고 있는 것만으로 충분하며, 현재 이미 확보해 놓은 재산이나 유산 따위는 그리 중요한 조건이 될 수 없다. '혼수'의 다과를 문제 삼는 것은 더욱 어리석은 풍습이다.

이미 확보하고 있는 재산 또는 신장(身長) 등은 눈에 보이는 조건이나, 사람됨과 능력 등은 눈에 보이지 않는 조건이다. 눈에 보이지 않는 불확실한 조건에 중점을 두는 것보다는 눈에 보이는 확실한 조건으로 마음이 끌리는 심리를 전혀 이해할 수 없는 것은 아니다. 그러나 본인의 능력과 관계없이 부모로부터 물려받는 재산은 장래가 불안한 재산이며, 키가 크고 작다는 것은 세상을 살아가는 데 그리 중요한 조건이 아니다. 비록 확실하게 알기는 어렵더라도 사람됨과 능력 그리고 건강과 같은 근본적 조건에 비중을 두는 편이 올바른 가치관에 가까울 것이다.

개인의 사람됨은 고정불변한 실체가 아니라 상황에 따라서 변화할 수 있는 의식(意識)의 체계다. 그러므로 행복한 결혼을 위하여 가장 중요한 것은 두 사람의 성격 내지 인품의 조화다. 결혼하고자 하는 두 사람의 뜻이 잘 맞아야 행복한 가정을 꾸밀 수 있다. 신랑과 신부를 따로따로 떼어서 볼 때는 각각 우수한 사람일 경우에도, 결혼을 하여 한집에 살게 되면 뜻이 맞지 않아서 불행한 부부가 되는 경우를 흔히 볼 수 있다.

'궁합(宮合)'이라는 말은 과학적 사고를 바탕으로 삼고 생긴 말은 아니다. 그러나 '궁합'을 중요시하는 생각 가운데 신랑과 신부의 화합을 중요시하는 지혜가 깔려 있다는 사실은 주목할 만하다. 만약 생년월일과 생시(生時)에 따라서 그 사람의 성격이 결정된다는 사주(四柱)의 원칙을 받아들일 수 있다면, '궁합을 본다'는 것은 단순한 미신이 아니라는 결론이 나올 것이다. 그러나 사람의 성격이라는 것은 선천적으로 결정되는 것이 아니라 생후의 경험을 따라서 형성되는 부분이 크다는 것이 현대 심리학의 정설이므로, 궁합에 대한 믿음을 과학의 이름으로 찬양하기는 어려울 것이다.

어떠한 두 사람도 언제나 생각이 같고 뜻이 일치하기는 어렵다. 특히 개성이 뚜렷한 사람들이 같은 지붕 밑에 오래 살게 되면, 가끔 의견의 불일치가 생기는 것이 오히려 자연스러운 현상이다. 그러므로 비록 부부 사이라 하더라도 언제나 의견이 일치하기를 기대할 수는 없는 일이며, 상대편이 가진 나와 다른 의견을 일단 존중하는 겸손함이 필요하다. 피차 자리를 바꾸어서 상대편의 견지에서 생각하는 여유를 가지면, 대개의 경우 의견의 불일치가 심각한 문제에까지 이르지는 않는 선에서 타협점을 찾게 될 것이다.

사이좋은 부부라는 것이 저절로 생기는 경우는 비교적 드물다. 바꾸어 말하면, 사이좋은 부부가 되기 위해서는 무던한 노력이 필요하다. 다른 인간관계의 경우도 그렇지만, 특히 부부 사이에 있어서 상대편을 나에게 적응시키려고 하기보다는 나를 상대편에 적응시키는 편이 빠른 길이다. "져 주는 편이 승리자가 된다."는 말이 가장 잘 적중하는 것은 부부 사이에 의견의 대립이 생겼을 경우가 아닐까 한다.

밤하늘의 별처럼 많은 사람들 사이에서 어떤 두 사람이 결혼을 하고 부부가 된다는 것은 실로 대단한 인연이다. 인연도 운명의 일부라고 생각되므로, "네 운명을 사랑하라."고 한 니체의 명언 가운데는 "네 인연을 사랑하라."는 뜻도 포함되었다는 해석이 가능하다. 더욱이 결혼의 인연을 맺음에 있어서 나 자신의 의지와 선택이 관여했다면, 그 인연을 사랑할 책임은 더한층 무거워질 것이다.

플라톤의 대화편 『심포지엄』에 등장하는 대화자의 한 사람인 아리스토파네스는 남자와 여자가 서로 뜨겁게 그리워하는 이유를 대략 다음과 같이 말하고 있다. 즉, 태고의 원시인은 통나무처럼 둥근 모양을 한 남녀 양성(兩性) 동물이었다. 한 개체 안에 남성과 여성이 함께 들어 있었으며, 그 겉모습은 오늘의 남자와 여자가 등을 맞대고 붙은 것과 같은 모양이었다. 눈은 앞뒤로 넷이 있었고, 입은 둘이며, 팔다리는 모두 여덟 개가 달려 있었다. 앞과 뒤를 모두 볼 수 있었고, 전진과 후진도 자유로웠다. 따라서 인간은 그 힘이 막강하였고 신(神)을 위협할 지경이었다. 이대로 내버려 두어서는 안 되겠다고 판단한 제우스 신이 인간을 둘로 나누었다. 남성과 여성으로 잘라서 나눈 것이며, 현존하는 인간의 뒤통수와 등 그리고 엉덩이로 이어지는 부분이 수술로 양분된 자리에 해당한다.

둘로 나누어진 반쪽은 남성이고 다른 반쪽은 여성이 될 수밖에 없는 것이 인간의 신체적 구조였다. 그러니 남성에게는 여성이 자신의 반쪽이고, 여성에게는 남성이 자신의 반쪽에 해당한다. 한 나라도 강대국에 의하여 남북 또는 동서로 나누어지면 다시 통일하기를 염원하는 법인데, 하나의 유기체로서 살던 인간이 둘로 쪼개졌으니 분단된 반쪽들 즉 남성과 여성이 재결합을 원하며 서로를 그리워하는 것은 당연한 이치가 아닐 수 없다.

아리스토파네스의 이야기는 물론 시인의 상상력이 만들어 낸 허구일 것이나, 남성과 여성이 서로를 그리워하는 심리를 가졌다는 것은 부인할 수 없는 사실이다. 그리고 또 한 가지 분명한 것은 만약 남성을 가진 인간 즉 남자와 여성을 가진 인간 즉 여자가 분리된 상태로 존재하지 않았다면, 연애니 결혼이니 하는 것은 없을 것이고 부부나 부모와 자녀를 주축으로 삼는 가족도 성립하지 않을 것이라는 사실이다. 도대체 남자란 무엇이고 여자란 무엇이며, 또 그들 사이에는 어떠한 관계가 있는가?

3. 남자와 여자

우리는 남자 아니면 여자로서 세상에 태어난다. 일단 남자로 태어나면 평생을 남자로서 살아가고, 여자로 태어나면 평생을 여자로서 살아가기 마련이다. 그리고 남자의 삶과 여자의 삶은 적지 않은 면에서 서로 다르다. 옛날에 비하면 그 차이점은 점점 줄어드는 추세를 보이고 있기는 하나, 아직은 많은 차이점이 남아 있다. 앞으로도 몇 가지 근본적 차이점은 계속 남을 것이다.

남자를 보는 여자의 시선에도 사람에 따라서 개인차가 있겠지만, 여자를 보는 남자의 시선에는 사람에 따라서 차이가 많다. 어떤 남자는 여자를 신비롭고 고귀한 존재로서 우러러보는 반면에, 어떤 남자는 여자를 자기네만 못한 사람인 양 내려다본다. 같은 남자가 한편으로는 여자를 우러러보면서 다른 한편으로는 내려다보는 경우도 있다. 도대체 여자란 남자에게 무엇이고 남자란 여자에게 무엇인가?

어머니의 인상을 따라서 여성관이 좌우된다는 주장이 있다. 훌륭한 어머니를 가진 사람일수록 여자를 우러러보는 경향이 있다는 의견이다. 이 의견이 옳든 그르든 간에 한 가지 의심의 여지가 없는 사실이 있다. 여자를 신비롭고 고귀한 존재로서 우러러보는 여성관을 가진 남자가 그 반대의 여성관을 가진 남자보다 대체로 행복하다는 사실이다. 여자를 우습게 생각하는 남자는 어머니를 우습게 여기는 아들처럼 불행할 경우가 많다.

어린 시절의 사내아이들은 대개 여자에 대해서 꿈을 갖는다. 신비롭고 고귀한 여자의 꿈을 꾸는 것이다. 세상의 모든 여자가 천사 같다고 믿지는 않더라도 더러는 천사에 가까운 여자가 있을 것이라고 믿으며, 그러한 여자와 자신이 각별한 사이가 되는 날의 행복을 꿈꾸며 미래에 희망을 건다. 그러나 소년은 자라면서 여러 여자들과 만나게 되고, 그 만남을 통하여 현실의 여자와 꿈속의 여자 사이에 상당한 거리가 있음을 발견하게 된다. 그러한 발견의 결과로서 대개의 남자들은 여자에 대한 꿈을 버리고 범속한 현실 속에 파묻혀 산다. 그러나 더러는 그 무지개 빛깔의 꿈을 오랫동안 버리지 않고, 구원(久遠)의 여성에 대한 갈구를 계속한다.

옛날에는 남자와 여자가 가까이 만날 기회가 적었고, 간혹 가까이 만날 기회가 생기더라도 서로 말과 행동을 조심하였다. 그러한 조심에는 자유의 구속이라는 부정적 측면도 있었으나, 예절을 지키고 언행을 삼감이 품위 있는 인격 형성에 도움을 주었다는 긍정적 측면도 있었다. 이제는 남녀가 함께 어울릴 기회가 빈번하고 기탄없이 말과 행동을 마구 하는 세상이 되었다. 임의롭고 자연스럽다는 장점도 있으나, 남녀간의 꿈이 없는 세상이 되기 쉽다는 아쉬움도 크다.

과학 기술의 놀라운 발달의 결과로서 우주의 신비가 하나하나 벗겨져 가고 있다. 달나라에 사는 토끼와 계수나무의 동요는 이제 옛날과 똑같은 매력을 유지하기 어렵게 되었으며, 은하수에 얽힌 견우와 직녀의 전설도 이제는 실감 나게 가슴에 와닿지 않는다. 그러나 우주의 신비로움이 전적으로 부정될 수는 없다. 과학과 기술이 아무리 발달하더라도 우주 전체는 여전히 신비로운 세계로서 남을 것이다.

인간존재의 실상도 과학의 발달로 말미암아 새로운 모습을 드러내게 되었다. 옛날에는 '인간'과 '동물'은 서로 대립하는 개념으로 이해되었으나, 이제는 '인간도 동물의 일종'이라는 것이 상식으로 통한다. 그러나 그렇다고 해서 인간에게 신비롭고 심오한 속성이 전혀 없다는 결론으로 성급하게 달려가서는 안 될 것이다. 과학의 발달이 인간 정신의 깊은 곳을 아무리 파헤친다 하더라도, 인간은 역시 신비롭고 영적(靈的)인 존재로서 남아 있게 될 것이다. 적어도 신비롭고 영적인 존재로 성장할 수 있는 가능성은 여전히 가지고 있을 것이다.

인간이 신비롭고 영적인 존재가 될 수 있는 가능성이 남아 있다면, 신비롭고 고귀한 여자에 대한 남자의 꿈을 단순한 어리석음으로 단정할 이유는 없어진다. 현대와 같이 물질주의와 속물근성이 팽배한 시대에, 사람들의 현실생활에서 신비롭고 고귀한 정신의 발휘를 목격하기는 어려울 것이다. 그러나 현대인의 마음속에도 가능성으로서의 신비롭고 고귀한 정신은 잠재해 있다고 보아야 할 것이며, 여자에 대한 남자의 꿈 역시 그 가능성에 대한 기대로서의 의미를 갖게 된다.

인간에게는 남의 기대에 부응하고자 하는 심리가 있다. 특히 좋아하는 사람의 기대에 어긋나지 않기를 바라는 것이 인간의 마음이다. 그러므로 남자들이 신비롭고 고귀한 여자에 대한 꿈을 버리지 않는다는 것은, 여자들로 하여금 그들의 높은 가능성을 발휘하도록 유도하는 자극으로서의 의미를 갖게 된다. 신비롭고 고귀한 여자의 출현을 꿈꾸는 남자가 하나도 없다면, 아마 그런 여자가 현실에 나타날 가능성은 거의 없을 것이다. 그러나 많은 남자들이 여자에 대한 기대와 꿈을 버리지 않는다면, 그 꿈과 기대가 여자들의 자아실현을 위해서 좋은 자극의 구실을 할 수 있을 것이다.

한 사람의 인품은 여러 요인의 구성으로써 이루어진다. 그것은 복잡한 구조를 가졌으며, 같은 인품도 높은 얼굴과 낮은 얼굴을 아울러 가지고 있다. 높고 낮은 여러 가지 얼굴을 잠재적으로 가지고 있다가, 그가 처하는 상황의 변화에 따라서 때로는 착하고 아름다운 얼굴을 보이기도 하고 때로는 추악한 얼굴을 보이기도 한다. 모성애를 발휘하는 순간은 여자가 착하고 아름다운 얼굴로 삶을 사는 대표적인 경우이며, 질투심에 불타서 남을 모함하고자 할 때의 여자는 추악한 얼굴을 내미는 대표적인 경우라 할 것이다.

지금까지 '남자가 꿈꾸는 여자'에 대해서 한 말은 '여자가 꿈꾸는 남자'에 대해서도 대체로 타당성을 가질 것이다. 남자는 모두 늑대나 도둑놈 같다고 믿는 여자보다는 존경과 사랑을 받을 만한 남자도 더러 있다고 믿는 여자가 더 행복하다. 남자의 인품에 대한 여자들의 꿈과 기대는 남자들로 하여금 자중자애하도록 만드는 데 다소간 도움이 될 것이다.

남자들만 모인 자리에서 여자들을 헐뜯는 소리를 들을 경우가 가끔 있다. 속이 좁다느니, 지성보다 본능이 앞선다느니, 못할 말이 없다. 여자들만 모인 자리의 대화는 들을 기회가 없으므로 단언하기는 어려우나, 여자들만 모인 자리에서도 아마 남자들을 씹어 대는 경우가 흔히 있을 법하다. 특히 맹렬한 여권 운동가들이 모인 자리에서는 상당히 강도 높은 남성 비난의 목소리가 환영을 받을 가능성이 있다.

그러나 어떤 남자도 여자가 전혀 없는 세상에서 살기를 원하지 않을 것이며, 어떤 여자도 남자가 전혀 없는 세상에서 살기를 원하지 않을 것이다. 이성(異性)이 전혀 없는 세상에서 사느니보다는 차라리 달나라로 이사를 가는 편이 낫다고 생각하는 사람도 있을 것이다. 남자가 많고 여자가 적은 나라와 여자가 많고 남자가 적은 나라 가운데서 하나를 골라잡으라고 한다면, 대부분의 남자들의 후자를 선택하고 대부분의 여자들은 전자를 선택할 것임에 틀림이 없다.

여자가 하나도 없는 세상을 상상해 보라. 남자에게 여자가 얼마나 귀중한 존재인가를 짐작하게 될 것이다. 남자가 하나도 없는 세상을 상상해 보라. 여자에게 남자가 얼마나 귀중한 존재인가를 짐작하게 될 것이다. 조물주가 여자도 만들었다는 사실에 대하여 모든 남자들은 깊이 감사해야 할 것이며, 조물주가 남자도 만들었다는 사실에 대하여 모든 여자들은 깊이 감사해야 할 것이다. 남성은 여성에게 감사하고 여성은 남성에게 감사해야 마땅하다.

그러나 우리는 많은 경우에 이 감사함을 망각하고 산다. 우리는 어쩌다 받은 작은 은혜에 대해서는 크게 감동하기도 하면서, 항상 계속되는 큰 은혜에 대해서는 고마움을 모르고 오직 당연한 것으로만 생각하기 쉽다. 우리는 물과 공기의 고마움을 망각하고 흙과 불의 고마움을 망각한다. 부모가 떠나기 전에는 부모의 고마움을 망각하고, 건강을 잃기 전에는 건강의 고마움을 망각한다. 남성과 여성의 존재도 너무나 일상적인 까닭에, 우리는 그 고마움을 의식하지 못하고 넘어간다.

인간이란 서로가 생존의 협조자인 동시에 서로가 생존의 경쟁자다. 이 양면성은 남성과 여성 사이에도 있는 것이어서, 남성과 여성은 한편으로는 서로 돕고 다른 한편으로는 서로 경쟁하며 살아왔다. 생물의 세계에서 생존을 위한 경쟁은 불가피한 현상이므로 남성과 여성 사이에 경쟁관계가 생기는 것도 불가피한 현상이라고 보아야 할 것이다. 다만 남성과 여성은 서로가 서로의 도움을 필요로 하는 절대적 상호 의존의 관계에 있다는 사실을 염두에 둔다면, 그들 사이의 경쟁은 마땅히 선의(善意)와 공정성의 원칙에 입각해야 마땅할 것이다. 그러나 우리들의 과거는 이 원칙에 입각한 슬기로운 경쟁의 역사가 아니라 약육강식의 생물학적 역학이 지배한 역사에 가까웠다.

인간 사회의 생존경쟁에서 강자의 위치를 차지한 것은 남성 쪽이었다. 어떤 연유 때문인지는 잘 모르겠으나, 남성은 체력에서 여성을 압도하였고, 체력의 우세는 경제력의 장악으로 이어졌다. 체력과 경제력에서 우위를 차지한 남성은 여성에 대하여 억압을 가할 수 있는 위치에 놓이게 되었으며, 실제로 여성에 대하여 지배자로서 군림한 경우가 많았다. 한때 서양 사회에 '기사도'라는 것이 있기도 했으나, 인류의 과거는 대부분이 남성 위주의 역사였다고 하여도 과언이 아니다. 심한 경우에는 여성에 대한 남성의 횡포가 비인간적인 정도에 이르기도 하였다.

강한 성(性)이 약한 성에 대하여 횡포를 부리는 것은 인간의 경우에만 국한된 현상이 아니다. 사자의 세계에서는 사냥은 암놈이 도맡아서 하고 있으나, 사냥으로 얻은 먹이에 대한 우선권은 수놈이 일방적으로 행사한다고 들었다. 러셀의 목격담에 따르면, 큰부리까마귀의 경우도, 먹이가 발견되었을 때 수놈이 포식하고 물러나기 전에는 암놈은 먹이 근처에 얼씬도 하지 못한다. 곤충의 세계에서는 여성이 남성을 지배하는 사례가 많다고 들었으나, 약육강식의 현상이기는 매양 일반이라 하겠다.

강한 자가 약한 자를 억압하는 것이 생물계의 일반적 현상이라면, 인간의 사회에서 강자인 남성이 약자인 여성을 억압하는 것도 자연스러운 현상으로 받아들여야 마땅하지 않으냐는 논리를 펴고 싶은 사람이 있을지도 모른다. 그러나 이 논리에는 인간과 다른 생물들을 같은 차원의 존재로 보는 전제에서 출발하고 있다는 점에 문제가 있다. 인간이 '만물의 영장'까지는 못 되더라도 '이성적 존재'로서의 자부심에 부합하기 위해서는, 일반 동물들과는 다른 면모를 갖추어야 한다고 생각한다.

그뿐만 아니라, 약육강식을 불가피한 현상으로서 용인할 수 있는 것은 그것이 '생존'을 위해서 불가피할 경우에 국한된다. 바꾸어 말하면, 굳이 약자를 유린하지 않더라도 '생존'이 가능할 경우에는 나의 삶을 위하여 남을 억압하거나 착취하는 행위는 정당화될 수 없다. 그런데 남성이 살아남기 위해서 여성을 일반적으로 억압하고 지배할 필요가 있다고 보기는 어렵다. 남성이 여성에게 군림해 온 것은 '생존'을 위해서라기보다는 '더욱 유리한 삶'을 위해서였다고 보아야 할 것이다.

　남성의 처지에서 '더욱 유리한 삶'을 갖기 위해서는 여성에 대한 군림이 과연 불가피하다고 말할 수 있을까? 도대체 인간이 '더욱 유리한 삶'을 영위하기 위해서는 일반적으로 타인 위에 군림할 필요가 있다고 말할 수 있는 것일까? 이 물음에 대한 대답은 '더욱 유리한 삶'을 어떻게 규정하느냐에 따라서 좌우될 것이다. '더욱 유리한 삶'을 남의 몫까지 빼앗아 가며 물질적으로 풍족하게 사는 삶 또는 남을 지배하며 세도를 부리는 삶을 가리키는 것으로 이해한다면, 저 물음에 대해서 우리는 '그렇다'고 대답해야 할 것이다. 그러나 '더욱 유리한 삶'의 기준을 '삶의 질(質)'에서 찾아야 한다고 본다면 대답은 반대쪽으로 기울 것이다.

　'삶의 질'은 주로 정신적 가치 내지 내면적 가치의 실현과 불가분의 관계를 가졌다. 사랑과 우정, 자유와 평등 등을 포함한 내면적 가치를 크게 실현하기 위해서는, 남성과 여성이 서로 아끼고 공동의 목표를 위하여 협동하는 일이 절대적으로 요망된다. 지금까지 남성들이 여성들을 억압하고 강자로서 군림해 온 것은 '삶의 질'을 스스로 떨어뜨리는 어리석은 처신이었다.

　이상에서 남성과 여성 사이의 힘의 지배에 관하여 한 말은 남성과 남성 사이의 힘의 지배에 대해서도 타당성을 가지며, 여성과 여성 사이의 힘의 지배에 대해서도 타당성을 갖는다. 인류는 지배와 피지배의 불평등한 관계에 의해서보다도 사랑과 협동의 평등한 관계를 통해서 더욱 좋은 삶을 실현할 수 있는 역사적 단계에 이르렀다고 믿는다.

7장 사랑

1. 사랑의 근원

 '인생론'이라는 약간 거창한 이름의 책을 염두에 두고 붓을 들기 시작했을 때부터 가졌던 생각이 있다. 적어도 한 번은 '사랑'에 대해서 써야 하리라는 생각이다. '인생론'도 이제 중반을 넘어선 이 지점이 '사랑'에 관한 생각을 정리하기에 적절한 곳이라는 판단이 섰다. 그러나 막상 원고지를 대하고 보니 출발점에서부터 막혔다. '사랑'이라는 말이 너무나 많은 것을 담고 있어서 도리어 갈피를 잡기가 어려웠던 것이다.

 입 속에서 그리고 머릿속에서 '사랑'이라는 말을 이리저리 굴려 보았다. 이리저리 굴리는 가운데 '사랑'이라는 말과 '사람'이라는 말이 너무 닮았다는 생각이 떠올랐다. 한자어가 아닌 순수한 우리말인 이 두 낱말의 모양새와 소리가 비슷한 것이 우연한 일인지 또는 같은 어원을 가졌기 때문인지, 나는 한국인이지만 모른다. 어쩌면 그것은 우연이 아닐지도 모른다는 생각이 들기도 한다.

 '사람'을 위해서 가장 소중한 것이 무엇일까 하는 물음을 나 자신에게 제기한 것은 이미 오래된 일이다. 그리고 생명과 건강 또는 예술과 학문 따위의 내면적 가치가 가장 소중하다고 스스로 대답한 지도 오래전의 일이다. 그 무수하게 많은 종류의 내면적 가치들 가운데서 또 가장 소중한 것은 무엇일까? 이 물음에 대해서 나는 별로 깊이 생각해 본 적이 없다. 철학을 공부하는 사람이라면 당연히 물었어야 할 이 물음을 내가 왜 이제까지 외면해 왔는지 이상한 일이다. 아마 논리적으로 따져 보아도 신통한 대답을 얻기 어려울 것이라고 지레 겁을 먹었기 때문일지도 모른다.

"내면적 가치 가운데서도 가장 소중한 것, 그것은 사랑이다!" 이것은 논리적 사유를 통해서 얻은 결론이 아니라 문득 떠오른 생각이다. 따라서 객관적 타당성을 가진 명제라고 큰소리칠 수는 없다. 그러나 '사람'을 위해서 가장 소중한 것은 결국 '사랑'이라는 이 직관적인 생각에 대하여 나는 지금 작지 않은 애착을 느끼고 있다.

사람은 태어나자마자, 아니 어쩌면 엄마 뱃속에서부터 사랑을 시작한다. 그가 최초로 사랑하는 대상은 자기 자신이다. 인간뿐 아니라 모든 생물은 본능적으로 자기 자신을 사랑한다. 자신에 대한 사랑은 생물이 살아가는 원동력, 자애(自愛) 이외의 모든 사랑의 근원이다. 자신에 대한 본능적인 사랑이 씨앗 구실을 하여 그로부터 여러 가지 차원 높은 사랑이 자라나는 것이다. 모든 종류의 사랑은, 이른바 '희생적인 사랑'까지도 자신에 대한 사랑의 연장이다.

유아(幼兒)의 행동을 유심히 살펴보는 사람들은 어린이가 얼마나 자기중심적인가를 곧 알 수 있다. 저 혼자만의 힘으로는 살아가기 어려운 어린아이는 자기에게 필요한 사람과 물건부터 좋아하기 시작한다. 그는 우선 엄마를 좋아하고 우유병을 좋아한다. 생명에 대한 본능적 애착이 생존에 필요한 것을 좋아하게 만드는 것으로 보인다. 그리고 자신을 위해서 필요한 사람이나 물건을 좋아하는 태도는 조만간 사랑의 감정으로 발전한다.

얼마 전에 미국에서 공부하던 아들이 아내와 세 살짜리 딸을 데리고 귀국했다. 나에게는 손녀가 되는 그 아기는 별로 낯을 가리지 않는 편이어서 오던 날부터 내 무릎에도 와서 안기곤 하였다. 그러나 다음날은 나를 별로 좋아하지 않는 듯한 기색을 보였다. 그 이유는 내가 자기 아빠와 너무 많은 이야기를 나눈다는 사실에 있는 것으로 판명되었다. 우리 부자가 대화를 나누는 동안에는 어린것은 관심 밖으로 밀려나게 되므로, 자기에 대한 아빠의 관심을 약하게 만든 원인을 제공한 내가 마음에 들지 않았던 것이다.

그렇지만 날이 더 지나면서 손녀는 다시 나를 따르기 시작하였다. 나도 자기에게 피해를 주기보다는 도리어 도움을 주는 사람이라는 것을 차차 알기 시작한 것이다. 어린이는 정직한 까닭에 그가 좋아하는 사람과 싫어하는 사람의 구별이 뚜렷하게 나타나는데, 그 좋아하거나 싫어하는 기준은 자기 자신을 위해서 유리하냐 또는 불리하냐에 있음이 분명하다. 한마디로 말해서 자기중심적이다.

어린이가 엄마와 아빠를 좋아하는 것은 그들이 '나의 엄마'요 '나의 아빠'라는 것을 알기 때문이다. 조부모의 경우도 '나의 할아버지'와 '나의 할머니'라는 의식이 뚜렷할 때 그들을 좋아하게 된다. 어린이에게 부모와 조부모는 자아(自我)의 연장이다. 연장된 자아 즉 '우리'도 자아의 일부임에 틀림없으니, 부모와 조부모에 대한 사랑도 확대된 자아에 대한 사랑이므로, 그것 역시 '나'에 대한 사랑의 연장이다.

어린이가 자라고 사회생활을 하는 가운데 자아 즉 '우리'의 범위는 점점 커지는 경향을 보인다. 친구들도 '우리'의 범위 안에 포함되고, 이웃도 '우리'의 범위 안에 포함될 수 있으며, 더욱 자라면 국가 또는 민족 전체가 '우리'로서 의식되기도 한다. 인격이 성숙할수록 '우리'로서 인식되는 것의 범위가 넓어지는 것이다. '우리'로 인식되는 것의 범위가 넓어진다는 것은 자아 즉 넓은 의미의 '나'의 범위가 커짐을 의미한다. '나'라는 것은 물질의 체계가 아니라 의식(意識)의 체계인 것이다.

의식은 일정한 상태에 머물러 있지 않고 부단히 흐른다. '자아의식'도 예외는 아니어서 항상 변동한다. '나' 또는 '우리'로서 의식되는 것들의 내용이 바뀌기도 하고 그 범위가 늘었다 줄었다 하기도 한다. '나'의 핵심에는 변동이 없지만, 그 핵심을 중심으로 하고 나선형 모양으로 신축하는 자아의식의 체계는 수시로 변동하는 것이다. 수시로 변동하는 가운데서도, 넓은 의미의 자아 또는 '우리'로서 의식하는 범위가 평소에 넓은 사람도 있고, 그 반대의 경우도 있다. 일반적으로 말하면, 평소에 '우리'로서 의식하는 범위가 넓은 사람일수록 정 또는 사랑이 많은 사람이라고 볼 수 있다.

어린이가 사랑하는 것이 사람에만 국한되는 것은 물론 아니다. 인형도 사랑하고 마음에 드는 새 옷도 사랑한다. 자신을 위해서 필요하거나 자신에게 기쁨을 주는 모든 것에 대하여 사랑을 느낀다. 어른들의 경우도 마찬가지다. 다만 어른들의 경우에는 경험이 많아짐에 따라서 사랑하거나 좋아하는 사물의 범위가 어린이들보다 크다는 차이가 있을 뿐이다.

'사랑한다'와 '좋아한다'가 반드시 같은 의미의 말은 아니다. 남을 헐뜯기를 좋아하는 사람은 많으나, 그 일을 사랑하는 사람은 별로 없다. "너의 적을 사랑하라."는 말은 말이 되지만, "너의 적을 좋아하라."는 말에는 무리가 있다. 그러나 '사랑한다'와 '좋아한다' 사이에는 밀접한 관계가 있다. 극도로 좋아하는 사물에 대해서는 자연히 사랑을 느끼게 된다. 일상생활에서는 '사랑한다'는 말 대신 '좋아한다'는 말을 흔히 쓰기도 한다.

2. 집단생활 속의 사랑

남에 대한 사랑까지도 따지고 보면 '나' 자신에 대한 사랑에 근원을 두었다고 하였다. 이것은 인간이 본래 자기중심적 존재라는 뜻이며, 인간에게는 선천적으로 남을 사랑하는 마음이 있다는 성선설(性善說)을 믿는 사람에게는 비위가 거슬리는 주장일 것이다. 그러나 성선설을 어떻게 받아들일 것이냐 하는 것은 신중히 생각하고 결정해야 할 문제다. 성선설을 처음 주장한 맹자(孟子)는 현대의 심리학이 사용하는 바와 같은 과학적 방법을 통하여 인간의 심성(心性)을 연구한 것은 아니며, 자기 자신의 심리에 대한 내성(內省)과 성인(成人)들의 행동에 대한 관찰을 근거로 삼고 성선설을 주장한 것으로 보인다. 맹자 자신의 윤리설을 뒷받침하기 위해서는 성악설보다도 성선설이 적합하다는 고려도 작용했을 것이다.

인간에게는 누구에게나 남의 불행을 가슴 아파 하는 마음(惻隱之心), 악을 미워하는 마음(羞惡之心), 남에게 사양할 줄 아는 마음(辭讓之心), 옳고 그름을 판별하는 마음(是非之心)이 있다고 맹자는 보았다. 이 네 가지의 마음이 인의예지(仁義禮智)의 덕을 쌓게 되는 맹아(萌芽)라 하여 맹자는 이를 '사단(四端)'이라고 불렀으며, 사람은 누구나 이 사단을 가지고 있으므로 선인(善人)으로 자랄 수 있다는 것이 맹자의 성선설의 골격이다.

그러나 맹자는 저 네 가지 마음 즉 사단이 경험과는 관계없이 선천적으로 타고나는 것임을 충분히 입증하지 못했으며, 도대체 성(性)이란 무엇이며 선(善)이란 무엇인가에 대한 정확한 정의를 내린 바도 없다. 그러므로 우리가 여기서 인간은 본래 자기중심적 존재라는 주장과 성선설을 견주어 보는 일에 크게 신경을 쓸 필요는 없을 것이다. 이 자리에서 우리에게 필요한 것은 인간을 자기중심적 존재로 보는 견해가 곧바로 성악설(性惡說)과 연결되는 것은 아니라는 사실을 밝혀 두는 일이다.

인간이 자기중심적 존재라는 견해는 결국 성악설이 될 수밖에 없다는 주장은 너무나 성급한 속단이다. 생물인 인간이 우선 자기 자신부터 위하는 것은 매우 자연스러운 일이다. 만약 인간은 성인이 된 뒤에도 자기만을 위하고 타인은 돌보지 않도록 운명지어져 있다고 주장한다면, 그것은 '성악설'이라는 이름으로 불러도 무리가 없을 것이다. 그러나 지금 내가 주장하고 있는 것은, 우리가 흔히 말하는 애타심(愛他心)도 그 근원은 '나'에 대한 사랑에서 출발한다는 사실을 지적함에 지나지 않는다.

맹자가 말한 '사단'은 선천적으로 타고나는 것이 아니라, '사단'의 씨 즉 '사단'으로 발전할 수 있는 소질을 누구나 타고난다고 보아야 할 것이다. 그리고 그 소질의 일부는 '나'를 사랑하는 본능이라고 보는 것이다. 우리가 흔히 '양심' 또는 '도덕심'이라고 부르는 심성에 후천적 교육의 영향이 깃들어 있다는 것을 인정한다고 하더라도, 양심 또는 도덕심의 가치가 떨어지는 것은 아니다.

무릇 인간을 포함한 생물의 세계를 지배하는 두 가지 원칙이 있다. 그 하나는 상호 의존의 원칙이요, 또 하나는 약육강식(弱肉强食)의 원칙이다. 어떠한 생물도 단독의 힘만으로는 생존이 불가능하며, 반드시 남의 힘을 빌려야 살아갈 수 있다. 남의 힘을 빌리는 방식에 두 가지가 있어서, 하나는 서로 도움을 주고받는 상호 의존의 방식이며, 또 하나는 강한 자와 약한 자가 먹고 먹히는 먹이사슬의 방식이다.

인간 이외의 다른 생물들은 자연의 저 두 원칙의 지배를 오로지 수동적으로 받아 가며 그저 살다가 죽는다. 다만 생각이 많은 인간만은 단순한 자연적 생존에 만족하지 못하며, 삶의 과정을 문제 상황으로 의식한다. "어떻게 살아야 할 것인가?" 하는 문제를 자신에게 제기하는 것이다. 인간은 삶의 문제를 문제로서 의식하며 사색하고 고민하는 거의 유일한 생물이다. 삶의 문제를 두고 사색하며 고민하는 가운데, 인간은 철학과 종교를 갖게 되었다.

아득한 옛날에 인간의 조상들은 소규모의 집단생활을 했을 것이다. 이웃 족속이나 맹수의 공격을 막아 가며 수렵 또는 목축으로 생계를 유지하자면, 여럿이 생사와 고락을 같이하는 집단생활이 불가피했을 것이다. 그 집단은 규모가 그리 크지는 않았을 것이나 대개 혈연(血緣)을 유대로 매우 강한 결속을 유지했을 것이다. 집단이 곧 생활의 단위였을 것이며, 성원들은 집단인 '우리'를 위해서 살았을 것이다. 집단의 공동 목표를 떠나서 개인인 '나'만을 위하는 태도는 용납되지 않았을 것이다. 개인적 이기심이 발동하는 경우가 전혀 없지는 않았을 것이나, 일반적으로는 '우리'인 집단의 이익을 '나'인 개인의 이익과 동일시했을 것이다. 집단을 떠나서 개인만의 힘으로는 살아갈 수 없는 상황에 놓인 개인들에게는, 집단과 '나'를 분리할 수도 없었고 그렇게 할 필요도 없었을 것이다.

농경(農耕)으로 생계를 유지하게 된 뒤에도 작은 집단이 생활 주체의 단위이기는 마찬가지였다. 그 구체적인 경우를 우리나라의 조선시대에서 찾아볼 수 있다. 조선시대의 우리 조상들은 대가족 단위로 농사를 지으며 살았다. 대가족의 일원으로서 어떤 구실을 하는 것이 생존을 위해서 필요한 조건이었으며, 가족을 떠나서 개인이 독립하여 살 수 있는 길은 거의 없었다. 그뿐 아니라, 한 가문이 잘되면 그 혜택은 그 가문에 속하는 식솔 전원에게 돌아갔고, 한 개인이 높은 벼슬자리에 오르면 그것은 그의 가문 전체의 영광이었다.

이와 같은 상황에서는 가족을 '남'으로서 의식하기보다는 '나'의 연장으로서 의식하는 것이 자연스러운 일이었다. 따라서 가족에 대한 사랑도 '나'에 대한 사랑의 연장으로서 자연스럽게 우러났다. 물론 동생이 형을 미워하거나 아들이 아버지를 미워하는 경우가 전혀 없었던 것은 아니다. 그러나 그것을 형이나 아버지를 완전한 '남'으로서 의식했기 때문이라고 말하기는 어렵다. 개인주의자도 '나' 자신을 미워할 수 있으며, 거울에 비친 '나'의 모습이 싫어질 때가 있다.

공자가 강조한 사랑 즉 '인(仁)'의 핵심을 이루는 것은 가족애(家族愛), 특히 부자간의 사랑이었다. 지친(至親)에 대한 자연스러운 정을 토대로 삼고 가족과 친족에 대한 사랑을 먼저 가꾸고, 그 사랑의 정신을 점차 다른 사람들에게까지 미치도록 함으로써, 마침내 모든 사람들을 사랑하기에 이르도록 하라는 것이 공자의 가르침이었다. 공자는 추상적 논리를 따라서 결론을 이끌어 낸 관념론자가 아니라, 인간의 심리를 깊이 들여다본 현실주의적 사상가였다.

현대는 집단보다도 개인이 생활의 단위를 이룬다고 보아야 할 것이다. 집단을 위해서 개인들이 봉사해야 한다고 생각하는 사람은 적으며, 개인들이 각각 그 뜻을 이룰 수 있도록 집단의 조직이 도와주어야 한다고 생각하는 사람들이 대부분이다. 개인과 개인의 관계도 뜨거운 정 또는 사랑을 따라서 서로를 대하기보다는 냉정한 계산을 따라서 서로를 대하는 경우가 많다.

그러나 아무리 개인주의의 시대라 하더라도 이해득실의 계산만으로 행복을 얻을 수는 없는 것이 인간의 현실이다. 현대인을 위해서도 정(情)은 필요하고, "사람을 위해서 가장 소중한 것은 사랑이다."라는 명제는 여전히 타당성을 잃지 않는다. 다만, 개인주의와 물질주의가 상승작용을 일으킴으로써 사랑의 정을 위축시키는 현대사회의 분위기 속에서, 우리가 어떻게 사랑을 가꾸느냐 하는 어려운 문제가 현실적으로 다가온다.

옛날 가족주의 시대의 조상들이 그러했듯이, 우선 혈연의 정을 가꾸고 그 사랑을 가족 밖에까지 확장하는 지혜도 필요한 것이다. 그러나 가족애의 확장만으로는 부족할 것으로 보인다. 원초적 색채가 강한 가족애보다도 더욱 차원이 높은 어떤 사랑, 이를테면 높은 지성을 매개로 한 깊고 조용한 사랑의 정을 가꿀 필요가 있을 것이다. '지성을 매개로 한 깊고 조용한 사랑', 우리는 이 말 대신에 '우정(友情)'이라는 단어를 사용해도 무방할 것이다.

3. 우정

감수성이 강하던 청소년 시절에는 '우정'이라는 말을 자주 입에 담았다.

"우정은 연애보다도 더 아름답다."느니, "참된 벗은 또 한 사람의 나 자신이다."라는 따위의 말을 만고의 진리처럼 되뇌며, 사뭇 진지한 표정을 짓기도 하였다. 청주고등보통학교에 입학하여 기차 통학을 하게 되었을 때, 나는 기차 유리창에 입김으로 안개를 뿜고 그 위에 '우정'이라는 낙서를 하였다. 일본 교토(京都)에 있는 고등학교에 입학하여 제일 먼저 읽은 책은 무사고지 사네아스(武者小路 實篤)가 쓴 『우정』이었다.

막역한 우정에 관한 일화를 읽고 감격한 기억도 남아 있다. 칸트와 영국 상인 그린의 우정 이야기도 그 가운데 하나다. 칸트는 매일 일정한 시간에 낮잠을 자는 습관이 있었으며, 칸트가 낮잠 자는 모습을 매일 한 시간쯤 지켜보는 것이 그린의 일과였다는 대목이 마음에 들었다. 두 사람은 오후가 되면 가끔 함께 산책을 즐겼으나, 산책이 끝날 때까지 서로 말을 나누지 않아도 즐겁기는 마찬가지였다는 대목도 마음에 들었다.

지금은 그 이름이 생각나지 않는 어느 두 사람의 이야기는 나를 더욱 감격시켰다. 어느 가난한 철학자가 화재를 당하여 가지고 있던 집과 세간을 모두 태워 버렸다. 이 소식을 들은 그의 절친한 벗이 재난 현장에 달려와서 망연자실하고 있는 친구에게 이렇게 말했다. "자네 이렇게 우두커니 있을 것이 아니라 당장 우리 집으로 가서 함께 사세." 이 말을 들었을 때, 화재를 당한 친구는 '고맙다'는 말도 '미안하다'는 말도 하지 않았다. 그는 다만 이렇게 말했을 뿐이다. "이 사람아, 그 먼 길을 무엇하러 달려왔나? 자네가 나를 데리러 오지 않아도 내가 자네에게로 찾아갈 참이었는데, 무엇하러 공연한 수고를 하였는가."

막역한 친구. 모든 비밀을 털어놓고 상의할 수 있는 친구. 네 것과 내 것을 가리지 않고 함께 나누어 쓰며, 기쁨도 함께 나누고 슬픔도 함께 나눌 수 있는 그런 절친한 벗. 아마 이것은 대부분의 청소년들이 한 번쯤은 갖고 싶어 하는 인간관계가 아닐까 한다. 인심이 각박해져서 요즈음 젊은이들은 다를

지 모른다는 생각도 할 수 있을 것이나, 정도의 차이는 있더라도 절친한 벗을 갖고 싶어 하는 마음은 거의 보편적인 소망이 아닐까 한다.

감수성이 예민한 젊은이들은 '참된 벗'의 이상을 머릿속에 그려 본다. 참된 벗은 이해(利害)를 저울질하지 않는다. 참된 벗은 신의를 지킨다. 참된 벗은 기쁨과 슬픔을 같이 나눈다. 참된 벗은 마음이 변하지 않으며, 비록 몸은 멀리 떨어져 있어도 마음은 항상 가까이 있다. 이와 같은 이상적인 친구가 반드시 어딘가에 있으리라 믿고, 그러한 친구가 나타나기를 고대한다.

그러나 세상살이의 경험이 늘어 감에 따라서, 이상적인 벗 또는 '참된 우정'이라는 것이 한갓 소망일 뿐이며, 현실과는 거리가 먼 무지개 같은 것임을 알게 된다. '참된 우정'이 실현되기 위해서는 이기심을 초월해야 하는데 이기심을 완전히 벗어난다는 것은 인간의 힘으로는 도달하기 어려운 경지라는 사실을 깨닫게 되는 것이다. 한때 아주 절친한 친구라고 믿었던 사람도 나에 대하여 이기적인 태도로 임한다는 사실을 발견할 날이 오게 되고, 심지어는 나 자신도 결국 이기적 존재임을 벗어나기 어렵다는 사실까지도 깨닫게 된다.

'고독(孤獨)'에는 두 가지 경우가 있다. 하나는 등대지기나 혼자서 외국을 여행하는 사람의 경우와 같이 곁에 아는 사람이 없어서 느끼는 외로움이요, 다른 하나는 주위에 사람은 많으나 마음을 열고 서로 믿을 수 있는 진정한 친구는 없음을 알았을 때 느끼는 외로움이다. 어떤 사람은 첫 번째 유형의 고독을 더욱 괴롭게 생각하고, 어떤 사람은 두 번째 경우를 더욱 견딜 수 없다고 생각한다.

나이가 들고 사회생활의 경험이 많아짐에 따라, 우정을 갈망하거나 고독을 괴로워하는 심정은 점차 엷어진다. 좋게 말하면 현실에 대한 적응력이 늘어 가는 것이고, 나쁘게 말하면 젊은 시절의 순수하던 감정이 식어 가는 것이다. 이제 '우정'이니 '고독'이니 하는 말이 관심의 영역 밖으로 서서히 물러서면서, 돈과 지위 또는 주택과 자동차 따위의 외형적인 것들이 마음의 앞자리를 차지한다.

　그러나 '우정'이라는 말에 대한 흥미를 잃는다고 해서 우정에 대한 목마름이 원천적으로 해소되는 것은 아니다. 일상생활의 분주함 속에서 '고독'이라는 것을 의식할 여가가 없다고 해서 인간의 실존적 고독이 없어지는 것도 아니다. 인간의 깊은 마음 바닥에는 항상 우정에 대한 그리움이 깔려 있고, 인간 정신의 심오한 곳에는 언제나 실존적 고독으로부터 구원되기를 희구하는 염원이 있다. 여기서 우리는 "우정이란 도대체 무엇인가?" 하는 물음을 새로운 각도에서 제기하게 되고, 고독으로부터 탈출할 수 있는 지혜가 무엇인가를 반성의 자세로 다시 묻게 된다.

　"이것만이 참된 우정이다."라는 식으로 어떤 한 가지 유형의 우정만을 고집하는 외곬으로의 사고방식은 버려야 할 것이다. '나'를 완전히 망각하고 오로지 상대편을 위하는 마음만으로 가득 찰 때만 '참된 우정'이 있다고 보는 따위의 이상주의적 발상에 묶여서는 안 될 것이다. 여러 가지 경우의 여러 가지 우정이 있을 수 있는 일이며, 비록 이상적 경지에는 미치지 못하더라도, 서로 믿고 서로 사랑하는 마음이 어느 정도 있으면, 그 두 사람 사이에 '우정'이 성립했다고 보아도 무방할 것이다.

　'프라이버시(privacy)'라는 영어 단어에 딱 들어맞는 우리말이 없다는 사실은 우리나라의 전통적인 윤리 의식 가운데는 사생활의 자유를 존중히 여기는 정서가 별로 없었다는 것을 의미한다. 옛날 농경시대의 우리 조상들은 '개인의 권리' 또는 '개인의 사생활'의 귀중함에 대한 관념을 별로 갖지 않았다. 그들은 혈연 또는 지연의 유대로 묶인 소집단을 이루고 한 덩어리가 되어서 살았다. '신방을 지킨다'는 명분으로 신혼 초야에 신랑과 신부의 행동을 들여다보는 관습이 있었다는 사실 하나만으로도, 그 시대의 생활 정서와 오늘의 그것 사이에 현격한 차이가 있음을 알 수 있다.

내가 어린 시절을 보낸 고향 마을에는 사랑방이 있는 집보다는 없는 집이 더 많았다. 그 당시의 어른 남자들은 잠잘 때 이외에는 안방에서 시간을 보내는 경우가 적었다. 자기 집에 사랑방이 없는 남자들은 남의 집 사랑방을 이용할 필요가 있었거니와, 남의 집 사랑방에 출입할 때 그 집 주인의 양해를 구할 필요는 없었다. 문 밖에서 큰기침 등으로 인기척을 한 뒤에 그저 문을 열고 들어가면 되었던 것이다. 쉽게 말하면, 네 사랑방과 내 사랑방의 구별이 분명하지 않았던 것이며, 그 마을의 모든 사랑방은 그 마을의 모든 남자들에게 공개된 셈이었다.

전체의 분위기가 그러했으므로 특히 자별한 친구 사이에서는 상대편의 사생활이나 소유권에 대해서 자질구레한 신경을 쓰지 않는 편이 도리어 환영을 받았다. 서로 믿고 사생활을 방해하기도 하고 미안하다는 생각 없이 신세를 지기도 하는 것이 옛날의 친구들 사이였다. 그러나 개인주의적 정서가 팽배한 현대사회에서는 사정이 크게 다르다. 옛날 식의 막역한 친구가 없다고 해서 현대사회에는 우정이 없다고 말하기는 어렵다.

다만 이기심이 전혀 없는 완전한 우정을 기대해서는 안 될 것이다. '완전한 우정'이란 소년 소녀들의 꿈에 불과한 것이며, 현재와 같은 개인주의 시대에 그런 것을 기대하는 것은 비현실적이다. 인간은 본래 자기중심적 존재라는 사실에서 오는 한계를 염두에 둘 일이다.

어떤 한 사람과의 완전에 가까운 우정을 꾀하기보다는 여러 사람과의 폭넓은 우정을 꾀하는 편이 바람직하다. 대부분의 사람들이 농업에 종사하며 평생 동안 같은 고장에서 소수의 사람들과 교제하며 살았던 전통 사회에서는 죽마고우(竹馬故友)와 늙은 뒤에까지도 교분을 지속할 수 있는 경우가 대부분을 차지했다. 그러나 현대와 같이 직업의 종류가 다양하고 주소도 자주 바뀌어서 만나고 헤어짐이 빈번한 시대에는, 소수의 친구와의 변함없는 우정만을 고집하기는 어렵다. 한때 가깝게 지내던 친구들도 각각 다른 직업의 길을 택하게 되어 만날 기회가 없게 되면, 자연히 소원하게 될 경우가 흔히 있다. 또 늙은 뒤에 새롭게 만난 친구와도 뜻과 성격이 맞아서 깊은 우정을 나누게 될 경우도 있다.

시대가 바뀌고 사회생활의 양상이 달라짐에 따라서 '우정'의 풍속에도 변화가 생긴다는 말을 하였다. 그러나 '참된 우정'이라고 불릴 수 있기 위해서는 예나 지금이나 두 사람의 관계가 가져야 할 한두 가지 기본 특색이 있다고 생각된다. 바꾸어 말하면, 매우 가까운 두 사람의 사이라 하더라도, '우정'이라는 말이 적합한 것과 그렇지 않은 것의 구별이 있다고 생각한다.

첫째로, 이해타산이 맞아떨어져서 서로 가까이 지내는 사이는 참된 우정이 아니다. 예컨대, 장기나 바둑을 두기에 적합한 상대를 얻기가 어려운 상황에서, 기량도 비슷하고 시간도 잘 맞는 사람과 알게 되어 서로 가까이 지내는 사이는 참된 우정의 관계는 아니다. 상대편의 인품(人品) 자체에 대한 매력에 끌려서 서로 가까이 지낼 때 참된 우정은 시작된다.

몽테뉴는 그의 『수상록』 1권 28장에서 우정론을 전개하고 있다. 그는 이 자리에서 우정이란 두 사람의 영혼이 한데 어우러져 혼연일치의 상태에 이른 것이라고 전제하고, 그러나 두 사람을 결합시킨 이유가 무엇인지는 도저히 알 수 없다고 주장하였다. 그의 우정론 가운데서 한 구절을 인용해 보기로 하자.

> 누가 나에게 "왜 당신은 그를 사랑하게 되었는가?" 하는 질문을 던진다 하더라도, 나로서는 오직 "그야 그가 그 사람이니까, 그리고 나는 나이기 때문에"라고밖에는 할 말이 없다.

결국 몽테뉴는 이유 없이 서로 좋아하는 관계 속에 우정이 성립된다고 본 것이다. 어떤 이득을 볼 수 있다는 기대 때문에, 또는 상대편의 용모가 가진 매력 때문에 좋아하는 경우는 참된 우정이 아니라는 그의 주장에 대해서는 나도 공감을 느낀다. 그러나 아무런 이유도 없이 좋아하는 것이 우정이라는 말에는 찬동하기 어렵다. 물론 이유를 분명히 밝히기가 어렵다는 뜻이라면 일리가 있는 말이라 하겠으나, 맹목적으로 좋아할 때 우정이 성립된다고까지 말하기는 어려울 것으로 생각된다. 나의 경험에 따르면, 우정을 느낄 때는 대개 어떤 이유가 있었다. 그 이유가 반드시 언제나 같은 것은 아니었으나, 대개는 어떤 이유가 있었다. 많은 경우에 나는 도덕적으로 찬양할 만한 인품에 대하여 친근감을 느낀다. 유머 감각이 탁월한 사람에 대해서도 친근감을 느낀다. 그리고 가장 확실하게 우정을 느끼는 것은, 상대편이 나의 사람됨을 정확하게 이해한다고 생각될 경우 또는 상대편이 나의 인품에 대해서 호감을 가지고 있다는 사실을 감지했을 경우에, 나도 그 사람의 인품이 훌륭하다고 생각했을 때에 있어서이다.

둘째로, 육체적 아름다움 또는 성적 매력에 끌려서 서로 좋아하는 관계는 우정이 아니다. 그것은 '우정'이라는 말보다는 '연애'라는 말이 어울리는 경우이며, 동성애의 경우도 일종의 변태적 연애이며 우정과는 구별된다는 것이 우리들의 상식이다. 우정과 연애가 모두 '사랑'이라는 공분모(公分母)를 가지고 있는 가운데, 우정은 주로 인간의 정신이 큰 비중을 차지하는 사랑이며, 연애는 육체가 큰 비중을 차지하는 사랑이라고 말할 수 있을 것이다.

우정과 연애가 서로 다르다 함은 이 두 가지 사랑이 양립할 수 없다는 뜻은 물론 아니다. 처음에는 우정을 느낀 두 남녀의 관계가 연정까지도 함께 느끼는 관계로 발전하는 경우도 있고, 연애에 빠진 두 남녀가 깊은 우정까지 나누게 되는 경우도 있다. 또 사랑에 빠졌던 두 남녀 사이에 연애 감정은 사라지고 그 자리를 우정이 대신 메울 경우도 있다.

"이성(異性) 사이의 우정이 가능한가?" 하는 물음은 소년과 소녀들에게만 어울리는 어리석은 의문이 아니다. 남녀의 접촉이 빈번한 현대사회에는 어른들에게도 이 물음이 현실적인 문제로서 다가올 경우가 있다. '친구'에 불과하다고 말하는 딸의 주장에 대해서 불안을 느끼는 부모의 경우, 또는 비슷한 주장을 하는 남편에 대해서 불안을 느끼는 아내의 경우에 저 물음은 단순한 흥밋거리 이상의 물음으로 다가온다.

이성간의 우정이 가능한 두 가지 경우가 있지 않을까 생각된다. 그 하나는 상대편의 인품 내지 정신적 우수성에 대해서는 깊은 감명을 느끼나 그의 성적(性的) 매력은 전혀 느끼지 않을 경우다. 남녀 가운데 한쪽은 정신적 탁월성에 마음이 끌리고 다른 한쪽은 성적 내지 육체적 매력에 마음이 끌릴 경우도 있어서, 한마디로 규정을 내리기가 어려운 사례도 있다.

또 하나는 이른바 '플라토닉 러브'의 경우, 즉 마음속으로는 연모의 정을 느끼나 외면적 행동에는 그것을 나타내지 않는 경우다. 이 경우는 전통적인 말의 쓰임으로는 '연애'라는 단어가 적합할 것이다. 다만 요즈음 이러한 경우에도 '애인'이 아니라 '친구'라고 말하는 사람들이 많으므로, '우정'의 또 하나의 유형으로 볼 수도 있을 것이다. 그것을 '우정'이라고 부르느냐 또는 '연애'라고 부르느냐 하는 것은 그다지 중요한 문제가 아니다. 그보다는 '플라토닉 러브'를 어떻게 평가해야 옳으냐 하는 것이 더 의미가 있는 물음이 될 것이다.

4. 연애

시와 소설, 영화와 연극, 노래와 춤 가운데서 남녀의 사랑을 다룬 작품이 아닌 것을 찾아보기가 어려울 정도로 연애는 예술가들의 끝없는 관심의 대상이 되어 왔다. 그리고 독자나 관객들도 '사랑'의 문제를 다룬 작품에 대해서 각별한 흥미를 느끼는 경향이 있으며, '사랑'의 문제가 완전히 배제된 작품은 많은 경우에 독자들 또는 관객들로부터 외면을 당하기 쉽다. 도대체 예술의 세계에서 '사랑'의 문제가 이토록 큰 비중을 차지한다는 사실이 의미하는 바는 무엇일까?

예술은 현실이 아니라 현실의 변형이다. 현실을 어느 방향으로 변형하느냐 하는 문제는 예술가의 인생관과 취향을 따라서 결정된다. 이상의 방향으로 현실을 미화하는 예술가도 있으며, 현실의 추악한 면을 강조하여 어떤 고발을 시도하는 예술가도 있다. 추악한 측면 또는 부정적 측면을 고발하는 것도 바람직한 무엇이 있다는 것을 전제로 하는 것이니, 그것 역시 이상에 대한 염원을 간접적으로 나타내는 행위라고 볼 수 있을 것이다.

돈벌이를 위해서 외설을 일삼는 예술 아닌 '예술'을 논외로 한다면, 사랑을 주제로 삼은 모든 예술 작품에는 '바람직한 남녀의 사랑'에 대한 염원이 직접 또는 간접으로 깔려 있다고 보아도 무방할 것이다. 그 '바람직한 남녀의 사랑'이란 도대체 어떠한 것이냐 하는 물음에 대한 대답은 사람에 따라서 다양할 것이며, 이 자리에서 내가 말할 수 있는 것도 나의 개인적 견해를 많이 반영한 것일 수밖에 없다.

'바람직한 남녀의 사랑'을 실현의 가능성을 염두에 두고 생각해야 할 것이다. 공상 속에서 가장 아름다운 남녀의 사랑을 그려 볼 수도 있을 것이나, 그것보다는 다소라도 실현성이 있는 사랑의 이상을 생각해 보는 편이 의미가 있을 것으로 생각된다. 실현성이 다소 있어야 '이상(理想)'이라고 부를 수 있는 것이며, 그것이 없으면 단순한 공상(空想)에 불과하다.

'바람직한 남녀의 사랑'은 실현이 가능한 범위 안에서 모색할 때 그 기초가 되는 것은 현실적인 연애의 실상(實想)에 대한 인식이다. 현실적인 연애의 실상을 모르는 상태에서 우리가 목표로 삼아야 할 연애의 이상을 말하기는 어려울 것이다. 비유컨대, 바람직한 한국의 미래상을 강조하기 위해서는 우선 한국의 현실을 정확하게 인식할 필요가 있는 것과 비슷한 논리다.

'현실적 연애의 실상'이라는 것이 지구가 태양을 도는 모습처럼 한 가지로 정해져 있지는 않을 것이다. 여러 남녀들이 여러 가지 모습의 다양한 사랑을 하는 마당에서, 그 방면에 대한 전문적 연구나 풍부한 체험이 있는 것도 아닌 주제에, 그 실상을 말한다는 것이 내 격에 맞지 않음을 느낀다. 읽은 책과 제한된 관찰을 토대로 어설픈 시도를 하는 것으로 만족할 수밖에 없을 것이다.

성적 충동에 밀려서 한 사람이 다른 사람을 매우 좋아할 때도 '사랑'이라는 말을 쓴다. 돈을 주고 몸을 사는 난봉꾼도 같은 상대를 거듭 찾아갈 때는 '사랑한다'는 말을 할 경우가 있으리라고 생각한다. 나 자신이 홍등가를 누비며 그런 단어를 사용하는 장면을 목격한 적이 없으므로 '생각한다'고 말할 수밖에 없다. 매춘부에 대해서 '사랑한다'는 말을 쓰는 말든, 성적 매력에 끌려서 좋아하는 관계도 일종의 사랑임에는 의심의 여지가 없다. '성애(性愛)'라는 말의 존재가 그러한 단정을 뒷받침한다.

단순한 '성애'는 엄밀한 의미의 '연애'와는 다르다. 사전을 찾아보아도 같은 뜻의 말이라고는 나와 있지 않다. 사전은 '성애'를 '본능으로 인하여 생기는 남녀간의 애정'이라고 풀이하는 반면에, '연애'는 '이성에 대한 애틋한 사랑'이라고 풀이하고 잇다. '연애'의 '연'은 '그리워할 연(戀)' 자이다. 그리움의 애틋함이 없으면 '연애'라고 말하기 어렵다.

연애는 성애에 무엇이 더 보태진 사랑이다. 성애를 포함하지 않는 연애는 있을 수 없다. 더 보태진 그 '무엇'이 다름 아닌 '우정'이라고 보아도 크게 빗나가지는 않을 것이다. 어쩌면 성애와 우정의 결합에서 오는 상승작용이 연애의 감정을 더욱 애틋한 것으로 만들 가능성도 높다. 어쨌든 성애와 우정은 연애의 두 기둥임에 틀림이 없다.

성애는 성욕이라는 본능의 작용으로 이루어지는 것으로서 일종의 자연현상에 가깝다. 그것은 특별히 아름다울 것도 없고 특별히 추할 것도 없는 자연현상에 가까운 것이라고 나는 생각한다. 다만 인간은, 다른 동물과는 달리, 종족 유지만을 위하여 성욕을 만족시키지 않고, 성생활의 쾌락 그 자체를 위해서 성욕을 만족시키는 성문화의 창조자가 됨으로써 많은 문제를 야기하였다. 그러나 이 자리에서는 성애로 인하여 생기는 삶의 문제에 대한 고찰은 생략하기로 한다.

단순히 성적 매력에 끌려서 가까이 지내는 사이라면, 그것은 '성애'에 해당하는 관계라고 하였다. 그러나 성적 매력을 느끼게 하는 외모의 아름다움을 접했을 때, 우리는 그 사람의 사람됨까지도 아름다울 것으로 확대해석할 경우가 많다. 외모의 아름다움을 보고 첫눈에 반했을 때, 우리는 그 외모 내부에 아름다운 마음씨도 들어 있을 것으로 상상하고, 그 상상된 인품에 대해서까지 호감을 느낀다. 성애가 단순한 성애에 그치지 않고 '우정'의 요소를 수반하면서 연애로 발전하는 경우가 많은 것이다.

외모의 아름다움과 속마음의 아름다움 사이에 상당한 상관관계가 있다고 나는 생각한다. 마음씨가 아름다우면 그것이 표정이나 몸짓에 나타나서 그 사람의 외모도 아름답게 보인다. 그러나 이런 경우에 느끼는 외모의 아름다움은 성적 매력과는 좀 다른 성격의 것이 아닐까 한다. 백치미에 대해서 성적 충동을 느낀다는 이야기는 가끔 들었으나 교양미나 인격미에 대해서 그 충동을 느낀다는 사람은 별로 보지 못했다.

용모가 빼어나게 아름다운 여인을 보았을 때, 나는 그의 마음도 외모에 상응하여 아름다울 것이라는 느낌을 여러 번 가졌다. 그러나 이 느낌에는 객관적 타당성이 별로 없었던 것으로 드러났다. 일반적으로 말하면, 남자든 여자든 뛰어난 용모를 가졌다는 행운은 인품을 함양하는 데는 도리어 불리한 조건으로 작용하기 쉬운 것이 아닐까 한다. 용모가 아름다우면 자연히 교만하게 되기 쉽고, 주위의 찬사에 취하여 노력을 게을리하는 경향이 있다. 이른바 나르시시스트 성격자가 되기 쉬운 것이다. 그러나 비록 그렇다 하더라도 아름다운 용모를 타고난다는 것은 역시 크나큰 행운임에 틀림이 없다. 특히 여자의 경우는 더욱 그러하다.

연애라는 것은 일종의 열병과도 같은 것이어서, 그 심정을 상식의 언어로써 왈가왈부하기는 어렵다. 두 사람이 오랫동안 서로 관찰한 끝에 서로의 인품을 잘 알게 되어 연인이 되는 경우도 있을 것이다. 이성(理性)의 뒷받침이 있는 연애의 경우다. 그러나 실제로는 아주 우연한 계기에 연애의 열병이 생기는 경우가 더 많지 않을까 한다. 바꾸어 말하면, '연애'라는 이름의 인간관계는 신중한 고찰과 이성적 사유의 결과로서 생기는 것이 아니라, 방향을 가늠하기 어려운 감정의 불길에 의하여 생기는 이성 이전의 현상이다. 그러므로 '연애'라는 뜨거운 현상을 앞에 놓고, 바람직한 경우와 그렇지 못한 경우를 조목조목 따진다는 것은 부질없는 짓이다. 특효약이 별로 없는 열병처럼, 그저 내버려 두는 것이 상책이 아닐까 한다. 그러나 부질없는 짓인 줄 알면서도, 사족 몇 줄을 더 보태어 이 장(章)을 마무리할까 한다.

우정의 경우와 마찬가지로, 연애도 오래 지속할수록 축복받은 연애라고 생각된다. 사람의 성적 매력은 나이와 건강 상태를 따라서 변하기 쉬우므로, 성적 매력이 압도적 비중을 차지하는 연애는 오래 지속하기 어렵다. 바꾸어 말하면, 깊은 우정에 의하여 뒷받침된 연애만이 오래 지속할 수 있다. 상대편의 인품에 대한 과대평가로 인하여 생긴 우정은 깊은 우정이 되기 어렵다.

유한자로서의 인간의 한계에 대한 너그러운 이해는 우정과 연애의 깊이를 더하는 데 크게 기여한다. 인연에 대한 사랑 또는 운명에 대한 사랑도 사랑의 깊이를 더하고 그 수명을 오래가게 하는 데 큰 도움이 된다.

모파상은 그의 『여자의 일생』 안에서 다음과 같은 뜻의 말을 하였다. "남녀의 정열과 쾌락이 최고의 절정에 달했을 때, 각자는 가장 이기적이 되고 또 고독하게 된다." 모파상이 살았던 19세기 후반 사람들의 인심이 그런 것이었다면, 아마 지금은 더욱 그러할 것이다. 그러나 그렇지 않은 경우도 더러는 있을 것이다. 인간이 본래 자기중심적 존재임에는 의심의 여지가 없다. 다만 그 이기성을 넘어서고자 하는 소망도 인간이 가지고 있는 염원임에 틀림이 없다. 그리고 이 염원을 다소라도 실현할 수 있는 경우가 우정과 연애 등 사랑의 마당이 아닐까 한다.

어리석은 사람일수록 사랑의 열병에 걸리기 쉽다. 또는 똑똑하던 사람도 연애라는 열병을 앓게 되면 맥없이 어리석은 사람으로 변한다. 연애라는 열병을 앓으면서 어리석은 사람이 되는 길과 똑똑하기는 하나 연애가 없는 길 가운데서 어느 길을 택할 것인가? 그러나 이것은 어리석은 물음이다. 도대체 연애라는 것은 따져서 해결될 문제가 아니다.

나는 일찍이 무심(無心) 선생의 입을 빌려서 다음과 같은 말을 하였다. "사랑을 위한 최고의 미덕은 속이지 아니함이요, 그 최고의 지혜는 속지 아니함이다."

8장 '정열적'과 '이지적'

1. 어떤 기억

일본에서 고등학교에 다니던 시절에 자주 이야기를 나눈 친구가 있었다. 크게 심각할 것도 없는 이야기를 심각한 표정으로 주고받다가, 그 친구는 느닷없이 나보고 두 손을 깍지 끼어 보라고 하였다. 별로 어려운 일도 아니기에 하라는 대로 했더니, 그는 "성격이 이지적(理智的)이군." 하였다. '정열적(情熱的)'이 못 된다는 뜻이었다.

친구의 설명에 따르면, 깍지를 끼었을 때 오른손 엄지가 위로 오면 정열적인 사람이고, 왼손 엄지가 위로 오면 이지적이라고 하였다. 그리고 자신은 '정열적'이라며 깍지를 끼어 보였다. 그는 의기양양한 기색이었고, 나는 자동적으로 열등감을 느낄 수밖에 없었다.

그 까닭이 무엇인지 정확하게는 알 수 없었으나, 나는 내 성격이 '정열적'이라는 판정을 받지 못한 것을 매우 섭섭하게 생각하였다. 고성방가(高聲放歌)와 고담방언(高談放言)을 일삼으며 모두 자기가 잘났다고 우쭐대던 분위기 속에서는 '정열적'임이 바람직하다는 생각이 있었을지도 모른다. '이지적'이라는 말 가운데는 '차다'는 뜻이 담겨 있는 것 같아서, 아마 그것도 싫었을 것이다.

'정열적'이라는 말에 가장 가까운 영어는 'passionate'이고, '이지적'에 가장 가까운 영어는 'rational'이나 'intellectual'이 아닐까 한다. 그런데 영어를 상용하는 사람들 사이에서는 'passionate'라는 말은 칭찬보다는 비난의 뜻을 담을 경우가 많으며, 'rational'과 'intellectual'은 대개 좋은 뜻으로 많이 쓰인다. 좀 성급한 결론이 될지는 모르겠으나, 우리 한국에서는 대체로 이지적인 사람들보다는 정열적인 사람들이 환영을 받는 반면에, 영국이나 미국에서는 대체로 이지적인 사람들이 좋은 평가를 받는 경향이 있었다고 보아도 크게 어긋나지는 않을 것이다.

'정열적'과 '이지적', 그 말의 의미가 똑떨어지게 명확한 것은 아니다. 다만 우리는 그 뜻을 익숙히 알고 있기에 일상생활에서도 그 말을 써가며 대화를 할 것이다. 확실한 것은, 정열이라는 것이 감정(感情)과 불가분의 관계를 가지고 있으며, 감정을 가진 존재에게는 다소간의 정열이 따른다고 볼 수 있다는 사실이다. 그리고 이지라는 것은 지능(知能)과 불가분의 관계를 가지고 있으며 지능을 가진 존재에게는 다소간의 이지가 따른다는 것도 부인하기 어려울 것이다.

모든 사람에게는 감정도 있고 지능도 있다. 따라서 모든 사람은 정열과 이지를 아울러 가졌다고 보아야 한다. 모든 사람에게는 정열을 발휘할 때 즉 정열적일 때도 있고, 이지를 발휘할 때 즉 이지적일 때도 있다. 비록 정도의 차이는 있으나 모든 사람은 다소간 정열적인 동시에 다소간 이지적이라는 뜻이다.

감정과 정열 사이에 불가분의 관계가 있는 것은 사실이나, '감정적'이라는 말과 '정열적'이라는 말은 그 뜻이 크게 다르다. '감정적'이라는 말은 대개 비난하는 의미로 쓰이고 있으나, '정열적'이라는 말은 대개 찬양의 뜻으로 쓰인다. 지능과 이지 사이에 불가분의 관계가 있는 것은 사실이나, '지능적'이라는 말과 '이지적'이라는 말은 그 뜻이 크게 다르다. '지능적'이라는 말은 대개 나쁜 뜻으로 쓰이나, '이지적'이라는 말은 좋은 뜻으로 쓰일 경우가 많다.

결국 '정열적'인 것도 바람직한 일이요 '이지적'인 것도 바람직한 일이라는 이야기가 되고 말았다. 고등학교 시절에 내가 '정열적'이라는 말을 듣지 못하고 '이지적'이라는 말을 듣고 섭섭하게 느낀 것은, 내가 그 말의 의미를 정확하게 몰랐음에도 원인이 있었을지 모르나, 그보다는 '정열적'이기를 바라는 마음이 '이지적'이기를 바라는 마음보다도 훨씬 강했기 때문일 것이다. 그때 내가 '정열적인 남아(男兒)'라는 말을 듣고 싶었던 것은 그 당시의 내 나이가 스물을 갓 넘은 청춘이었다는 것과 무관하지 않을 것이며, 내가 일반적으로 정열 또는 감정이 이지 또는 지능보다도 우세한 한국 사람이었다는 사실과도 무관하지 않을 것이다.

2. 감정이 우세한 한국인의 기질

정확한 통계자료를 가지고 있는 것은 아니나, 대체로 말해서 서양 사람들에 비하면 동양 사람들이 정열적임에 가깝고, 동양 삼국 중에서도 중국인이나 일본인에 비하여 한국인에게 정열적 기질이 강하다는 인상을 가지고 있다. 어쨌든 일반적으로 말해서, 한국인은 좋게 말하면, '정열적 기질'이 강하고 나쁘게 말하면 '감정적 기질'이 강하다. 그 반면에 이지적 측면에서는 우리 한국인은 좀 부족한 편이 아닐까 한다.

정열적이기는 하되 감정적이지는 않을 수 있다면 매우 좋겠으나, 사람의 심리라는 것이 그렇게 주문대로 되기는 어렵다. 가슴이 뜨거운 기질을 타고 나서 정열이 앞서는 사람은 때로는 이성을 잃고 감정에 사로잡힐 가능성이 높다. 인격이 원숙한 단계에 이르지 못한 보통 사람들은 '정열적'일 때가 많으면 '감정적'인 때도 많기 쉽다. 예컨대 뜨거운 정열로 사랑을 추구하던 사람이 그 사랑을 잃게 될 위기에 처하면, 그는 질투와 분노 또는 증오 등의 감정에 사로잡히기 쉽다.

정열적으로 추구하던 일이 뜻대로 되지 않을 경우는 누구에게나 흔히 있는 일이다. 그럴 경우에 나타나기 쉬운 것이 실망, 비애, 좌절, 증오 등 좋지 않은 감정이다. 이 경우에 이들 좋지 않은 감정의 일어남을 달래고 누를 수 있는 것은, 상황이 그렇게밖에 될 수 없었던 원인을 냉철하게 분석하고 재기의 길을 모색하는 이지 또는 지성이다. 바로 이러한 이지 또는 지성이 우리 한국인에게 부족하지 않을까 한다.

일반적으로 말해서, 한국에는 가슴이 뜨거운 사람들이 많다. 친구를 만나면 그저 헤어지기보다는 술 한 잔 나누기를 원하고, 그 뒤에도 2차가 아니면 노래방을 찾아야 직성이 풀린다. 한국인은 노래를 무척 즐긴다. '전국노래자랑'이 언제나 성황을 이루고, 신입생 환영회다 졸업생 환송회다 송년회다 하고 모임이 있는 곳에서는 대개 노래판이 벌어진다. 춤추기도 좋아한다. 별로 잘 추지도 못하는 춤을 추며 즐거워하는 모습에서 우리는 한국인의 흥(興)을 읽는다.

한국인의 술자리와 노래판은 질서 정연하게 진행되기보다는 떠들썩하고 왁자지껄하며 활기가 넘친다. 분위기가 화끈 달아오른다. 매우 정열적인 것이다. 때로는 그 정열이 도를 지나쳐, 상을 둘러엎기도 하고 심지어는 싸움판이 벌어지기도 한다. '이지'의 제동 장치가 제대로 작동하지 않는 상황에서 '정열'과 '감정'의 한계를 명확하게 긋기는 어려운 일이다. 문제는 정열이 지나치게 강하다는 점에 있는 것이 아니라, 그 정열과 조화를 이루기에 충분할 정도로 강한 이지가 부족하다는 점에 있다.

한국인의 의식구조에 있어서 이지의 측면보다 감정의 측면이 우세하다는 것은 우리들의 언어 행위에도 잘 나타나고 있다. 구체적으로 말하자면, 우리 한국말은 문법적 논리의 정확성을 통하여 의사를 소통하기보다는 그 상황의 맥락을 통하여 의사의 소통이 이루어지는 경우가 많다. 예컨대, 지정 좌석제가 아닌 극장이나 기차 안에서 자리를 구하고자 하는 사람이 빈자리를 가리키며 "여기 자리 있습니까?" 하고 묻는 따위가 그것이다. 또 "문 닫고 들어오시오." 하는 말도 논리적으로 따지자면 좀 이상한 표현이며, "나는 네가 좋다."라는 발언도 "나는 너를 좋아한다."는 식의 서양 말투에 비하면 주어(主語)와 다른 말자리의 관계가 논리적으로 선명하지 않다. 그러나 우리는 이러한 한국어의 쓰임에 대하여 조금도 저항을 느끼지 않는다.

한자와 한글의 다른 점을 익히 알고 있는 서양인 가운데 한국 사람들의 시간을 가리키는 말이 좀 이상하다고 지적한 사람이 있었다고 들었다. 예컨대, 정오(正午) 이후에 35분이 지난 시각을 가리킬 때, '열두시 서른다섯분'이라고 말하든지 '십이시 삼십오분'이라고 말해야 논리의 일관성이 있을 터인데, 한국 사람들은 '열두시 삼십오분'이라고 말하니 이상하다는 것이다. 같은 논리로 따진다면, 돼지고기의 어떤 부위를 '세겹살'이라고 부르지 않고 '삼겹살'이라고 부르는 것도 논리의 일관성이 부족하다고 말할 수 있을 것이다.

한국 사람들은 따지는 것을 별로 좋게 생각하지 않는 전통을 가지고 있다. '따진다'는 말은 칭찬보다도 나무람의 뜻을 담고 쓰일 경우가 많다. '꼬치꼬치 따지는 사람'보다는 '모르는 척 덮어 두는 사람'이 환영을 받는 경향이 있다. 따지는 것은 이지가 하는 일이며 감정이나 정열의 소관사는 아니다. 그리고 이지의 소관사인 따지는 행위를 좋아하지 않는 사회라는 것은 이지의 발달을 위해서 조건이 불리한 사회임을 의미한다. 학문 연구에 종사하는 사람들이 환영을 받지 못하는 사회에서는 학문이 발달하기 어렵듯이, 따지는 행위가 환영을 받지 못하는 사회에서는 따지는 기능인 이지가 발달하기 어렵다.

우리 사회에서는 사리(事理)에 어긋나는 일을 부탁할 때 '봐달라'는 말을 흔히 쓴다. '봐달라'는 말로써 상대편의 인정에 호소하는 편이 다른 말로 이지에 호소하는 것보다 설득력이 강한 경우가 많다. '봐달라'는 말이 흔히 쓰이고 이 말이 설득력을 갖는다는 사실도 한국 사회가 감정이 이지보다 우세한 사회라는 주장을 뒷받침하는 현상이라고 볼 수 있을 것이다. 이 밖에도 한국인에게는 이지보다 감정이 우세한 사람이 많다는 것을 암시하는 현상들이 적지 않다. 당연히 내야 할 세금에 대한 의무는 되도록 회피하면서 딱한 사정에 처한 사람을 위하여 희사하는 온정금(溫情金)에 대해서는 적극성을 보이는 태도도 그것이고, 텔레비전 드라마에 있어서 조용한 대화의 장면은 적고 고함을 지르며 소란을 피우는 장면이 많은 것도 그것이다.

3. 감정 우세의 장점과 단점

이지보다도 감정이 우세한 것이 바람직하냐 아니냐에 대해서 일률적으로 말하기는 어렵다. 감정의 우세는 개인을 위해서나 사회를 위해서나 좋은 결과를 부르기도 하고 나쁜 결과를 부르기도 한다. 감정의 우세는 상황에 따라서 강점으로 작용하기도 하고 약점으로 작용하기도 하거니와, 대체로 말하면 옛날 농경 사회에서는 그것이 원만한 사회생활을 위해서 긍정적으로 작용했을 공산이 크나, 현대사회에서는 도리어 부정적으로 작용할 확률이 높다.

옛날 농경 사회를 기반으로 삼고 발달한 한국인의 정서는 주로 평화적이고 친화적(親和的)인 것이었다. 농경 사회라는 것은 혈연(血緣) 또는 지연(地緣)을 가진 사람들이 경쟁하기보다는 협동해 가면서 함께 산 평화로운 집단이었다. 따라서 그들 사이에서는 기쁨 또는 슬픔을 함께 나누는 따뜻한 정이 발달하기 쉬웠으며, 그러한 친화의 정서는 한국의 전통 사회를 인정 많고 순후한 사회로 만드는 데 크게 기여하였다. 한국의 전통 사회가 자랑했던 '미풍양속' 또는 '상부상조'의 기풍도 그 바탕을 이루는 것은 사람들의 따뜻한 인정이었음을 생각할 때, 감정이 우세한 한국인의 심성이 과거의 한국 사회를 위해서 크게 기여했으리라는 것은 의심의 여지가 없다.

풍부한 감정과 뜨거운 정열은 예술의 발달을 위해서도 반드시 필요한 조건이다. 이지가 과학의 발달과 불가분의 관계를 가졌듯이, 정열은 예술의 발달과 불가분의 관계를 가졌다. 우리 한국은 장구한 문화의 역사를 가진 나라이며, 우리 문화에서 예술이 차지하는 비중은 매우 크다. 옛날 신분 사회에서는 예술가들이 사회적으로 푸대접을 받았음에도 불구하고, 음악과 미술, 건축과 조각 등 여러 분야에서 우리 한국은 전통 예술의 자랑스러운 유산을 무수히 남겼다. 그리고 현대에도 우리 한국은 세계적으로 알려진 과학자보다도 세계적으로 알려진 예술가들을 다수 배출하고 있다. 이와 같이 과거와 현재에 걸쳐서 한국이 예술 분야에서 자랑스러운 전통을 세우고 지킬 수 있게 된 것은, 한국인이 일반적으로 가진 풍부한 감정 내지 뜨거운 정열에 힘입은 바 크다고 보아야 할 것이다.

한국인의 전통적 생활 속에 흔히 찾아볼 수 있었던 풍류(風流) 또는 '멋'도 한국인의 풍부한 감정과 무관하지 않을 것이다. 우리 조상들은 가난한 살림 속에서도 노래와 춤을 즐기는 낙천성과 풍류를 추구하는 마음의 여유를 보였다. '청빈낙도(淸貧樂道)'라는 것이다. 물질적 빈곤 속에서 보여준 저 정신적 여유는 우리 조상들의 풍부한 감정과 그 바탕에 깔린 왕성한 생명력의 덕분이라고 생각된다.

그러나 농경 사회가 산업사회로 바뀌는 급격한 변화를 겪으면서 '감정의 우세'가 갖는 의의에 큰 변화가 생기게 되었다. 첫째로, 산업사회로 들어선 뒤에 한국인에게 발달한 것은 친화의 정서가 아니라 사람과 사람의 거리를 멀게 하는 이간(離間)의 정서였다. 해방 이후의 남북 분단 상황과 치열한 사회 경쟁 속에서 우리들의 가슴을 채운 것은 서로 아끼고 사랑하며 감싸 주는 감정이 아니라, 서로 시기하고 의심하며 미워하는 대립의 감정이었다. 급격한 사회변동 속에서 우리 한국은 전통 사회에서는 경험하지 못했던 새로운 문제에 부딪치게 되었고, 이 새로운 문제들 앞에서 감정이 우세한 우리들의 기질은 도리어 부정적으로 작용하는 경우가 많았던 것이다.

현대사회에서 인간이 부딪치는 문제들 가운데서 가장 큰 비중을 차지하는 것은 인간과 인간 사이에 일어나는 갈등의 문제라고 볼 수 있다. 인간과 인간이 만나는 곳에는 어느 시대 어느 사회에서나 갈등은 있기 마련이다. 현대 산업사회에서는 옛날의 전통 사회가 경험한 것보다도 훨씬 규모가 크고 내용도 복잡한 갈등의 문제와 자주 만나게 된다.

농경시대에 우리 조상들이 경험했던 갈등은 혈연 또는 지연으로 연결된 좁은 범위의 사람들 사이에서 주로 일어났다. 인구의 이동이 적고 자급자족하는 생활양식에 의존했던 농경 사회에서는 먼 곳의 사람들과 이해관계나 감정이 얽힐 사유가 별로 없었으므로, 사회적 갈등도 일상적 접촉이 많은 좁은 범위 안에서 일어났다. 서로 면식이 있거나 세교(世交)가 두터운 사람들 사이에서 생긴 갈등이었던 까닭에 전통 사회에서는 감정의 우세가 갈등 해결에 도움이 된 경우가 많았을 것으로 생각된다. 왜냐하면 혈연 또는 지연을 통하여 평소에 가깝게 지내던 사람들 사이에는 두터운 정의(情誼)가 생기기 마련이고, 그들 사이에 생긴 갈등은 이미 형성되어 있는 정의에 호소함으로써 해결 내지 완화하기가 비교적 수월했을 것이기 때문이다.

그러나 현대 산업사회에서 일어나는 사회적 갈등의 경우는 옛날의 그것과 사정이 크게 다르다. 사람들의 이해관계가 얽히는 범위가 옛날보다 크게 늘어난 까닭에, 면식이 전혀 없는 먼 사람들 사이에서도 갈등이 생기고, 개인주의가 일반화됨에 따라서 사람들 각자의 자아의식과 권리 의식이 강해졌기 때문에, 옛날에는 별로 문제가 되지 않았던 일들이 새로운 갈등의 원인으로서 작용한다. 한마디로 말해서, 현대사회의 갈등은 농경시대의 그것보다 규모가 크고 내용이 복잡하다. 그뿐 아니라, 면식이 없는 먼 사람들 사이에는 평소에 축적된 정의의 준비가 없으며, 가까운 사이에도 옛날 농경 사회에서와 같은 순후한 인정을 찾아보기 어렵다.

　이러한 상황에서는 감정의 우세가 갈등의 해결을 위해서 크게 도움이 되기 어렵다. 생활 경쟁이 치열한 현대사회의 각박한 분위기 속에서는 친화(親和)를 조장하는 따뜻한 정서보다도 분노와 증오 또는 시기심 같은 적대(敵對)의 감정이 일어나기 쉬운 까닭에, 감정의 우세가 도리어 사회적 갈등을 가속화시킬 경우가 많다. 그리고 오늘의 사회적 갈등은 많은 경우에 온정 또는 관용을 베푸는 따위의 감정적 처리로써 해결할 수 있는 그러한 성질의 것이 아니라, 공정(公正) 또는 합리성의 원리에 입각한 지성적 대화를 통하여 해결을 도모함이 효과적인 그러한 유형의 것들이다. 예컨대 노사의 갈등은, 사용자의 온정에 호소하거나 근로자의 애사심(愛社心)에 호소함으로써 해결할 문제이기보다는, 현실에 대한 냉철한 인식과 합리적 해결을 추구하는 지성적 대화에 의존해야 할 성질의 문제다. 이와 같이 냉철한 지성을 통하여 사리(事理)를 따져서 해결해야 할 문제들과 만나고 있는 상황에서 감정이 앞서게 되면, 그 감정은 합리적 해결의 길에 방해가 되기 쉽다.

4. 뜨거운 가슴과 차가운 머리

　예나 지금이나 뜨거운 정열 또는 풍부한 감정을 가졌다는 것은 그 자체로서는 바람직한 일이다. 문제가 생기는 것은 뜨거운 정열과 균형을 이룰 정도의 냉철한 이지를 갖추지 못했을 경우에 생긴다. 바꾸어 말하면, 뜨거운 정열 또는 감정을 가졌음에 문제가 있는 것이 아니라, 냉철한 지성을 갖지 못했음에 문제가 있다. 뜨거운 가슴과 차가운 머리를 아울러 가지고 있으며 그 두 가지가 조화를 이룬 인품, 이러한 인품이 가장 바람직하지 않을까 생각한다.

그러나 그것은 한갓 욕심에 불과한 것이 아닐까? 도대체 뜨거운 가슴과 차가운 머리를 함께 갖는다는 것이 현실적으로 가능한 일일까? 감정이 크게 발달하면 이지는 자동적으로 위축되고 이지가 크게 발달하면 감정의 발달은 자동적으로 제한을 받는 것이 인성(人性)의 현실적 모습이 아닐까? 이러한 의문을 제기하는 사람도 있을 것이다.

그러나 나는 같은 인격 안에 뜨거운 정열과 냉철한 이지가 함께 어우러진다는 것은 가능한 일이라고 생각한다. 감정이 발달하면 이지는 위축을 당할 수밖에 없다는 것은 사실이 아니다. 이 세상의 여러 종류의 동물들 가운데서 감정이 가장 발달한 것은 인간이요, 지능이 가장 발달한 것도 역시 인간이다. '이지(理智)'라는 말의 뜻을 정확하게 밝히기는 쉬운 일이 아니나, 사전의 풀이를 따라서 '사물의 도리를 판단하고 깨닫는 능력'이라고 이해하면 무난할 것이다. 이와 같이 이해할 때, '이지'의 바탕이 되는 것은 지능이고 단순한 지능에 모종의 분별력이 보태진 것이 '이지'에 해당한다고 볼 수 있을 것이다. 그 모종의 분별력 가운데는 인간을 인간답게 하는 어떤 정감의 작용이 함께했을 것으로 보아야 한다. 그렇다면 이지라는 것은 인간 특유의 높은 지능과 깊은 정감의 결합에서 온 인간의 능력이라고 보아도 무방할 것이다. 쉽게 말해서, 인간이 크게 발달한 감정을 가지고 있다는 사실은 인간이 이지적 존재가 되는 데 방해가 되지 않을 뿐 아니라 크게 기여하고 있다고 보아야 한다. 감정의 발달이 미숙하면 높은 수준의 이지를 갖기에 어려움이 있을 것이다.

역사에 기록된 위대한 인물들 가운데는 뜨거운 가슴과 차가운 머리를 아울러 가지고 있었던 것으로 짐작되는 사람들이 적지 않다. 동서고금의 대철학자들은 모두 사리(事理)를 헤아리는 높은 지능과 진리에 대한 뜨거운 사랑을 아울러 가진 사람들이었다. 역사 위에 성인(聖人) 또는 성현으로 기록되어 존경을 받는 사람들은, 모두가 인류에 대한 깊은 사랑의 감정을 가졌을 뿐 아니라, 인간과 세계의 진상을 깊이 통찰한 지성의 소유자이기도 했다. 세계적인 예술가, 세계적인 과학자들의 경우에도 대개 뜨거운 가슴과 차가운 머리를 아울러 가지고 있었다.

높은 지성과 깊은 정서를 아울러 가졌고 그 두 가지가 높은 곳에서 하나가 된 인격의 구현으로서 우리는 네덜란드의 유대계 철학자 스피노자를 생각하게 된다. 철학자 스피노자의 아버지가 많은 유산을 남기고 죽었을 때, 그 유산의 상속권은 외아들인 스피노자에게 있었다. 그러나 젊은 스피노자는 민족의 종교를 배반했다는 이유로 유대교회로부터 파문(破門)을 선고받음으로써 사회적으로 고립무원의 무력한 사람이 되었다. 이러한 약점을 틈타서 그의 누이와 매부가 스피노자의 유산을 가로채려 하였을 때, 스피노자는 그것을 지키고자 법정투쟁으로 응수하였다. 문제는 사리(事理)를 따라서 처리되어야 마땅하다는 그의 이지적 판단을 따른 행동이었다. 그러나 재판에 승소하여 그의 유산을 확보하게 되었을 때, 그는 그 유산의 대부분을 누이에게 주고 말았다. 근친에 대한 깊은 사랑을 용서와 아량으로 입증한 행위였다. 결국 스피노자는 그의 법정투쟁을 통하여 냉철한 이지를 발휘했고, 누이에 대한 증여를 통하여 동기간의 깊은 사랑을 베풀었던 것이다.

스피노자에 따르면, 인간이 경험하는 모든 불행은 무지(無知)에 그 근원을 두었다. 만약 우리가 대자연을 통일된 전체로서 직시하고 만상필연(萬象必然)의 원칙을 터득한다면, 우리는 모든 정념(情念)과 번뇌의 사슬을 벗어나서 자유로울 것이며, 따라서 고요한 지복(至福)을 누리게 될 것이다. 인간에게 지복을 가져다 줄 저 최고의 지혜는 곧 대상을 '영원한 광명을 통하여' 직시함이요, 신(神)을 '지적 사랑'으로써 사모함이다. 스피노자의 철학에서는 대자연 즉 신에 대한 이해는 곧장 신에 대한 사랑으로 이어진다. 우리는 여기서 스피노자의 경우는 이지의 영역인 대자연에 대한 인식과 감정의 영역인 신에 대한 사랑이 함께 만남을 보게 된다. 인식의 극치와 신앙의 극치가 함께 만나는 것이다.

5. 신앙에 관하여

'안다'는 것은 이지에 주로 의존하는 행위이며, '믿는다'는 것은 감정에 주로 의존하는 행위다. 앎의 결과의 대표적인 것이 과학이라면 믿음의 결과의 대표적인 것은 종교다. 저명한 과학자들 가운데 깊은 신앙을 가진 사람이 많다는 사실은 인간의 마음속에 이지와 감정이 함께 자리하고 있음을 강력하게 암시한다.

"종교를 가졌습니까?" "어떤 종교를 믿으십니까?" 가끔 받는 질문이다. 이런 질문을 받을 때마다 무엇이라 대답해야 좋을지 몰라서 약간 당혹스럽다. 내가 종교를 가졌다고 말해야 옳을지 갖지 않았다고 말해야 옳을지 나 자신도 잘 모르고 있는 것이다. '종교'라는 말을 어떻게 이해하느냐에 따라서 나의 대답은 달라질 것 같은데, 그 말의 뜻이 생각처럼 명확하지 않아서 언제나 대답을 주저하게 된다.

유교가 구석구석 스며 있는 가정에 태어나서 유교적 교육을 받으며 자랐다. 그런데 그 유교가 종교인지 아닌지에 대하여 나는 명백한 의견을 갖지 못했다. 그뿐만 아니라, 내가 유교를 믿고 있는지 아닌지조차도 흑백을 가리듯이 단정을 지어서 말하기가 어렵다. 유교의 가르침 가운데 일부는 받아들이지만 전부를 받아들이지는 않고 있다. 아마 유교를 '믿는다'고까지 말하기는 어려울 것으로 보인다.

여남은 살 나이가 들 때까지 교회나 절 같은 종교 기관을 보지 못하고 자랐다. 내가 본 것은 성황당과 푸닥거리 정도에 지나지 않았다. 그것은 '미신'이라면서 우리 집에서는 별로 관심을 두는 사람이 없어서, 나도 자연히 먼발치에서 바라보았을 뿐이다. 그러나 나는 '귀신'인지 '하느님'인지 알 수 없는 무엇인가가 있다는 생각을 일찍부터 가졌던 것으로 어렴풋이 기억이 난다. 유년 시절에 무엇인가를 소원하며 기도를 드린 기억이 남아 있는 것이다. 하기야 정월 보름날 달을 보고 절을 하는 것은 그 시절의 일반적 풍습이었으니, 내가 어렸을 때 어떤 초월적 존재를 믿은 것은 당연한 일이라 하겠다.

나이가 들면서 읽은 책 가운데는 기독교와 교회에 관한 것도 있었다. 서양사 강의 시간에도 기독교와 교회에 관한 이야기를 들을 기회가 있었다. 책과 강의를 통해서 내가 기독교와 교회에 대하여 갖게 된 첫째 인상은 예수 그리스도라는 분이 매우 훌륭한 사람이라는 신뢰감이었다. 그러나 그가 하나님의 아들이라는 주장에 대해서는 회의적이었다. 기독교와 교회에 대하여 내가 갖게 된 둘째 인상은, 기독교도들의 세력이 약하여 박해를 받던 시절에는 교회 지도자 가운데 위대한 인물들이 많았으나, 교세가 강해짐에 따라서 그 빛은 도리어 퇴색했다는 실망감이었다.

불교에 관계되는 책도 조금은 읽어 보았다. 불교 사상에도 깊은 가르침이 있다는 것을 알고 있으며, 그 가르침 아래서 존경스러운 고승들이 무수히 배출되었다는 사실도 알고 있다. 그러나 절(寺刹)에 대해서는 크게 마음이 끌리지 않는다. 절을 근거지로 삼고 불교의 세속화가 이루어졌다는 편견이 나를 따라다닌다. 절이 승려들을 위한 생활의 수단이 되고 있다는 사실에 대해서 나는 별로 호감을 가지고 있지 않다.

교회 또는 사찰과 같은 어떤 종교적 집단과 관계를 가져야 비로소 종교를 갖게 되는 것이라면, 나는 종교를 갖지 않은 사람 편에 들어간다. 그러나 종교 사상의 가르침에 대해서 깊은 공감을 느끼기만 하여도 다소는 '종교적'이라고 말할 수 있다면, 나에게도 종교적 심성(心性)이 있다고 보아야 할 것이다. 어떤 인격신(人格神)을 믿어야 신앙이 성립하는 것이라면, 나는 신앙을 갖지 못한 무뢰한이다. 그러나 유한자(有限者) 인간을 초월한 어떤 무한자(無限者)의 존재를 믿고 그 무한자 앞에 두 손을 모으는 것만으로도 신앙이 성립한다면, 나도 신앙을 가졌다고 볼 수 있을 것이다.

인간 지능의 극치에 해당하는 현대 과학은 우주의 저 먼 곳까지도 탐구하여 그 신비의 베일을 하나하나 벗겨 가고 있다. 생명의 신비도 구석구석 파헤치고 있으며, 공장에서 공산품을 제작하듯이, 원하는 바대로의 인간을 실험실에서 만들어 낼 수 있는 날이 올지도 모른다. 이대로 가다가는 인간이 '전지전능'을 자랑할 날이 올지도 모른다는 두려운 생각마저 든다.

그러나 인간이 전지전능을 과시하는 외람됨은 범하지 말아야 할 것이다. 인간의 지식과 기술이 극치의 경지에 이르러 우주에 못 갈 곳이 없고 세상에 못 만들 것이 없다 하더라도, 그것만으로 인간이 전지전능한 존재가 되었다고 큰소리쳐서는 안 될 것이다. '전지전능하다'는 형용사는 신(神)에게만 어울리는 말이다. 인간은 결코 신이 될 수 없다. 인간은 아직도 자기 자신을 주체 못하는 어리석은 존재다.

인간은 우주를 알기에 앞서서 인간 자신을 알아야 한다. 인간은 인간 자신으로부터 자유로워야 한다. 나의 구차스러운 욕심의 노예로서 남아 있는 한, 나는 보잘것없는 존재에 불과하다. 우리는 무한히 광대한 우주의 작은 별 지구에 붙어 있는 티끌 같은 나의 존재를 겸허하게 들여다보고, 무한한 대자연 앞에 겸허히 무릎을 꿇어야 할 것이다.

9장 일과 놀이

1. 개미와 베짱이

'개미와 베짱이'의 우화(寓話)를 처음 대한 것은 아마 보통학교 하급생 때였을 것이다. 여름 내내 노래만 부르고 세월을 보낸 베짱이가 눈이 내리는 겨울날, 땀 흘려 일함으로써 양식을 준비해 놓고 사는 개미에게 구걸하는 삽화가 인상에 남아 있다. 허리가 구부정한 베짱이의 몰골이 처량하게 보였다.

어린 마음에 베짱이도 여름 동안 놀지만 말고 일을 해서 먹을 것을 저축했어야 옳았다고 생각했다. 도대체 베짱이가 겨울까지 살아남을 수 있는 동물이어서 먹이를 저축할 필요가 있는 것인지는 생각해 보지 않았으며, 다만 노래와 춤으로 세월을 보내면서 놀기만 하는 것은 나쁜 짓이라고 느꼈다. 사람도 장래를 위해서 부지런히 일을 하고 저축도 해야 한다고 어린 마음은 생각하였다.

'일과 놀이'에 관계된 또 하나의 어린 기억은 "일할 때는 일하고 놀 때는 놀아라." 하는 영국 격언에 관한 것이다. 공부할 때나 학교 실습지에서 작업을 할 때 한눈을 팔면, 선생님은 곧잘 이 격언을 인용해 가며 훈계를 하곤 하였다. 격언(格言)이란 본래 진리의 표현이고, 더구나 선진국 영국의 격언이니, 이 말의 진리성에는 의심의 여지가 전혀 없다는 것이 당시의 공통된 인식이었다.

어린 마음에 일은 어디까지나 일이고 놀이는 어디까지나 놀이라는 생각이 깊이 각인(刻印)되었다. 일과 놀이를 혼동하거나 섞어서는 안 된다는 것이 철칙처럼 다가왔던 것이다. 그리고 '일'이라는 것을 왜 해야 하는지는 별달리 생각해 보지 않았다. 그것은 힘들고 괴롭지만 후일을 위해서 해야 하는 것인가 보다 하는 정도의 생각은 있었을지 모르나, 그것이 갖는 의의를 곰곰이 생각할 정도의 정신연령은 아니었다.

'놀이'의 의의에 대해서는 더구나 생각할 필요를 느끼지 않았다. '놀이'는 즐겁고 재미가 있으니까 하게 될 뿐이었다. 놀이래야 그 당시에 할 수 있었던 것은 윷놀이, 자치기, 비석치기, 딱지치기, 구슬치기 정도였지만, 글공부에 비하면 월등히 흥미로운 것이어서, 시간 가는 줄 모르고 몰두하였다. 그 당시는 요즈음같이 '공부하라'는 잔소리를 자주 듣지는 않았지만, 그래도 가끔은 놀이에 대한 제동이 걸렸다. 따라서 '놀이'라는 것은 별로 좋지 못한 짓이라는 생각이 마음 한구석을 차지하였다.

우리 조상들의 경우에는 '일'이라는 말과 '놀이'라는 말에 대한 생각이 다소 복잡했던 것으로 보인다. 초등학교 즉 그 당시의 보통학교에서 가르친 것처럼 '일'은 좋은 것이고 '놀이'는 삼가야 할 것이라는 단순 논리가 아니었을 것이다. 적어도 양반들의 경우는 그랬을 것 같다.

영어의 'work'나 독일어의 'arbeit'는 '일'의 뜻으로도 쓰이고 '공부'의 뜻으로도 쓰이나, 한국어의 '일'에는 '공부'라든지 '작품(作品)'이라는 뜻은 본래 없었을 것이다. '일꾼'이라는 말이 육체노동에 종사하는 사람을 우선적으로 지칭했다는 사실이 암시하듯이, '일'이라면 주로 육체노동을 염두에 두었던 시절이 있었을 것이다. 부녀자들의 경우에는 바느질과 음식 장만 따위의 '일'을 잘하는 것이 중요했지만, 사대부 계층의 남자들에게는 '일'을 하지 않고 놀며 사는 것이 부끄러운 일이 아니었다. 근육노동에 해당하는 '상일'은 하지 않는 것을 자랑스럽게 생각했으며, 책이나 붓을 주로 사용하는 정신노동에 대해서는 '일'보다도 '공부'나 '연구' 또는 '절차탁마(切磋琢磨)' 등이 더 적합한 말이었다.

'놀이'에 대한 우리 조상들의 생각도 그리 부정적인 것은 아니었다고 생각된다. 우리 조상들은 한편으로는 공부와 절차탁마를 숭상했지만, 다른 한편으로는 놀이를 매우 즐기며 살았다. 우리 민족은 본래 낙천적 기질이 강하여 가무와 음곡을 즐겼다. 가난한 살림 가운데서도 때때로 놀이를 즐기며 시름을 잊는 마음의 여유를 가졌다. 서민층이 춤과 노래로 시름을 달랬다면, 사대부 계층은 화조(花鳥)와 풍월(風月) 그리고 시서(詩書)로 풍류를 즐겼다.

'놀이' 가운데서도 주색(酒色)과 잡기(雜技)에 대해서는 부정적 시각이 강했다. 그러한 부류의 놀이는 패가와 망신의 위험성을 가진 것으로서 경계하였다. 경계하면서도 여전히 그 유혹을 뿌리치지 못하여 수렁에 빠진 사람들도 많았다. 도박을 '노름'이라고 불렀다는 사실도 그것을 놀이의 한 종류로서 즐긴 사람들이 많았음을 암시하는 말의 쓰임이 아닐까 한다.

일과 놀이를 바둑의 흰 돌과 검은 돌을 나누듯이 단순하게 나눌 수 있는 것일지 다시 생각해 볼 일이다. 어쩌면 많은 경우에 일과 놀이는 한데 어우러져 있으며, 또 그렇게 어우러짐이 바람직하지 않을까 한다. 일인 동시에 놀이이고 놀이인 동시에 일이기도 한 사례를 생각하면, 우리의 이분법이 지나치게 단순함을 곧 알게 될 것이다.

댄스 교습소의 선생이 젊은 여자들에게 춤을 가르쳐 주고 돈을 받을 때, 그 가르치는 행위는 '일'임에 틀림이 없다. 만약 배우는 여자가 미모이고 춤에도 다소 익숙해진다면, 댄스 교사는 즐겨 가면서 춤을 가르치게 될 것이다. 그럴 경우에는 그가 가르치는 행위는 놀이로서의 일면도 갖게 될 것이다.

교향악단이 연주하는 모습을 가까운 거리에서 지켜본 적이 있었다. 단원들 가운데는 피로에 지친 표정으로 묵묵히 악기를 다루는 사람도 있고, 끼가 넘치는 몸짓으로 무아지경(無我之境)이 되어 연주에 몰입하는 사람도 있었다. 별로 흥을 느끼지 못하고 그저 자기의 몫을 하기 위하여 겨우 악기를 다루는 사람의 경우는 다만 '일'을 하고 있을 따름이고, 흥에 겨워서 도취해 가며 화려하게 몸짓하는 음악가는 '일'과 '놀이'를 함께 하고 있었음에 틀림이 없다.

스포츠니 운동경기니 하는 것은 본래 '놀이'로서 시작되었을 것이다. 그러나 언제부터인가 운동경기로 돈을 벌어서 생계의 수단으로 삼는 사람들 또는 그 제도가 생기면서 스포츠도 '일'의 성격을 갖게 되었다. 동네에서 공을 차거나 치며 노는 어린이들처럼 순수한 놀이로서 경기를 즐기는 경우도 있고, 프로 선수들의 경우처럼 힘겹고 긴장이 연속하는 일로서 스포츠에 종사하는 사람들도 있다.

예술의 경우에 있어서나 스포츠의 경우에 있어서나, 놀이의 요소가 전혀 없는 순전한 고역으로서 그 일에 종사하는 사람은 적을 것이며, 또 일의 요소가 전혀 없는 순수한 즐거움에만 도취하며 그 활동을 하는 사람도 적을 것이다. 비록 직업적인 예술가나 운동선수라 하더라도, 대부분의 경우에는 다소간 즐거움 또는 보람을 느껴 가며 그 일에 종사할 것이고 비록 오락 또는 취미로서 즐기는 예술이나 스포츠의 경우라 하더라도, 다소는 힘드는 '일'로서의 일면을 갖는 것이 보통이다.

예술이나 스포츠의 경우는 많은 경우에 일과 놀이가 혼합되어 있다고 하였다. 그러나 다른 분야에 대해서도 우리는 같은 주장을 할 수가 있을까? 예컨대, 공사판에서 막노동을 하는 사람들의 일 가운데도 '놀이'의 요소가 있다고 말할 수 있는 것일까? 농번기에 농촌의 일손을 돕기 위하여 대학생들이 자원봉사대가 되어 근육노동에 종사할 때, 그 일에 '놀이'의 요소가 있다고 보아야 할 것인가? 문제는 '놀이'의 개념을 어떻게 이해하느냐에 달려 있는 것으로 보인다.

2. 일이 놀이일 때

영국의 유머 작가인 제롬(Jerome K. Jerome, 1859-1927)의 콩트 한 편이 일제 때 배운 고등학교 교과서에 실려 있었다. 콩트 제목은 「일이 놀이일 때(When work is play)」였다고 기억한다. 그 줄거리는 대략 다음과 같다.

런던의 어느 철학 교수가 주말에 바람을 쏘이기 위하여 교외에 나가기로 하였다. 속도가 빠른 전철을 타고 교외를 달렸을 때, 철학 교수의 기분은 매우 상쾌하였다. 달리는 전철 좌우로 전개되는 풍경이 아름다웠고, 차창(車窓)을 통하여 들어온 공기가 신선했던 것이다. 그때 철학 교수의 머리에는 이런 생각이 떠올랐다. '나는 어쩌다 한 번 교외선 전철을 타도 이토록 즐거운데, 매일 이 전철을 타고 여러 차례 이곳을 달리는 이 전철의 승무원은 얼마나 행복할까?'

철학 교수는 전철 요금을 내고 타도 즐거운데, 승무원은 월급까지 받으니 더욱 즐거울 것이었다. 꿩도 먹고 알도 먹는 승무원의 직업이 부럽게 생각되었고, 이토록 좋은 직업을 가진 사람에게 한마디의 축하도 하지 않는다면 철학자다운 아량이 없음이었다. 축하함이 마땅하다고 생각한 철학 교수는 전철 기관사에게로 접근하여 "축하합니다." 하고 인사말을 건넸다. "무엇을 축하합니까?" 하며 기관사는 물었고, "당신의 직업을 축하합니다." 하고 철학 교수는 대답하였다.

이번에는 기관사가 철학 교수의 직업을 물었다. '대학교수'라는 대답을 듣고 기관사는 크게 불쾌하다는 반응을 보였다. 대학교수의 직업을 가진 자가 기관사의 직업을 축하한다는 것은 한갓 야유에 불과하다고 오해를 한 것이었다. 그때 기관사는 대략 다음과 같은 말을 한 것으로 기억에 남아 있다.

"당신과 나는 지금 다 같이 이 열차에 타고 있지만, 당신은 놀고 있는 것이며, 나는 일을 하고 있소. 주말에도 쉬지 못하고 일을 하는 나는 팔자 좋게 바람을 쏘이고 다니는 당신보다도 훨씬 적은 월급을 받고 있는 실정이오. 도대체 무엇을 축하한다는 것이오?"

철학 교수는 잘 모르고 한 말이니 오해하지 말라고 변명을 해야 했고 다음 역에서 내렸다. 내려서 걸어가다가, 길가에서 오토바이를 수리하느라 고생을 하는 사람과 만나게 되었다. 손에 기름때를 묻히고, 마차나 자동차가 지나갈 때면 포장되지 않은 길에서 일어나는 먼지가 그의 점퍼에 뽀얗게 앉았다. 잠시 전에 작별한 기관사와 비교할 때 그보다도 훨씬 더 불행한 처지에 놓여 있는 사람으로 보였다. 이토록 불행한 처지에 놓인 사람을 보고 한마디의 위로도 하지 않는다면, 그것은 철학자다운 처사가 아니라고 생각되었다. 이에 철학 교수는 그 불행한 사람에 대해서 진심으로 동정한다며 위로의 말을 건넸다.

그러나 오토바이를 수리하던 사람은 그러한 동정과 위로가 자신에게는 적합하지 않다고 단호하게 말했다. 우선 오토바이라는 것이 매우 비싸고 귀중한 물건이라는 사실을 설명하였다. (그때가 19세기 말이었으니, 오토바이가 발명된 지 얼마 안 된 옛날이라, 그것은 큰 부자나 가질 수 있는 귀물(貴物)이었다.) 그리고 그 사람은 많은 돈을 써가며 오토바이의 스피드를 즐긴다고 하였다. 그의 오토바이가 일으킨 고장은 대수로운 것이 아니며, 금방 수리가 끝나면 또다시 그 스피드를 즐길 것이라고 희망찬 말을 하였다. 철학 교수는 자신의 동정이 잘못된 것임을 깨닫고 총총히 작별을 고했다.

한참 더 걸어가다가 철학 교수는 어느 농장 앞에 다다랐다. 한편에는 과일이 익어 가고 또 다른 편에는 곡식이 여물어 가는 아름다운 농장이었다. 주인으로 보이는 농부가 괭이로 흙을 일구고 있는 모습이 매우 한가로워 보였다. 그것은 한 폭의 그림이었다. 그 농부야말로 축복을 받아 마땅한 사람임에 의심의 여지가 없었다. 이번에는 틀림이 없을 것이라는 자신감에 넘쳐서 철학자는 농부에게로 가까이 가서 그 여유로운 직업을 축하한다고 큰 소리로 말했다. 그러나 농부는 그런 소리 말라며 손을 가로 저었다.

도대체 농부에게는 주말이라는 것이 없다고 하였다. 이른 봄이 오기도 전부터 겨울이 올 때까지 하루도 쉴 틈이 없는 것이 농사라고 하였다. 그렇게 많은 땀을 흘려도 수입은 보잘것없는 것이 농부라는 직업이라며 불평을 하였다. 힘은 많이 들고 수입은 적은 것이 바로 농업이라고 농부는 결론을 지었다. 철학 교수는 그런 줄도 모르고 축하의 말을 건넨 자신의 경솔을 뉘우치며 그곳을 떠나갔다.

얼마쯤 더 간 곳에 골프장이 있었다. 중년 남자 한 사람이 뙤약볕 아래서 땀을 흘리며 열심히 스윙 연습을 하는 모습이 보였다. 괭이로 흙을 일구던 농부와 비교가 되었다. 땀을 흘리며 수고하는 점은 비슷하였으나, 골프장 전체의 상황은 농장보다 못한 것으로 철학 교수에게는 보였다. 농장에는 나무 그늘도 있었으나, 골프장에는 밋밋한 잔디밭이 있을 뿐이었다. 결국 골프장에서 수고하는 중년 남자는 저 농부보다 훨씬 더 불행한 사람이라는 판단이 내려졌다.

이토록 불행한 사람을 보고 그저 떠나간다는 것은 인정 없는 냉혹한 짓일 것 같았다. 위로의 말을 보내는 것이 당연할 것 같아서, 어찌하다 이토록 수고를 하게 되었느냐며 진심으로 동정한다는 뜻을 전했다. 그러나 골퍼는 여유 있게 웃으며 그러한 위로나 동정은 자기에게 어울리지 않는다고 하였다. 그리고 골프라는 것은 스포츠 가운데서도 가장 돈이 많이 드는 고급 스포츠라고 친절하게 설명해 주었다.

철학 교수는 발길을 돌리며 도무지 알 수 없는 노릇이라는 생각 때문에 심리적 혼란에 빠졌다. 왜 전철 기관사와 농부는 그들의 처지에 대해서 그토록 불만을 느끼고, 오토바이 타는 사람과 골프 치는 사람은 그들의 처지에 대해서 그토록 만족스러워 하는지, 도무지 알 수가 없었던 것이다. 철학 교수는 한참 동안 생각한 끝에 하나의 결론에 도달했다. 이를테면 진리를 발견한 것이다. 그가 얻은 결론은 다음과 같은 말로 요약될 수 있었다.

"돈을 받아 가며 하는 일은 괴로운 일이고, 돈을 써가며 하는 일은 즐거운 일이다."

제롬의 글은 '일'과 '놀이'의 관계에 대하여 매우 중요한 암시를 던져 주고 있다. 같은 일이라 하더라도 제가 좋아서 즐겨 가며 하게 되면 '놀이'로서의 성격을 띠게 되고, 마지못해서 억지로 하게 되면 단순한 고역(苦役)에 불과하다는 사실을 재치 있는 이야기를 통하여 알려 주고 있는 것이다. 그리고 그의 글은 '직업'이라는 것에 대해서도 많은 것을 시사한다.

3. 직업과 돈

대학의 입학시험을 둘러싼 경쟁이 치열하기 그지없다. 대학의 입학시험 경쟁이 그토록 치열한 까닭은, 이른바 일류 대학의 좋은 과를 나와야 좋은 직업을 가질 수 있다는 통념(通念) 때문이다. 이때 '좋은 직업'이라 함은 돈이 많이 생기는 직업을 가리킨다. 직업을 갖는 이유가 돈벌이를 하는 데 있다는 생각이 밑바닥에 깔려 있다.

'좋은 직업'의 대표적인 예로서 의사를 생각하는 사람들이 많다. 전문의가 되기까지에 소요되는 기간이 길음에도 불구하고 의과대학의 입시 경쟁이

유달리 치열한 까닭이다. 의사 가운데서도 정형외과, 신경외과, 내과, 소아과의 의사가 돈벌이에 유리하던 시절에는 그런 과(科)의 수련의로 남기를 지망하는 졸업생들이 많았다. 그러나 의료보험제도가 실시된 뒤부터 사정이 달라져서, 요즈음은 의료보험의 혜택을 받을 수 없는 환자가 많은 전문의가 돈벌이에 유리하게 되었다고 들었다. 이러한 변화가 생긴 다음에는 성형외과를 희망하는 졸업생들이 가장 많이 나타났고, 치과대학과 한의과대학을 지망하는 학생들이 증가했다는 소문이다. 돈이 많이 생기는 직업일수록 '좋은 직업'이라는 관념이 상식처럼 받아들여지고 있다는 증거라고 볼 수 있을 것이다.

직업과 돈 사이에 불가분의 관계가 있음에는 의심의 여지가 없다. 자원봉사의 경우가 그렇듯이 돈벌이가 전혀 되지 않는 활동을 '직업'이라고 부르지 않는 것이 상식이다. 그러나 돈벌이가 잘될수록 좋은 직업이라고 보기는 어려우며, 돈이 생기는 모든 활동을 직업이라고 부르기도 어렵다. 가령 의료보험의 혜택을 받을 수 있는 환자는 기피하고 그렇지 못한 환자만을 주로 진료함으로써 큰돈을 번 의사를 가장 훌륭한 직업인이라고 보기는 어려우며, 도박이나 사기나 횡령 등으로 돈을 버는 행위를 가리켜서 '직업'에 종사한다고 말하기도 어렵다.

돈을 버는 것이 직업에 종사하는 목적의 하나이기는 하나, 그 목적의 전부는 아니다. 나의 개인적 의견이 될지는 모르겠으나, 직업에는 돈벌이보다도 더욱 중요한 목적이 있다. 그 '더욱 중요한 목적'이란 사회에 참여해서 사회에 이바지한다는 목적이다. '직업(職業)'이라는 한자어의 분석을 통하여 우리는 직업의 가장 큰 목적은 '사회에 참여하여 사회에 이바지함'이라는 우리의 견해를 뒷받침할 수 있다고 생각한다.

'직업'이라는 말은 본래 '맡을 직(職)' 자와 '일 업(業)' 자의 두 한자를 결합해서 만든 낱말이다. 그러므로 우리말로 풀면 '맡은 일'이라는 뜻의 말이 된다. 국가 또는 사회로부터 맡은 일이 직업의 본질이라고 해도 과언이 아닐 것이다. 국가 또는 사회는 우리가 함께 달성해야 할 공동의 과제를 안고 있으며, 이 공동의 과제들을 효율적으로 달성하기 위해서는 일할 힘을 가지고 있는 모든 성원(成員)들이 각자의 능력과 취향에 적합한 일을 분담하는 것이 바람직하다. 공동의 과제들의 한 부분을 분담해 맡은 것이 곧 '직업'이며, 따라서 직업의 핵심은 '분업(分業)'이라는 점에서 찾아볼 수 있을 것이다.

'직업'이라는 말이 본래 '맡은 일'이라는 뜻을 가지고 있으며, 그 핵심을 '분업'이라는 점에서 찾을 수 있다고 하였다. 그렇다면 직업이 갖는 가장 큰 의의나 기능은 돈벌이에 있는 것이 아니라, 사회에 참여하여 사회에 이바지함에 있다고 보아야 한다. 아무리 개인주의가 극성을 부려도 인간이 사회적 존재라는 사실을 지워 버릴 수는 없으며, 사회로부터 소외되고 사회에 이바지함이 없이는 철저한 개인주의자도 그가 바라는 행복에 접근하지 못할 것이다. 사회에 참여하여 사회에 이바지함을 통하여 개인은 자아(自我)의 성장을 이룩하고, 자아는 성장을 거듭하는 가운데 '자아실현'이라는 높은 가치로 접근한다. 자아의 실현이 어느 정도까지 진전되느냐에 따라서 그 사람의 행복의 무게가 결정된다.

직업에서 돈이 차지하는 비중을 과소평가할 생각은 없다. 특히 현대의 사회생활에서는 돈이 없이는 하루도 살아가기 어려운 것이 우리의 현실이다. 그리고 생계에 필요한 돈을 버는 가장 떳떳한 자리가 바로 직장 내지 직업인 것이다. 땀 흘려 번 돈이 가장 값진 돈이고, 땀을 흘리고 두뇌를 굴리며 돈을 버는 곳이 다름 아닌 직장 내지 직업이다.

우리는 애써 일하는 대가로서 돈을 받는다. 우리가 하는 일에 대하여 돈이 지불되는 까닭은 그 일이 누군가를 위하여, 사회를 구성하는 타인들을 위하여, 무엇인가 도움을 주기 때문이다. 우리가 사회에 이바지하는 활동이 귀중하지 않다면 그것이 돈으로써 보답되지 않을 것이다. 사회를 위하여 이바지하는 활동은 그 자체가 소중한 것이니, 이에 직업적 활동이 단순한 돈벌이를 위한 수단에 불과한 것이 아님이 명백하다.

여기서 우리는 제롬이 남긴 명언을 다시 생각하게 된다. "돈을 받아 가며 하는 일은 괴로운 일이고, 돈을 써가며 하는 일은 즐거운 일이다." 돈을 받아 가며 하는 일이 괴로운 까닭은, 그 일 자체에 대해서는 의욕을 느끼지 못하고 다만 돈을 받기 위하여 마지못해 그 일을 함에 있다. 돈을 써가며 하는 일이 즐거운 것은, 비록 돈이 든다는 부담이 있기는 하나 그 일을 하고 싶은 능동적 의욕을 갖기 때문이다. 어떤 일이 괴로움을 주느냐 또는 즐거움을 주느냐를 결정하는 것은, 돈을 벌게 되느냐 또는 그것을 쓰게 되느냐에 달려 있는 것이 아니라, 그 일 자체에 대해서 능동적 의욕을 느끼느냐 못 느끼느냐에 달려 있다.

어떤 일을 하는 의의가 그 일을 통하여 얻게 되는 돈에만 있다면 그 일은 괴로울 수밖에 없을 것이다. 예컨대, 그림을 그리고 싶은 의욕 내지 충동을 느끼지 못하는 화가가 생계를 위해서 마지못해 화필을 든다면, 그의 일은 괴로울 수밖에 없을 것이다. 남녀를 막론하고 스스로 원해서 하는 성행위는 매우 즐거운 일임에도 불구하고, 돈을 벌기 위하여 마음에 없는 그 행위를 해야 한다면, 그것은 매우 비참한 고역이 될 것이다.

같은 일도 돈을 벌기 위한 강요된 행위로서 의식할 때는 괴로움이 따르고, 돈과 관계없이 자기가 좋아서 하게 되면 즐거움이 따른다. 내가 서울대학교에 근무할 당시에는 자가용 승용차는 거의 없었고, 나는 시내버스로 교문 앞까지 타고 가서 연구실까지는 걷는 날이 많았다. 교문에서 연구실까지 걷는데 15분 남짓한 시간이 걸렸고, 그 길은 따분하고 부담스러웠다. 그러나 같은 길도 등산로의 일부로서 걸었을 때는 느낌이 전혀 달랐다. 관악산에 오르는 길 가운데 서울대학교의 캠퍼스를 통하여 가는 길도 있어서, 항상 출근할 때 걷던 길이 가끔 등산로의 일부가 되기도 하였다. 그런데 등산 차림으로 그 길을 걸었을 때는 매우 상쾌한 기분이 되어 발걸음이 거뜬거뜬 가벼웠다.

직장에서 하는 일에 대해서는 보수가 따른다. 오로지 그 보수 때문에 직업에 종사하는 사람들은 자연히 수동적 내지 소극적 자세로 일에 임하게 되기 쉽고, 따라서 일이 따분하고 힘들게 느껴진다. 돈을 받아 가며 하는 일이 괴로운 까닭은 돈을 받음에 있는 것이 아니라, 일을 대하는 태도가 수동적이요 소극적임에 있다. 만약 등산객이나 낚시꾼이 하듯이 능동적이요 적극적인 자세로 직업에 임하게만 된다면, 즐거움과 보람을 만끽하며 직장 생활을 할 수 있게 될 것이다.

직업의 의의를 오로지 돈벌이에서만 찾는다면, 능동적이요 적극적인 자세로 직장 생활에 임하기는 어려울 것이다. 특히 한 달에 한 번 월급을 받는 봉급 생활자의 경우는 더욱 그렇다. 그러나 앞에서도 언급했듯이, 직업의 가장 큰 의의는 돈벌이에 있기보다는 공동체에 참여하여 공동체에 이바지함에 있다. 그리고 공동체를 위하여 열심히 일하는 가운데 나의 자아가 꾸준히 자라는 것 또한 큰 보람이다.

개인주의가 극에 달한 세상이다. 집단주의자들의 횡포에 개인의 자유가 유린된 역사가 길었다는 사실에 비추어 볼 때, 개인주의를 절대적 진리로서 떠받드는 심정을 충분히 이해하고도 남는다. 그러나 개인주의가 공동체를 망각할 정도로 지나쳐서는 안 된다. 공동체가 무너지면 개인의 자유도 그 근거를 잃고 무너진다. 공동체가 아니면 개인의 '자유'는 그 의의를 잃는다. 난파선에서 홀로 살아남아 무인도에 상륙한 개인의 자유, 그 자유에 무슨 의의와 값이 있겠는가?

옛날부터 그랬듯이 인간은 여전히 사회적 동물로서 살아간다. 사회적 존재인 인간이 생활의 기반인 공동체를 위하여 힘써 일하는 것은 매우 뜻있고 소중한 일이다. 뜻있고 소중한 일인 까닭에, 직장에서 하는 일에 대하여 적극적이요 능동적인 자세로 임할 이유는 충분히 있다고 보아야 한다.

4. 육체노동과 가사 노동의 경우

즐거운 마음으로 일을 하기 위해서는 내 스스로 그 일이 하고 싶어서 능동적 자세로 임해야 한다고 하였다. 그러나 일의 종류를 막론하고 어떠한 일이든지 즐거움을 느끼며 능동적 자세로 임한다는 것이 실제로 가능한 것일까? 학자나 예술가의 경우는 능동적 자세로 연구 또는 창작에 임하기가 비교적 쉬울 것이다. 그러나 공사 현장에서 막노동을 하는 잡부 또는 탄광에서 석탄을 캐는 광부의 경우에도 "능동적 자세로 일에 임하라."는 조언을 주저 없이 할 수 있는 것일까? "직업에는 귀천이 없다."는 말의 참뜻은 무엇이며, 우리는 그 말을 여과 없이 받아들여도 좋은 것일까?

이상을 말한다면, 잡부나 광부의 경우도 능동적 자세로 직업에 임하는 것이 바람직하다고 보아야 할 것이다. 그러나 잡부나 광부의 정서를 고려할 때, "능동적 자세로 일에 임하시오."라고 말하기는 쉽지 않을 것 같다. 특별한 사명감을 가진 잡부나 광부라면, 굳이 그러한 조언을 받지 않아도, 스스로 능동적으로 일할 것이다. 그러나 보통 사람의 경우에는 그러한 조언이 헛소리로 들릴 가능성이 많다. 그렇다면 어떻게 해야 할 것인가?

일 그 자체로 볼 때는 본래 귀한 것과 천한 것의 구별은 없다고 말할 수 있을 것이다. 그러나 힘들고 어려운 일과 비교적 쉬운 일의 구별이 있음은 부인하기 어렵다. 위험성이 많은 일과 비교적 안전한 일의 구별이 있음도 사실이며, 더러움에 가득 찬 일과 비교적 깨끗한 일의 구별이 있음도 사실이다. 종교적 믿음에 바탕을 둔 봉사의 정신으로 어렵고 위험하며 더러운 일을 자진하여 하고자 하는 사람도 더러는 있을 것이다. 그러나 일반인으로서는 그런 일이 마음에 내키지 않는 것이 사람의 마음이다.

돈을 벌기 위해서이든 또는 다른 사유 때문이든, 일반 사람들이 기피하는 일을 맡아서 하는 사람에 대하여 사회는 진심으로 감사하고 또 어떤 형태로든 보답해야 마땅할 것이다. 사회 전체를 위해서 누군가가 해야 할 일이고 나로서는 내키지 않는 일을 해주는 사람에 대해서 감사하고 응분의 보답을 하는 것은 사리상(事理上) 당연한 처사라 할 것이다.

그러나 우리의 현실은 이 당연한 사리와는 정반대의 길을 가고 있다. 어렵고 힘들며 지저분한 일을 하는 사람들을 우대하기보다는 도리어 소홀하게 대접하는 것이 우리의 현실이다. 이러한 모순된 현실이 "직업에는 귀천이 없다."는 교과서적 언어를 냉소하게 만드는 원인이기도 하다.

냉엄한 생존경쟁의 현실을 현실 그대로 받아들이면, 이야기는 그것으로 끝날 것이다. 생존경쟁의 냉엄한 현장에서 패배자의 구석으로 밀린 사람들이 힘들고 위험하며 더러운 일을 맡게 되는 것이 인간이 살아가는 자연의 법칙이라고 말한다면, 이야기는 그것으로 일단 끝날 수도 있다. 그러나 이 냉혹한 현실에 대해서 의문을 제기하고 이 현실 속에 내재하는 모순을 제거하기 위하여 아무런 노력도 하지 않는다면, 인간을 이성적(理性的) 존재라고 자화자찬할 이유는 없어질 것이다.

공사판의 막노동이나 탄광의 중노동에 비하면 한결 쉬운 일이기는 하나 밥 짓고 빨래하는 가사 노동도 요즈음은 기피의 대상이 되고 있다. 가사 노동은 전통적으로 여자들이 맡아 왔으나, 근래에 여자들 측에서 이러한 전통이 불공평하다고 이의를 제기함에 이르렀고, 결과적으로 가사 노동이 기피의 대상이 된 꼴이 되었다. 내 집에서 밥이나 짓고 빨래를 하는 것보다는 차라리 회사에 나가서 차 심부름을 하는 편이 낫다고 생각하는 여자도 있는 세상이 되었다.

제롬은 "돈을 받아 가며 하는 일은 괴로운 일"이라고 하였으나, 요즈음 주부 가운데는 돈을 받고 하는 직장일보다도 돈을 받지 않는 가사 노동을 더욱 괴로워하는 경우가 많다는 소문이다. 이것은 약간 특이한 현상이다. 가사 노동에 대한 값을 쳐서 받는 편이 차라리 낫겠다고 주장하는 주부의 목소리도 있다고 하니, 이것은 분명 "돈을 받아 가며 하는 일은 괴로운 일"이라고 한 제롬의 결론에 대하여 반기를 드는 현상이므로, '특이하다'는 말이 조금도 지나치지 않을 것이다.

주부가 가사 노동을 기피하기에 이른 특이한 현상에 원인을 제공한 것은 주로 남성이 아닐까 하는 생각이 들기도 하고, 병색(病色)이 완연한 현대 문화를 만들어 낸 남녀 모두의 책임이라는 생각이 들기도 한다. 현대 문화를 만들어 냄에 있어서 주역의 구실을 한 것이 남성이라고 볼 수 있다면, 결국 더 많은 책임은 남성의 몫이라는 추론이 가능할 것이다. 어쨌든 극단으로까지 달리고 있는 오늘의 개인주의 문화에 문제가 있음을 함께 반성할 일이다.

밥짓고 빨래하는 따위의 이른바 가사 노동을 여자들이 주로 맡게 된 역사는 아마 매우 장구할 것이다. 사냥을 하거나 농사를 지어서 살아가던 옛날의 실정에 비추어 볼 때, 체력이 강한 남자가 주로 바깥일을 맡고 아기를 낳아서 젖을 먹여야 하고 체력도 약한 여자가 집안일을 주로 맡은 것은 지극히 적절한 분업(分業)이었을 것이다. 그 옛날에는 남자가 밖에서 힘든 육체노동에 종사하는 사이에 집 안에서 밥을 짓고 아기를 돌보는 일을 도맡은 여자가 불만을 느낄 이유가 없었을 것이다.

문제가 생기기 시작한 것은 신분 사회가 되면서 육체노동에 종사할 필요가 없는 남자가 생긴 뒤부터였을 것이다. 우리나라의 경우는 지배계급의 자제들 가운데서 과거(科擧)라는 등용문을 통과한 사람들이 관직에 올라서 부귀를 누리게 되었거니와, 여성에게는 과거에 응시할 자격이 주어지지 않았다. 어떤 연유에서든 남성 우대의 사회제도가 생기게 된 것이고, 과거를 통하여 벼슬길에 오를 수 있는 길이 남자에게만 허용됨으로써 남존여비의 격차는 더욱 커지는 추세를 보이게 되었다. 그러나 지배계급의 부녀자들은 벼슬길에 오른 남편 또는 그 밖에 집안 남자들의 후광(後光) 아래서 비교적 편안한 생활을 했으므로 크게 불만스러울 것도 없었다. 더러 불만이 있더라도 그것은 여자된 몸의 숙명이라고 체념으로 받아들였다.

그러나 현대에 이르러 상황은 크게 달라졌다. 우선 '남존여비'라는 전근대적 관념이 더 이상 유지될 수 없게 되었고, 가사 노동의 대부분을 종 또는 하녀들에게 시킬 수 있는 길이 막혀 버렸다. 주부들이 손수 그 일을 맡아서 하는 것이 대부분의 가정의 현실이다. 맡아서 하기는 하나 그 일이 마음에 내키지 않아서 불만이 쌓인다. 여기서 우리가 생각하게 되는 것은, 도대체 왜 그 일이 그토록 마음에 내키지 않느냐 하는 문제다.

가사 노동에 대해서 마음이 내키지 않는 이유로서 생각할 수 있는 것이 한두 가지가 아니겠으나, 그 가운데서 가장 큰 이유는 가사 노동의 가치를 하잘것없는 것으로 평가하는 잘못된 가치관에 있다고 보아야 할 것이다. 요즈음 우리 사회의 지배적인 가치관에 따르면, 돈벌이가 잘되는 일 또는 사람을 유명하게 만드는 일이라야 높은 가치가 인정된다. 그런데 가사 노동은 열심히 해도 돈이 생기는 일이 아니고, 아무리 잘해도 사람을 유명하게 만들지도 않는다. 그러므로 가사 노동은 별로 가치가 없는 일로 평가되고 있다. 사실은 이러한 평가에 근본적인 잘못이 있는 것이다.

가사 노동은 식구의 의식주와 건강이 달려 있는 매우 귀중한 일이다. 가사 노동 가운데는 자녀를 기르고 가르치는 일도 포함되거니와, 자녀를 양육하고 교육하는 일은 이 세상에서 우리가 할 수 있는 일 가운데서 가장 소중한 일의 대표적인 것이다. 이토록 귀중한 일임에도 불구하고, 가사 노동을 담당하는 사람이나 가정 밖의 직장에서 일을 하는 사람이나, 가사 노동을 대수롭지 않은 일로 과소평가하고 있다.

가사 노동을 대수롭지 않은 일로 평가하는 이유 가운데는, 그것은 이렇다 할 전문성이 없어서 아무나 할 수 있는 일이라는 생각도 포함되어 있을 가능성이 높다. 그러나 가사 노동에 전문성이 없다는 생각은, 의사들 가운데 가정의(家庭醫)에게 전문성이 없다고 보는 것과 비슷한 생각으로서, 크게 잘못된 생각이다. 음식 솜씨에도 전문성이 필요하고, 자녀의 교육에는 더욱 높은 전문성이 요구된다.

아마 가사 노동에 종사해 온 것이 전통적으로 여성이었다는 사실도 그것을 대수롭지 않게 여기는 이유의 하나일지도 모른다. 그러나 이것은 남존여비의 관념이 용납되지 않는 오늘의 견지에서 볼 때 말도 안 되는 사고방식이다. 만약 여성 가운데 아직도 이런 사고방식을 가진 사람이 있다면, 그것은 분명한 자기모순이다.

가사 노동에 종사해 온 것이 전통적으로 여성이었다는 사실이 앞으로도 그것은 계속 여성이 맡아야 한다는 이유가 될 수는 없다. 가정 형편에 따라서는 남자가 맡는 편이 합리적일 경우도 있을 것이고, 많은 경우에는 남녀가 함께 이 소중한 일에 참여하는 것이 바람직할 것이다.

5. 놀이와 쾌락주의

우리가 돈을 버려 가며 놀이에 열중하는 것은 그것이 주는 즐거움 때문이다. 인간은 일반적으로 즐거움을 추구하는 성향이 강하며, 특히 우리 한국에는 쾌락 추구의 전통이 현저하다. 우리 조상들은 가난한 살림 속에서도 춤과 노래를 즐기며 낙천적으로 사는 마음의 여유를 보였다.

자본주의의 경제체제는 상업주의를 고취하기 마련이고, 상업주의는 소비생활을 최대한 부추기는 것을 그 기본 전략으로 삼는다. 그리고 소비생활의 풍요와 고급화를 목표로 삼는 상업주의의 견지에서 볼 때, 각종 놀이의 시장은 부가가치가 매우 높은 황금 어장이다. 전통적으로 놀이를 좋아하는 우리 민족의 낙천적 기질과 현대 자본주의 사회의 상업주의가 상승작용을 일으켜, 현재 우리 한국에는 각종 놀이를 파는 기업이 성황을 이루고 있다.

즐겁게 사는 것은 원칙적으로 바람직한 것이고, 즐거움을 주는 놀이가 삶에서 차지하는 의의는 매우 크다. 그러나 여기서 우리가 명심해야 할 것은 즐거움을 위하여 추구하는 놀이가 필경 괴로움을 부르고 만다는 역리적(逆理的) 현상이 도처에서 빈번하게 일어나고 있다는 사실이다. 놀이에 열중하다 패가망신에까지 이르는 경우도 흔히 있는 일이다.

즐거움의 강도(強度)가 높은 놀이일수록 저 역리(逆理)의 수렁으로 빠질 위험성도 많이 가지고 있다. 옛적부터 주색과 도박은 매우 유혹이 강한 놀이로 알려져 왔으며, 이들 유혹적인 놀이에 탐닉하여 패가와 망신의 괴로움을 당한 예는 흔히 있다. 근래는 더욱 새로운 종류의 매혹적인 놀이가 다양하게 개발되어 자제력이 약한 청소년까지 도처에서 유인하고 있다.

근자에는 놀이에 대한 유행 심리까지 작용하여 값비싼 놀이에 참여하는 것을 자랑으로 여기는 풍조까지 생겨서, 과소비와 과로를 초래하는 놀이의 풍속이 일부 부유층에 번지고 있다. 여름에는 해수욕장에 가고 겨울에는 스키장에 가는 것을 자랑으로 여기는 사람들이 많으며, 이러한 경향으로 인해 해수욕장 또는 스키장을 찾는 사람들의 차량이 도로를 가득 메우고, 해수욕장 또는 스키장이 초만원을 이루어 놀이의 길이 고생의 길이 되는 경우도 흔히 있다. 본래는 일에 열중하기 위한 재충전의 기회가 되어야 할 연휴의 놀이에서 돌아온 날, 도리어 피로에 지쳐서 일이 손에 잡히지 않는 사례도 드물지 않다. '월요병'이라는 말이 생긴 까닭이다.

직업을 갖지 않은 사람이 돈은 많이 가지고 있는 경우가 있다. 그는 그의 많은 돈과 남아도는 시간을 이용하여 각종 유흥과 놀이에 열중한다. 보기에 따라서는 지극히 팔자가 좋은 사람 같기도 하여 주위 사람들의 부러움을 사기도 한다. 본인도 한동안은 그러한 생활에 기쁨과 만족을 느낀다. 그러나 사회를 위해서 도움이 되는 일은 거의 하지 않으면서 오로지 유흥과 놀이로만 소일하는 생활이 지속적인 기쁨과 만족을 주지는 않는다. 마침내는 도리어 고역에 가까운 나날이 된다.

유흥 또는 놀이는 가끔 즐길 때는 매우 즐거운 시간을 제공하나, 거듭 탐닉하면 머지않아 싫증이 나는 단점을 가졌다. 고량진미만을 찾아다니는 철저한 식도락가는 마침내 어떠한 음식에 대해서도 별로 식욕을 느끼지 않는 지경에 이르기 쉽다. 여색(女色)을 밝히는 일로 밤과 낮을 보내는 난봉꾼에게는 급기야 모든 여인에 대하여 흥미를 잃을 날이 온다. 체력의 한계에 부딪치는 것이다. 식도락가가 음식에 흥미를 잃거나 호색가가 미녀를 대해도 아무런 감흥도 느끼지 못한다면, 그들에게 남는 것은 고통밖에 없을 것이다. 쾌락을 추구하다가 도리어 고통에 도달하게 되는 이 모순을 심리학자들은 '쾌락주의의 역리(paradox of hedonism)'라고 부른다.

휴식이 즐거운 것은 그 앞에 힘들여 일하며 땀을 흘린 시간이 있기 때문이다. 365일 날마다 휴식만을 취한다면 그것은 지겨운 고통일 것이다. 식사 시간이 기쁘고 즐거운 것은 그 앞에 배고픈 시간이 기다리고 있었기 때문이다. 계속 식사 시간만 이어진다면 그것 또한 고통일 따름이다. 쾌락이란 그 자체를 직접 추구함으로써 얻어지는 목표이기보다는 열심히 일하며 건강하게 사는 사람들에게 자연히 주어지는 결과요 축복이다.

괴로움을 참아 가며 다섯 날과 한나절 동안 억지로 일하고, 주말의 하루와 한나절을 놀이로 즐긴다면, 인생은 전체로 볼 때 괴로움이 즐거움을 압도하는 과정이 되고 말 것이다. 그러므로 주중에 일하는 시간에도 즐거움을 얻어야 축복받은 인생이라고 할 수 있게 된다. 그러나 일하는 시간, 즉 근무시간에도 즐거움을 얻을 수 있는 지혜가 과연 있는 것일까?

이 물음에 대한 해답은 앞에서 소개한 제롬의 글 안에 암시적으로 나타나 있었다. 즉 같은 일도 마지못해 억지로 하면 고역이 되고, 적극적이요 능동적인 태도로 하게 되면 그 일 가운데 놀이의 요소가 생긴다는 것을 제롬의 글은 암시하였다. 그리고 앞에서 직업의 가장 큰 의의가 돈벌이에 있는 것이 아니라 사회에 참여하여 사회에 이바지함에 있다고 했을 때, 우리는 직장에

서 하는 일을 능동적이요 적극적인 자세로 해야 할 이유가 충분히 있음을 보
았다.

10장 미모와 재능과 심덕

1. 잘났음과 잘난 척함

아무 앞에서도 우월감을 느낀 적이 없는 사람. 그런 사람이 있을까 생각해 본다. 천치(天痴)와 성현(聖賢)의 경우에는 그럴 수도 있을지 모른다는 생각이 들기도 하나, 아마 그토록 심한 천치와 그토록 높은 경지에 이른 성현은 실재한 적이 없지 않을까 한다.

아무 앞에서도 열등감을 느낀 경험이 없는 사람. 그런 사람이 있을까 생각해 본다. 돼지보다도 우둔한 사람 또는 천하를 손아귀에 넣은 영웅호걸의 경우에는 혹 그럴 수도 있을지 모른다는 생각이 들기도 하나, 그토록 우둔한 사람과 그토록 자신만만한 영웅은 실재하지 않았을 것이다. 알렉산더 대왕이 통 속의 철인 디오게네스에게 무안을 당하고 돌아섰을 때, 모르기는 하지만 그는 아마 다소간의 열등감은 느꼈을 법하다. "내가 만약 세계의 정복자가 되지 못한다면, 나도 디오게네스 같은 철인이 되고 싶다."는 말을 했을 때, 알렉산더 대왕은 디오게네스에 대한 패배를 자인한 것이 아닐까.

"저 잘난 맛에 산다."는 말은 주로 못난 사람을 두고 하는 표현이다. 어쩌면 우월감과 열등감은 동전의 앞면과 뒷면 같은 것이어서, 열등감이 심한 사람이 도리어 우월감도 강한 경우가 많은 것이 아닐까. "저는 잘난 백성으로 알고, 남은 헌 정승으로 안다."는 속담이 그러한 역설적 심리를 꼬집고 있다.

동물의 심리에 대해서 아는 바가 거의 없지만, 새와 짐승을 길러 본 경험을 통하여 그것들도 감정이 있다는 것을 짐작하게 되었다. 그것들이 가지고 있는 감정 가운데도 우월감 또는 열등감에 해당하는 것이 있다는 말을 할 수 있을 것 같다. 장닭이 짝짓기를 원할 때는 다짜고짜로 암컷에게로 덮치는 것이 아니라, 한쪽 날개를 땅에 끌며 모종의 시위부터 한다. 그 시위에 눌려서 암컷은 납작 엎드리는 자세를 취하게 되고, 그제서야 힘센 장닭은 힘이 약한 다른 수탉들이 선망의 시선으로 바라보는 가운데 유유히 암컷을 소유한다. 수탉에게도 감정이 있다면 그가 저 시위 동작을 할 때에 느끼는 감정에는 필시 우월감이 섞였을 법하고, 힘이 약해서 감히 도전은 못하고 부러워하며 바라보기만 하는 다른 수탉들이 느끼는 감정에는 열등감이 섞여 있을 법하다.

동물의 세계를 다룬 텔레비전 프로그램을 흥미롭게 시청하는 경우가 있다. 더러는 동물들이 큰 소리로 울거나 자신의 몸을 크고 힘세게 보이려고 하는 행동이 주목을 끌기도 한다. 해설자의 말에 따르면, 그것은 대개 자신을 과시하기 위한 시위 행동이다. 외부 족속과의 투쟁이 요구되는 상황에서 힘을 과시할 경우도 있으나, 더욱 많은 것은 같은 족속 내부의 이성(異性)의 관심을 끌기 위한 시위 행동이다.

인간의 경우에도 자신의 우월성을 과시하고 싶은 충동에 사로잡히기 쉬운 것은 역시 이성의 시선이 미치는 상황에서가 아닐까 한다. 인간도 동물이기는 마찬가지여서, 이성에 대한 관심이 의식 또는 무의식의 차원에서 사람의 행동을 크게 좌우한다. 이성의 존재를 의식함으로 인하여 아름답고 슬기로운 행동이 나타나는 경우도 적지 않으나, 그로 인하여 꼴사납고 어리석은 행동이 결과하는 경우가 더욱 많다.

'우월감'에 해당하는 영어에 'superiority complex'가 있고, '열등감'에 해당하는 영어에 'inferiority complex'라는 말이 있다는 사실은, 열등감은 물론이요 우월감까지도 단순한 심리가 아님을 시사한다. '단순하지 않다' 함은 복합적 갈등의 소지가 있음을 말해 준다. 자기 자랑하는 사람 또는 자기 아내나 자식 자랑하는 사람을 '불출'이라고 부르는 우리말은 정신분석학이 알려지기 이전부터 있던 말이다.

"그래, 너 잘났어." 이것은 분명 빈정대는 말투다. 잘난 척하거나 잘난 척한다고 오해를 받았을 때, 간혹 이런 빈정댐의 대상이 된다. 잘난 척함이 빈정거림의 대상이 된다는 것은 잘난 척함이 남에게 거부감을 일으킴을 의미한다. 남에게 거부감을 일으키는 것은 어리석은 짓이다. 잘났다는 것은 진실로 축복받은 일이다. 그러나 잘났음을 내세우는 일은 복을 쫓아 버리는 어리석은 짓이다. 잘난 척함이 어리석은 짓임을 아는 사람은 많으나, 자신의 잘났음을 과시하고 싶은 욕망으로부터 해방된 사람은 그리 많지 않다.

잘났음은 만인이 공통적으로 열망하는 바이고, 자신의 잘났음을 남에게 과시하고 싶은 욕망도 역시 만인에게 거의 공통적이다. 그러나 '잘났음'이란 도대체 무엇인가에 대해서 깊이 생각하는 사람은 의외로 적지 않을까 한다. 나 자신도 이 물음을 진지하게 생각해 봄이 없이 오랜 세월을 살아왔다. 도대체 '잘난 사람'이란 어떤 특징을 가진 사람을 가리키는 말일까? 과연 우리는 이 말을 바르게 사용하고 있는 것일까?

반어적(反語的)으로 사용될 경우를 제외한다면, '잘났다'는 말은 탁월한 데가 있는 사람에 대해서 붙이는 것이 우리들의 언어 습관이다. 탁월함은 사람의 용모에 나타날 수도 있고 그의 내면세계에 나타날 수도 있다. 가장 잘 나타나는 것이 겉모습인 까닭에, 사람의 얼굴 또는 체격이 잘생긴 것을 보았을 때, 흔히 우리는 '잘났다'는 말을 사용한다. 내면세계가 탁월한 인물에 대해서는 '우수하다'거나 '뛰어나다' 하는 따위의 다른 형용사를 사용할 경우가 많기는 하나, '잘났다'는 말을 쓰기도 한다. 내면세계가 옹졸하거나 빈약한 사람에 대해서 '못났다'는 말이 잘 어울린다는 사실은 내면세계가 탁월한 사람에 대해서 '잘났다'는 말을 사용해도 어색할 것이 없으리라는 믿음을 갖게 한다.

내면세계의 탁월성을 우리는 크게 두 부류로 나눌 수 있다. 그 하나는 재능(才能)의 탁월성이고 또 하나는 심성(心性)의 탁월성이다. 우리는 머리가 좋거나 손재주가 놀라운 사람에 대해서도 탁월성을 인정하고, 도덕적으로 고매한 인품에 대해서도 그것을 인정한다.

우리나라의 전통 사회에서는 훌륭한 사람이 갖추어야 할 네 가지 조건으로서 신수(身手)와 말씨 그리고 문필과 판단력을 꼽았다. 중국에서 당나라 시대에 관리를 뽑는 기준으로 삼았던 '신언서판(身言書判)'의 관념을 일반화해서 받아들인 것으로 생각된다. 선비(士) 계급을 숭상했던 신분 사회였던 까닭에 말씨와 문필의 재능을 특별히 중요시했을 것이며, 그 당시에 말한 '판단력'은 주로 현실 생활에서의 사리판단을 염두에 두었을 것이다. 그렇다면, 미모와 재능과 심덕을 탁월한 인품의 조건으로 간주하는 우리들의 생각과 신언서판을 훌륭한 사람이 갖추어야 할 조건으로 간주했던 조상들의 생각에는 상당한 공통점이 있다고 볼 수 있을 것이다.

2. 외모

우선 눈에 뜨이는 것은 겉모습이다. 맞선을 보는 자리에서 당사자나 배석한 가족의 첫째 관심은 상대편의 용모로 쏠린다. 길을 가다가 당당한 체구와 수려한 용모를 갖춘 사람과 마주치게 되면, 한 번 더 쳐다본다. 특히 여성의 경우에는 빼어난 체격과 아름다운 용모가 차지하는 비중은 압도적으로 크다. 용모가 아름다우면 마음씨도 아름다우리라고 제멋대로 상상하기도 한다. 이것이 착각에 불과할 경우는 흔히 있는 일이며, 그 착각으로 인하여 사람들이 사는 길에 심각한 차질이 생기는 경우도 흔히 본다.

우리나라 속담에 "겉 볼 안이라."는 것이 있다. 겉모습만 보아도 사람됨의 내면을 짐작할 수 있다는 뜻이다. 우리는 대개 "나는 사람을 볼 줄 안다."고 생각한다. 한 번 보기만 해도 그 사람의 심성을 어느 정도 짐작할 수 있다는 것이다. 나 자신도 사람을 보는 눈만은 남에게 뒤지지 않는다고 믿으며 살아왔다.

그러나 우리가 겉모습을 보고 짐작할 수 있는 '속마음'은 그 사람이 가진 심성의 일부에 지나지 않는다. 사람의 마음이라는 것은 매우 복잡한 구조를 가지고 있는 것이어서, 우리가 겉모습을 보고 알 수 있는 것은 빙산의 일각에 지나지 않는다. "겉 볼 안이라."는 속담에 일리가 있는 것 이상으로, "열 길 물속은 알아도 한 길 사람의 속은 모른다."는 속담에는 더욱 깊은 통찰이 담겨 있다.

요즈음은 외모를 보고 사람의 마음속을 헤아리기가 더욱 어려워졌다. 성형수술로 얼굴 모습을 뜯어고치는 사람들이 많을 뿐 아니라, 배우가 하듯이 표정을 관리하는 연기의 재주를 부리는 사람들도 늘고 있기 때문이다. 잘생긴 사람을 만나면 그것이 제 얼굴인가 수술한 얼굴인가부터 살펴야 하고, 표정이 매력적인 사람을 만나면 그것이 연기인가 아닌가부터 의심해야 한다면, 세상 살기가 크게 불편할 것이다.

세상에는 잘생기고 아름다운 것들이 무수하게 많이 존재한다. 형형색색의 아름다운 꽃을 바라볼 때 또는 맵시 있게 잘생긴 새들의 자태를 바라볼 때, 우리는 그 오묘함에 신비로움마저 느낀다. 그 배후에 헤아릴 수 없는 조물주의 뜻이 숨어 있는 것이 아닐까 하는 상상을 할 때도 있다.

인간의 눈에 가장 아름답게 비치는 것은 역시 잘생긴 인간의 모습이라고 사람들은 입을 모은다. 특히 아름다운 여성의 신비로운 모습과 마주할 때, 우리의 감탄은 곧 축복으로 이어지기도 하고 더러는 시기심으로 이어지기도 한다. 남자 가운데도 남다르게 잘생긴 사람이 간혹 있기는 하나, 그 신비로움에 감탄을 느껴 본 적은 없다. 내가 남자이기 때문에 그런 것일지도 모른다.

'화무십일홍(花無十日紅)'이라고 하였다. 더러 좀 여러 날 견디는 꽃도 있기는 하지만, 결국은 시들어 버린다. 떨어지기 전이라도 시들기 시작하면, 그 아름다움과 향기는 하루가 다르게 감소한다. 사람의 아름다움도 젊음이 사라지면 서서히 시들어 간다. 근래는 미용의 기술이 발달하여 상당한 연배에도 여전히 아름다운 사람이 간혹 있기는 하나. 결국은 오십 보 백 보의 차이가 있을 뿐이다.

보석이나 수석과 같이 생명이 없는 것 가운데도 상당한 아름다움을 가진 것이 있기는 하나, 생명을 가진 것의 오묘하고 신비로운 아름다움을 따르지는 못한다. 다만 보석이나 수석은 시들거나 죽지 않고 그 아름다움을 오래 지속하지만, 생명을 가진 것의 아름다움은 곧 늙고 시들어서 사라진다. 생각하면 생각할수록 애석한 노릇이다.

꽃은 시들어서 떨어져도 다음 해에 다시 피기도 하고, 소담스러운 열매를 맺음으로써, 그 뒤가 다시 살아난다고 우리는 생각한다. 그러나 인간의 경우는 한 번 늙고 시들면 그것으로 만사가 끝나고 만다는 것이 우리들의 일상적 인식이다. 그러기에 옛날의 시인들은 산천의 유구함과 인생의 허무함을 비교하곤 하였다. 절세의 미인도 일세를 풍미한 영웅호걸도 한 번 가면 그만이라고 그들은 노래하였다.

그러나 조물주가 산천초목과 인간을 차별 대우했다고 보기는 어렵다. 인간도 대자연의 일부임에 틀림이 없으며, 조물주가 산천초목에게 허락한 장구한 생명을 인간에게만 거절했을 리가 없다. 인생에 대해서 유독 허무함을 느끼는 것은 인간이 자기중심의 시선으로 삶을 바라보기 때문일 것이다.

식물이나 동물의 아름다운 자태와 향기가 그들의 종족 번식과 무관하지 않다면, 인간이 인간에게서 발견하는 아름다움과 향기로움도 인간의 종족 번식 내지 종족 유지와 무관하지 않을 것이다. 꽃이 떨어진 자리에 열매가 맺히고 열매가 떨어진 자리에 새싹이 나듯이, 아름답고 향기롭던 인간이 늙고 시든 뒤를 이어서 다음 세대의 새로운 생명이 생기고 자란다. 다른 동식물의 경우와 마찬가지로, 인간의 경우에도 개체의 생명은 짧고 종족의 생명은 길다.

비록 그 아름다움이 장구한 생명을 누리지 못하고 사라진다 하더라도, 수려한 외모를 가지게 된다는 것은 크나큰 축복이다. 그것은 결혼 또는 연애를 위해서 매우 유리한 조건일 뿐 아니라, 취직과 일상적 사회생활을 위해서도 유리한 조건이다. 아름다운 용모를 가꾸기 위하여 많은 사람들이 눈물겨운 노력을 기울이는 까닭이다.

아름다운 용모를 선천적으로 타고난 사람은 조물주로부터 크나큰 축복을 받은 사람이다. 자신의 노력으로 아름다운 체격을 갖게 된 사람은 스스로 크나큰 축복을 만들어 낸 사람이다. 그러나 아름다운 용모에 대한 긍지가 지나쳐서, 저 크나큰 축복을 허사로 만들 뿐 아니라, 도리어 불행을 자초하는 경우도 있다. 호수에 비친 제 모습에 반하여 황홀히 들여다보다가 물에 빠져 수선화가 되었다는 미소년 나르키소스(Narcissus)에 관한 그리스 신화를 만든 사람은 인간 심리의 깊은 곳을 헤아린 위대한 스승이었다. 이 신화에 근거하여 자기도취의 성격이 강한 사람을 지칭하는 '나르시시스트(narcissist)'라는 말이 생겼다는 것은 널리 알려진 상식이다.

나르시시스트가 일반적으로 가진 공통점의 하나는 자아의 실현을 위한 피나는 노력을 게을리한다는 사실이다. 용모가 빼어난 젊은이는 그 용모의 아름다움만으로도 주위의 인기를 끌게 되고 지나칠 정도의 많은 찬사도 받게 되므로, 굳이 뼈를 깎는 노력을 하지 않아도 즐거운 나날을 보낼 수 있다. 그 즐거움에 도취하여 젊은 날을 허송하면, '신선 노름에 도끼 자루 썩는 줄 모르는' 꼴이 되기 쉽다.

나르시시스트가 빠지기 쉬운 또 하나의 함정은 교만이라는 악덕이다. 자신을 과대평가하고 자기 위에는 사람이 없다고 자만하게 되면, 자연히 남을 깔보고 방자하게 되기 쉽다. 교만이라는 악덕의 함정에 빠지면, 자연히 대인관계가 원만하지 못하게 되는 것이 일반적 현상이다. 실력은 별로 없으면서 교만하기만 하고 남을 깔보기 좋아하는 사람을 세상은 별로 좋아하지 않는다. 대인관계가 원만하지 못하고 인심을 잃게 되면, 그에게는 오직 불행으로 가는 길이 열려 있을 뿐이다.

3. 재능

용모의 아름다움이 뛰어난 사람과 그렇지 못한 사람의 차이가 크듯이, 재능(才能)이 탁월한 사람과 그렇지 못한 사람의 차이도 크다. 우리가 어떤 사람의 '용모가 아름답다'고 말할 때는 주로 그의 얼굴 모양을 염두에 두는 경우가 많고 '재능이 탁월하다'고 말할 때는 주로 그 사람의 지능(知能)을 염두에 두는 것이 보통이다. 그러나 사람의 신체에는 여러 부분이 있고 그 여러 부분의 미추(美醜)가 얼굴의 미추에 비례하는 것은 아니며, 사람의 재능에도 여러 가지 종류가 있고 그 여러 가지 재능의 우열이 반드시 지능의 우열에 비례하는 것은 아니다. 예컨대, 얼굴은 아름답지 않으나 손발은 유난히 아름다운 사람이 있고, 사고력(思考力)은 탁월하나 손재주는 보통 이하인 사람도 있다.

말을 잘하는 사람에 대하여 '말재주가 있다'는 평가를 한다. 그런데 이 '말재주'만 하더라도 여러 가지 종류가 있어서 어떤 사람에 대하여 말재주가 있다거나 없다는 말을 함부로 하기가 어렵다. 충분히 생각할 시간을 주고 말을 시킬 경우에는 조리 있게 말을 잘하는 사람이, 다급한 상황에서 순발력 있게 임기응변으로 말을 해야 할 경우에는 말을 잘 못하는 사례가 있다. 글로 쓰는 말에는 능하나 입으로 지껄이는 말에는 서투른 사람이 있는가 하면, 그와는 정반대의 경우도 있다.

흔히 말하는 '머리가 좋은 사람'에도 몇 가지 유형이 있다. 암기력이 뛰어나기는 하나 논리적 추리력은 약한 사람도 있고, 논리적 추리력은 강하나 상상력은 약한 사람도 있으며, 상상력은 비상하나 논리적 사고력은 보통인 사람도 있다. 학교 다닐 때는 공부를 잘해서 '천재'라는 말을 듣던 사람이, 취직을 해서 실무에 임할 때는 도리어 보통 사람만도 못한 경우가 더러 있다. 학교에서 가르치는 공부에 대해서는 별다른 재능을 보이지 못한 사람이 장사를 시작하여 남다른 수완을 발휘하는 경우도 있다.

나는 학생 시절에 영어와 수학 성적은 나쁘지 않은 편이었으나, 서예와 미술 성적은 좋지 않았다. 영어 가운데서도 영문법에는 강했으나, 듣고 말하는 것은 매우 서툴렀다. 수학에서도 대수(代數)와 기하(幾何)에 대해서는 자신 비슷한 것을 느꼈으나, 삼각법과 주판은 매우 서툴렀다. 성적표에 영어와 수학 과목의 기록이 좋게 나온 것은, 내가 다닌 학교에서는 영어의 듣고 말하는 능력은 시험 범위에서 제외되었고, 삼각법과 주판의 비중을 낮게 잡았기 때문이었다.

나의 기억력은 전반적으로 말하면 보통 이하는 아니라고 생각되나, 기억의 일종이라고 볼 수 있는 길눈은 그믐밤처럼 어둡다. 모르는 길을 전화로 물으면 상대편은 "그 네거리에서 동쪽으로 2백 미터쯤 가서 우회전을 하고 그 다음에 다시…" 하는 식으로 친절하게 가르쳐 준다. 그러나 그러한 안내 말은 나에게는 별로 도움이 되지 않는다. 결국 누가 직접 데리고 가야 하는 것인데, 같은 곳에 두 번째 갈 때도 사정은 별로 달라지지 않는다.

길눈에 관한 한 천치에 가까우므로 자동차 운전은 엄두도 내지 못할 형편이고, 대중교통으로 버텨 보기로 작정도 했으나, 그럴 만한 사정이 생겨서 운전기사를 고용하였다. 처음 고용한 사람은 고등학교만 나온 젊은이였다. 대학에 진학 못한 것은 가정이 가난해서가 아니라 입학시험에 떨어졌기 때문이었다. 삼수까지 했으나 전문대학에도 합격하지 못했다고 하였다. 그러나 그 젊은이의 길눈은 독수리의 그것처럼 밝았다. 밤에 한 번 가본 길도 그 다음 몇 달 뒤에 다시 찾아갈 수 있을 정도이니, 내가 보기에는 그 젊은이가 놀랍고 부러웠다.

나는 교수라는 직업을 가지고 평생의 대부분을 살았다. 교수는 학문을 연구하고 가르치는 것을 그 직분으로 삼으며, 글을 쓰거나 많은 사람 앞에서 말을 할 기회가 많다. 이 직업에도 힘들 때가 없는 것은 아니나, 공장에서 일하는 직업이나 공사장에서 근육노동을 하는 직업에 비하면 수월한 편이라고 나는 생각한다. 그런데 교수라는 직업은, 일부의 비난의 소리도 없는 것은 아니나, 대체로 사회적으로 존경을 받을 경우가 많은 직업이다. 봉급이 적다고 불평을 하는 교수도 더러 있으나, 일류 기업의 중역이나 인기 연예인 또는 변호사와 비교하는 대신, 공장 노동자나 운전기사 또는 공사장의 근육노동자와 비교한다면 의견은 달라질 것이다.

인간이 가진 여러 가지 재능 가운데서 어떤 종류의 재능이 더 귀중하고 어떤 종류의 재능이 덜 중요하다는 것을 일률적으로 말하기는 어려울 것이다. 시대에 따라서 또는 사회에 따라서 그 평가의 기준은 달라지는 것이 역사적 현실이다. 옛날에 수렵을 생업으로 삼았던 사회에서는 몸이 날쌔고 사냥을 잘하는 재능이 높은 평가를 받았을 것이며, 농사를 지어서 먹고 살던 사회에서는 힘이 좋고 농사일 잘하는 능력이 높이 평가되었을 것이다. 서양의 중세에 기사(騎士)들의 무력으로 봉건국가를 지켰던 시절에는 글 잘하는 사람보다도 무술(武術)이 탁월한 사람이 높이 평가되었으며, 무가시대(武家時代)

의 일본에서도 글 잘하는 능력보다도 칼 잘 쓰는 능력이 높은 평가를 받았다. 우리나라에서는 옛날 한때 무술(巫術) 즉 무당의 방술(方術)에 능한 사람이 높이 평가되기도 하였으나, 유학과 과거제도가 들어온 뒤부터는 글공부 또는 글짓기 능력에서 뛰어난 사람이 높은 평가를 받았다.

현대의 산업사회 내지 정보사회에서는 특수 분야에 대한 전문 지식이 크게 요구되고 있으며, 그러한 전문 지식을 얻을 수 있는 곳으로서 우선 대학을 꼽는다. 좋은 대학에 들어가야 전문 지식을 얻을 수 있고, 전문 지식을 얻어야 수입이 좋은 직업을 가질 수 있다는 것이 일반적 통념(通念)이다. 따라서 대학 입학시험에 합격하기에 유리한 재능이 높은 평가를 받는 동시에, 그러한 재능이 탁월한 사람을 '영재'니 '수재'니 하는 이름으로 추어올린다.

근래에는 즐거운 삶을 추구하는 풍조가 강해서, 연예나 스포츠를 관람하며 즐거운 시간을 갖고자 하는 사람들이 날로 늘고 있다. 이러한 상황에서 유명한 연예인 또는 운동선수들이 선망의 대상이 되고, 연예인 또는 운동선수가 되기에 필요한 재능을 높이 평가하는 사람들이 많게 되었다. 옛날에 연예인을 광대 또는 딴따라라고 부르며 천시했던 것과 크게 대조적이다.

재능의 값이 시장경제의 원칙을 따라서 평가되는 세상이다. 돈벌이에 유리한 재능이 높은 평가를 받는 반면에 돈벌이와 무관한 재능은 낮은 평가를 받는다. 이러한 평가 배후에는 금전 제일의 가치관이 진을 치고 있다. "돈이 과연 세상에서 가장 소중한 가치인가?" 하는 물음을 우리는 여기서 다시 한번 제기하게 된다. 돈을 최고의 가치로 보는 가치관이 옳지 않다면, 돈벌이와의 관계를 기준으로 삼고 재능을 평가하는 것 역시 옳지 않다고 보아야 할 것이다.

여러 가지 종류의 재능에는 각각 그 나름의 가치가 있는 것이며, 한 사회가 원만한 공동체로서의 기능을 발휘하기 위해서도 여러 가지의 재능을 가진 사람들이 고르게 존재하는 것이 바람직하다. 법률가와 의사가 필요하듯이 목수와 미장이도 필요하며, 행정 능력을 가진 사람과 외국어 잘하는 사람이 필요하듯이, 농사짓는 사람과 공장의 기능공도 필요하다. 모든 종류의 직업인들이 사회를 위해서 귀중한 것이며, 직업에 따라서 수입의 차이가 크게 나는 것은 바람직한 현상이 아니다.

자유 시장 경제의 논리가 지배하는 사회라는 우리들의 현실을 기정사실로서 받아들인다면, 수요와 공급의 원칙을 따라서 노동의 값이 정해지는 현상도 받아들여야 할 것이다. 그러나 돈벌이에 유리하냐 또는 불리하냐에 따라서 재능의 가치를 저울질하거나, 돈을 벌 수 있는 능력의 정도에 따라서 사람의 가치를 평가하는 현상까지도 받아들일 수는 없다. 재능이나 인간의 가치는 돈을 떠나서 다른 기준에 의하여 자리매김해야 할 것이다.

재능에는 여러 가지 종류가 있으며, 모든 종류의 재능이 탁월하거나 한 가지의 재능도 갖지 않은 사람은 그리 많지 않다. 그러나 종합적으로 볼 때 재능이 많은 사람과 그렇지 못한 사람의 구별이 있음은 부인할 수 없는 사실이다. 특히 사회 경쟁의 마당에서 강력한 무기의 구실을 하는 지능에 있어서 우수한 사람과 열등한 사람의 차이는 상당히 크다고 보아야 한다. 우리가 보통 머리가 좋으니 나쁘니 할 때 염두에 두는 것이 지능이거니와, 지능의 개인차가 크다는 것은 엄연한 사실이다.

용모의 아름다움이 크나큰 축복이듯이 머리가 좋은 것도 크나큰 축복이다. 그러나 아름다운 용모가 교만과 자기중심의 성격을 조장하여 도리어 불행을 초래하는 경우가 있듯이, 좋은 머리도 자칫하면 자만과 이기심을 조장하여 도리어 사람을 불행하게 만드는 경우가 있다. 재승덕박(才勝德薄)이라는 것이다.

4. 심덕(心德)

아름다운 용모와 명석한 두뇌는 선천적으로 타고나는 부분이 크다. 그러나 어진 덕성(德性)은 후천적으로 형성되는 부분이 크다. 타고난 기질에도 후덕한 인품으로 자라기 쉬운 소질과 부덕한 인품으로 자라기 쉬운 소질의 차이가 있는 것은 사실이나, 성인(成人)이 갖는 덕성은 타고난 기질에 환경과 노력의 영향이 가해져서 주로 후천적으로 형성된다.

이 자리에서 성선설(性善說)이 옳은가, 성악설(性惡說)이 옳은가 하는 문제를 떠올리는 사람이 있을지도 모른다. 그러나 이 문제는 그것이 널리 알려진 것처럼 그토록 중대한 문제는 아니다. 이 물음에 대한 대답은 '인성(人性)'의 개념을 어떻게 규정하며 '선악'의 개념을 어떻게 규정하느냐에 따라서 좌우될 따름이며, 성선설의 대변자로 알려진 맹자(孟子)와 성악설의 대변자로 알려진 순자(荀子)의 사상은, 그들의 학설의 이름이 암시하듯이, 실질적으로 크게 다른 것은 아니었다. 두 사람은 모두 중국 전국시대(戰國時代)의 유학자라는 공통된 지반 위에 서 있었으며, 그들의 차이는 주로 심성교육의 역점을 어디에 두느냐와 인성의 개념을 어떻게 규정하느냐는 문제에 대한 시각의 차이에서 유래하는 것이었다.

"도대체 어떠한 심성을 덕성이라고 볼 것인가?" 하는 물음은 단순한 언어 사용의 문제에 그치지 않는 중대한 의미를 가졌다. 이 물음에 대한 대답은 시대와 사회에 따라서 또는 학자에 따라서 다소간의 차이를 보여 왔으며, 그 가운데서 어느 것이 옳은 대답이라는 것을 단정을 지어서 말하기는 어렵다. 이 자리에서는 다만 현대에 사는 우리들의 문제 상황을 염두에 두고, 이 시대에 개인과 사회를 위해서 일반적으로 바람직한 심성을 이 시대가 요구하는 '덕성'이라고 이해하는 선에서 만족하고자 한다.

'덕성'이라 함은 '도덕적 심성'이라는 말을 줄인 것으로 볼 수 있을 것이다. 그리고 '도덕적 심성'이라는 개념의 내포(內包) 가운데는 '타인과 공동체에 대하여 깊이 배려하는 마음'이라는 뜻이 바탕에 깔려 있다. 바꾸어 말하면, 자기밖에 모르는 이기적인 사람들은 어느 시대 어느 사회에서도 '덕성이 높은 사람'으로 평가되지 않았다. 다만 타인과 공동체에 대한 배려 가운데서 어떠한 종류의 배려가 요구되느냐에 관해서는 시대와 사회 또는 학자에 따라서 다소간 견해의 차이가 있었다.

우리는 현재 타인과 공동체에 대한 배려가 너무나 부족한 정신 풍토 속에서 살고 있다. 사람들의 덕성이 일반적으로 약한 것이다. 그러므로 우리는 타인과 공동체에 대한 배려 가운데서 어떠한 종류의 배려가 요구되는가를 말하기에 앞서서, 타인과 공동체에 대한 배려가 근본적으로 부족하다는 점을 강조해야 할 상황에 놓여 있다. 우선 타인과 공동체를 생각하는 기본적 마음의 자세부터 길러야 할 과제를 안고 있는 것이다.

이 시대에 사는 우리들은 전통 사회에 살던 우리 조상들이 가졌던 것과는 다른 새로운 공동의 과제를 안고 있다. 따라서 오늘날 우리에게 요구되고 있는 덕성은 전통 사회의 우리 조상들에게 요구되었던 그것과는 다소간 다른 점이 있을 것이다.

지금 우리는 모든 사람들이 다 함께 잘살 수 있는 공정한 사회를 건설할 공동의 과제를 안고 있다. 옛날처럼 가진 사람들의 온정에 의하여 못 가진 사람들이 구제를 받는 그런 사회가 아니라, 모든 사람들이 각자의 능력에 맞는 일자리를 갖는 것을 전제로 삼고 각자가 자신의 노동을 통하여 번 돈으로 다 함께 떳떳하게 살 수 있는 공정한 사회를 실현해야 하는 것이다. 이 목표의 달성을 위해서 절실하게 요구되는 것은 공정성(公正性)이라는 덕성이다. '팔이 안으로 굽는 것'을 당연한 이치처럼 떳떳하게 말하던 우리 조상들의 심성으로는 이 시대가 요구하는 공정한 사회를 실현하기 어려울 것이다.

우리가 당면하고 있는 공동 과제의 또 하나는 '세계화(世界化)'라는 이름의 역사적 조류(潮流)를 슬기롭게 타넘는 일이다. '세계화'라는 이름의 역사적 조류는 두 가지 얼굴을 가지고 있다. 그 첫째는 경제적 국경을 초월하여 하나의 세계시장을 형성한다는 명분을 앞세워 국제적 약육강식을 공식화하는 현실적 측면이요, 그 둘째는 전 세계가 한마음이 되어 협동함으로써 인류의 공영(共榮)을 도모하고 하나밖에 없는 지구를 살리고 지키자는 이상적 측면이다. 저 현실적 측면에 슬기롭게 대처하기 위해서는 근면과 절약, 창의성과 민족적 공동체 의식 등의 심성이 강하게 요구된다. 그리고 이 이상적 측면에 부응하기 위해서는 세계사를 한눈에 내다보는 거시적 안목과 국경을 초월하는 인류애(人類愛) 등의 심성이 절실하게 요구된다.

우리가 당면하고 있는 공동 과제의 또 다른 하나는 남북통일의 그것이다. 한반도의 통일 문제는 단순한 민족 정서가 요청하는 문제에 그치는 것이 아니라, 우리나라가 중국과 일본 두 강대국 사이에서 약소국으로 전락함이 없이, '세계화'의 물결을 슬기롭게 타넘기 위해서도 반드시 이루어져야 할 과제다. 이 셋째 과제의 달성을 위해서 강하게 요구되는 심성으로는 인내력과 민족애, 근면과 절약 그리고 냉철한 역사의식 등을 들 수 있을 것이다.

위에서 우리는 우리나라가 당면한 크나큰 공동 과제 세 가지를 지적하고, 이들 과제를 달성하기 위해서 요구되는 주요 덕성의 이름을 열거해 보았다. 물론 위에서 열거한 덕성의 이름들이 우리들의 원만한 사회생활을 위하여 요구되는 덕성의 내용을 충분히 망라하는 것은 아니다. 그 밖에도 작은 규모의 집단생활과 사생활을 위하여 요구되는 여러 가지 덕성 내지 심덕을 말할 수 있을 것이다.

역사적 공동 과제의 달성을 위해서 요구되는 덕성이든, 소규모의 집단생활과 사생활의 원만한 진행을 위해서 요구되는 덕성이든, 모든 덕성 내지 심덕의 공통된 기조는 타인과 공동체에 대한 깊은 배려라고 할 수 있다. 모든 덕성 내지 심덕과 양립할 수 없는 것은 배타적 이기심이다. 배타적 이기심이 강한 사람은 어떠한 의미로도 '심덕이 후하다'는 평가를 받을 수 없다.

여기서 제기될 수 있는 물음이 있다. "왜 심덕이 후해야 하는가?" 하는 물음이다. "이기주의가 왜 나쁜가?" 하는 물음으로 바꾸어 말할 수도 있을 것이다. 자신의 이익을 추구하는 것은 생물의 세계에 공통된 기본 원칙임을 부인하지 않는다면, 인간의 경우에도 이기주의적 생활 태도를 매우 자연스러운 현상으로서 받아들여야 마땅할 것 같기도 하다. 온후한 심덕을 찬양하는 것은 찬양하는 사람의 주관적 인생관을 반영하는 것일 따름이며, 그 인생관에 동조하고 안 하고는 각자의 자유에 속하는 문제라는 논리가 성립할 수 있는 것이 아닐까?

결론부터 말하면, 그러한 논리는 성립하지 않는다. 이기주의가 하나의 주의(主義)로서 성립하기 위해서는 그것이 만인에게 고루 허용되어야 한다. 어떤 사상이 하나의 원리로서의 자격을 갖기 위해서는 논리의 일관성의 원칙에 어긋남이 없어야 하며, 나에게 허용하는 이기주의를 타인에게는 거부한다면 그것은 논리의 일관성의 원칙을 어기는 것이기 때문이다. 그리고 나뿐 아니라 다른 사람들도 이기주의적 생활 태도를 취할 때, 결국은 서로가 서로를 방해하여 모두가 불이익을 당하는 모순에 빠지게 된다. '이기주의의 역리(逆理)'라는 자기모순이다.

'나'가 나의 이익을 추구하는 것은 자연스럽고 당연한 일이다. 그러나 여기서 우리가 신중하게 물어야 할 물음이 있다. "도대체 '나'는 누구이며 '나'의 범위는 어디서부터 어디까지인가?" "이익(利益)이란 도대체 무엇이며, '이익'이라는 말과 '가치 있는 것'이라는 말은 어떠한 관계를 가지고 있는가?" 이 두 가지 물음에 어떻게 대답하느냐에 따라서, '나의 이익'을 추구하는 나의 태도는 크게 달라질 것이다.

붓을 따라서 정신없이 가는 가운데 두 가지 까다로운 물음 앞에 서게 되었다. 이 자리는 그 두 가지 물음과 본격적인 씨름을 하기에는 적합하지 않다.

한두 마디의 암시적인 말만을 남기고 피하여 가고자 한다.

'나'라는 것은 머리끝에서 발끝까지 연결되는 육신(肉身)에 해당하는 물질의 체계가 아니라, 상황을 따라서 나선형 모양으로 컸다 줄었다 하는 의식(意識)의 체계다. 마음이 넓어질 때는 전 인류가 '나' 안에 포섭되기도 하고, 마음이 좁아질 때는 6척 미만의 육신만이 '나'의 전부가 될 수도 있다. 평소에 민족 또는 인류를 자아(自我) 안에 포섭하는 대아적(大我的) 위인의 경우는 민족 또는 인류를 위하여 헌신하는 것이 '나'에 대한 사랑의 길이 될 것이다. 한편 자기의 육신에만 애착하는 소아적(小我的) 소인의 경우는 자기 한 사람의 육체적 욕구 충족에 매달리는 것이 '나'에 대한 사랑의 길이 될 것이다.

'이익'이라는 말의 의미를 사전에서 찾아보았다. "물질적으로나 정신적으로 보탬이 되는 것"이라는 풀이도 있고, "유익하고 도움이 됨"이라는 풀이도 있었다. '이익'이라는 말이 상당히 넓은 의미로 쓰일 수 있음을 말해 준다. 그러나 '이기주의자'가 추구하는 '이익'을 문제 삼을 때, 우리가 염두에 두는 것은 좁은 의미의 '이익' 즉 근시안적 관점에서 본 이익을 의미할 경우가 많다. 원대한 안목으로 본 넓은 의미의 이익을 추구하는 사람을 우리는 보통 '이기주의자'라고 부르지 않는다. 넓은 의미의 이익을 추구하는 그런 이기주의자라면 별로 문제가 되지 않을 것이다.

심덕이 후한 사람은 타인과 공동체에 대한 배려가 강한 사람이다. 그러므로 심덕이 후한 사람은 타인과 공동체를 위해서 유익한 사람이며, 타인과 공동체로부터 환영과 찬양을 받을 이유를 가졌다.

타인과 공동체의 환영과 찬양을 받는 것보다는 '나' 자신의 이익을 극대화하는 길을 택하는 편이 낫다고 생각하는 사람들이 있다. '나밖에 모른다'는 뜻으로 '이기주의자'라고 불리는 사람들의 경우다. 그러나 타인과 공동체를 위하고 그들의 환영과 찬양도 받는 길이 사실은 '나' 자신의 이익을 극대화하는 길이기도 한 것이다. 두 길이 양립할 수 없다고 생각하는 것은 '나'의 범위와 '이익'의 뜻을 좁게 이해하는 그릇된 판단에서 연유한다.

5. 재승덕박(才勝德薄)과 대재대덕(大才大德)

머리가 좋으면 계산이 빠르고 계산이 빠르면 이해와 득실에 예민하기 쉽다. 머리가 나쁜 사람은 이해타산 경쟁에서 머리 좋은 사람을 당해 내기가 어렵다. 머리 좋은 사람이 작은 나 즉 소아(小我)의 이익을 극대화하고자 꾀할 때, 그는 자연히 타인과 공동체에 대한 배려를 외면할 것이며, 그와 경쟁 관계에 놓인 머리 나쁜 사람들은 피해를 입게 될 것이다. '재승덕박하다'는 평가를 받는 사람들이 흔한 까닭이다.

어느 2급 재벌 기업체의 신입사원을 위한 교양 강의에 나간 적이 있었다. 강의가 시작될 때를 기다리는 무료한 시간에 나는 그 회사의 중견 간부로 보이는 사람에게 별로 필요하지도 않은 질문 하나를 던졌다. 그해의 신입사원 가운데 서울대학교 졸업생이 몇 사람쯤 되느냐 하는 질문이었다. 한 사람도 뽑지 않았다는 것이 내가 들은 대답이었다. 자연히 그 까닭을 물었다. 서울대학교 졸업생들은 대체로 두뇌가 좋고 능력도 있으나 입사해서 훈련을 받고 일을 할 만하게 되면 일급 재벌 기업체로 자리를 옮기는 경향이 있기 때문이라는 대답을 들었다. 나는 더 이상 묻지 않았다.

나 자신도 한때 서울대학교의 학생이었고, 30년 가까이 서울대학교에서 가르쳤다. 서울대학교 졸업생 가운데도 여러 가지 유형의 사람들이 있을 것이고, 그들을 일률적으로 규정짓기는 어려울 것이다. 그러나 일반적으로 말해서 머리가 좋은 사람들이 많은 데 비하여 심덕이 후한 사람들은 그토록 많지 않다고 보는 것이 틀린 관찰이 아닐 것이다.

역사 위에 큰 발자취를 남긴 사상가들은 그 대부분이 탁월한 재능과 후덕한 인품을 아울러 가지고 있었다. 성현(聖賢)으로서 존경을 받고 있는 사람들은 말할 것도 없거니와, 현철(賢哲) 또는 고승(高僧)으로 알려진 사람들도 모두 재능과 심덕이 비범한 인물이었다. 비록 흔치는 않을지 모르나, 대재(大才)와 대덕(大德)을 아울러 가진 사람도 있음을 알 수 있다.

월등하게 머리가 좋은 사람들은 위대한 심덕의 소유자로 성장할 가능성이 많다고 생각된다. 여기서 '월등하게 머리가 좋은 사람'이라고 말하면서 내가 염두에 둔 것은 기억력이 탁월하거나 계산의 능력이 정확한 사람이 아니다. 내가 염두에 둔 것은 사물의 진상을 뚫어 보는 통찰력이 뛰어나고 먼 곳까지 한눈에 내다보는 원대한 시야(視野)의 소유자다. 바둑에서 높은 경지에 이르기 위해서는 잔재주도 필요하겠지만, 더욱 중요한 것은 여러 수 앞까지 내다보는 넓은 시야를 갖는 일이라고 들었다. 바둑과 인생 사이에 오묘한 유사성이 있다고 생각하는 나는 슬기로운 삶을 위해서 요구되는 '좋은 머리'의 첫째 조건은 깊게 들여다보고 멀리 내다보는 뛰어난 사고력이라고 믿는다. 인생과 세계를 깊게 들여다보고 멀리 내다보는 사람은 작은 나의 자잘한 이익에 집착하지 않을 것이니, 이기심을 초월하여 위대한 심덕의 소유자가 되기 쉽다고 보는 것이다.

재주는 뛰어나나 심덕은 빈약하다는 평판을 듣는 사람들의 '재주'는 소아(小我)라는 작은 껍질 속에 갇힌 작은 재주, 이를테면 소재(小才)의 단계를 벗어나지 못한 경우라고 볼 수 있다. 처음부터 대재(大才)를 타고난 사람도 간혹 있을지 모르나, 대부분의 경우에는 작은 재주를 가진 사람이 소아의 작은 껍질을 깨고 넓은 세상으로 나옴으로써 대재의 경지로 성장한다. 중요한 것은 작은 나의 작은 껍질을 깨고 밖으로 나올 수 있는 계기를 갖는 일이다.

작은 나의 작은 껍질을 깰 수 있는 계기가 될 수 있는 것은 여러 가지가 있을 수 있을 것이나, 가장 일반적인 것으로서는 크나큰 실패의 경험과 엄청난 불운(不運)을 생각할 수 있다. 실패 또는 불운을 딛고 다시 일어설 때, 사람들은 삶의 새로운 지평(地平)을 내다보게 되며, 삶의 새로운 지평이 보일 때 사람들은 작은 나의 작은 껍질 밖으로 나온다.

인간은 실패와 불운의 경험을 딛고 성장한다. 중요한 것은 실패와 불운에 꺾이지 않는 일이다. 실패와 불운 앞에 무릎을 꿇고 포기하면 만사는 끝이 난다.

11장 늙음 그리고 죽음

1. 삶과 늙음

해방이 되고 서울대학교 철학과로 전학했을 때, 안호상(安浩相) 교수의 철학개론 강의를 듣게 되었다. 그 당시로는 외국에서 철학으로 박사 학위를 받은 유일한 분이었고, 일제시대에도 끝까지 우리말로 강의를 함으로써 보성전문학교(普城專門學校)에서는 명성이 자자했다는 소문을 들었기에, 무조건 그분의 강의를 선택했던 것이다. 턱수염을 기른 40대 초반의 안호상 교수로부터 들은 강의 내용 가운데 대략 다음과 같은 것이 있었던 것으로 기억한다.

사람들은 삶과 죽음을 정반대의 것으로 생각하기 쉽다. 그러나 사실은 그런 것이 아니다. 우리는 출생과 동시에 죽음을 향해서 서서히 접근하기 마련이다. 살면 살수록 죽음이 가까워 오는 것이니, 삶과 죽음은 곧 동전의 앞면과 뒷면처럼 둘이 아니라 하나다. 출생이 없으면 죽음도 없을 것이니, 삶은 곧 죽음의 시작이라고 보아야 한다.

지금 생각해도 일리가 있는 강의 내용이었다. 가령 어떤 사람이 70년의 수명을 누리도록 운명 지워져서 세상에 태어났다고 하자. 그가 10년을 살면 죽음이 60년 앞으로 다가오고, 50년을 살면 죽음이 20년 앞으로 다가온다. 그런 관점에서 본다면, 산다는 것은 곧 죽어 가는 과정이라고 말할 수 있을 것이다. 그러나 사람의 수명은 정년퇴임의 시기처럼 미리 정해져 있는 것은 아니며, 삶의 크기를 시간의 양(量)만으로 따질 성질의 것이 아니므로, 생(生)과 사(死)의 관계를 지나치게 단순화해서 말하기는 어려울 것이다. 다만 삶 속에 이미 죽음이 예정되어 있다는 것은 엄연한 사실이며, 출생을 오로지 경사로서 축복하고 사망을 오로지 흉사로서 애도하는 것은 삶과 죽음이 한 끈으로 연결되어 있음을 망각한 근시안적 반응이라고 볼 수 있을 것이다.

출생에서 사망으로 이르는 길목에 늙음이라는 것이 있다. 늙음은 죽음보다도 더욱 어둡고 심각한 문제로서 우리 앞에 서서히 다가온다. 죽음은 순간적 사건이며 죽은 뒤의 일은 의식하지 못하므로, 사실 그것은 크게 두려울 것이 없다. (죽음이 괴롭고 슬픈 것은 죽음을 당하는 본인이 아니라, 그가 죽은 뒤에 한동안 더 살아남아야 할 가족 또는 친지들이다.) 그러나 늙음은 서서히 접근해 오는 것이며 나는 나의 늙음을 두고두고 바라보아야 하므로, 늙음의 문제는 죽음의 문제보다도 더욱 어두운 그림자를 삶의 길에 드리운다.

내가 다녔던 일본의 고등학교 요가(寮歌) 가운데 「행춘애가(行春哀歌)」라는 것이 있었다. 봄이 사라져 감을 슬퍼하는 노래라는 뜻이다. 여기서 '봄'이라 함은 청춘(青春)을 의미하는 것이며, 고등학교의 졸업을 계기로 인생의 전성기인 청춘이 사라져 간다는 전제 아래, 졸업을 앞두고 학생들이 즐겨 부른 노래였다.

그 노래를 부르기 전에 다음과 같은 '머리말'을 조용한 어조로 읊조리기로 되어 있었다.

우리들의 화려하고도 아름다웠던 청춘의 향연은, 이토록 조용하게 또 이토록 다급하게 막을 내리려 한다. 친구여, 다시 새로운 술잔을 기울이며 우리 모두 함께 이 슬픈 노래를 저물어 가는 태양 아래 낮은 목소리로 부르자.

사람들이 여럿 모였을 때는 누군가 한 사람이 대표로 이 머리말을 조용히 읊조린다. 그리고 다음과 같은 노래를 함께 부른다.

조용히 오라 그립고 그리운
친구여 근심 어린 손을 맞잡세
눈물 속에 빛나는 그대 눈동자
사라져 가는 젊은 날이 흐느낀다

우리들의 모습 그 위에 떠 있는
한 잔 가득히 향기로운 술
보라 소리도 없이 조용하게
마지막 한 방울이 다하려 한다

…

아아 우리들의 청춘 이제 가는가
발빠르게 저무는 젊은 날이여
꽃자리에 깔아 놓은 술잔치 정원에
발소리도 없이 시간이 춤을 춘다

친구여 아름다운 젊은 날의 꿈

사라져 가는 그림자 바라보면서

서로서로 술잔을 주고받으며

작별의 노래에 미소를 지으세

그 당시 일본의 고등학교는 5년제 중학을 마치고 들어가는 곳으로서 대학 예과에 해당하는 것이었다. 그리고 만학도(晚學徒)가 많은 시대였으므로 오늘의 고등학교 학생들보다는 나이가 좀 많은 편이었으나, 대부분이 20대 초반의 젊은 나이였다. 20대 초반의 젊은이들이 벌써 인생의 봄이 가고 여름이 온다며 가사와 곡조가 모두 애상(哀傷)에 가득 찬 노래를 부르며 감상에 젖었던 것이다. 요즈음 젊은이들에 비하여 늙음을 의식함이 빨랐음을 의미한다.

일반적으로 말해서, 그 당시에는 사회가 대학생들을 '신사'로서 대접하였고, 대학생들 자신도 어른스럽게 처신해야 마땅하다는 의식을 가지고 있었다. 내가 어린 시절에는 고등보통학교(5년제 중학교에 해당) 학생들까지도 어른에 가까운 대접을 받았고, 학생들 자신도 어른스럽게 처신하는 경향이 있었다. 학생들뿐 아니라 일반인들도 40대가 넘으면 늙은이 행세를 하는 사람들이 있었다. 경로(敬老)의 관념이 우세했던 당시의 문화와 관계가 있을 것이다.

일찍부터 어른 행세를 하고 나이를 의식하게 되면, 그러한 태도와 의식이 몸에 배어서 생물학적으로도 노화가 빨리 오는 것이 아닐까 한다. 특히 나의 경우는 그러한 경향이 현저했던 것으로 회상된다. 나는 26-27세 때 이미 '겉늙었다'는 말을 들었고, 이화여자대학교의 전임강사가 되어 부임했을 때, "늙은이인 줄 알았더니 나이는 젊더라." 하며 학생들이 소곤대는 소리를 우연히 들은 기억이 있다. 그때 우리 나이로 갓 서른이었다.

사람에 따라서 개인차가 있겠지만, 인간은 대체로 25세를 정점으로 삼고 그 뒤부터는 조금씩 노화(老化)하기 시작한다고 한다. 생물학적 현상으로서 나타나는 노화는 어쩔 수 없는 제약이며, 안간힘을 쓴다 해도 피할 길이 없다. 다만 삶을 대하는 태도 여하에 따라서, 또는 생활의 조건에 따라서, 노화가 빨리 오기도 하고 더디게 오기도 하는 차이가 생기는 것이 아닐까 한다.

속설에 따르면, 진시황(秦始皇)은 늙는 것이 싫어서 불로초를 구해 오도록 명령을 내렸다고 전해진다. 진시황뿐 아니라 일반적으로 대부분의 사람들이 늙기를 싫어한다. 죽음보다도 늙음이 더 싫다는 사람도 있다. 50여 년 전 일본에서는 당시 최고의 가수로서 알려졌던 젊은 여인이 인기의 절정에서 자살한 사건이 있었다. 그 자살의 동기에 대해서 몇 가지 설이 있었거니와, 당시에 가장 유력했던 것은 늙어서 인기가 떨어지는 자신의 모습을 보는 것이 싫었기 때문에 갑자기 스스로 목숨을 끊었다는 설이었다.

늙음을 싫어하는 마음, 즉 늙기를 원하지 않는 마음은 아마 거의 모든 사람들이 공통으로 가지고 있는 마음일 것이다. 그러나 늙음을 싫어하는 마음이 모든 사람들에게 같은 정도로 강한 것은 아니며, 비교적 태연하게 늙음을 기다리는 사람도 있다. 성격이 낙천적이어서 그런 사람도 있고, 교양 또는 수양이 높아서 그런 경우도 있다.

대머리가 벗겨지고 흰머리가 많아지는 것을 안타까이 여기며, 조금이라도 젊어 보이려고 안간힘을 쓰는 사람이 있는가 하면, 대머리가 벗겨지고 백발이 되도록 오래 살았으니 다행한 일이 아니냐고 웃는 사람도 있다. 전자를 나무랄 생각은 없으나, 후자의 달관을 부러워하는 마음 금할 수 없다. 젊어 보이려고 애쓰는 사람보다는 대머리나 백발에 초연한 사람이 젊음을 더욱 오래 간직할 것 같은 생각이 든다. 정확한 통계자료를 가지고 있는 것은 아니다. 그러나 틀림없이 그럴 것 같다.

우리가 흔히 말하는 '기(氣)'라는 것과 늙음 사이에 밀접한 관계가 있을 것으로 보인다. 다만, 늙음으로 인하여 기가 떨어지는 것인지 또는 기가 죽음으로 인하여 늙음이 촉진되는 것인지 그 인과(因果)의 선후에 대해서는 단정적인 말을 하기 어렵다. 아마 늙음으로 인하여 자연히 기가 떨어지는 경우도 있고, 어떤 불행한 체험을 계기로 기가 꺾임으로 인하여 늙음이 촉진되는 경우도 있을 것이다.

나이가 많아지면 기운이 떨어지는 것은 자연스러운 현상이다. 매우 슬픈 일 또는 견디기 어려운 좌절을 당했을 때 기가 꺾이는 것도 자연스러운 현상이다. 그러나 마음가짐 여하에 따라서, 나이가 많아도 젊은이의 기상(氣像)을 잃지 않는 사람이 있고, 어려운 일을 당해도 위축됨이 없이 꿋꿋하게 살아가는 사람도 있다. 늙음이 반드시 나이와 고난에 비례하는 것은 아니며, 마음가짐 여하에 따라서 그것이 빨리 오기도 하고 더디게 오기도 한다.

장수의 고장으로 알려진 일본 오키나와(沖繩)에서는 장수의 비결이 꿋꿋한 기상에 있음을 강조하여 다음과 같이 권고하고 있다. "60세 내지 70세에 저승사자가 가자고 하거든, 일을 치르고 있는 중이라고 일러라. 80세에 가자고 하거든, 아직 너무 빠르다고 일러라. 90세에 가자고 하거든, 그리 서두를 필요가 없다고 일러라. 100세에 가자고 하거든, 적절한 시기를 택하여 나 스스로 떠날 채비를 하겠다고 일러라. 123세에 가자고 하거든, 장수회(長壽會)와 상의한 다음에 떠난다고 일러라."

123세는 이 권고를 기념품에 인쇄하여 관광객에 팔기 시작했을 당시 오키나와의 최장수 기록 보유자의 연령이었다. 그 뒤에 저 기록이 갱신되었을 가능성이 높으며, 그럴 경우에는 123세를 상향 조정했을지도 모른다.

생명 그 자체가 존귀하다는 전제를 받아들인다면, 하루라도 생명을 더 연장해야 옳다는 주장이 성립할 것이다. 그러나 고통을 최소화함이 바람직하다는 공리주의(公利主義)에 입각한다면, 고통스러운 삶의 연장은 무의미하다는 결론에 이를 것이다. 여기서 우리는 안락사를 허용함이 옳으냐 그르냐 하는 물음에 부딪친다.

소변을 제대로 보는 것이 유일한 소망일 정도로 병들고 노쇠한 생명을 연장함에 과연 어느 정도의 가치가 있을지 의문을 느낀다. 산소 마스크 덕분에 목숨이 붙어 있는 식물인간의 경우는 더욱 딱하고 안쓰럽다. 여기서 우리의 생각은 그저 오래 사는 것이 값지다기보다는 건강한 삶이 귀중하다는 쪽으로 기울게 된다.

그리스 격언 가운데 "건전한 육체에 건전한 정신"이라는 말이 있다. 이 격언의 배후에는 고대의 올림픽 대회가 있었다고 들었다. 올림픽 대회에 참가한 선수들 가운데는, 탁월한 체력을 가졌음에도 불구하고, 폭력을 휘둘러 행패를 부리는 등 정신 건강에 문제가 있음이 밝혀진 사람들이 있었다. 이에 어떤 철학자가 육체의 건강과 아울러 정신의 건강도 중요함을 강조하였고, 이를 계기로 "건전한 육체에 건전한 정신"이라는 격언이 생겼다고 한다.

이러한 배경을 모른 어떤 일본 사람이 저 격언의 의미를 더욱 분명하게 하기 위하여 "건전한 육체에 건전한 정신이 깃든다."고 말을 약간 바꾸었다. '깃든다'는 말 하나를 추가한 것인데, 이 추가로 인하여 저 격언의 뜻은 많이 달라졌다. 저 그리스 격언이 역점을 둔 것은 정신의 건강이었으나, 일본 사람의 번역이 강조한 것은 육체의 건강이었다. 우리나라에서도 "체력은 국력"이라는 표어를 내세운 바 있지만, 군사 문화가 지배했던 시절의 일본에 있어서 "건전한 육체에 건전한 정신이 깃든다."는 표어는 일반적 호응을 받았다.

육체의 건강과 정신의 건강이 모두 귀중하다는 것은 의심의 여지가 없다. 그러나 육체의 건강과 정신의 건강 사이의 관계를 밝히는 일은 상식이 생각하는 것보다 크게 어렵다. 육체의 건강 여부는 주로 생물학적 기준에 의하여 평가되지만, 정신의 건강 여부를 판정하는 기준에는 심리학적 고찰과 사회학적 고찰 그리고 윤리학적 고찰까지 포함되므로, 그 인과관계를 밝히기가 매우 어려운 것이다. 생물학적으로 왕성한 원기가 사회를 위하여 크게 이바지하는 원동력이 되기도 하고, 반사회적 범죄의 원동력이 된다는 사실만 보더라도, 육체의 건강과 정신의 건강 사이의 관계를 일률적으로 말하기가 어려움을 알 수 있다.

한 가지 분명한 것은 정신의 건강은 언제나 육체의 건강을 위해서 도움이 된다는 사실이다. 육체의 건강이 언제나 정신의 건강을 위해서 도움이 된다고 말하기는 어려우나, 정신의 건강은 언제나 육체의 건강에까지 좋은 영향을 미친다.

요즈음 건강에 대한 사람들의 관심이 일반적으로 높은 것은 크게 다행한 일이다. 그러나 사람들의 관심은 주로 육체의 건강에만 쏠리고 있으며, 정신의 건강에 대해서는 치매를 걱정하는 정도가 고작이 아닐까 한다. 내가 보기에는 우리 사회에 있어서 정신 건강의 문제는 육체 건강의 문제보다도 더욱 심각한 지경에 있다. 사람들은 육체의 이상(異常)에 대해서는 매우 민감하나, 정신의 이상은 그것이 이상임을 모르는 경우가 많다. 개인의 견지에서 보나 사회 전체의 견지에서 보나, 정신 건강의 문제는 육체 건강의 문제보다도 더욱 중요하다는 것이 나의 생각이다.

2. 만인의 문제로서의 늙음

우리나라의 시조 가운데도 늙음 또는 백발을 소재로 한 것들이 전해지고 있다. 그 가운데서도 조선 영조 때의 가인(歌人) 김진태(金振泰)의 것은 그 초점이 약간 색다르다.

세월이 여류(如流)하니 백발이 절로 난다.
뽑고 또 뽑아 젊고자 하는 뜻은
북당(北堂)에 재친(在親)하시니 그를 두려워함이라.

나이가 들어 자연히 생기는 백발을 뽑아내고 또 뽑아내어 젊게 보이고자 하는 것은, 자신의 늙음이 한탄스러워서가 아니라, 그 늙음을 안방의 어머니께서 보시고 언짢게 여기실까 걱정이 되기 때문이라는 내용이다. 지극한 효심을 노래한 이 시조를 글자 그대로 믿거나 말거나, 옛날의 우리 조상들이 부모와 그 밖의 어른들의 노후를 편안하게 하기 위하여 매우 신경을 썼던 것은 널리 알려진 사실이다.

옛사람에게나 요즈음 사람에게나 늙음이 달갑지 않은 문제로서 다가왔음에는 다를 바가 없다. 예나 지금이나 늙음은 본인 스스로가 의연한 자세로써 대처해야 할 삶의 궁극적 문제의 하나다.

그러나 옛날에는 의식주(衣食住)와 같은 현실적 문제에 관해서는 노인 스스로가 특별히 걱정할 필요는 없었다. 옛날에는 효도(孝道)라는 것이 있고 경로사상(敬老思想)이라는 것이 있어서, 자손이 건재하기만 하면 노후의 의식주는 그들이 보살펴 주었다. 자녀가 어렸을 때는 부모가 헌신적으로 그들을 돌보고, 부모가 늙은 뒤에는 자녀가 그들을 모시는 상호 협조를 통하여 삶의 현실적 문제를 해결하였다.

그러나 시대의 풍조가 바뀌면서 젊은이들이 늙은 부모를 보살피지 않는 방향으로 머리를 쓰기 시작했다. 철저하게 이기주의적인 현대인의 관점에서 볼 때, 비록 자기 부모라 하더라도 늙은이는 거추장스러운 존재임에 틀림이 없다. 계산을 초월한 사랑의 정서를 가지고 있지 않는 한, 늙은이를 봉양한다는 것은 마음이 내키지 않는 귀찮은 일이다. '나'도 언젠가는 늙은이가 될 것이고, 내가 지금 늙은 부모에게 하는 방식으로 장차 나의 자녀들도 나를 대할 것이라는 예상까지도 고려한다면, "노후의 부모는 자식이 봉양한다."는 전통적 생활 방식이 나에게도 결국은 유리하다는 계산이 나올 수도 있을 것이다. 그러나 수십 년 뒤까지 내다보는 원대한 안목으로 산다는 생활철학은, 당장의 향락에 열중하기 쉬운 현대 젊은이들의 취향에는 맞지 않는다.

　요즈음도 '경로'라는 말이 있고 '효도'를 역설하는 목소리가 요란하다. 그러나 경로사상이니 효도니 하는 전통적 덕목을 열심히 강조하는 것은, 그 덕목의 주인공이 되어야 할 젊은이들이 아니라, 그 수혜자로 예상되는 늙은이들이다. 옳은 길을 가르칠 책임이 기성세대에 있다는 명분을 내세우기도 하나, 결과적으로는 늙은이들을 더욱 비참하게 만든다. 그 늙은이들이라는 것의 씨가 따로 있는 것이 아니라, 오늘의 젊은이들이 요절하지 않을 경우에 반드시 도달하기 마련인 미래상이다.

　옛날에는 자손에게 정성을 다하는 것이 결과적으로 현명하고 확실한 노후대책이 되었다. 그러나 옆구리를 찔러도 절하기를 거부하는 젊은이가 많은 것이 오늘의 현실이다. 이제는 각자가 너무 늦기 전에 각자의 노후에 대비해야 하는 서글픈 길만이 덩그렇게 남아 있다. 개인주의가 극도에 달하여 각각 자기만을 생각하기에 골몰하니, 이것은 사람다운 사람들의 본래 모습이 아니다.

　사실은 이토록 서글픈 지경에 이르게 된 책임을 져야 할 사람들은 오늘의 노년층이다. 반세기 전에 '해방'이라는 이름의 역사적 전환점을 맞이했을 때 당시의 기성세대가 현명하게 처신하여 서양의 문물을 가려서 수용했다면, 그리고 당시의 부모들과 교사들이 청소년들에게 올바른 심성 교육을 베풀었다면, 오늘과 같이 고독한 사태에는 이르지 않았을 것이다.

　자기 자신의 노후를 위하여 우리가 대비해야 할 문제는 크게 세 갈래로 나누어진다. 첫째로 건강의 문제가 있고, 둘째로 경제의 문제가 있으며, 셋째로 일의 문제가 있다. 그리고 이 세 가지 문제는 내면적으로 서로 깊은 연관성을 가지고 있어서, 이렇게 나누어 보는 것은 다만 서술의 편의를 위한 방편에 지나지 않는다.

　젊었을 때도 그렇지만 늙은 뒤에는 건강이 더욱 소중하다. 젊어서는 다소

무리를 해도 견디고 넘어갈 수가 있으나, 늙은 뒤에는 한번 건강을 해치면 다시 돌이키기가 몹시 어렵다는 뜻으로, 노후의 건강 문제는 더욱 중요하다. 그리고 어린이의 경우와는 달라서, 노후의 건강에 대해서는 본인 이외의 책임을 져줄 사람이 아무도 없다는 사실에도 유념해야 할 것이다.

건강관리에 잔신경을 쓴다는 것 자체에 대해서 거부감을 느끼는 사람들이 있다. 마시고 싶은 술을 절제하고 피우고 싶은 담배를 끊는 등 소심하게 굴며 쩨쩨하게 오래 사느니보다는 차라리 하고 싶은 짓 마음대로 하며 굵고 짧게 사는 편을 택하겠다는 호걸풍의 태도다. 만약 그것이 그 사람의 진심이며 확신에 근거한 그의 인생관이라면, 그에 대하여 왈가왈부하기가 어려운 문제다. 남에게 피해를 입히지 않는 범위 안에서라면, 각자는 각자가 선택한 인생관을 따라서 자유롭게 살 권한을 가졌다. 여기서는 다만 무리 없는 삶을 원하는 나의 생각을 기록할 따름이다.

건강의 문제에 대해서는 '행복의 조건'을 고찰한 3장에서 약간 언급한 바가 있다. 여기서는 중복을 피해 가며 몇 가지만 더 추가하기로 한다. 맑은 공기와 맑은 물을 마시라든지 술과 담배를 삼가며 육식보다는 채식을 택하라는 따위의 일반적 상식을 다시 강조하는 지루함도 피하고자 한다.

건강의 요체는 조화(調和) 내지 중용(中庸)을 얻음에 있다고 해도 과언이 아니다. 육체나 정신이 조화 내지 중용을 벗어나지 않은 상태가 바로 건강한 상태라고 나는 믿는다. 가장 알기 쉬운 예로서, 혈압은 너무 높지도 낮지도 않아야 하며, 혈액 내의 콜레스테롤은 너무 많지도 너무 적지도 않은 것이 바람직하다. 맥박 수나 체온에 대해서도 우리는 같은 말을 할 수 있다.

만사에 지나침이 없을 때 건강한 상태가 유지된다고 일반화해서 말할 수 있을 것이다. 음식은 지나치게 많이 먹는 것도 지나치게 적게 먹는 것도 좋지 않다. 어느 정도가 그 중용에 해당하는지 판단하기가 어려울 경우에는 약간 적게 먹는 편이 안전하다. 운동도 지나치거나 부족함이 없도록 조절하는 것이 건강을 위하는 길이다. 자기에게 적합한 운동량이 어느 정도인지 가늠하기가 어려울 경우에는 약간 많이 하는 쪽을 택하는 편이 낫다고 생각한다. 식사는 본능을 따라가면 과식하기가 쉽고, 운동은 본능을 따라가면 부족하기가 쉽기 때문이다.

마음가짐에서도 역시 중용을 벗어나지 아니함이 건강을 유지하는 요체다. 예컨대, 지나친 욕심은 건강에 치명적 악영향을 미친다. 그러나 아무런 의욕도 없이 항상 지루한 시간을 보내는 것도 건강을 위하는 길이 아니다. 자신의 처지에 적합한 목표를 세우고 그 달성을 위하여 노력하되, 일이 뜻대로 풀리지 않을 경우에는 너무 집착하지 않고 추세에 맡기는 마음의 여유를 갖는 것이 바람직하다. 의욕에 관하여 어느 정도가 중용에 해당하는지 판단하기 어려울 경우에는, 다소 모자라는 쪽을 택하는 편이 노년에게는 적합할 것이다.

옛날 전통 사회에서는 자손이 노후의 생활을 보살펴 주었으므로 일찌감치 재산을 자녀에게 물려주고 무일푼으로 은퇴하여도 별로 지장이 없었다. 그러나 늙은 부모를 귀찮은 존재로 여기는 풍조가 강한 현대사회에서는 자기의 노후를 보장할 수 있을 정도의 경제력은 끝까지 쥐고 있어야 한다는 것이 경험을 가진 사람들의 공통된 의견이다. 적어도 노인에 대한 복지 정책이 확립되기 이전에는 그렇게 하는 편이 안전하다고 생각한다.

노후의 생계를 위한 경제력을 준비하는 일은 늙기 전부터 시작해야 할 것이다. 알기 쉽게 말해서, 노후의 생활이 비참하게 되지 않기를 원하는 사람은 일찍부터 근면과 절약으로 미리 대비해야 한다. 노후의 대책을 본인이 세워야 한다는 오늘의 실정은 결코 바람직한 상황이 아니다. 그러나 자손들이 생각을 바꾸거나 국가의 복지 정책이 확립되기 전에는 그 길밖에는 별다른 묘책이 없다.

현대사회의 직장에는 정년퇴임이라는 제도가 있어서 대개 60세 전후에 직장을 떠나기 마련이다. 아직 일할 수 있는 능력이 있고 일하고 싶은 의사가 있음에도 불구하고 일터를 떠나도록 강요하는 이 정년제는 직장인을 크게 불안하게 만든다. 이 불안은 정년을 앞둔 사람들에게 미리 찾아오며, 장수(長壽)에 대한 예상이 이 불안을 더욱 심각한 것으로 만든다.

수입의 문제를 떠나더라도 일은 매우 중요하다. 사람은 일을 통하여 성장하고 일하는 가운데서 보람을 느낀다. 그러므로 정년제도로 인하여 직장을 물러난 뒤에도 계속 일을 할 수 있도록 스스로 길을 열 필요가 있다. 다만 정년으로 물러난 사람이 얻을 수 있는 일자리가 그지 많지 않은 것이 우리들의 현실이므로, 심기일전하여 새로운 자세로 일을 찾아 나서야 할 것이다.

직장에 다니던 시절의 사회적 지위에 걸맞은 일을 하고 응분의 보수도 받을 수 있다면 그것은 아주 특수한 경우에 속한다. 일반적인 경우에는 체면이나 보수 따위에 연연하지 않는 큰 마음으로 임할 때 비로소 문제의 실마리가 풀릴 것이다. 교장 선생님의 전력(前歷)을 가진 분이 시장에서 교통을 정리하는 일에 종사한다는 보도에 접했을 때, 우리는 그분에 대해서 남다른 존경을 느꼈다.

돈을 받아 가며 하는 일을 '직업'이라고 부르고, 돈을 써가며 하는 일을 '사회봉사'라고 부른다. 정년퇴임 이후에 새로운 직업을 얻기는 일반적으로 어렵다. 그러나 사회봉사의 기회는 언제 어디에나 널려 있다. 다만 노후에 사회봉사를 하기 위해서는 경제적 여력이 있어야 하고 건강도 좋아야 한다. 젊어서부터 사회봉사의 뜻을 세우고 그 뜻을 이루기 위하여 돈을 모으고 건강관리에도 힘을 기울인다면, 그것은 매우 훌륭한 인생 설계가 될 것이다.

'노인 문제'라는 것이 도대체 해결이 가능한 문제인지 의문을 느낄 때가 있다. 늙음의 문제란 삶의 문제 가운데서도 가장 어려운 대목이다. 전체로서의 삶의 문제와 분리해서 늙음의 문제 또는 노인의 문제를 해결하려 드는 것은 문제의 핵심을 잘못 이해하고 덤비는 얄팍한 발상이다. 어쨌든 우리는 늙음의 문제를 삶의 문제의 일환으로서 다루어야 할 것이며, 삶의 실상(實相)을 용기 있고 냉철하게 직시함이 없이, 마치 '노인'이라는 특수한 인종이라도 있는 것처럼, 안이한 자세로 '노인 문제'를 생각하고 논의하는 것은 커다란 잘못이다.

'경로 우대증'이니 '경로석'이니 또는 '경로당'이니 '경로잔치'니 하는 따위의 것들이 있다. 노인 문제 해결을 위한 노력의 일환으로서 그런 것들이 생겨난 것으로 이해하기는 하나, 어쩐지 문제의 핵심을 피해 가는 안이한 생각의 산물이 아닌가 하는 의문을 금치 못한다. '경로(敬老)'라는 말 가운데 공연한 위선(僞善)이 들어 있는 것 같기도 하고, 그 공허한 수식어가 노인들을 더욱 비참하게 만들지나 않을까 염려가 되기도 한다.

인간을 존중하고 삶을 사랑하는 근본적인 마음가짐이 없이는 '경로'라는 말은 공허한 구호에 지나지 않는다. 인간 일반에 대한 공경심이 없이 노인만을 공경하는 일이, 주로 뒤를 돌아보며 살았던 옛날에는 가능했을지도 모른다. 그러나 앞만 보고 달리는 현대인의 정서로서는, 인간 일반에 대한 존경과 사랑 없이, 노인만을 공경한다는 것은 생각하기 어려운 일이다. 늙음 그 자체는 공경의 대상이기보다도 기피의 대상으로서 다가오는 것이 현대인의 심정이다. 늙음이 단순한 남의 문제가 아니라 머지않아 다가올 나 자신의 문제이기도 하다는 사실을 마음에 새길 때, 우리는 남의 늙음에 대해서도 이해와 사랑을 보낼 수 있게 된다.

'늙음', 그것은 모든 사람들에게 '나' 자신의 문제다. '나'의 문제인 까닭에 나 자신이 풀어야 하며, '나'의 문제는 '나'만의 문제가 아닌 까닭에 다른 사람들의 노후 문제에 대해서도 깊은 관심과 사랑을 기울여야 한다. 우선 '늙음'을 직시하고 정면에서 대결하고자 하는 용기가 앞서야 할 것이다.

3. 편안한 죽음

최근에 어떤 친구로부터 이런 말을 들었다. "김 선생은 그동안에 많은 글을 써왔으나, 내가 알기로는 '죽음'에 관한 글을 쓰지 않은 것 같다. 특별한 이유라도 있는가?"

특별한 이유가 있었던 것은 아니며 죽음에 관해서는 쓰지 않으려고 의식적으로 피해 온 것도 아니다. 그저 그렇게 된 것인데, 어쩌면 무의식중에 '죽음'의 문제를 생각하고 싶지 않은 심리가 작용했을지도 모른다. 어쩐지 나에게는 '죽음'이라는 낱말이 '사랑' 또는 '행복'이라는 말과 같이 밝은 색깔로 다가오지 않는다. 종교에 대한 깊은 믿음이 없기 때문일까?

싫든 좋든 '죽음'에 대해서 골똘히 생각해 보는 것이 철학을 공부하는 사람으로서 한 번쯤은 해야 할 일이라 생각한 적은 있었다. 생각만 하고 실천은 하지 않고 뒤로 미루어 온 것인데, 미루어 왔다는 것은 그 일이 마음에 내키지 않았기 때문인지도 모른다. 해야 할 일이라고 생각하더라도, 마음에 내키지 않으면 차일피일 뒤로 미루는 것이 평범한 사람들의 일상이다.

죽음은 누구나 당하기 마련이고 나 자신도 반드시 당하기 마련이다. 그럼에도 불구하고 우리는 그것을 마치 남의 일처럼 외면하고, 간혹 잠시 염두에 떠올릴 때는 매우 좋지 않은 일로 단정한다. '좋지 않은 일'이라고 보는 까닭에 그것을 우리는 생각에서 지워 버린다. 좋지 않은 일은 생각하고 싶지 않은 것이 사람의 심리이며, 좋지 않은 일을 굳이 생각하여 마음고생을 자청할 필요가 없다는 생각도 스쳐 간다.

머지않은 장래에 죽음이 찾아오리라는 것을 내다보는 것은 별로 즐거운 일이 아니다. 즐거운 일이 아닌 까닭에 자연히 외면하는 것인데, 죽음을 염두에 두지 않는 까닭에, 다시 말해서 인간은 누구나 조만간 죽기 마련이라는 사실을 망각하는 까닭에, 우리는 지극히 어리석은 나날을 살아간다. 인간의 어리석은 행위는 대개가 지나친 욕심에서 생기는 것이며, 지나친 욕심은 주로 우리들의 삶이 일시적 현상이라는 사실을 망각함으로 인하여 일어난다.

의사로부터 불치의 병이라는 진단을 받았을 때, 우리는 그 환자가 '시한부 인생'을 살게 되었다고 말한다. '시한부 인생'의 선고를 받은 사람들이 어떠한 심리적 변화를 일으키는지, 나는 아무런 통계적 지식도 가진 바가 없다. 짐작해 보건대 여러 가지 경우가 있을 것으로 보인다. 더러는 남은 인생을 마음껏 즐기며 보내는 길을 택하는 사람도 있을 것이고, 더러는 자포자기하여 남을 괴롭히는 사람도 있을 것이다. 그러나 내가 아는 사람들의 경우는 대부분 반성의 자세로 지난날을 돌아보고, 사랑과 화해의 심정으로 삶을 음미하는 선량함을 보였다.

알고 보면, 모든 사람들이 넓은 의미로 '시한부 인생'을 살고 있다. 죽음을 면할 수 없는 유한자(有限者)인 까닭에, 우리는 모두 '시한부 인생'을 살고 있다 하여도 틀린 말은 아닐 것이다. 시한부 인생이라는 사실에 대한 망각이 하루하루를 즐겁고 활기차게 사는 데 도움이 되기도 한다. 반대로 그 망각 내지 무지로 인하여 사람으로서 못할 짓을 감행하는 경우도 많을 것이다. 죽음을 늘 의식할 필요는 없겠지만, 무지(無知)에서 오는 욕심 때문에 어리석음을 범하는 일만은 피하고 싶다.

우리 조상들이 소망스럽게 생각한 오복(五福) 가운데 '고종명(考終命)'이라는 것이 있다. 고종명이란 타고난 수명대로 오래 살다가 편안하게 죽는다는 뜻이다. 오복 가운데는 장수(長壽)와 강녕(康寧)도 들어 있으니, 고종명이 강조하는 것은 편안한 죽음에 있다고 볼 수 있다. 편안한 죽음에는 육체적 측면과 정신적 측면이 아울러 있다고 생각되거니와, 나의 관심은 정신적 측면으로 비중이 쏠린다. 죽음에 임박해서 당하는 육체적 고통에 대해서는 미리 대비할 방도가 없으니 운명에 맡길 수밖에 없으나, 정신적 고통에는 본인이 책임져야 할 부분이 크다고 생각되기 때문이다.

죽음의 예행연습을 할 수는 없는 일이지만, 앞으로 살날이 많이 남지 않다는 것을 예감했을 때의 심리를 상상하는 것은 어느 정도 가능할 것으로 생각된다. 이를테면, 자손들을 불러 놓고 유언을 남기는 순간의 심리를 상상해 보는 것이다.

아직 정신이 맑고 기억력이 좋다면, 생애를 통하여 경험한 일 가운데서 큼지막한 것들이 생각날 것이다. 그 가운데는 운이 좋아서 잘된 일도 있을 것이고, 운이 나빠서 잘못된 일도 있을 것이다. 잘된 일이든 잘못된 일이든 운수에 의해서 좌우된 일에 대해서는 특별히 깊은 감회는 없을 것이다. 잘되었든 잘못되었든 내가 책임져야 할 일들이 더 크게 머리에 떠오를 것이다. 특히 나에게 책임이 있는 잘못된 일 때문에 마음이 편하지 않은 경우는 흔히 있는 일이다. 가령 남에게 못할 짓을 해놓고 아직 잘못했다는 사과의 말 한마디 없이 죽음을 맞이하게 되었다고 하자. 모르기는 해도, 회한의 감정에 마음이 편안하지 않을 것이다.

서양 격언에 "끝이 좋으면 모든 것이 좋다."는 말이 있다. 우리 한국인의 정서에도 맞는 격언이다. 가령 처음에는 사이가 좋지 않아서 반목(反目)이 심하다가도 끝에 가서 화해가 성립하여 손을 맞잡게 되면, 우리는 그것으로 만족한다. "초년 고생은 돈 주고도 산다."는 속담이 말해 주듯이, 우리는 늦팔자가 좋아야 행복한 삶이라고 생각한다.

일제시대에 여러 차례 옥고를 치러 가며 생애의 대부분을 독립운동에 헌신한 지사(志士)들 가운데, 말년에 일제에 협력한 사람들이 있었다. 그들은 끝마무리를 잘못한 까닭에, '민족 반역자' 또는 '친일파'라는 낙인이 찍히고 말았다. 젊어서 쌓은 공로가 수포로 돌아간 것이다. 해방 이후에도 많은 업적을 쌓은 저명인사로서 만인의 존경을 받던 분이 말년에 처신을 잘못한 탓으로 공든 탑이 무너지고 만 사례가 적지 않다. 역시 끝마무리에 문제가 있었던 것이다.

차라리 치명적인 실수를 하기 전에 세상을 떠났더라면 좋았을 뻔했다는 생각이 머리를 스쳐 간다. 그러나 이것은 한국인의 일반적 정서에 맞는 생각은 아니다. 한국인에게는 전통적으로 현세에서의 삶을 숭상하는 정서가 강한 편이어서, 욕되게 사는 것보다는 차라리 죽는 편이 났다는 생각이 일반적으로 받아들여지기에는 다소 어려움이 있다. 우리나라 속담에는 "산 개가 죽은 정승보다 낫다."는 것이 있다. 우리나라 조상들은 오복(五福) 가운데서 장수(長壽)를 첫째로 꼽았다.

일본 사람들의 경우는 장수를 존중하고 죽음을 기피하는 마음이 우리 한국인보다 약한 것으로 보인다. 옛날의 일본 무사들 가운데는 과오를 범했거나 수치스러운 처지에 놓였을 때, 할복 자살로써 용서를 비는 것을 당연시하는 기풍이 있었다. 후지무라 미사오(藤村操)라는 학생이 인생에 회의를 느끼고 화엄 폭포에서 투신자살했을 때도 사람들은 그 행위를 미화하였고, 노벨 문학상을 탄 일본의 자랑 가와바다 야스나리(川端康成)가 자살했을 때도 깔끔한 행위로서 평가하는 분위기가 있었다. 일본의 속담에는 "오래 살면 수치가 따른다."는 것이 있다.

그리스도교의 전통이 지배적인 서양의 여러 나라에서는 생명 존중 사상이 강하여, 자살을 죄악으로서 비난하는 경향이 있는 것으로 안다. 남에게 모욕을 당했을 때 결투로써 결말을 내는 행위가 공공연하게 이루어졌던 풍습도 있었다니, 삶과 죽음을 보는 그들의 생각을 단순화해서 말하기는 어려울 듯하다.

끝이 좋아야 만사가 좋다는 생각은 동서와 고금에 거의 공통된 정서가 아닐까 한다. 삶의 끝은 죽음이다. 죽음을 바람직한 모습의 것으로 만들고 싶다는 소망은 동서고금의 만인이 공유하는 바람일 것이다. 다만 어떤 모습의 죽음이 바람직하냐에 대해서는 문화적 전통에 따라서 또는 개개인 인생관에 따라서 차이가 있다. 죽음이 뜻대로 되는 것은 아니겠지만, 가능하다면 자신이 바라는 유형에 가까운 모습의 것이 되기를 원하는 것이 인지상정(人之常情)일 것이다.

장수가 오복의 으뜸이라는 생각에 대해서 나는 회의를 느낀다. 다소라도 뜻이 있는 일을 할 수 있을 정도의 건강을 유지하면서 오래 사는 것은 축복받은 일이라 하겠지만, 주위 사람들에게 짐스럽기만 한 상태로 겨우 생명만 유지하는 것은 도리어 욕된 삶에 가깝다는 생각이 든다. 그렇지만 욕된 삶이라는 이유로 자살로써 끝을 맺는 것이 옳다고는 생각하지 않는다. 기력이 왕성했을 때 가정과 사회를 위해서 공헌한 바가 크다는 것을 고려할 때, 주위 사람들에게 짐스러운 상태라 하더라도 그런대로 살 권리가 있다고 보아야 한다. 주위의 사람들로서는 기력이 쇠진한 사람들의 여생을 따뜻하게 보살펴 주는 것이 인간의 도리라 하겠다.

일할 수 있는 힘을 가졌던 시절에 가족과 사회 또는 국가를 위해서 부끄럽지 않을 정도의 공헌을 했다는 자부심만 있다면, 노후에 타인 또는 사회의 신세를 진다 하더라도 마음이 떳떳할 것이다. 그러한 의미에서 너무 늙기 전에 가족과 사회 또는 국가를 위하여 되도록 많은 일을 한다는 것은, 떳떳한 마음으로 남의 도움을 받아 가며 노후를 사는 지혜가 될 것이며, 나아가서 편안한 마음으로 죽음을 맞이하는 데도 도움이 될 것이다.

우리 모두가 처음부터 시한부 인생을 살고 있다는 말을 하였다. 그러나 그 '시한(時限)'이라는 것이 직장 간부의 임기처럼 고정된 것은 아니다. 건강관리 여하에 따라서 오래 살 수도 있고 짧게 살 수도 있다. 생명을 귀중한 것으로 보는 우리들의 정서에 순응한다면, 건강관리를 잘해서 오래 사는 편이 바람직한 길이라고 할 것이다. 그러나 단순한 생명의 연장에 의미가 있다기보다는, 뜻있는 일을 하며 건강하게 오래 사는 것이 값진 삶이라고 생각한다.

뜻있는 일을 많이 하기 위해서는 삶의 설계를 바르게 마련해야 하고, 삶의 설계를 바르게 마련하기 위해서는 정신이 건강해야 한다. 그리고 바르게 세운 삶의 설계를 실천에 옮기기 위해서는 육체의 건강이 뒤에서 받쳐 주어야 한다. 우리가 정신과 육체의 건강을 행복한 삶을 위한 첫째 기본 조건이라고 믿는 까닭이다.

아무리 건강관리를 잘한다 하더라도 죽음을 피할 길은 없으며, 삶과 더불어 시작된 죽음을 우리는 대자연의 섭리로서 겸허하게 받아들여야 할 것이다. 어차피 한 번 나면 한 번 죽기 마련인 인생, 편안한 마음으로 웃으며 죽을 수 있다면, 그 이상 더 바랄 것이 없을 듯하다.

많은 사람들이 죽음을 두려워한다. 그러나 따지고 보면, 죽음을 두려워할 이유는 별로 없다. 죽음을 두려워할 까닭이 없다는 것을 밝히는 명언이 생각난다.

"죽기 전에는 결코 죽지 않는다. 죽은 뒤에는 죽음을 의식하지 못한다. 그러므로 죽음은 경험할 수가 없다."

"삶이 끝나고 죽음이 시작되는 것은 아니다. 삶이 끝나면 죽음도 끝나고 만다."

앞의 것은 어느 스토아 학자가 한 말이고, 뒤의 것은 어느 일본인이 한 말이다.

죽음은 순간적이다. 사람들은 삶이 짧다고 한탄한다. 그러나 죽음에 비하면 삶은 매우 길다. 죽음은 순간적이니까.

12장 다시 인간으로 태어난다면

1. 부질없는 생각

출생(出生)의 이야기로 시작한 이 수필식 인생론은 앞 장에서 죽음의 문제를 다루었다. 그러니 이제 할 말은 일단 끝이 났다고 보아야 할 것이다. 죽음으로써 끝을 맺는 것이 인생의 현실이라는 상식을 따른다면, 인생론도 죽음에 관한 논의로써 끝마무리를 짓는 것이 사리에 맞을 것이다. 그러나 이대로 붓을 놓기에는 어쩐지 아쉬움이 남는다. 이것은 나와 독자가 공통으로 느끼는 삶의 허전함과 무관하지 않을 것이다. 객설에 불과한 사족(蛇足)이 될 것을 알면서도, 맺는말을 대신하여 한 장(章)을 더 보태고자 하는 까닭이다.

'다시 인간으로 태어난다면'이라는 어색한 제목을 달아 보았지만, 반드시 윤회설(輪廻說)을 믿는다는 뜻은 아니다. 윤회설이라는 것도 현세에서의 죽음으로써 만사가 끝난다고 보았을 때 느끼는 허전한 심정의 반영이 아닐까 한다. 죽음의 문제를 다룬 뒤에도 얼른 붓을 놓지 못하는 인생론 필자의 심정과 윤회설을 지어낸 불교 사상가의 심정 사이에 일맥상통하는 바가 있다면, 나의 무의식 가운데 윤회설이 참이기를 바라는 심리가 있다고 볼 수도 있음직하다.

그러나 윤회설이 참이고 아니고는 앞으로 내가 쓰고자 하는 것과는 별로 관계가 없다. 내가 하고 싶은 말은, 만약에 다시 한 번 젊은 날로 돌아간다면, 이번에는 어떻게 살 것인가 하는 문제에 대한 생각이다. 나는 이미 늦었으나 젊은 독자에게는 다소의 참고가 될 수도 있으리라는 어쭙잖은 이유를 달아 가며, 낙서하는 기분으로 일종의 넋두리를 늘어놓고자 함이다.

나는 명색이 학자임에도 불구하고 남의 책을 많이 읽은 편이 못 된다. 더러 읽었을 경우에도 그 속에 담긴 가르침을 깊이 터득하고 실천에 옮길 정도로 새겨 가며 읽은 것이 아니라, 수박 겉핥기로 건성 읽었을 뿐이다. 좋은 책에는 선인(先人)들이 경험을 통하여 깨달은 지혜가 농축되어 담겨 있다. 그러므로 독서를 잘하는 사람은 스스로 실패를 경험하지 않고도 많은 지혜를 얻을 수 있다. 그러나 나같이 책 읽기를 게을리한 사람은 실패를 체험해야 비로소 잘못을 깨닫는다. 그렇게라도 해서 조금씩 고쳐 가기는 하나, 급격히 변화하는 세태 속에서 항상 새로운 문제 상황에 부딪치므로, 실패를 통하여 얻은 깨달음만으로는 부족할 경우가 많다. 속담 그대로, 철나자 망령 나는 꼴이 되곤 하는 것이다.

남달리 잘못한 일이 많아서 참회라도 하겠다는 뜻은 아니다. 비교적 운이 좋은 편이어서 그런대로 좋은 날이 궂은 날보다 많았고, 참회록을 써야 할 정도의 죄악이 많았다고까지는 생각되지 않는다. 다만 다시 시작할 수 있는 시간이 주어진다면, 이번에는 더욱 알뜰하고 값진 삶을 가질 수도 있다는 부질없는 생각이 들곤 하는 것이다.

2. 시행착오로 잃은 세월

한문을 진서(眞書)라 부르고 한글을 언문(諺文)이라고 부르던 시대에 태어났다. 아버지께서는 서구식 학교교육의 필요성을 인정하면서도, 학문다운 학문은 역시 사서(四書)와 삼경(三經)을 익히는 것이라고 믿고 계셨다. 한편, 누구의 영향이었는지는 알 수 없으나, 나는 학교에서 배우는 신학문이 더 중요하다는 생각을 일찍부터 가지고 있었다. 아버지는 나의 학교교육을 초등교육만으로 충분하다고 생각하신 모양이며, 나는 청주에 있는 농업학교까지는 다니고 싶었다. 대학 교육까지 받아야 한다는 생각을 가진 사람은 우리 집안에 아무도 없었다. 경제 사정으로 보더라도 대학 교육은 감히 생각할 수조차 없는 형편이었다.

요즈음 젊은이들은 일찍부터 장래의 목표를 세우고, 그 목표에 맞도록 대학에 진학할 계획을 짠다. 그 계획대로 된다는 보장은 없지만, 어쨌든 일찍부터 삶을 설계하고 그 설계를 따라서 노력하는 것이 일반적으로 가능하다. 정보의 보편화가 그것을 가능하게 하는 것이다.

그러나 신문이나 라디오의 존재는 대도시에서나 알려졌던 시절에 산골에서 태어난 나의 경우는 남에게 직접 듣는 말이 정보를 얻는 원천의 전부였다. 담임 선생님으로부터 대학이라는 것이 존재한다는 이야기를 들은 것은 열세 살쯤 되었을 때였고, 그것은 나와는 별로 관계가 없는 이야기였다. 나는 그때까지 대학생 또는 대학 졸업생을 본 적이 없었으므로, 대학과 나를 연결시켜서 생각한다는 것은 어린 촌놈에게는 불가능에 가까운 일이었다.

그러나 우리 산골 마을에서는 내가 신문명에 대한 정보를 가장 많이 아는 어린이였다. 나는 우리 마을에서 보통학교에 입학한 세 번째 학생이었고, 농업학교라는 상급 학교가 있다는 것을 알게 된 첫 번째 어린이기도 하였다. 자형이 청주공립농업학교의 교복을 자랑스럽게 입고 처가인 우리 집에 온 것을 내 눈으로 직접 보았던 것이다. 나도 청주농업학교를 졸업하고 농촌 지도원이 되리라고 속으로 다짐하였다.

그러나 나의 목표는 보통학교 6학년 때 청주고등보통학교로 바뀌었다. 우리 마을에서 처음으로 보통학교를 졸업한 사형(舍兄)의 조언을 따라서 목표를 바꾼 것이다. 사형은 인문 고등학교를 졸업하면 전문학교에 진학하기가 용이하다는 것도 알고 있었으며, 서울에 있는 보성전문(普城專門) 법과를 졸업하면 농협의 전신인 금융조합(金融組合)에 취직할 수 있다는 정보도 가지고 있었다.

청주고등보통학교를 마치고 보성전문으로 진학하려 했던 나의 계획은 다시 바뀌었다. 보성전문 대신 일본의 고등학교로 진학하는 쪽으로 상향 조정된 것이다. 그 당시의 일본 고등학교는 5년제 중학교나 고등보통학교를 마치고 들어가기 마련인 것으로서 경성제대나 사립대학의 예과에 해당하는 것이었다. 고등학교를 나오면 동경제대나 경도제대 등 일본의 제국대학에 진학할 수가 있었다.

일본 고등학교의 존재에 대해서 알게 된 것은 고등보통학교 4학년 때 일본으로 수학여행을 가게 된 이후부터였다. 수학여행 기차 안에서 백선모(白線帽)에 망토를 어깨에 걸친 멋진 학생들을 만났는데, 그들이 바로 고등학생이라고 하였다. 나는 모르고 있었지만, 대학 진학을 목표로 했던 급우들 가운데 입시 잡지를 통하여 고등학교의 존재를 알고 있는 친구들이 있었고, 그들이 일본 고등학교 학생들의 출현에 대하여 보여준 감탄과 존경 그리고 선망은 바로 나에게로 전파되었다. 어쨌든 나는 일종의 충격을 받았고, 고등학교 진학의 욕심을 가지게 되었다.

서울의 전문학교에 들어가기 위해서는 4학년 2학기부터 슬슬 시험 준비를 해도 되지만, 일본의 고등학교의 경우는 늦어도 3학년 초부터는 준비를 서둘러야 했다. 나는 1년 반 정도 입학 준비의 출발이 늦어진 꼴이 되었다. 그 결과로서 첫 번째 도전에서는 낙방을 하고, 재수 끝에 일본 제3고등학교의 교모를 쓰게 되었다. 보통학교의 입학도 도시의 어린이들보다 약 2년 늦었으니, 합하여 3년쯤 남보다 뒤떨어진 셈이었다.

고등학교를 졸업하면 동경제국대학으로 진학하리라는 막연한 생각은 가지고 있었으나, 어떤 학과를 선택하여 무슨 직업을 가지리라는 계획은 없었다. 고등학교 2학년 때 제2차 세계대전에서 일본이 밀리고 있다는 비밀스러운 소식을 들었고, 일본의 패전이 조선의 독립으로 이어졌을 때 크게 활약하리라는 야망을 품고 동경대학 법학부 정치학과를 지망하였다. 요행히 합격은 했으나 정치가 내 적성에 맞지 않는다는 것을 뒤늦게 깨달았다. 그것을 깨달은 것이 해방 직후의 일이니 또 2년의 세월을 방황한 셈이다.

동경대학의 정치학과를 떠나서 다음에 옮겨 간 곳은 서울대학교 철학과였다. 철학을 공부하여 대학교수가 되겠다는 심산이 아니라, 청년을 상대로 윤리 운동을 하겠다는 엉뚱한 생각을 품고 있었다. 정치 세력에 휘말리지 않고 순수한 청년 운동 내지 윤리 운동을 한다는 것이 현실적으로 불가능한 실정이라는 사실을 깨닫는 데 또 몇 해가 걸렸다. 결국 대학교수라는 직업으로 안착하기는 했으나, 그렇게 되기까지 근 10년의 세월을 헛되이 보낸 꼴이 되었다.

3. 직업의 선택

만약에 내가 다시 태어나서 새로운 인생을 살게 된다면, 내 앞길에 대한 통찰력이 부족하여 시행착오를 거듭하는 가운데 허송세월을 하는 일이 없도록 할 것이다. 우선 나의 적성을 파악하도록 노력할 것이며, 나에게 적합한 길을 일찍이 선택하여 그 길로 매진할 것이다. 예컨대, 학자로서의 재질이 있다고 인정되면 일찍부터 그 길을 따라서 삶을 설계할 것이며, 예술가로서의 재질이 있다고 판명되면 일찍부터 그 길로 들어설 것이다.

만약 학술과 예술 두 길이 모두 적성에 맞는다면, 예술의 길을 택하고 싶다. 이제까지 학자라는 직업에 만족해 왔고 권력이나 금력이 따르는 직업을 부러워한 적은 없었지만, 예술가에 대한 부러움은 항시 마음 바닥에 깔려 있었다. 예술가 가운데서도 가장 부러운 것은 문학 작가와 화가였고 그 다음은 음악가였다.

학자의 길로 들어선다면, 이번에도 철학을 공부할 것이다. 철학 가운데서도 윤리학을 전공하여 의식구조와 사회구조의 상관관계를 집중적으로 연구할 생각이다. 그렇게 하기 위해서는 심리학과 사회과학에 대한 공부도 겸해야 할 것이다. 윤리학이라는 학문이 본래 실천을 위한 것이므로, 연구실이나 강단에만 틀어박혀 있는 것이 최선이라고는 생각하지 않는다. 어떤 형태로든 현실 사회에 참여하는 일도 겸하고 싶다. 과거와 같이 시행착오로 세월을 허송하는 일 없이 일찍부터 윤리학의 궤도로 진입한다면, 여러 가지 하고 싶은 일을 할 수 있는 시간을 가질 수 있을 것이다.

학문과 예술 어느 길에도 소질이 없다고 판명되었을 경우에는 기술자의 길을 모색할 것이다. 기술자의 소질도 없을 경우에는 생산직에 종사할까 한다. 생산직 중에서도 이윤이 적다는 이유로 기피의 대상이 되고 있는 농사에 종사하는 것이 바람직할 것이다. 농촌에서 출생하여 농촌에서 자란 탓이겠지만, 지금도 농업에 대한 향수가 남아 있다. 다만 한 가지 걱정거리가 있다. 만약 여자로 태어난다면 농사를 감낭할 만한 체력이 따를지 걱정이고, 남자로 태어날 경우에는 장가들기가 어렵지 않을까 걱정이다. 그러나 뜻이 있는 곳에 길이 있다고 하였으니, 설마 어떻게 되겠지.

공무원이나 관리직으로 취직하는 길도 생각해 보았다. 그러나 어쩐지 마음이 내키지 않는다. 가능하면 자유업에 속하는 직업을 갖고 싶은 것이다. 항상 남의 눈치를 살펴야 하는 월급쟁이가 되느니보다는 장삿길로 나서고 싶다. 만약 장사를 하게 되면 정직하고 부지런한 장사꾼 노릇을 할 작정이다. 장사를 해서 다행히 큰돈을 벌 경우에는, 문화사업 또는 복지사업을 통하여 그 돈을 사회에 환원할 생각이다. 유산을 자손에게 상속하는 짓은 하지 않을 것이다.

정치가에게 필요한 소질이 무엇인지 잘은 모르지만, 설령 그런 것이 나에게 있더라도 정치가가 되고 싶은 생각은 없다. 나는 정치를 필요악(必要惡)이라고 보는 견해에 공감을 느끼는 사람이다. 필요한 까닭에 누군가가 그 악역을 맡아야 할 것이다. 다행인지 불행인지 그 악역을 맡고 싶어 하는 사람들이 너무 많고 앞으로도 계속 많이 나타날 전망이므로, 나까지 그 악역을 맡겠다고 덤벼들 필요는 없을 것으로 보인다.

정치를 필요악으로 보는 견해에 편벽됨이 있을 가능성도 없지 않다. 선량한 정치인도 상당수 있으며, 선량한 정치인이 힘 겨루기 마당에서 이기는 경우도 생각할 수 있는 일이다. 공자의 덕치(德治)의 이념이나 플라톤의 철인왕(哲人王) 정치의 이상이 영원히 실현 불가능한 공상이라고 단정할 이유는 없다. 그러나 가까운 장래에 그들의 이상이 실현될 것 같은 징조는 전혀 보이지 않는다.

소질만 있으면, 신문기자도 매력이 넘치는 직업이다. 날카로운 필치로 사회의 비리를 고발하고 가끔 탁월한 논설이나 칼럼을 쓰는 대기자(大記者)를 나는 선망한다. 특히 권력이나 금력 앞에 굴하지 않고 공정하고 용기 있는 언행으로 일관하는 언론인은 전란 때 나라를 구한 대장군보다도 더욱 우러러보인다.

어떤 직업이든 일단 발을 들여놓으면 도중에서 바꾸지 않고 끝까지 밀고 나갈 것이다. 능동적이요 성실한 노력을 계속함으로써 한 분야에서 달인의 경지에 이른다면, 그 이상 더 큰 보람이 없을 듯하다. 적성에 맞는 일을 택하여 꾸준히 노력하면 누구나 달인의 경지로 접근할 수 있는 것이 세상 사는 이치라고 믿는다.

어떤 일에 종사하든 간에 건강이 기본이다. 건강을 잃으면 마음은 있어도 몸이 말을 듣지 않으므로 일의 능률이 나지 않는다. 오래 살 욕심으로 건강에 너무 신경을 쓴다고 욕하는 친구가 있더라도, 개의치 않고 건강관리에 시간을 투자할 생각이다. 일에 대한 능률을 떠나서도, 건강한 삶은 그 자체가 보람이고 축복이다.

4. 여백이 있는 생활

자신이 종사하는 일 이외에는 아무것도 모르는 외길 인생도 좋을 것이다. 그러나 나는 여백(餘白)을 즐길 줄도 아는 여유로운 삶이 더욱 좋다고 생각한다. 어려서부터 '샌님' 소리를 여러 번 들은 것이 싫어서 그런 생각을 하게 되었을 것이다. 어쨌든 앞뒤가 꽉 막힌 사람으로서 살기보다는 약간 멋스러운 측면도 있는 그런 삶을 살고 싶다.

지금도 세상이 너무 각박해서 숨이 막힐 것 같지만, 앞으로 이러한 추세는 더욱 심화될 조짐이다. 예컨대, 성(性)과 관련이 있는 해학 따위는 긴장을 푸는 데 상당한 도움이 됨에도 불구하고, 숙녀 앞에서의 음담패설은 성희롱이요 성폭력에 해당한다는 서슬에 남자들은 사석에서도 입조심을 해야 한다. 나처럼 술도 못하는 사람은 그 자리가 몹시 지루할 수밖에 없다.

여자가 음담패설을 했을 경우에, 성희롱을 당했다고 고소장을 내는 남자는 앞으로도 별로 없을 것이다. 그러므로 내가 만약 여자로 태어난다면 성에 관한 농담을 즐길 수 있는 이점을 갖게 될 것이다. 그러나 여기에도 걱정이 없는 것은 아니다. 만약 결혼 전에 음담패설의 대가(大家)로 소문이 난다면 혼삿길이 막힐 것이고, 결혼 뒤에 그런 소문이 난다면 속 좁은 남편이 이혼을 하자고 핏대를 올릴 염려가 있다.

여기서 생각하게 되는 것이 결혼을 반드시 해야 하느냐 하는 물음이다. 앞으로도 가족제도는 존속하는 편이 바람직하다고 보는 까닭에, 마땅한 상대만 나타나면 결혼을 하는 편이 좋을 것으로 생각한다. 그러나 결혼이라는 것을 반드시 해야 한다는 고정관념에 사로잡힐 필요는 점차 줄어들 것으로 보인다. 경우에 따라서는 독신으로 사는 편이 차라리 마음 편할 수도 있을 것이다.

결혼뿐 아니라 연애도 하지 않고 수도승(修道僧) 같은 금욕 생활을 할 생각은 아니다. 연애는 결혼으로 이어지는 것이 무난한 길임을 인정하나, 사정에 따라서는 그렇게 되지 않을 경우도 있고, 결혼으로 이어지지 않음으로 인하여 도리어 더욱 영속적인 사랑이 가꾸어질 수도 있을 것이다. 다만 결혼의 구속을 벗어남으로써 돈 후안의 자유를 누리고 싶다는 생각은 전혀 없다. 바람둥이보다는 차라리 샌님의 길을 택하고 싶은 심정이다.

여백을 즐기는 여유로운 삶을 위해서 가장 중요한 것이 음담패설이나 사랑이라는 뜻으로 한 말은 아니다. 이야기가 옆길로 빠졌을 뿐이다. 내가 하고 싶은 말의 핵심은 한 가지 일밖에 모르는 답답한 사람이 되기보다는, 취미 생활과 놀이를 즐길 줄도 아는 균형 잡힌 사람이 되고 싶다는 뜻이다.

어떤 취미 또는 놀이를 즐길 것인지에 대하여 깊이 생각해 본 적은 없다. 그것은 그때에 가서 정해도 늦지 않을 것이니 미리 서두를 필요는 없을 것이다. 다만 한 가지 해보고 싶은 것이 있다. 대금(大苓)을 불어 보고 싶은 것이다. 도시의 한복판에서는 그것을 불어도 별로 운치가 없을 듯하다. 양복 차림도 어울리지 않는다.

시골에서 농사를 지을 경우에는 중의 적삼 차림으로 원두막에서 대금을 만지기가 별로 어렵지 않을 것이다. 그러나 대금을 가르쳐 줄 선생을 만나기가 쉽지 않을 듯하다. 대도시에 살면 대금을 비롯한 전통악기를 배울 기회는 있을 것이다. 그러나 대금과 한복을 싸들고 산마을로 여행을 떠나기가 생각처럼 쉽지 않을 것이 걱정이다. 이런저런 이유로 대금의 꿈은 결국 꿈으로만 남을 공산이 크다.

도시에 살든 시골에 살든 마음만 먹으면 실천할 수 있는 여가 선용의 길로서 수필 쓰기를 생각할 수 있다. 수필을 여기(餘技) 정도의 것으로 생각하는 나의 말투에 대해서 분노를 느끼는 사람도 있을 것이다. 그러나 수필은 본래 본업(本業)이 될 수 없는 성질의 것이다. 본업이라면 그것으로 생계를 이어가야 하는데 수필의 정도(正道)는 돈과 먼 거리에 있다. 만에 하나라도 수필로써 돈을 벌고자 한다면, 그는 반드시 여러 가지 무리를 범하게 될 것이다. 어쨌든 나는 다음 생애에 또다시 수필을 쓴다 하더라도, 그것을 본업으로 삼지는 않을 것이다.

나는 1920년에 충청북도 어느 산골에서 태어났다. 그리고 그 산마을에서 소년 시절을 보냈다. 전근대적인 고장에서 태어나 진한 농경문화의 공기를 마시며 자란 것이다. 이런 경력만을 근거로 생각한다면, 나의 의식구조는 개인주의적 생활 태도나 합리주의적 사고방식 따위와는 거리가 먼 토양 위에서 형성되었다고 말할 수 있다. 그럼에도 불구하고 실제의 나에게는 개인주의의 성향이 강하고 합리주의의 시각에서 사물을 생각하는 버릇이 현저하다. 기억이 확실하지는 않으나 중학생 시절부터 그런 성향과 버릇이 생기기 시작했을 것이다.

어떤 연유로 그러한 성향과 버릇이 생겼는지 다소 짐작되는 바가 있다. 어머니께서 그 시절의 여성으로서는 유별날 정도로 냉철한 분이었으며 나는 어머니의 영향을 많이 받았다. 이러한 사실이 내 성격에 영향을 미쳤으리라는 것을 생각할 수 있다. (어머니는 그 당시 대부분이 믿고 있던 박수와 무당 또는 점쟁이를 믿지 않으셨다.) 또 하나 생각할 수 있는 것은 우리나라의 전통적인 것 또는 옛스러운 것에 대한 반발 심리다. 그러나 왜 그런 반발 심리가 일어났는지 그것은 알 수가 없다. 내가 기억 못하는 어떤 경험이 아마 그 반발 심리를 부추겼을 것이다.

해방 이후에는 합리적 사고를 생명으로 삼는 철학을 공부했고, 개인주의의 나라 미국에 가서 유학을 하였다. 이러한 경력은 나를 더욱 개인주의와 합리주의의 방향으로 몰고 갔다. 그 길이 옳다고 믿으면서 그렇게 살았다.

그러나 근래에 나는 개인주의와 합리주의가 과연 가장 바람직한 삶의 철학이냐 하는 회의를 느끼고 있다. 적어도 서구적 개인주의와 서구적 합리주의는 밟고 넘어가야 할 하나의 고개에 불과한 것이며, 끝내 그곳에 머물러야 할 종착점은 아닌 듯하다. 그 고개는 관념적 사고로써만이 아니라 실천적 행동으로써 극복해야 할 하나의 이정표라는 생각을 골똘히 하게 된다.

현재의 내 인품으로서는 저 고개를 넘어서기가 힘에 겹다. 다시 한 번 태어난다면 처음부터 새로 도전해야 할 과제다.

5. 멋있는 삶

우리나라가 전근대성을 탈피하기 위해서는 서구적 개인주의와 서구적 합리주의를 몸에 익혀야 한다고 믿었던 나는, '한국적' 또는 '우리나라에 고유한 것'을 강조하며 복고주의를 지향하는 견해에 대하여 반사적으로 거부감을 느꼈다. 지금도 시대착오적 복고주의에 대해서는 별로 공감을 느끼지 않는다.

서구적 개인주의와 서구적 합리주의도 가장 바람직한 삶의 철학이 못 된다는 생각을 가진 뒤부터, 나는 '한국적인 것'을 강조하는 사람들의 견해에도 긍정적 측면이 있을 법하다는 반성을 하게 되었다. 한국 문화의 전통 속에 계승하고 키워 가야 할 귀중한 것이 있다는 생각이 들기 시작한 것이다.

우리나라의 전통문화 속에 살아 있는 것 가운데서 우리가 앞으로 소중하게 가꾸어야 할 것의 하나로서 우선 머리에 떠오르는 것이 있다. '멋'이라는 이름의 한국적 가치다. 우리가 장차 실현하고자 하는 목표로서 '멋있는 사람'과 '멋있는 사회'를 마음속에 그려 볼 수 있다는 생각을 하게 된 것이다. '멋'이 무엇인지 정확하고 알기 쉽게 설명할 재간도 없으면서, 막연하게 그 말이 갖는 매력에 끌린다.

세상에 칭찬의 말 듣기를 좋아하지 않는 사람은 없거니와, 일반적으로 한국인이 가장 듣고 싶은 칭찬의 말은 '멋있다' 또는 '멋있는 사람'이라는 말일 것이다. '잘생겼다', '아름답다', '머리가 좋다', '착하다' 등도 들어서 기쁜 말이지만, 그것보다도 '멋있다'는 말을 들었을 때 한국인의 마음은 더욱 흐뭇하다. '멋있다'는 말은 단순히 겉모습이 보기에 좋다는 뜻뿐 아니라 심성(心性)까지도 아름답다는 뜻을 포함하는 복합적인 칭찬의 말이다.

'멋부린다'와 '멋쟁이'라는 말이 암시하듯이, '멋'이라는 말은 본래 겉모습에 대하여 붙이기 시작했을 것이다. 그러나 그 말을 사람의 심성에까지도 적용하게 되어, 한 인간을 '멋있는 사람'이라고 말할 때는 그의 겉모습보다도 그의 마음씨에 더 큰 비중을 두고 평가하는 경우가 많다. 겉모습과 마음씨가 모두 탁월한 인물을 대할 때, 우리는 '참으로 멋있는 사람'이라는 찬사를 보낸다.

피천득(皮千得) 시인은 「멋」이라는 수필 가운데서 겉모습의 멋과 속마음의 멋의 예를 들고, 속마음의 멋이 겉모습의 그것보다도 더욱 감동적이라는 사실을 직관으로 느끼게 한다. 그가 예로 든 외형(外形)의 멋의 첫째는 골프를 치는 여인의 우아한 모습이고, 그 둘째는 승무(僧舞)에 도취하는 춤꾼의 흥겨운 모습이다.

골프채를 휘두른 채 날아가는 공을 멀리 바라보는 포즈. 그때 바람에 스커트가 날린다. 멋진 장면임에 틀림이 없다. 변두리를 툭툭 건드리다가 갑자기 달려들어 직성이 풀리도록 두들기는 북채, 그 다음 순간에 마음 가라앉히며 미끄러지는 장삼자락. 이것도 멋있는 모습이다.

그러나 진정한 멋은 시적(詩的) 윤리성을 가졌다고 피천득 시인은 강조한다. 심덕(心德)의 아름다움 없이 겉모습만 그럴싸한 것은 참된 멋이 아니라는 뜻이다. 위풍이 당당한 나폴레옹의 사진이나 초상화를 대하는 사람은 그의 모습에서 멋을 느끼겠지만, 실상 그는 멋없는 속물이라고 피천득 시인은 내리 깎는다. 그 까닭은 무력으로 오스트리아 공주 마리아 루이스를 아내로 삼은 나폴레옹의 부도덕에 있다. 진정한 멋을 가졌던 사람으로서는 통사(通事) 홍순언(洪淳彦)을 들었다.

홍순언은 중국 사신을 따라다닌 역관(譯官)에 불과했으나, 많은 돈을 가지고 있었다. 북경(北京)의 어느 여관에 들었을 때 유녀(遊女)를 들여보내라고 하였다. 여관 주인이 보낸 사람은 흔히 웃음을 파는 그런 여자가 아니라 양가(良家)의 규수로 보였다. 수상히 여기고 어떤 연유로 이런 곳에 나오게 되었느냐고 물었다. 그 중국 소저(小姐)는 공금 횡령에 연루된 아버지를 살리는 데 필요한 돈을 구하기 위하여 홍등가에 뛰어들었다고 하였다. 홍순언은 거금의 몸값을 돌려주고 그 중국 소저를 자유인으로 만들었다. 그러나 소저의 몸에는 손을 대지 않았다.

외형의 멋이든 내심의 멋이든 멋은 아름다움의 일종이다. 그러나 모든 아름다움이 곧 멋은 아니다. 화병에 꽂힌 한 송이 장미를 보았을 때 우리는 매우 아름답다고 느낀다. 그러나 멋은 느끼지 않는다. 인형같이 생긴 어린이를 보고 아름답다고 느낄 경우는 많으나 멋이 있다고 느끼는 경우는 많지 않다. 들에 핀 작고 앙증맞은 꽃을 보고 아름다움을 느낄 경우는 흔히 있으나, 멋을 느낄 경우는 대체로 드물다.

우리는 규모가 크고 여유로운 것의 아름다움을 대했을 때 흔히 '멋있다'는 느낌을 갖는다. 한두 송이의 코스모스에서는 멋을 느끼지 않으나, 들판을 메우고 넓게 어우러진 코스모스를 바라볼 때는 멋을 느낀다. 인공(人工)을 가하여 아기자기하게 꾸며 놓은 분재(盆栽)보다도 대자연 속에서 자유롭게 큰 노송이나 느티나무에서 멋을 느낄 경우가 많다.

네모반듯하고 빈틈없이 균형이 잘 잡힌 것에서 우리가 느끼는 것은 보통 말하는 아름다움이며, 멋은 아니다. 모자를 약간 비스듬히 쓰거나 챙이 뒤로 돌아가도록 쓰는 경우에 '멋을 부린다'고 흔히 말하듯이, 약간 파격(破格)인 것에 대하여 우리는 가끔 멋을 느낀다. 전혀 빈틈이 없고 언제나 정상적인 사람에 대해서보다도 가끔은 술도 마시고 정규(正規)를 벗어나기도 하는 사람에 대해서 우리는 '멋있다'고 생각하는 경우가 많다.

그러나 파격이 지나치거나 정규를 벗어남이 지나칠 경우에는 멋보다도 지겨움이나 혐오감을 느낄 경우가 많다. 멋은 부분적으로는 균형이나 정상적임을 약간은 벗어나되, 그 정도가 지나치지 않으며, 전체로서는 조화를 잃지 않는 사물이나 사람에 대해서 흔히 느껴진다. 언뜻 보기에는 정규를 약간 벗어났음이 시선을 끌기도 하나, 크게 볼 때는 전체로서 조화를 잃지 않을 때, 우리는 멋을 느낀다. 그런 뜻에서 멋은 일종의 중용(中庸)에 해당한다고 볼 수도 있음직하다.

나는 멋에 대하여 남다른 관심을 가지고 오랜 세월을 살아오지는 않았다. 그저 멋있는 사람이 되어 멋있는 삶을 살고 싶다는 생각을 무의식중에 품어 왔을 뿐이다. 그런데 이제 돌이켜 보건대, 나의 사람됨과 나의 삶은 멋과는 거리가 먼 것이었음을 뉘우치게 된다. 멋의 기본에 대한 깊은 성찰 없이 그저 막연하게 그것을 원했을 뿐이니, 그런 결과에 도달한 것은 당연하다 하겠다.

어린 시절부터 나는 우리나라의 구석구석에 스며들고 있는 불합리한 것들에 대하여 거부감을 느꼈다. 예컨대, '상놈' 계급의 어른이 양반계급의 어린이에 대하여 존댓말 쓰는 것을 이상하다고 느꼈다. 양반 가문의 출신이라는 이유 하나로 농사일을 거부하며 허구한 날 게으름만 피우고, 부자로 잘사는 일가 집에서 도와주기를 기대하는 사람들에 대해서도 거부감을 느꼈다. 우리나라의 관습에는 불합리한 요소가 너무 많다고 보았으며, 이것을 빨리 고쳐야 한다는 생각을 일찍부터 갖게 되었다. 합리주의(合理主義)의 신봉자가 된 것이다.

지금도 현대사회의 복잡한 문제들을 풀어 나가기 위해서는 합리주의에 의존하지 않을 수 없다는 생각에는 변함이 없다. 다만 근래는 합리주의의 힘에 한계가 있다는 것을 느끼게 되었으며, 합리주의만으로는 해결될 수 없는 문제들이 많다는 것을 깨닫게 되었다. 동시에 합리주의를 절대 진리처럼 맹신한 것이 나의 사람됨과 나의 삶을 멋있는 것으로 만드는 데 큰 장애 요인이 되었다는 뉘우침이 따랐다.

　합리주의의 기본은 과학의 논리를 따라서 따지는 데 있으니, 그것은 네모 반듯하고 빈틈없이 짜임새 있는 것을 추구하는 태도와 맥을 같이한다. 그러므로 합리주의를 절대적 진리의 원리처럼 과신하는 사람의 생활 태도는 자연히 경직(硬直)의 길로 기울게 되고, 멋의 바탕인 여유로움을 갖기는 어렵게 된다. 나의 경우가 바로 그것이었으며, 나름대로 올바름을 지향하는 가운데 멋과는 거리가 먼 결과가 되었다.

　서구적 합리주의와 서구적 개인주의가 최상의 길이 아니라 딛고 넘어서야 할 하나의 중간 목표에 불과하다는 것을 깨닫게 된 것은 내가 만년(晩年)에 이른 뒤의 일이다. 개인적 소아(小我)의 껍질을 깨고 대아(大我)의 경지로 들어서야 하며, 그렇게 되기 위해서는 서구적 합리주의의 틀을 벗어나야 한다는 것을 뒤늦게 겨우 깨달았다.

　이미 굳어 버린 습성을 노후에 고친다는 것은 현실적으로 매우 어려운 소망일 따름이다. 그것은 다시 인간으로 태어났을 경우에나 실현을 꾀해 볼 수 있는 피안(彼岸)의 과제다. '다시 인간으로 태어난다면'이라는 부질없는 생각에 대한 무의미한 미련을 버리지 못하는 까닭이다.

삶과 그 보람

머리말

최근 수년 동안에 쓴 비교적 긴 글 세 편과 짧은 글 네 편을 함께 묶어서 한 권의 책으로 엮었다. 앞쪽에 실린 세 편의 긴 글은 일반 독자들을 위하여 삶의 문제를 개인의 차원과 집단의 차원에서 이모저모로 고찰해 본 쉬운 읽을거리다. 그리고 뒤쪽에 실린 짧은 글들 가운데 두 편은 철학자들을 위한 학술 모임에서 발표한 논문이고, 나머지 두 편은 일반 독자들을 염두에 두고 쓴 글들이다.

'나' 개인의 문제보다도 가족 또는 그 밖의 공동체의 문제에 더 많은 관심을 기울이던 시대도 있었으나, 근래는 우선 '나'의 삶의 문제부터 생각하는 추세가 강하다. 과거의 집단주의에 포함된 모순에 대한 반작용의 심리도 있을 것이고, 근대 서구 문화의 영향도 있을 것이다. 지금도 더러는 국가와 민족 또는 인류를 먼저 이야기하는 사람들이 있지만, 대다수의 실천 생활은 '나'에 대한 관심에 의하여 좌우되고 있다.

'나'라는 존재를 안으로 깊이 들여다보고 '나'의 행복을 열심히 추구하는 가운데 우리는 '나'가 가족과 연결되고 사회 일반과 연결되고 있음을 알게 된다. 공동체를 외면하고 '나'의 행복이 실현될 수 없음을 깨닫는 것이다. '나'에 대한 사랑은 공동체에 대한 사랑으로 발전하게 되고, '나'에 대한 관심은 '나' 한 사람에게 국한된 관심으로 그치지 않으며, 더욱 큰 자아로서의 공동체에 대한 관심으로 확대된다.

특히 윤리학을 공부하는 사람으로서는 삶의 문제를 여러 각도에서 폭넓게 생각하지 않을 수 없고, '나'의 문제에서 출발하여 국가와 사회의 문제로 사유의 영역이 전개되기 마련이다. 이 책에 수록된 글들은 모두 그러한 문제의식과 사유 과정의 산물이다. 그리고 '나의 문제', '가족의 문제', '한국 사회의 문제', '한국인의 의식구조 문제' 등은 서로 연결된 문제이며, 이런 문제들에 관한 사유도 따라서 내면적 연관성을 갖기 마련이다. 여러 편의 글이지만 한데 묶을 수 있는 까닭이다.

끝으로 이 책의 출간을 위하여 힘든 일을 맡아 주신 철학과현실사 여러분의 노고에 감사를 드린다.

1992년 4월

김 태 길

차례

머리말 — 257

1부 삶과 그 보람
  1장 삶의 궁극목표로서의 행복 — 263
  2장 삶의 설계 — 277
  3장 인생 설계의 몇 가지 유형 — 295
  4장 행복의 실현을 위한 지혜 — 309

2부 나와 가족
  1장 인간이라는 존재 — 327
  2장 '나'를 위하는 길 — 343
  3장 전통 사회와 가족 — 361
  4장 현대사회와 가족 — 375

3부 한국의 밝은 내일을 향하여
  1장 인간 사회에 있어서의 갈등 — 397
  2장 한국과 한국인: 그 어제와 오늘 — 411
  3장 한국의 미래상 — 427
  4장 내일의 한국을 위한 가치 의식과 행동 양식 — 451

4부 그 밖의 소론
  1. 초국가 시대와 가치관의 문제 — 467
  2. 분단 상황과 철학자의 임무 — 481
  3. 우리는 왜 이렇게 메말라졌는가 — 495
  4. 철학과 현실 — 503

1 부
삶과 그 보람

1장 삶의 궁극목표로서의 행복
2장 삶의 설계
3장 인생 설계의 몇 가지 유형
4장 행복의 실현을 위한 지혜

1장 삶의 궁극목표로서의 행복

1. 행복에 대한 염원

우리가 삶의 현장에서 부딪치는 크고 작은 문제들은 필경 모두 하나의 물음으로 연결된다. "어떻게 살 것인가?" 이 물음은 너무나 진부하게 느껴질 뿐 아니라 똑떨어진 대답을 얻기 어려운 까닭에 많은 사람들에 의해서 외면당하기 쉽다. 그러나 우리는 가끔 이 물음과 대결해야 한다. 왜냐하면 이 물음은 모든 삶의 물음의 뿌리에 해당하며, 이 물음에 대한 기본적 성찰 없이는 삶의 현장에서 부딪치는 크고 작은 문제들에 대하여 자신 있는 태도를 취할 수 없기 때문이다.

"어떻게 살 것인가?"라는 물음에 대해서 여러 사상가들이 이미 여러 가지 표현으로 대답을 제시한 바 있다. 인간에게는 '인간의 도리'가 있으니 이 도리를 따라서 살라고 가르친 사람도 있고, 인간을 포함한 만물의 창조자인 하느님의 뜻을 따라서 살라고 가르친 사람도 있다. 욕심을 버리고 깨끗하게 살아야 한다고 가르친 사람도 있으며, 최대의 가치를 실현하도록 살라고 가르친 사람도 있다.

성현 또는 철학자로 알려진 이들의 주장은 여러 가지 어려운 문제를 불러 일으킨다. '인간의 도리'라는 것이 과연 정해져 있는 것인가? 그것은 누가 정한 것이며 그 구체적 내용은 무엇인가? 하느님이 만물을 창조했다는 주장 을 뒷받침할 만한 근거가 있는가? 하느님의 뜻이 무엇인지 우리가 어떻게 알 수 있으며, 인간인 우리가 왜 우리 인간의 마음을 따라서 살지 않고 굳이 하느님의 뜻을 따라야 하는가? (우리를 낳아 준 부모로부터 독립하여 자기 들의 뜻대로 살 수 있는 자유가 자녀들에게 있다고 하는 현대인의 논리를 하 느님과 인간 사이에는 적용하면 안 된다는 이유가 무엇일까?) 왜 욕심을 버 려야 하며, '깨끗하게 산다'는 것은 도대체 어떤 삶을 말하는 것일까? 최대 의 가치를 실현하라고 하는데, 도대체 '가치'라는 것이 무엇이며 그 크기를 어떻게 측정할 수 있다는 것일까?

이러한 철학적인 문제들을 뚫고 나가서 "어떻게 살 것인가?" 하는 문제에 대답하기로 작정한다면 우리의 길이 너무 멀어질 것이다. 따라서 우리는 저 골치 아픈 문제들과의 대결을 피하고 돌아서 가는 길을 찾아야 한다. 그러나 과연 '돌아서 가는 길'이 있을까?

여러 가지로 제시된 성현 또는 철학자들의 가르침 가운데 하나의 공통점 을 발견할 수 있을 것 같다. 그들이 반드시 그렇게 말하지는 않았다 하더라 도, 그들의 가르침 배후에는 다음과 같은 공통된 예언이 깔려 있다. 즉 "내 가르침을 따르면 너희들은 복을 받게 되리라!" 또는 "내 가르침을 따르면 너 희들은 보람된 삶 속에 영원한 기쁨을 누리게 되리라!" 하는 따위의 예언이 다. '덕불고(德不孤)'니 '천당'이니 '극락'이니 '정복(淨福)'이니 하는 따위의 말들이 모두 그런 예언을 암시하는 뜻을 가지고 있다.

일찍이 아리스토텔레스는 누구에 있어서나 삶의 궁극목적은 '행복'이라 고 언명한 바 있다. 사람들은 각각 다른 길에서 무엇인가를 성취하고자 애쓰 고 있지만, 결국에 가서는 모두가 행복을 얻고자 꾀하고 있다는 점에서 같다는 것이다. '행복'이라는 말을 좁은 뜻으로 이해하여 '즐겁고 안온하며 근심 걱정 없는 삶'과 비슷한 것으로 생각한다면, 아리스토텔레스의 주장이 맞지 않는 경우도 있을 것이다. 스스로 풍운(風雲)의 생애를 선택한 의사(義士)나 혁명가의 인생관을 소극적 의미의 행복론으로 설명하기는 어려울 것이다. 그러나 '행복'이라는 말을 넓은 뜻으로 이해하여 '인간으로서의 보람과 만족을 느낄 수 있는 삶'과 비슷한 것으로 생각한다면, 사람들은 누구나 결국 행복을 추구한다는 아리스토텔레스의 주장에는 별로 무리가 없을 것이다.

흔히 '소시민(小市民)'이라고 불리는 우리네 보통 사람들의 경우에는 삶의 궁극목적이 행복에 있다는 아리스토텔레스의 주장은 더욱 실감 있게 받아들여진다. 사실 우리는 여러 가지 상황에서 여러 가지의 활동과 노력을 하고 있지만, 결국 따지고 보면 모두가 행복을 위한 활동이요, 행복을 위한 노력이 아닌 것이 별로 없다. 우리네 보통 사람들은 모두 한결같이 행복을 염원하고 있으나, 다만 행복을 추구하는 길에 있어서 각자의 방식이 서로 다를 따름이다.

만약 우리들의 궁극적 염원이 행복을 얻음에 있다는 것이 필연적 사실이라면, 참된 행복에 가급적 가까이 접근하도록 사는 것이 올바른 삶의 태도라고 말할 수 있을 것이다. 결국 우리가 진정으로 소망하는 바를 달성하도록 사는 길, 다시 말하면 한 인간으로서 진심으로 만족할 수 있는 삶을 위하여 성실하게 노력하는 길 이외에 더 나은 다른 길이 있다고 생각할 이유가 별로 없을 것 같다. '인간의 도리' 또는 '하느님의 뜻'을 따르는 삶도 그것이 만약 우리에게 깊은 만족을 주지 못한다면 그토록 귀중할 이유가 없을 것이다. '욕심을 초월한 깨끗한 삶'이나 '최대의 가치를 실현하는 삶'도 만약 그것이 우리가 진정 소망하는 바와 일치하지 않는다면, 굳이 그러한 삶을 살아야 할 이유가 없을 것이다. 성현들 또는 철학자들의 가르침이 우리에게 설득력을 갖는 것은 그들의 가르치는 길과 우리가 진심으로 염원하는 바가 한데 만나기 때문이 아닐 수 없다.

2. 제도와 사람

모든 사람들이 인간다운 삶 또는 행복한 삶을 염원하고 있지만, 실제로 행복한 삶을 이룩하는 사람은 비교적 많지 않다. 모든 사람들이 보람찬 삶을 열망하고 각자 나름의 노력도 하지만, 실제로 그 뜻을 이루는 사람은 비교적 적은 편이다. 쉽게 말해서, 세상일이 마음대로 되지 않는다. 마음대로 되지 않을 뿐 아니라 우리의 소망과는 전혀 다른 결과를 얻고 좌절할 경우가 허다하다. 이와 같은 괴리의 원인은 어디에 있는 것일까? 원인이 무엇인지 알아야 대책을 세울 수가 있을 것이다.

인간이란 본래 힘과 지혜에 있어서 유한한 존재이므로 세상일이 뜻대로 되지 않는 것이 도리어 당연하다고 볼 수도 있다. 그러나 모든 잘못의 원인이 인간의 유한성 또는 불가피한 운명에 있다고 보기는 어렵다. 사실 인간의 힘으로 능히 막을 수 있는 불행을 우리의 잘못으로 막지 못하는 경우가 너무나 많다. 인간의 힘으로는 어쩔 수 없는 불행의 문제는 잠시 접어 두더라도, 인간의 힘으로 처리할 수 있는 문제에 대해서만은 최선을 다하는 것이 우리가 취해야 할 바른 태도일 것이다.

인간에게 책임이 있는 불행의 원인 가운데는 제도적인 것도 있고 개인적인 것도 있다. 예컨대 입학시험 경쟁에서 오는 재수생들의 불행이나 불경기로 인한 실업자들의 불행은 잘못된 제도에 주원인이 있다고 보아야 할 것이다. 조선시대의 청상과부들이 겪었던 불행도 여자의 재혼을 금지한 제도의 잘못 때문이었다고 볼 수 있다. 그리고 게으름과 낭비로 인하여 가난한 사람의 불행, 또는 과음 과식과 운동 부족으로 말미암아 건강을 잃은 사람의 불행은 개인의 잘못에 기인한다고 말할 수 있을 것이다.

모든 불행의 궁극적 원인은 제도의 잘못에 있다고 보는 견해도 있다. 사회 제도가 잘못되어 있기 때문에 범죄가 생기고 사치와 낭비도 생기며, 또 그 밖의 여러 가지 반사회적 행위가 생긴다고 보는 것이다. 일리가 있는 주장이 기는 하나, 모든 불행의 원인을 제도의 잘못으로 돌리는 주장은 제도의 혁신을 열망한 사람들의 주관이 개재한 주장이며, 개인의 심성(心性)이 사회제도에 의하여 일방적으로 결정된다는 주장은 지나친 생각이다. 이 주장이 지나치다는 증거로서는 같은 제도 아래 있는 국가들 사이에도, 국민의 의식 수준의 차이가 클 경우에는 각국의 사회 현실에 현격한 차이가 발견된다는 역사적 사실을 지적할 수 있을 것이다.

개인의 심성과 사회제도의 관계는 어느 한편이 다른 한편을 일방적으로 결정하는 관계가 아니라, 서로가 영향을 주고받는 상호적 관계라고 보아야 한다. 따라서 우리가 오늘의 불행을 줄이고 내일의 행복을 증진하고자 한다면, 개인적 차원의 노력과 제도적 차원의 노력을 아울러 추진해야 할 것이다. 형식적 제도의 개혁만으로는 현실이 좋아지기는 어려우며, 형식적으로는 같은 제도라 하더라도 그 운영의 내용 여하에 따라서 사회 현실에는 막대한 차이가 생긴다. 그리고 제도를 어떻게 운영하는가 하는 것은 제도 자체에 의해서 자동적으로 결정되는 것이 아니라, 제도에 관여하는 사람들에 의해서도 크게 좌우된다.

제도를 바꾸고 또 그것을 올바르게 운영하기까지에는 오랜 세월이 걸린다. 따라서 제도가 바뀌기 전에는 아무런 개인적 노력도 무의미하다고 보는 태도를 취한다면, 너무나 많은 세월을 허송할 공산이 크다. 세상에는 개인의 힘으로 할 수 있는 일과 할 수 없는 일이 있다. 개인의 힘으로는 해결할 수 없는 거창한 문제에 매달리는 특수한 인물도 필요하겠지만, 더욱 중요한 것은 각자가 맡은 일상적인 일들을 충실하게 수행하는 일반 시민들이다. 개인의 힘으로 할 수 있고 또 해야 하는 사소해 보이는 일들을 모두가 충실하게 수행할 때 사회 현실은 조금씩 고쳐질 것이고, 책임감 있는 시민들의 평범한 노력이 쌓이고 쌓이면 그 집합된 역량은 제도의 효과적 개혁을 위한 귀중한 밑거름이 될 것이다.

이 글에 있어서 일차적 관심의 대상이 되고 있는 것은 개인적 삶의 문제다. 우리는 "어떻게 살 것인가?" 하는 물음을 개인적 관점에서 제기하고 출발했던 것이며, "어떤 사회를 건설할 것인가?" 하는 물음을 사회철학적 관점에서 제기하고 출발했던 것은 아니다. 이 둘째 물음도 우리에게는 매우 중요한 문제이며, 첫째 문제와 아울러 다루어져야 할 문제다. 그러나 제한된 지면으로 두 가지 문제를 모두 다루기는 어려우므로, 사회의 구조나 제도에 관한 문제는 다른 기회로 돌리고 여기서는 개인적 관점에서 본 삶의 문제에 국한하여 고찰을 전개하기로 한다.

설령 사회의 제도나 구조에 나무랄 데가 없다 하더라도, 그것만으로 그 사회의 모든 개인들이 행복을 누리게 되리라는 보장은 없다. 정당한 사회제도의 수립은 개인들이 행복을 실현하기에 매우 유리한 조건이기는 하나, 그것이 자동적으로 성원 각자에게 행복을 가져다 주지는 않는다. 비록 사회제도가 잘되어 있더라도 그 안에 사는 개인이 잘못하면 불행하게 될 가능성은 여전히 남아 있다. 반대로, 사회의 제도나 구조에 큰 결함이 있다 하더라도 그것만으로 사회의 모든 성원 또는 대부분의 성원이 반드시 불행하게 되는 것은 아니다. 부당한 사회제도는 개인들이 행복을 실현하기에 매우 불리한 조건이기는 하나, 그것만으로 개인의 불행을 불가피하게 만드는 절대적 조건은 아니다. 비록 사회제도의 결함이 많더라도, 개인적인 슬기와 노력으로써 어느 정도는 불행을 극복할 수 있는 가능성은 남아 있다.

이와 같은 말을 하는 까닭은 부당한 사회제도를 그대로 두어도 좋다고 생각하기 때문은 결코 아니다. 제도 개혁의 문제는 일조일석에 해결될 문제가 아니며, 설령 형식적인 제도의 개혁이 이루어진다 하더라도 그것이 올바로

운영되기 위해서는 개인들의 바른 생활 태도가 전제되어야 한다고 믿는 까닭에, 나는 여기서 개인적 생활 태도의 중요성을 강조하는 것이다. 한 시민으로서 해야 할 일상적 임무를 제대로 수행하지 못하는 사람들은 어떠한 제도 아래서도 훌륭한 일꾼이 되기 어렵다. 이상에 더욱 가까운 제도가 수립되기 위해서도 국민 각자의 의식 수준이 한층 높게 향상되어야 한다.

3. 어디에 행복이 있는가

메테를링크(M. Maeterlink)의 동시극 『파랑새』는, 어린 오누이가 행복의 상징인 파랑새를 구하려고 온갖 곳을 찾아다녔으나 헛걸음만 하고 집으로 돌아와 보니, 저희들 집 머리맡에 놓인 새장 속에 바로 그 파랑새가 있음을 깨닫게 된다는 줄거리로 되어 있다. 행복이란 산 넘어 바다 건너 먼 곳에 있는 것이 아니라 바로 신변 가까이 있다는 것을 이야기하거나 노래한 사람은 그 밖에도 많이 있다.

우리가 무엇을 얻고자 할 때, 목적을 달성하기 위하여 첫째로 중요한 것은 얻고자 하는 대상이 있는 곳에서 그것을 구하는 일이다. 예컨대 물고기를 얻고자 하는 사람이 낚싯대를 들고 산으로 가거나 펭귄의 생태에 관한 지식을 얻고자 하는 사람이 카메라를 들고 아마존강을 찾아간다면, 뜻을 이룰 가능성이 거의 없을 것이다. 행복의 경우도 마찬가지여서, 그것을 얻기 위해서는 그것이 있는 곳에서 그것을 찾아야 한다. 그런데 사실은 많은 사람들이 엉뚱한 곳에서 행복을 찾는 경향이 있었고, 특히 현대 산업사회에서는 이 경향이 더욱 현저한 것으로 보인다.

물고기를 잡기 위하여 알프스나 히말라야를 찾는 사람은 없으나 행복을 얻기 위하여 엉뚱한 곳을 헤매는 사람들이 많은 이유는 무엇일까? 물고기는 눈에 보이고 그것이 어디에 있는지 누구나 잘 알고 있는 까닭에, 물고기를 잡으려고 높은 산을 찾아가는 사람은 없다. 그러나 '행복'이라는 것은 물고기처럼 눈으로 볼 수 있는 물체가 아니며, 또 그것이 무엇을 의미하는지에 대하여 사람들의 견해가 다를 수 있는 까닭에, 어떻게 하면 그것을 얻을 수 있는지 알기가 어려우며, 따라서 자연히 엉뚱한 방면에서 그것을 찾는 경우가 많게 된다고 볼 수 있다. 그러므로 우리는 어디에서 행복을 구할 것인가를 묻기에 앞서 행복이 무엇인가에 대해서 잠시 생각해 볼 필요가 있을 것이다.

'행복'이 무엇이냐는 물음에 대해서 '물고기'가 무엇이냐는 물음에 대하듯이 분명한 대답을 하기는 어렵다. 사실 행복의 개념에 대해서는 사람에 따라서 견해의 차이가 있고, 누구의 견해가 옳은가를 논란의 여지 없이 밝힌다는 것은 불가능에 가까운 일이다. 그러나 전문적 학술 논문이 아닌 이 글에서, 우리가 대략 동의할 수 있는 '행복의 조건'을 열거하는 일은 어느 정도 가능할 것이다.

어떤 사람이 행복하다고 말할 수 있기 위해서는 그가 자기의 삶에 대해서 깊은 만족을 느껴야 할 것이다. 여기서 '깊은 만족'이라 함은 일시적으로 느꼈다가 이내 사라지는 피부 감각적 만족이 아니라, 한 인격으로서 삶 전체에 대하여 느끼는 지속적 만족을 가리킨다. 남이 부러워할 정도로 여러 가지 좋은 조건들을 갖춘 사람이 있다 하더라도, 만약 그 사람 자신은 자기의 삶에 대해서 고통스러울 정도의 불만을 느낀다면, 우리는 그를 행복한 사람이라고 보기 어렵다. 그런 뜻에서, 자기의 삶에 대한 인간적 만족이라는 심리적 사실은 한 사람이 행복하다고 말할 수 있기 위한 필요조건의 하나라고 보아야 할 것이다.

어떤 사람이 자기의 삶에 대해서 전체적이며 지속적인 만족을 느낀다 하더라도, 만약 그가 환상에 사로잡혔거나 또는 생각이 부족해서 그러한 만족에 도취하고 있는 것이라면, 우리는 그 사람을 참으로 행복하다고 보기 어렵다. 예컨대 전설 속의 폭군의 경우와 같이, 온 백성의 증오와 원망을 사면서 주지육림(酒池肉林)을 즐기며 삶을 구가한 사람이 있다고 가정할 때, 우리는 그를 행복한 군주라고 보지 않을 것이다. 또 매우 어리석고 미련하거나 또는 외부 세계에 대한 정보가 두절된 폐쇄적인 환경에 갇혀서 사는 까닭에 인간 이하의 생활을 하면서 그 생활에 만족을 느끼는 사람들의 경우에도, 우리는 보통 그들을 보며 행복하다고 하지 않는다. 일종의 행복론자로 볼 수 있는 존 스튜어트 밀의 유명한 말도 우리의 주장과 맥을 같이한다. "만족한 돼지가 되기보다는 차라리 불만족한 인간이 되는 편이 나으며, 바보로서 만족하기보다는 차라리 소크라테스로서 불만족한 편이 낫다."

객관적 견지에서 남이 보더라도 만족할 만한 근거가 있어서 만족을 느끼는 사람을 가리켜 우리는 '행복한 사람'이라고 말하는 것이 보통이다. 요컨대 본인의 만족이라는 주관적 측면과 그 만족을 근거지을 만한 객관적 측면이 아울러 갖추어졌을 때, 비로소 정상적인 의미의 '행복'이 실현된다고 보는 것이 나의 생각이다. 그렇다면 그 주관적 만족을 근거지을 만한 '객관적 측면'이란 어떤 조건들을 말하는 것일까?

"행복의 객관적 조건들이 무엇인가?"라는 물음에 대해서 오직 하나의 정답을 제시할 수는 없을 것이다. 다시 말하면, 인간으로서의 깊은 만족을 느끼기에 필요하고 충분한 조건은 무엇무엇이라는 것을 주장하는 어떤 한 가지 대답만이 절대로 옳고 다른 대답들은 모두 틀렸다는 것을 밝힐 수 있는 논리적 방법은 없을 것이다. 다만 여기서 우리가 할 수 있는 것은 행복의 객관적 조건으로서 가장 적합하다고 생각되는 것들을 제시하는 데 그칠 것이며, 다른 사람들이 다른 견해를 주장할 수 있는 여지는 남게 될 것이다. 행복론이란 본래 논자의 주관을 완전히 배제할 수 없는 사상의 영역이다.

4. 우리는 어떤 경우에 행복을 느끼는가

욕구가 충족되었을 때 또는 뜻한 바가 이루어졌을 때 우리는 기쁨을 느낀다. 배가 고플 때 음식물을 먹어도 기쁘고, 바둑이나 장기로 맞수를 꺾었을 경우에도 기쁨을 느낀다. 일상적인 사소한 일로 느끼는 기쁨에 대해서도 '행복'이라는 말을 쓰는 사람이 없지 않으나, 일반적으로는 삶 전체에 대해서 한 인격이 느끼는 깊은 만족을 '행복'이라고 부르는 것이 보통이다. 삶 전체에 대하여 한 인격이 깊은 만족을 느끼기 위해서 가장 중요한 조건들은 어떠한 것일까?

굶주림과 추위에 시달릴 정도로 가난한 살림 속에서도 깊은 만족을 느낄 경우가 있다. 그러나 그러한 만족은 대개 일시적인 것이며, 지겹도록 가난한 속에서 삶 전체에 대한 지속적인 만족을 느낀다는 것은 지극히 어려운 일이다. 통 속의 철인으로 알려진 디오게네스의 이야기는 하나의 예외적 일화일 뿐이며, 돈이 없이는 하루도 살기 어려운 현대 산업사회에 있어서 일반인에게 두루 적합한 교훈이 될 수는 없다. 우리네 보통 사람들을 위해서는 기본 생활의 안정은 행복을 위한 필수 조건이다.

그러나 기본 생활의 안정만으로 삶 전체에 대하여 지속적인 만족을 느끼기는 어렵다. 가난하던 시절이 끝나고 모처럼 의식주가 안정을 얻게 되었을 때 우리는 큰 만족을 경험한다. 그러나 그와 같은 기쁨은 고통으로부터 해방되었을 때 일시적으로 경험하는 기쁨이며, 기본 생활의 안정 그것만으로 삶 전체가 지속적으로 만족스러울 수는 없다. 다시 말하면, 경제적 안정을 바탕으로 삼고 그 위에서 어떤 보람 있는 무엇이 창출되었을 때 우리는 인간으로서의 깊은 만족을 느끼게 되며, 단순히 물질생활에 어려움이 없다는 것만으로 지속적인 만족을 느끼기는 어렵다. 인간은 육체적 욕구의 충족만으로 만족을 느끼는 일반 동물과는 달라서, 어떤 정신적 성취가 이루어졌을 때 비로소 깊고 지속적인 만족을 경험한다.

건강에 대해서도 우리는 같은 말을 할 수가 있을 것이다. 건강이 나쁜 상태에서는 만족스러운 삶을 갖기가 매우 힘들다. 그리고 병고에 시달리던 사람이 건강을 회복했을 때의 기쁨은 이루 말할 수가 없을 정도로 크다. 그러나 건강한 것만으로 삶이 전체적으로 그리고 지속적으로 만족스럽기는 어렵다. 비록 심신이 건강하더라도 하는 일이 아무것도 없거나 사랑을 주고받는 상대가 전혀 없는 사람은 자기의 삶에 대해서 전폭적인 만족을 느끼기 어렵다. 건강도 경제적 안정과 마찬가지로 행복을 위해서 매우 중요한 필요조건이기는 하나, 그 충분조건이라고 보기는 어렵다.

경제생활의 안정과 심신의 건강은 행복을 위한 소극적 필요조건이다. 다시 말해서, 경제생활이 안정을 얻지 못하거나 심신의 건강이 좋지 못할 경우에는 불행을 면하기가 어렵다. 그러나 물질생활의 안정과 건강만으로 행복이 실현되는 것은 아니다. 그 위에 무엇인가 더 보태져야 한 인간으로서 깊은 만족을 얻을 수가 있다. 물질생활의 안정과 건강 위에 또 보태져야 할 그 무엇이란 어떠한 것일까? 이 물음에 대한 대답은 대답하는 사람의 인생관에 따라서 다소간 차이가 있을 것이나, 나는 다음 세 가지를 행복의 적극적 필요조건 중 가장 중요한 것으로서 거론하고 싶다.

첫째로, 우리는 자기가 정신적으로 또는 육체적으로 발전하고 있음을 의식할 때, 인간으로서의 만족 즉 행복을 느낀다. 자기의 능력이나 기량 또는 신망 등이 그제보다 어제가 낫고 어제보다 오늘이 낫다는 것을 의식할 때, 우리는 삶 전체에 대하여 깊은 만족을 느낀다. 모든 사람들이 추구하는 궁극목적은 행복이라고 언명한 아리스토텔레스가 '행복'이 무엇이냐는 물음에 대해서 얻은 결론은 '자아의 실현'이었다. 다시 말해서, 사람이면 누구나 타고난 이성(理性)의 소질을 충분히 발전시키는 과정에서 행복이 실현된다고 그는 보았던 것이다. 이성만을 특별히 강조한 아리스토텔레스의 자아실현설에 대해서는 이론의 여지가 있을 것이나, 어쨌든 자아실현의 한 측면이라고 볼 수 있는 '자아의 성장'을 의식할 때 우리가 인간적 만족을 느낀다는 것은 일반적 현상으로서 인정할 수 있을 것이다.

둘째로, 우리는 자기가 속해 있는 공동체 내지 집단을 위해서 떳떳한 구실을 하는 필요한 존재라는 것을 스스로 인정할 때, 인간으로서의 깊은 만족 즉 행복을 느낀다. 사람은 누구나 어떤 집단에 속하도록 마련되어 있거니와, 그가 속해 있는 집단을 위해서 무언가 떳떳한 구실을 해야 자신의 존재에 대해서 가치를 인정할 수 있고 또 자신의 삶에 대해서 만족을 느낄 수가 있다.

자기가 몸담고 있는 집단을 위해서 별로 하는 일이 없거나 남의 짐밖에 되지 않는 사람은 자기의 삶에 대해서 만족을 느끼기 어렵다. 늙은 뒤에도 가문을 위해서 할 일이 많았던 옛날 대가족제도 시절의 노인들에 비해서 별로 뚜렷한 구실이 없는 오늘날 핵가족제도하의 노인들이 훨씬 불행한 이유도 우리는 같은 맥락에서 설명할 수 있을 것이다.

셋째로, 우리는 자기와 교섭을 가진 사람들과의 인간관계가 원만할 때, 인간으로서의 깊은 만족을 경험한다. 인간은 본래 사회적 존재여서 여러 사람들과 직접 또는 간접으로 교섭을 갖기 마련인데, 이 대인관계가 원만하냐 그렇지 못하냐 하는 것은 사회 전체의 질서와 번영에도 직결되고 개개인의 행불행에도 결정적 영향을 미친다. 대인관계가 원만하다는 것은 넓은 의미의 사랑으로 맺어진 사이가 많다는 것을 말하는 반면, 대인관계가 좋지 않다는 것은 넓은 의미의 미움으로 맺어진 사이가 많다는 것을 말한다. 그런데 인간이 인간으로서의 환희를 가장 훈훈하게 느끼는 것이 사랑의 감정 속에서이며, 한편 인간이 인간으로서의 비애를 가장 심각하게 느끼는 것은 미움의 감정 속에서이다. 이러한 관점에서 나는 원만한 대인관계, 즉 인화(人和)를 행복을 위한 또 하나의 객관적 조건으로서 추가하고자 한다.

위에서 말한 세 가지 조건들 사이에는 밀접한 연관성이 있다. 자아의 성장 내지 실현에 있어서 높은 경지에 이른 사람일수록 공동체를 위해서 떳떳한 구실을 하기에 유리한 위치에 서게 되고, 대인관계가 원만한 사람일수록 공동체를 위해서 필요한 사람으로서의 대접을 받기가 용이하다. 또 대인관계에 있어서 두루 원만하다는 것은, 그 자체가 인격적으로 크게 성장한 사람의 한 징표이기도 하다.

이상에서 우리는 행복의 소극적 필수 조건으로서 기본 생활의 안정과 건강을 들었고, 그 적극적 필수 조건으로서 자아의 성장 내지 실현과 집단을 위한 떳떳한 구실 그리고 원만한 인간관계를 다시 추가하였다. 그러나 왜 하필이면 이상의 다섯 가지를 행복의 객관적 조건의 으뜸으로서 손꼽느냐고 이론을 제기할 여지가 없지 않다. 기본 생활의 안정과 건강은 그렇다 치더라도, 다른 세 가지보다는 차라리 막대한 금력과 권력 또는 높은 지위와 자자한 명성이 더 요긴하지 않겠느냐고 이의를 제기할 사람이 있을지도 모른다.

앞에서도 이미 말한 바와 같이, 우리가 지금 고찰하고 있는 문제에 대해서 어떤 하나의 대답만을 절대적 정답으로서 입증할 수는 없다. 어떤 하나의 인생관만이 절대로 옳다고 단정할 논리적 근거가 없듯이, 어떤 하나의 행복관만이 절대로 옳다는 것을 밝힐 수 있는 논리는 존재하지 않는다. 다만 나 자신의 체험과 사색에 입각하고 또 다른 사람들의 글을 두루 참고로 하여 위와 같은 결론에 이른 것이다.

금력과 권력 또는 지위와 명성 따위가 그것들을 얻은 사람에게 큰 만족감을 주는 것은 사실이며, 만약 떳떳한 방법으로 그것들을 얻을 수 있다면 행복을 위해서 크게 도움이 되리라는 것은 의심의 여지가 없다. 그러나 돈이나 권력 또는 지위가 없더라도 자아의 성장을 이룩하여 공동체에 필요한 일꾼이 되고 또 대인관계가 원만하다면 행복을 느낄 수 있으나, 위의 세 가지가 결여된 상태에서는 돈이나 권력 또는 지위 등을 얻는다 하더라도 행복을 느끼기 어렵다는 사실을 고려할 때, 어느 편이 더 소중한가를 우리는 직관적으로 짐작할 수 있을 것이다.

2장 삶의 설계

1. 인생 설계와 건축설계

오두막이나 초가삼간 정도라면 설계도가 없더라도 지을 수가 있다. 그러나 웅장하거나 예술적인 건축을 위해서는 정교한 설계도가 있어야 한다. 인생의 경우에도 사정은 비슷하다. 아무렇게나 되는대로 살기로 작정한다면 굳이 인생 설계를 거론할 필요가 없으나, 좀 더 보람 있고 뜻있는 삶을 갖기 위해서는 미리 청사진을 그릴 필요가 있다. 한 개인의 생애를 하나의 작품으로 생각할 수 있다면 각자는 자신의 생애를 건축하는 작가에 해당하며, 하나의 아담한 생애를 창작하기 위하여 각자는 우선 자신의 삶을 슬기롭게 설계해야 할 것이다.

집이 필요한 사람이 새 집을 짓고자 할 때는 전문적 건축설계사에게 맡기는 것이 보통이다. 그러나 인생의 설계는 남에게 부탁할 성질의 것이 아니다. 남의 조언을 참고로 하는 것은 바람직하나, 필경 자기의 삶은 본인 스스로 설계할 수밖에 없다. 인생이란 건축처럼 단순하고 기계적인 과정이 아니어서 항상 변동하는 상황에 주체적 결단으로 대처해야 하는 까닭에, 조언자가 늘 붙어 다닐 수 없는 이상 남이 만든 설계는 별로 쓸모가 없다. 그뿐만 아니라 자기의 삶은 자기가 주체적으로 살아야 마땅하다는 관점에서 보더라도 인생 설계의 마지막 결정은 본인 스스로 내려야 한다.

내 인생은 내가 스스로 설계해야 하고 내가 스스로 살아야 한다. 우리가 여기서 우선 부딪치는 문제는 "나는 내 인생을 어떻게 살 것인가?" 하는 물음이다.

하나의 이상적인 삶의 모형이 있어서 모든 사람들이 그 모형을 따라서 살아야 한다고는 생각되지 않는다. 만약 그런 모형이 이미 정해져 있다면 삶의 설계는 미리부터 결정되어 있는 셈이며, 따로 내 인생을 설계하고 말고 할 여지가 없다고 보아야 할 것이다. 오직 한 가지만의 이상적인 집의 모형이 있어서 집이 필요한 모든 사람들이 그 모형을 따라서 똑같은 집을 지을 필요가 없듯이, 인생의 경우에도 오직 한 가지 삶의 방식만이 옳다고 생각할 이유가 없다.

어떠한 모양의 집을 짓든 또는 어떠한 크기의 집을 짓든 각자가 알아서 할 일이듯이, 어떠한 목표와 방식을 따라서 살 것이냐 하는 문제도 각자가 자유롭게 결정할 문제다. 세상의 모든 사람들이 똑같은 집을 짓고 산다면 볼품없는 마을 또는 볼품없는 도시가 생길 것이다. 삶의 경우에도 다양한 모습과 다양한 방식의 설계가 조화를 이룰 때 바람직한 사회의 탄생을 볼 수 있을 것이다.

모든 사람이 거울로 삼아야 할 이상적 인간의 틀이 정해져 있다고 주장한 학설이 없었던 것은 아니다. 예컨대, 아리스토텔레스는 항상 이성적으로 사유하고 이성적으로 행동하는 사람을 이상으로 삼았으며, 스피노자는 정념(情念)에 의하여 흔들리지 않고 언제나 태연자약한 인물이 되라고 권장하였다. 그리고 불가에서는 세속의 번뇌를 벗어나서 열반의 경지에 이르는 것을 최고의 목표로 제시하였다. 그러나 철학 또는 종교의 스승들의 교설은 이상적 인간상의 대체적 윤곽을 제시했을 따름이며, 이상적 인간상의 세부적인 모습까지를 일일이 규정한 것은 아니다. 그들의 가르침 가운데 어떤 하나를 신봉한다 하더라도, 그 테두리 안에서 세부의 모습이 서로 다른 여러 가지의 삶을 설계할 수 있는 여지는 남을 것이다.

인류의 역사 안에는 여러 가지의 철학설과 종교설이 있고, 그들이 가르치는 이상적 인간상에는 공통점도 있으나 차이점도 있다. 이상적 인간상에 관한 여러 가지 학설 또는 종교설 가운데 어느 하나만이 절대로 옳다고 믿는 사람도 있을 것이고, 그렇지 않다고 믿는 사람도 있을 것이다. 어떤 하나의 철학설 또는 종교설만이 옳다고 믿는 사람은 각자 자기가 옳다고 믿는 가르침의 테두리 안에서 인생을 설계할 일이다. 내가 그렇듯이, 어떤 하나의 가르침만이 절대로 옳다고 고집할 논리적 근거가 없다고 믿는 사람은 과거의 철학이나 종교에 구애됨이 없이 비교적 자유롭게 인생을 설계할 일이다. 그러나 어떤 하나의 철학설 또는 종교설을 믿지 않는 사람이라 할지라도 아무렇게나 제멋대로 삶을 설계해도 좋다고는 생각되지 않는다.

집이 필요해서 집을 짓는 사람이 양옥을 짓든 한옥을 짓든, 이층집을 짓든 단층집을 짓든, 그것은 각자가 자유롭게 결정할 일이다. 그러나 쓸모있고 아름다운 집을 제대로 짓기 위해서는 건축공학과 건축미학의 기본 원칙은 지켜야 한다. 다시 말하면, 집을 짓고자 할 때 어떤 집을 짓든 자유이기는 하나, 제대로 된 집을 짓기 위해서는 건축공학과 건축미학의 기본 원칙을 지키는 범위 안에서 그 자유의 권리를 행사해야 한다.

인생의 경우에도 사정은 마찬가지라고 보아야 한다. 어떤 인생을 설계하든 각 개인의 자유이기는 하나, 보람 있고 뜻있는 생애를 얻기 위해서는 인생 설계의 기본 원칙을 지키는 범위 안에서 그 자유를 누려야 할 것이다. 그렇다면 인생 설계의 기본 원칙이란 어떠한 것일까?

2. 소질과 개성의 존중

삶을 설계함에 있어서 누구나 유의해야 할 첫째 원칙은, 자신에게 주어진 여러 가지 여건을 충분히 고려하여 그들 여건에 맞도록 삶의 계획을 세워야 한다는 것이다. 사람들은 누구나 소질과 취향 등에 있어서 남다른 개성을 가지고 있으며, 또 각 개인이 처해 있는 사회적 환경에도 다소간의 차이가 있기 마련이다. 개인에게 주어진 이러한 여건들은 삶을 설계함에 있어 충분히 고려되어야 마땅하다. 건축을 설계할 경우에, 확보된 대지의 크기와 지형, 마련된 자금, 건물의 용도, 건축 자재의 시장 상황 등을 고려하여 실정에 맞도록 합리적으로 설계하는 것이 당연한 것과 마찬가지의 사정이다.

삶을 설계함에 있어서 당사자의 소질과 특색을 살리는 것이 바람직하다는 것은 너무나 당연한 원칙이어서 굳이 말할 필요조차 없을 것 같기도 하다. 그러나 이 너무나 당연한 원칙을 어기는 사람들이 의외로 많다는 사실이 우리로 하여금 이 원칙에 대한 언급을 생략할 수 없게 한다. 많은 사람들이 자기도 모르는 사이에 이 명백한 원칙을 어기는 것이다. 한두 가지 예를 들어서 생각해 보기로 하자.

한국의 부유층의 부모들 가운데는 자녀들의 소질이나 의사는 별로 고려함이 없이 무턱대고 피아노나 그림 공부를 시키는 경우가 많다. 또 대학에 진학하기 위하여 지망 학과를 선택할 때는 지망생의 소질이나 적성을 고려하기보다는 학력고사의 성적을 기준으로 삼는 경우가 흔히 있다. 점수가 높으면 법과대학 또는 의과대학을 지망하고, 점수가 낮으면 사범대학이나 농과대학의 어느 과를 지망한다는 식이다. 이러한 사례는 우리가 말하고 있는 인생 설계의 첫째 원칙을 어긴 현저한 경우라 할 것이다.

우리나라 대학 사회에서는 총장이 되는 것을 큰 성공이라고 보는 경향이 있고, 그 자리를 부러워하는 사람들이 많이 있다. 또 의사 사회에서는 큰 종합병원의 원장 자리가 선망의 대상으로서 각광을 받는다. 재능이 탁월한 학자로서 촉망을 받던 교수나 역량이 뛰어난 언론인으로서 기대를 모았던 신문기자가 관계(官界) 또는 정계(政界)로 직업을 바꾸는 경우도 비교적 많은 편인데, 그럴 경우에도 신문과 방송 등 대중매체는 '기용(起用)'이니 '발탁(拔擢)'이니 하는 축하의 뜻을 담은 말로써 그 사실을 보도한다. 이와 같은 일련의 현상들도 우리가 고찰하고 있는 인생 설계의 첫째 원칙과 조화되기 어려운 현상이 아닐까 한다.

특별히 교육행정에 대한 경륜이 뛰어나서 대학 총장이 되거나 병원 경영에 남다른 능력이 있어서 종합병원 원장이 되는 것을 경사로 생각하는 것이라면, 거기에는 아무런 문제도 없다. 또 학자나 언론인으로서 남는 것보다도 관계나 정계로 자리를 바꾸는 편이 본인의 능력을 발휘하고 사회에 이바지함에 있어 더 좋은 결과를 가져올 전망이 뚜렷할 경우에는, 그러한 직업의 전환을 환영하고 축하하는 것이 당연하다 할 것이다. 그러나 우리나라에서는 본인의 역량이나 적성은 고려하지 않고 단순히 그 지위를 얻었다는 사실 자체를 대견하게 여기거나 부러워하는 경향이 있다. 이것은 분명히 소질 또는 적성에 따라서 인생을 살아야 한다는 우리들의 첫째 원칙과는 조화되기 어려운 현상이 아닐 수 없다.

소질과 적성에 맞도록 인생을 설계하고 또 그러한 설계에 따라서 살아갈 때, 개인은 자아의 실현으로 접근하게 되고 사회 전체는 균형된 발전을 이룩하게 될 것이다. 소질과 적성에 맞도록 삶을 설계하고 인생을 사는 것은 개인을 위해서도 바람직한 일이고 사회 전체를 위해서도 바람직한 일이다. 그럼에도 불구하고 오늘날 우리 주변에는 이 명백한 상식을 배반하는 사례가 흔히 일어나고 있다. 도대체 무엇 때문에 이러한 모순된 현상이 생기는 것일까?

가령 대학 수험생이 소질과 적성보다도 학력고사의 점수에 맞추어 지망

학과를 정했을 때, 우리는 수험생 또는 그의 부모를 어리석다고 단순하게 말할 수 있을까? 또는 행정가로서보다는 학자로서의 능력이 돋보이는 대학교수가 총장 자리나 장관의 자리를 수락했을 때, 우리는 그 대학교수를 어리석은 사람이라고 단순하게 말할 수 있을까? 그렇게 단순하게 말하기는 어렵다고 생각한다. 우리나라의 여러 가지 실정을 고려할 때, 점수에 따라 지망 학과를 결정하는 것이 도리어 상식적이라는 판단도 성립할 수 있을 것이다. 대학교수가 총장이나 장관의 자리를 받아들이는 결정을 별로 이상할 것이 없다고 보는 사람들이 더 많을지도 모른다. 알기 쉽게 말해서, 점수에 따라 지망 학과를 정하는 것이 도리어 상식적이며, 소질과 적성을 고집하는 편이 도리어 별난 사람이라고 볼 수도 있다. 또 총장이나 장관의 자리를 얻을 수 있는 기회가 왔을 때 그 기회를 잡는 편이 상식적인 처세이며, 그것을 뿌리치는 것은 도리어 유별난 짓이라고 볼 수 있는 여지도 있다.

어디엔가 분명히 모순이 있다. 소질과 적성에 맞추어 전공을 선택하고 직업을 결정해야 한다는 것은 당연한 상식이다. 그런데 이 상식적 원칙에 어긋나는 태도가 도리어 상식적으로 보이고, 상식적 원칙을 고수하고자 하는 처세는 좀 유별나게 보인다. 여기에는 분명히 어떤 모순이 개재해 있다고 보아야 할 것이다. 무엇이 어떻게 잘못되어 있는 것일까?

우리의 상황을 간단하게 요약해서 표현하면 다음과 같다.

(1) 원칙을 논하기로 말하면 소질과 적성에 맞도록 진로를 결정하는 것이 당연한 처세의 길이다.

(2) 그러나 우리의 현실에 비추어 볼 때는 소질과 적성에 구애됨이 없이 진로를 결정하는 편이 도리어 실정에 맞는 처세일 경우가 있다.

위의 (1)과 (2) 사이에는 어떤 모순이 개재되어 있다고 보아야 할 것인데, 도대체 그 모순의 정체는 무엇일까?

결론부터 말하면, 우리의 현실 전체가 "소질과 적성을 따라서 인생을 설계하라!"는 원칙과 맞지 않는 것이다. 현실 전체가 저 원칙과 맞지 않는 까닭에, 어떤 개인이 원칙을 따라서 살고자 할 때는 현실에 적응하기가 어렵게 되는 것이다. 원칙과 현실 사이에 괴리가 있는 까닭에, 원칙을 따르면 현실에 맞지 않고 현실에 맞추면 원칙을 어기는 이율배반이 생기는 것이다.

우리의 현실 전체가 생활 설계의 기본 원칙과 맞지 않는다 함은 무슨 말인가? 이 물음은 우리를 어려운 문제 속으로 끌고 들어간다. 그 어려운 문제와 정면에서 대결하는 일은 이 글의 본래의 목적을 넘어서는 작업을 요구한다. 다만 여기서 우선 말할 수 있는 것은, '원칙과 맞지 않는 현실' 가운데서 중추의 위치를 차지하는 것은 현실의 바탕에 깔린 가치 풍토라는 사실이다. 요컨대, 우리의 현실을 움직이는 가치 풍토가 '생활 설계의 기본 원칙'과 조화되기 어려운 까닭에, 원칙에 따라 생활을 설계할 때 그것이 현실에 맞지 않는 경우가 생기는 것이다. 우리의 가치 풍토의 무엇이 잘못되었기에 저 원칙과 조화되기 어렵다는 것인지에 관해서는 다음 절에서 생각해 보기로 한다.

3. 내면적 가치의 우위

삶을 설계함에 있어서 우리가 지켜야 할 둘째 원칙은, 내면적 가치의 우위가 실천적으로 지켜지도록 삶을 계획하고 실천해야 한다는 것이다. 다시 말하면, 삶의 과정에서 외면적 가치에 의하여 내면적 가치가 밀려나는 일이 없도록 해야 한다는 원칙이다. 그리고 여기서 A라는 가치가 B라는 가치에 의해서 '밀려난다' 함은, A와 B 두 가치 가운데서 하나만을 선택해야 할 상황에 처한 사람이 B를 취하고 A를 버리는 경우를 가리킨다.

'외면적 가치'라 함은 그 가치를 가지고 있는 대상이 그 가치를 경험하는 사람 밖에 있거나 또는 그 가치의 실현이 그것을 경험하는 사람 외부에 있는 조건들에 의하여 주로 결정되는 경우를 일컫는다. 대표적인 예로서는 재산과 권력 그리고 지위 등이 가지고 있는 가치를 들 수 있을 것이다. '내면적 가치'라 함은 그 가치의 실현이 그것을 경험하는 사람 자신의 내적 요인에 의하여 주로 결정되는 경우를 말한다. 그 대표적인 예로는 인격과 사상, 학문과 예술 또는 사랑과 우정 등에 담긴 가치를 들 수 있다. 인간의 건강과 수명도 주로 내면적 가치를 지녔다고 볼 수 있을 것이다.

내면적인지 외면적인지를 판별하기가 어려운 가치가 있다. 예컨대, 쾌락의 경험은 경험자의 내적 요인과 외적 요인의 결합으로 이루어지는 것이므로, 이 경험에 담긴 가치에는 내적인 측면과 외적인 측면이 아울러 있다고 보아야 할 것이다. 그러나 굳이 분류해야 한다면, 정신적 쾌락은 내면적 가치 편으로 넣고 관능적 쾌락은 외면적 가치 편으로 넣을 수 있으리라고 생각한다. 전자는 주로 그 사람 자신의 인품에 달려 있고, 후자는 주로 외부의 수단에 의존하기 때문이다. 명성이 갖는 가치도 대개는 안과 밖에 걸쳐 있다. 이 경우에도 굳이 분류할 필요가 있다면, 실제와 이름이 부합하는 명성은 '내면적 가치' 쪽으로 분류하고 거짓에 기인하는 명성은 '외면적 가치' 쪽으로 분류해야 마땅할 것이다.

"내면적 가치의 우위가 실천적으로 확보되어야 한다."는 우리들의 둘째 원칙도 우리의 현실 사회에 있어서 그리 잘 지켜지고 있지 않다. 말로는 내면적 가치를 더 존중한다고 주장하는 사람들이 많을지 모르나, 실천적 행동의 세계에 있어서는 내면적 가치가 외면적 가치에 밀려나는 경우가 비일비재하다.

오늘날 한국 사회에 있어서 사람들이 가장 열심히 추구하는 목표는 금력과 권력 또는 지위와 같이 외면적 가치에 속하는 것들이다. 어떤 내면적 가치의 실현을 위한 수단으로서 돈이나 권력을 잡으려고 하는 것이 아니라, 그것들 자체를 삶의 최고의 목표로 추구하는 사람들이 많다. 돈이나 권력 또는 사회적 지위를 통하여 도달하고자 하는 더 높은 목표가 존재한다 하더라도,

그 더 높은 목표에 해당하는 것도 관능적 쾌락 또는 허황된 명성 따위의 외면적 가치에 불과할 경우가 압도적이다.

앞 절에서 오늘날 한국 사람들이 각자의 적성에 맞추어 진로를 결정하지 않고 다른 사유를 따라서 전공이나 직업을 선택하는 사례가 많다고 지적하고, 그와 같은 불합리한 삶의 설계가 많은 원인은 주로 우리 사회의 잘못된 가치 풍토에 있다는 말을 하였다. 거기서 말한 잘못된 가치 풍토란 외면적 가치가 내면적 가치를 압도하는 우리들의 가치 풍토를 의미했던 것이다.

우리나라에서는 돈이나 권력과 같은 외면적 가치를 가진 목표를 달성한 사람들이 사회적으로 인정을 받고 있다. 돈을 많이 번 사람들 또는 권력을 잡거나 권력의 주변으로 접근한 사람들이 '성공한 인물'로 인정을 받는 동시에 선망의 대상이 되고 있는 실정이다. 금력이나 권력의 세계에서 뜻을 이룬 사람들이 곧 삶에 있어 성공한 인물이라고 보는 관념이 팽배해 있는 까닭에, 대부분의 사람들이 금력 또는 권력으로 통하는 길을 선호하는 경향이 있다. 사람들은 "어느 길이 내 적성에 맞을까?"를 생각하기에 앞서 "어느 길로 가면 금력 또는 권력으로 접근할 수 있을까?"를 생각하는 경향이 있는 것이다. 이러한 가치 풍토 속에 살고 있는 까닭에, "자기에게 주어진 특성을 살리도록 인생을 설계하라."는 첫째 원칙이 외면을 당하기가 쉽다.

'성공'으로 가는 길이 온갖 방면으로 뚫려 있어서 어떠한 종류의 소질이든 그것을 잘 발휘하면 남의 인정도 받고 존경도 받을 수 있는 가치 풍토 안에서는, 사람들은 누구나 자기가 타고난 소질을 연마하고 발휘하는 일에 전념하고자 하는 강한 동기를 느낄 것이다. 그러나 금력 또는 권력에 접근하는 것만을 '성공'이라고 생각하는 가치 풍토 안에서는, 금력 또는 권력과는 인연이 먼 분야의 재질을 타고난 사람은 자기의 재질을 연마하는 일에 큰 보람을 느끼지 않을 것이다. 오늘날 우리 사회의 가치 풍토는 후자에 가까운 까닭에, 타고난 소질을 연마하여 적성에 맞는 분야에서 보람을 찾고자 하는 동기보다는 어떻게 해서든지 금력 또는 권력으로 접근할 수 있는 길을 뚫고자 하는 동기가 앞서기 쉽다. 비록 잘못된 가치 풍토라 하더라도 현존하는 우세한 가치 풍토에 역행해 가며 인생을 설계한다는 것은 보통 사람들에게는 매우 어려운 일이다.

4. 왜 내면적 가치의 우위를 지켜야 하는가

인생 설계에 있어서 '내면적 가치의 우위'를 지켜야 한다는 주장은, 개인의 소질과 적성 등을 존중해야 한다는 주장처럼 상식적으로 자명한 명제는 아니다. 자신의 소질과 개성을 무시한 인생 설계가 바람직하지 않다는 것을 의심하는 사람은 거의 없을 것이나, 외면적 가치를 우위에 놓은 인생 설계가 잘못이라는 주장에 대해서 회의를 느끼는 사람도 많을 것이다. 따라서 왜 내면적 가치의 우위를 지켜야 하는지에 대해서는 이론적 설명이 따라야 한다. 앞 절에서 본 바와 같이, 우리나라에는 외면적 가치에 우위를 두는 생활 태도를 취하는 사람들이 많이 있다. 그러한 생활 태도를 바람직하지 않다고 말할 수 있는 이론적 근거가 있는 것일까?

우리는 두 가지 관점에서 내면적 가치 우위의 원칙을 옹호할 수 있을 것으로 생각된다. 하나는 내면적 가치를 외면적 가치보다 본래 높은 가치라고 보는 순수한 이론적 관점에서 하는 고찰이고, 또 하나는 외면적 가치에 우위를 두는 가치 풍토는 사회적 협동을 어렵게 한다는 실천적 관점에서 하는 고찰이다.

두 가지의 가치를 비교하여 그 높고 낮음 또는 많고 적음을 엄밀한 논리로써 밝히기는 어려울 것이다. 그러나 내면적 가치와 외면적 가치를 거시적으로 비교할 때, 어느 편이 가치 체계의 우위를 차지해야 옳을지를 개괄적으로 밝히는 일은 가능할 것으로 보인다. 우리는 가치의 비교를 위해서 사용할 수 있는 몇 가지 척도를 생각할 수 있거니와, 어떤 척도를 통해서 보더라도 내면적 가치의 우위를 인정해야 옳다는 일치된 결론에 도달한다는 것을 알 수가 있다.

가치를 비교하는 데 사용할 수 있는 척도의 하나로서 우선 가치의 지속성(持續性), 즉 가치의 수명을 생각할 수가 있다. 어떤 가치는 수명이 오래 지속한다고 볼 수 있는 데 비해서 다른 어떤 가치는 수명이 짧다고밖에 볼 수가 없다. 다른 점에 있어서의 차이를 일단 괄호 안에 넣고 볼 때, 수명이 짧은 가치를 가진 것보다는 수명이 긴 가치를 가진 것을 더 높이 평가하는 것이 사리에 맞을 것이다. 그런데 일반적으로 말해서, 내면적 가치는 그 수명이 긴 데 비해 외면적 가치는 대체로 짧은 생명을 누리는 데 그친다. 예를 들어서 생각해 보기로 하자.

'한국 미술 오천년전'이라는 전시회를 세계 각지에서 열어 성공을 거둔 적이 있다. 예술의 가치가 한국에서도 5천 년의 생명을 유지해 왔음을 단적으로 말해 주는 사례다. 기원전 3000년경에 만든 것으로 보이는 빗살무늬토기가 남아 있어서 5천 년 전의 한국 미술을 자랑할 수 있었던 것이다. 이집트의 경우는 기원전 3600년경의 아름다운 그림이 그려진 도기(陶器) 항아리가 남아 있어서 예술의 가치가 오랜 생명을 유지할 수 있음을 증명해 주고 있다. 예술뿐 아니라 학문과 사상 그리고 도덕 등도 수천 년의 생명을 지속할 수 있음은 여러 선철과 성현들의 업적이 말해 준다.

예술, 학문, 도덕, 사상 등 내면적 가치를 가진 것들은 대체로 오랜 수명을 누리는 데 비하여 재산, 권력, 지위, 관능적 쾌락 등 외면적 가치를 가진 것들은 대부분 그 수명이 짧다. "부자 삼대 가기 어렵다." 또는 "권세 십 년 가지 않는다."고 말한 속담이 암시하듯이, 재산과 권력 또는 지위는 기껏해야 수십 년의 생명을 유지할 수 있을 뿐이며, 백 년을 지속한 예를 찾아보기가 어렵다. 관능적 쾌락의 경우에는 그 생명의 길이가 재산이나 권력보다도 훨씬 더 짧다고 보아야 할 것이다.

가치를 비교하는 기준으로서 또 한 가지 생각할 수 있는 것은 가치가 줄수 있는 '혜택의 범위와 크기'다. 가치를 보유하고 있는 대상은 사람들에게 혜택을 줄 수 있는 힘을 가지고 있거니와, 어떤 것은 아주 많은 사람들에게 큰 혜택을 줄 수 있는 힘을 가지고 있으나, 다른 어떤 것은 오직 소수에게만 큰 혜택을 줄 수 있을 뿐이다. 다른 점을 일단 괄호 안에 넣고 볼 때, 오직 소수에게만 혜택을 줄 수 있는 것보다는 다수에게 혜택을 줄 수 있는 것의 가치를 더 높이 평가하는 것이 사리에 맞을 것이다. 그런데 일반적으로 말해서, 내면적 가치를 보유하는 것들은 많은 사람들에게 큰 혜택을 나누어 줄수가 있으나, 외면적 가치를 보유하는 것들은 오직 소수에게만 혜택을 줄 수 있을 뿐이다.

예컨대, 세계적인 관현악단이 불후의 명곡을 연주했을 때 무수한 음악 애호가들이 그것을 감상할 수 있으며, 청중이 늘어난다고 해서 한 사람에게 돌아오는 감명이 반비례해 줄어들지는 않는다. 음반에 녹음을 하면 더 많은 사람들이 그 명곡을 즐길 수 있거니와, 음반의 수를 늘린다고 해서 한 장에 담긴 가치가 줄지는 않는다. 학문이나 사상의 가치의 경우에도 사정은 같다. 위대한 사상 또는 심오한 진리는 출판을 통하여 무수한 독자에게 혜택을 나누어 줄 수 있으며, 출판부수와 독자의 수가 늘어난다고 해서 독자들 각자에게 돌아가는 혜택이 줄어들지는 않는다. 정도의 차이는 있을 것이나, 다른 내면적 가치의 경우에도 대체로 많은 사람들이 그 혜택을 크게 누릴 수가 있다.

이와는 대조적으로, 외면적 가치의 경우에는 그 혜택을 나누는 사람들의 수가 늘수록 각자에게 돌아가는 혜택은 반비례적으로 줄어든다. 예컨대, 재산은 여러 사람이 나눌수록 각자의 몫에 담긴 혜택이 줄기 마련이고, 권력은 여럿이 나눈다는 것 자체가 어려우며 나눌 수 있을 경우에는 나눌수록 그 힘이 크게 감소한다. 관능적 쾌락의 경우에는 비교적 많은 사람들이 함께 즐길 수도 있으나, 예술이나 사상의 경우와 같이 그렇게 많은 사람들이 혜택을 나누기는 어렵다.

가치를 비교하는 척도로서 다른 것들을 더 추가할 수 있을 것이다. 목적으로서의 가치의 측면이 강하냐 또는 수단으로서의 가치의 측면이 강하냐 하는 것도 가치 비교의 척도가 될 수 있을 것이고, 다른 가치들을 생산하는 경향을 가졌느냐 또는 다른 가치들을 파괴하는 경향을 가졌으냐 하는 것도 가치 비교의 기준이 될 수 있을 것이다. 전문적 저술이 아니므로 모든 경우를 망라해서 고찰하는 일은 생략하고자 하나, 한 가지 예외를 제외하고는 어떤 척도에 의존하더라도 내면적 가치를 외면적 가치보다 높게 평가해야 한다는 동일한 결론에 도달하리라고 나는 생각한다.[1]

우리가 내면적 가치의 우위를 주장하는 또 하나의 이유는, 외면적 가치에 우위를 두는 가치 풍토 안에서는 사회적 협동이 어렵다는 사실에 있다. 우리들의 추구의 대상이 되는 목표들 가운데는 경쟁성이 강한 것과 그렇지 않은 것이 있거니와, 대체로 말해서 외면적 가치를 보유하고 있는 대상들은 경쟁성이 강한 데 비하여 내면적 가치를 보유한 대상들은 경쟁성이 약하다. 그런데 경쟁성이 강한 대상을 삶의 가장 높은 목표로서 추구하는 경향이 강한 사

---

1 여기서 말한 한 가지 예외라 함은 '만족의 강도(強度)'를 가치 비교의 척도로 볼 경우를 가리킨다. 가치 있는 것을 얻었을 때 우리는 만족을 느끼게 되는데, 그 만족의 강도는 내면적 가치를 얻었을 경우보다도 외면적 가치를 얻었을 경우가 대체로 더 높다. 예컨대, 성(性)의 쾌락이 주는 만족의 강도는 높은 인격에 대한 긍지가 주는 만족보다 강하며, 권세를 잡았을 때의 만족은 위대한 사상이 주는 만족보다 강하다.
그러나 이 한 가지 예외적인 경우를 근거로 삼고 내면적 가치에 대한 외면적 가치의 우위를 주장할 수는 없다. 이것은 미인을 선발하는 대회에서 이목구비와 몸매 전체가 가장 아름다운 사람을 제쳐 놓고, 손과 발만이 가장 아름다운 사람을 최고의 미녀로 뽑을 수는 없는 것과 비슷한 논리다.

회일수록 사회적 협동이 어렵게 된다. 경쟁성이 강한 목표를 가운데 두고 여러 사람들이 서로 얻으려 할 경우에는, 경쟁관계에 놓인 사람들은 이해(利害)가 서로 엇갈리는 까닭에 공동의 과제를 위해서 협동하기가 어렵게 되기 마련이다. 구체적 예를 들어 생각해 보기로 하자.

외면적 가치의 하나인 권력의 자리는 치열한 경쟁성을 가진 추구의 대상이다. 국민 가운데 이 자리를 삶의 목표로 삼는 사람들이 많을 경우에는 그들은 서로 이해관계를 달리하게 되는 까닭에 함께 협동하기가 어렵다. 큰 부자가 되기 위해서도 많은 경쟁자를 물리쳐야 하고, 관능적 향락의 기회가 값비싼 상품으로 매매되고 있는 오늘의 산업사회에서는 관능적 쾌락도 주로 사회 경쟁에서 이긴 사람들이 아니고는 얻기가 어렵다. 요컨대, 외면적 가치를 보유하는 대상들은 어느 것이나 경쟁성이 강하다고 말할 수 있다.

내면적 가치의 경우에도 경쟁성이 전혀 없다고 말하기는 어렵다. 현대사회에 있어서는 인격이나 교양을 갖추기 위해서도 기본 생활의 안정이 앞서야 하고, 학문과 예술을 위해서도 경제적 기반이 있어야 한다. 인격, 교양, 학문, 예술 등은 그 자체가 직접 배타적 경쟁의 대상은 아닐지라도, 경쟁성이 강한 외면적 가치의 도움이 없이는 성취하기가 어려운 목표인 까닭에, 간접적으로 경쟁성을 가졌다고 보아야 한다.

그러나 학문 또는 예술을 공부하거나 인격을 닦기 위해서 반드시 큰 부자가 되고 강한 권력의 배경을 가질 필요는 없으므로, 내면적 가치의 성취를 위한 경쟁은 외면적 가치의 경우와 같이 치열하지는 않다. 특히 장학제도가 잘된 사회에서는 가정이 어려워도 교육을 받을 기회가 많으므로, 내면적 가치에 관련된 경쟁은 더욱 완화된다. 그뿐만 아니라, 건강과 장수의 경우는 경쟁성이 거의 없으며, 인격, 학문, 예술 등에서 높은 경지에 이른 사람은 주위 사람들의 수준까지 끌어올리는 영향력을 갖기도 한다. 요컨대, 내면적 가치의 경우에는 비록 경쟁성이 없지 않다 하더라도 외면적 가치의 경우와 같은 강한 배타성은 없다고 볼 수 있다.

배타적 경쟁성이 강한 대상을 삶의 최고의 목표로 삼는 가치 풍토 안에서는 사회적 협동이 어렵게 된다. 서로가 치열한 경쟁의 상대일 경우에는 이해 관계가 엇갈리는 까닭에 뜻을 모으기가 어려운 것이다. 그런데 개인들이 각자의 뜻을 이루기 위해서는 생활의 터전인 사회가 질서와 번영을 누려야 하며, 그러기 위해서는 사회적 협동이 필수적이다. 그러므로 경쟁성이 강한 외면적 가치에 대한 집념이 지나친 가치 풍토는 우리 모두를 위해서 바람직하지 않다는 결론을 얻게 된다.

5. 사회적 규범의 준수: 자유의 한계

우리는 각자의 생각에 따라서 자기가 원하는 삶을 설계할 자유를 가졌다. 그러나 인간이 사회적 존재라는 사실은 이 자유에 제한을 가할 것을 요구한다. 만약 모든 사람들이 제멋대로 살기를 꾀한다면 사회는 질서를 잃고 수라장이 될 것이며, 모든 사람의 불행을 초래하는 결과를 가져올 것이다. 그러므로 삶을 설계함에 있어서 지켜야 할 또 하나의 원칙을 추가하지 않을 수 없다. 우리는 이 셋째 원칙을 "공정한 사회가 요구하는 규범을 지키는 범위 안에서 인생은 설계되어야 한다."로 표현할 수 있을 것이다.

예컨대, 어떤 직업을 갖느냐 하는 문제는 각자가 자유의사에 따라서 결정할 문제이지만, 여기에도 지켜야 할 사회적 규범이 있다. 가령 의사가 되기를 원하는 사람은 의사의 자격에 관한 사회의 규범을 지켜야 하며, 의사로서의 자격을 얻기도 전에 제멋대로 의료 행위를 해서는 안 된다. 또 우리는 출판의 자유의 원칙을 따라서 출판업에 종사할 자유를 가졌으나, 국가의 기밀을 누설하거나 청소년에게 나쁜 영향을 미칠 것이 확실한 책을 내는 것은 삼가야 한다. 요약해서 말하면, 우리들이 그 안에서 자아를 실현하는 공동의 광장인 사회를 파괴하는 모든 행위가 제외되도록 우리는 각자의 삶을 설계해야 한다.

우리들의 셋째 원칙을 "인생은 국법과 윤리에 어긋남이 없도록 설계해야 한다."고 표현하지 않은 것은, 현행법과 전통 윤리 가운데는 옳지 않은 것도 있을 수 있다는 사실 때문이다. 옳지 않은 법과 옳지 않은 윤리 의식을 고치는 일을 삶의 목표 가운데 포함시킬 수도 있게 하기 위해서 '공정한 사회가 요구하는 규범을 지키는 범위 안에서'라는 표현을 사용하였다. '공정한 사회가 요구하는 규범'이라는 말이 너무 막연하다고 느끼는 독자들은 '국법과 윤리를 지키는 범위 안에서'와 비슷한 뜻이라고 이해하여도 무방할 것이다.

우리는 셋째 원칙의 요점은, 우리는 각자가 원하는 인생을 설계할 자유를 가졌지만 타인의 권익과 사회의 질서를 파괴하는 방종만은 삼가야 한다는 데 있다. 이것도 극히 당연한 사리를 말하고 있음에 지나지 않는다. 그러나 이 당연한 사리에 어긋나는 행위를 하는 사람들이 우리 한국에 아직도 많이 있다.

담배를 피우는 것이 본인의 건강뿐 아니라 옆에 있는 사람의 건강에도 해롭다는 것이 상식화된 뒤로 우리 주위에도 '금연석'이 많이 생겼다. 담배의 해독이 사회를 파괴할 정도로 심각한 것은 아니겠지만, '금연'의 자리에서는 그것을 삼가야 할 것이다. 그러나 우리나라에서는 금연석의 규정을 무시하는 사람들을 흔히 볼 수 있다. 신호등을 위시한 교통법규를 지키는 것도 현대의 도시 생활을 위해서 매우 필요한 일이다. 그러나 한국의 운전자와 보행자 가운데는 교통질서를 파괴하는 사람들이 너무 많다.

담배 피우는 것이나 교통질서 위반 정도는 사소한 일이므로 너무 따지지 않는 편이 좋다고 생각하는 사람도 있을지 모른다. 그러나 일상적인 문제들을 사소하다고 보는 것이 과연 옳은 생각인지도 의문이며, 사회의 규범을 지키고 안 지키고는 주로 습관에 달린 문제이므로, 일상적 규범을 지키지 않는 사람이 비일상적이며 중대한 규범만을 선택적으로 지킨다는 것은 매우 어려운 일이다.

어느 모로 보나 사소한 일이라고 말할 수 없는 문제에 관해서 규범을 어기는 사람들도 우리 주변에 허다하다. 그 대표적인 예로서 수단을 가리지 않고 돈을 버는 일에만 열중하는 사람들의 경우를 들 수 있을 것이다. 우리나라의 식품 회사나 제약 회사를 경영하는 사람들 가운데 자기 회사의 제품을 먹지 않고 가족에게도 먹이지 않는 경우가 많다는 것은 흔히 듣는 이야기다. 허용치 이상의 방부제나 그 밖의 유해 물질이 들어 있어서 인체에 해로운 식품 또는 약품이 무수히 제조, 판매되고 있다는 것은 이미 공공연한 사실이다. 거짓 광고로 사람을 속이는 수법으로 돈을 버는 사례도 흔히 있고, 청소년 또는 어린이들에게 해로운 장사도 서슴지 않는 유흥업소나 출판업자도 도처에 산재해 있다.

금연석에서 담배를 피우거나 교통법규를 어길 것을 미리부터 계획하는 사람은 없을 것이다. 사기를 치거나 불량품을 만들어서 돈을 버는 일을 처음부터 인생 설계에 넣은 사람도 적을 것이다. 처음부터 그럴 계획은 아니었으나 본의 아니게 규범을 어기는 경우가 많을 것이다. 그러나 사회의 규범을 존중하는 범위 안에서 개인의 목표를 추구하겠다는 적극적인 의사만 확고했다면, 그들도 반사회적 행위는 하지 않았을 것이다. 그러므로 공정한 사회의 규범을 어기겠다는 생각을 설계에 넣지 않았더라도, 규범을 지키고자 하는 적극적인 의도를 삶의 설계에 반영하지 않았다는 책임은 면할 수 없을 것이다. 그러므로 사회규범을 어기는 행위를 하는 사람들은, 처음부터 그럴 계획이 아니었다 하더라도 그들의 삶의 설계에 문제가 있다고 보아야 한다.

3장 인생 설계의 몇 가지 유형

1. 쾌락을 지향하는 인생 설계

앞 장에서 나는 삶의 설계를 꾀하는 사람들이 보편적으로 지켜야 할 기본 원칙 몇 가지를 살펴보았다. 그러나 나의 서술이 너무 추상적이었던 까닭에, 독자들 가운데는 더욱 구체적인 설명을 원하는 사람도 있을 것이다. 이에 우리 주변에서 발견할 수 있는 여러 가지 생활 태도 배후에 깔린 삶의 설계들을 몇 가지 유형으로 나누어 검토함으로써, 삶을 어떻게 설계할 것인가를 구체적으로 생각해 보기로 하자.

우리 주변에서 가장 흔하게 발견되는 것은 쾌락 지향의 생활 태도다. 우리한국인은 옛날부터 흥겹고 즐거운 생활을 좋아하는 경향이 강하다. 우리는 여럿이 한자리에 모여서 술 마시고 노래하며 춤추기를 좋아하는 민족이다. 우리 조상들은 "노세, 젊어서 노세, 늙어지면 못 노나니…" 하는 노래를 즐겨 불렀으며, 지금도 우리는 주말이면 산으로 들로 놀러 나가기를 좋아한다. 거지들까지도 '품바 타령'으로 춤과 노래를 즐길 정도로 우리는 전통적으로 가난한 가운데도 삶을 즐겨 온 쾌활한 민족이다.

즐겁게 산다는 것은 좋은 일이다. 특히 여럿이 함께 즐기는 풍습은 더욱 바람직한 광경이다. 살다 보면 즐거운 시간도 있고 괴로운 시간도 있기 마련이거니와, 괴로운 시간보다 즐거운 시간을 더 많이 갖도록 사는 것이 바람직함에는 의심의 여지가 없다. 이런 관점에서 볼 때, '병신춤'이 상징하듯이 기막힌 슬픔까지도 춤과 노래로 소화시키는 우리 민족은 아주 슬기로운 민족이라고 자부해도 좋을 것이다.

쾌락을 최상의 가치로서 추구하는 생활 태도를 쾌락주의(hedonism)라고 부른다. 쾌락주의적 인생 설계는 우리 주변에서 흔히 볼 수 있는 인생 설계이며, 그것은 긍정적 측면을 많이 가지고 있는 인생관이라고 평가될 수 있다고 나는 생각한다. 그러나 쾌락주의적 인생 설계를 꾀하는 사람들이 반드시 명심해야 할 두 가지 사항이 있다. 그 하나는 '쾌락주의의 역리(逆理)'라는 심리 현상이며, 또 하나는 쾌락에 질적으로 높은 것과 낮은 것의 구별이 있다는 사실이다.

'쾌락주의의 역리(paradox of hedonism)'라 함은 일찍이 고대 그리스의 철학자 에피쿠로스(Epikuros)가 터득한 현상으로서, 오로지 쾌락만을 추구하는 생활 태도는 결국에 가서는 도리어 크나큰 고통을 얻게 된다는 사실을 가리킨다. 알기 쉬운 예를 하나 들어 보기로 하자.

내가 어린 시절에 인척관계로 알게 된 사람 가운데 여러모로 복을 받고 태어난 청년이 있었다. 그는 우선 외모가 아주 수려하게 생긴 미남자였다. 그는 또 다재다능하여 못하는 것이 없다는 평판을 들었다. 글재주가 있어서 한문에 능통했으며, 가무음곡에도 뛰어난 솜씨를 자랑했다. 그는 '춘향가' 판소리를 제대로 불렀고, 흥이 나면 춤도 멋있게 추는 한량이었다. 그뿐만 아니라 그는 5백 석지기에 해당하는 땅을 유산으로 물려받은 '부자 댁 젊은 서방님'이었다. 한마디로 말해서, 그 당시의 기준으로 볼 때 그는 모든 것을 갖춘 축복받은 호남아였다.

이 호남아는 기생들의 우상이었다. 그는 자연히 기방에 자주 드나들게 되었고, 술과 여자의 향락에 푹 빠져 버렸다. 그는 술과 여자의 쾌락에 삶의 최고의 순간이 있다고 생각하며 끝없는 쾌락의 추구에 몰입하였다. 그리고 그가 마지막으로 얻은 것은 패가망신이었다. 그는 오래지 않아 가산을 탕진했을 뿐 아니라 당시에는 불치병이었던 폐결핵에 걸렸다. 30대 초반에 그는 이미 젊은이가 아니었고 그 화려하던 풍모는 그림자도 찾아보기 어렵게 되었다. 그가 세상을 떠난 것은 30대 중반 때였다고 기억한다.

이 이야기는 좀 극단적인 경우이지만 이와 대동소이한 실례는 흔히 있는 일이다. 옛날의 왕들이 무수한 궁녀들을 마음대로 안을 수 있는 특권 때문에 도리어 고통에 시달린 예를 우리는 많이 알고 있다.

쾌락의 심리에는 항상 새로운 자극을 요구하는 특색이 있어서, 쾌락을 직접 추구하다 보면 어제까지의 즐거움거리가 곧 시들하게 느껴진다. 식도락을 일삼아 추구하는 사람은 그 정도가 지나칠 때 어떠한 고량진미에도 흥미를 잃게 되고, 성(性)의 쾌락에 탐닉하는 호색가는 그 정도가 지나칠 때 천하의 미녀를 품에 안아도 그것이 그것이다. 한편 절제의 지혜로써 건강하게 사는 사람들은 보리밥과 열무김치에 막걸리만 곁들여도 왕자 못지않은 식생활의 즐거움을 경험하게 되고, 보통 남녀가 어울려도 황홀한 성의 향연을 누릴 수가 있다.

쾌락을 피곤할 때까지 추구하는 것은 어리석은 짓이다. 열심히 일하고 땀흘린 다음의 휴식은 그늘 밑에 앉아 있기만 해도 즐겁지만, 연속된 환락에 지친 몸으로는 어떠한 위락의 마당에 들어서도 시들하고 권태롭다. 쾌락 그 자체를 목적으로 삼고 추구하는 사람보다는 그저 열심히 건강하게 사는 사람이 결과적으로 더 많은 쾌락을 얻을 공산이 크다. 영어의 '레크리에이션(recreation)'이라는 말의 본뜻이 암시하듯이, 다음날 더 활기차게 일할 수 있는 기운이 솟구치도록 절제 있게 오락을 취하는 것이 슬기로운 쾌락의 길이다.

쾌락에 질적으로 높은 것과 낮은 것의 구별이 있음을 강조한 사상가로서는 존 스튜어트 밀(J. S. Mill)이 널리 알려져 있다. 질적으로 높은 쾌락과 낮은 쾌락의 구별에 대한 밀의 학설을 여기 상세하게 소개할 필요는 없을 것이다. 몇 가지 예를 들어서 설명하는 것만으로도 이 글을 위해서는 충분할 것으로 보인다.

쾌락이란 욕구가 충족되었을 때 경험하는 느낌이다. 모든 종류의 욕구가 충족될 때 쾌락이 수반한다. 그러므로 욕구가 쾌락의 선행조건이라고 볼 수 있는데, 그 선행조건인 욕구가 단순한 것일수록 낮은 쾌락이고 복잡한 것일수록 높은 쾌락이라고 생각하면 대충 맞을 것이다. 대체로 말해서, 식욕이나 성욕과 같은 원초적 욕구의 충족에서 오는 쾌락보다는 지식욕이나 창작욕과 같은 문화적 욕구의 충족에서 오는 쾌락의 질이 높다고 보면 틀림이 없다. 흔히 말하는 육체적 쾌락보다는 정신적 쾌락이 질적으로 높은 쾌락이고, 정신적 욕구 가운데서도 마음의 심층에 자리잡은 복잡한 인간적 욕구의 충족에서 오는 쾌락이 더욱 높은 쾌락이다.

앞 장 3절에서 우리는 내면적 가치와 외면적 가치의 구별에 대해서 고찰하는 가운데 내면적 가치가 외면적 가치보다 높은 가치라는 것을 밝힌 바 있다. 그리고 그 대목에서 쾌락의 가치에는 내면적인 측면과 외면적인 측면이 아울러 있다는 점을 지적하고, 나아가서 굳이 편을 가른다면 정신적 쾌락은 내면적 가치로 분류하고 관능적 쾌락은 외면적 가치로 분류하는 것이 타당하리라는 말을 한 적이 있다. 그렇다면 여기서 우리가 말하는 '질적으로 높은 쾌락'이란 '내면적 가치를 많이 가진 쾌락'의 뜻으로 이해해도 좋을 것이며, 흔히 말하는 '정신적 쾌락'이 이 부류에 속한다고 보면 될 것이다.

이제까지의 고찰을 통하여 우리는 다음과 같은 결론을 얻게 된다.

(1) 삶의 과정에서 되도록 많은 쾌락을 경험하는 것은 바람직한 일이나, 쾌

락을 직접적 목적으로 지나치게 추구함으로써 쾌락주의의 역리에 부딪치는 어리석음은 범하지 말아야 한다.

(2) 쾌락 가운데는 가치가 높은 것과 낮은 것의 구별이 있으니 되도록 높은 가치의 쾌락을 경험함이 바람직하며, 쾌락주의의 역리에 빠지기 쉬운 관능적 쾌락은 높은 가치의 쾌락이 되지 못한다는 사실을 명심해야 한다.

2. 사회적 우월을 추구하는 사람들

우리 주변에서 흔히 볼 수 있는 또 하나의 생활 태도는 금력 또는 권력 및 사회적 지위를 추구함에 여념이 없는 그것이다. 현대의 자본주의 사회에 있어서 돈의 위력이 너무나 크다는 사실은 돈 내지 재산을 매우 매력적인 추구의 대상으로 만들었고, 관존민비의 관념이 오랜 전통을 이룬 우리나라에 있어서 권력은 여전히 많은 사람들의 선망의 대상이 되고 있다. 금력과 권력은 본래 영역이 다른 두 가지 목표이기는 하나 우리나라 현실 안에서는 밀접한 관계를 가졌고, 또 금력 추구의 심리와 권력 추구의 심리는 사회적 우월에 대한 욕구에 바탕을 두었다는 공통점을 가지고 있다. 사회적 지위에 대한 추구도 그 심리적 바탕은 사회적 우월에 대한 욕구라고 볼 수 있을 것이다. 그러므로 여기서는 이 세 가지 생활 태도를 '사회적 우월의 추구'라는 이름으로 묶어서 함께 고찰하기로 하겠다.

예나 지금이나 인간은 본래 집단을 이루고 함께 살기 마련이고, 집단을 이루고 함께 살다 보면 자연히 생존을 위한 사회 경쟁이 불가피하게 된다. 한편으로는 서로 협력하면서도 다른 한편으로는 서로 경쟁하며 사는 것이 인간이 살아가는 현실의 모습이다.

이기고 싶은 것은 경쟁 심리의 기본이다. 본래는 살아남기 위해서 승리가 절실하게 요구되었겠지만, 뒤에 가서는 승리 그 자체를 열망하는 태도로 발전한 것은 인간 심리의 자연스러운 추세였을 것이다. 어쨌든 우리는 남에게 지기를 원하지 않는다. 상품이나 내기와 같은 실리가 걸려 있지 않은 단순한 오락이나 운동경기에서도 우리는 승리자가 되기를 열망한다. 하물며 하나의 거대한 경쟁의 마당으로 볼 수 있는 전체 사회생활의 현장에 있어서 남의 뒤꽁무니에 처지는 패배자의 대열에 끼이기 싫은 것은 당연한 심리라 할 것이다.

사회적 우월을 목표로 삼고 경쟁적으로 노력하는 가운데 사람들은 값진 업적을 무수히 남겼고 사회의 발전과 문화의 창달을 위해서 크게 이바지하였다. 경쟁적 상황에 놓인 사람들이 남보다 앞서고자 하는 것은 매우 자연스러운 심리이며 또 승리자의 대열에 끼이고자 하는 노력이 훌륭한 업적을 무수히 결과했다는 사실은 사회적 우월을 추구하는 생활 태도를 일단 긍정적으로 평가해야 한다는 결론으로 우리를 유도한다. 그러나 돈과 권력 또는 높은 지위를 통하여 사회적 우월을 과시하고자 하는 생활 태도에 바탕을 둔 인생 설계를 전적으로 바람직한 길의 선택이라고 보기에는 여러 가지 문제점이 있다.

돈이나 권력 또는 사회적 지위를 통하여 사회적 우월을 실현한다는 것은 외면적 가치의 획득에 해당한다. '사회적 우월'의 상징 또는 그 조건의 구실을 하는 금력 내지 권력 또는 사회적 지위는 사회적 우열이 문제가 되는 우리 인간 내부의 사실이 아니라 인간 밖에 있는 어떤 대상이기 때문이다. 금력 내지 권력 또는 사회적 지위의 획득이 다름 아닌 '사회적 우월'을 의미하는 것이므로, 사회적 우월을 삶의 최고의 목표로 삼는 인생 설계는 금력 내지 권력 또는 사회적 지위를 최고의 목표로 삼는 인생 설계와 실질적으로 같은 것이 되며, 따라서 "내면적 가치의 우위를 지켜야 한다."는 우리의 원칙에 어긋나는 설계가 된다.

돈을 많이 버는 것이 나쁘다거나 권력 또는 높은 지위를 얻는 것이 좋지 않다는 뜻은 아니다. 문화의 창달 또는 사회정의의 실현과 같은 어떤 내면적 가치의 실현을 위해서 정당한 방법으로 많은 돈을 벌거나 권력의 자리에 오르는 것이라면, 자유주의 체제를 전제로 삼는 한, 거기에는 아무런 잘못도 없다. 내가 말하고자 하는 것은 '사회적 우월'이라는 목적은 금력 또는 권력의 추구를 정당화할 만한 높은 차원의 목적으로서는 적합하지 않다는 점이다.

오늘날 우리 주변에서 흔히 보는 바와 같이, 금력이나 권력 또는 사회적 지위를 얻기 위해서 비열한 방법까지 동원하는 사회 풍조는 여러 가지 심각한 폐단을 수반한다. 그것이 가치 체계의 혼란을 가져올 뿐만 아니라 사회적 협동을 어렵게 하는 생활 태도라는 것은 이미 앞 장에서 언급하였다. 사회적 경쟁이 문화의 창달과 사회의 발전에 이바지하는 계기가 되기도 한다는 말을 앞에서 했으나 그것은 정당한 방법을 통한 선의의 경쟁의 경우이며, 공정한 사회의 규범을 무시한 지나친 경쟁의 경우에는 그러한 효과를 기대하기 어렵다.

인간다운 삶을 위해서 필요한 경제적 기반 또는 자존심을 유지하기에 필요한 최소한의 사회적 지위를 얻기 위해서 노력하는 사람들의 경우는, 여기서 말하는 '사회적 우월'을 위하여 치열하게 경쟁하는 사람들의 범주에는 들어가지 않는다. 인간다운 삶을 위해서 필요한 돈이나 지위를 위한 노력도 사회적 규범을 따라서 공정하게 이루어져야 한다는 점에서 다를 바가 없으나, 그것은 '인간다운 삶'이라는 내면적 가치를 궁극적 목적으로 삼는 노력인 까닭에, "내면적 가치의 우위를 지킨다."는 우리들의 원칙에 부합하는 생활 태도에 해당한다.

명성(名聲)의 획득에 역점을 두는 생활 태도도, 사회적 우월을 희구하는 점에 있어서 권력이나 지위를 탐내는 생활 태도와 바탕이 비슷하다. 다만 사회를 위해서 유익한 일을 함으로써 명성을 얻고자 하는 사람들의 경우에는 결과에 있어서 긍정적 측면이 나타나기도 한다는 차이점을 가지고 있다. 그러나 훌륭한 업적을 낳음으로써 자연히 명성이 뒤따르게 되는 것과 애당초 명성을 얻겠다는 의도를 가지고 좋은 일을 하는 것과는 그 마음의 자세에 근본적 차이점이 있다. 전자의 경우는 진실로 존경을 받을 만한 생활 태도라 하겠으나, 후자의 경우는 외면적 가치에 우위를 둔 생활 태도에 가깝다고 보아야 할 것이다.

3. 작은 행복을 추구하는 사람들

청소년기에는 큰 꿈을 품어 보기도 하지만, 꿈의 실현이 사실상 어렵다는 것을 실감하게 하는 체험을 거듭하는 가운데, 사람들은 대개 조금씩 꿈의 크기를 줄인다. 현실과 타협하는 것이다. 현실과 타협하는 가운데 화려한 꿈들을 모두 포기하게 되면 그저 보통 사람으로서 작은 행복으로 만족하는 길만이 남는다. 정확한 통계는 아는 바 없으나 청소년기를 지난 사람들의 가장 많은 숫자가 걷는 길이 아마 이 '보통 사람의 길'이 아닐까 한다.

보통 사람으로서의 작은 행복을 무엇에서 찾느냐에 따라서 '보통 사람의 길'은 다시 여러 갈래로 나누어진다. 그것을 만약 먹고 자고 노래하는 따위의 일상적 쾌락에서 구한다면, 이 길은 앞에서 고찰한 바 있는 쾌락주의적 인생 설계의 소극적인 경우에 해당할 것이다. 그러므로 여기서는 일상적 쾌락에서 작은 행복을 구하는 생활 태도의 경우는 다루지 않기로 하겠다.

한국의 보통 사람들이 전통적으로 작은 행복을 찾는 주된 곳은 가정이었다. 현대에 있어서도 좋은 가정을 꾸미고 가족과 더불어 단란하게 사는 것을 삶의 보람으로 삼는 사람들은 한국인의 많은 부분을 차지한다. 우선 마음에 드는 사람과 결혼하여 내 집과 내 차를 장만하고 아들딸 낳아서 훌륭하게 기르며 그들과 함께 남부럽지 않게 사는 것을 삶의 주된 목표로 삼는 사람들을, 우리는 우리 주변에서 흔히 만날 수가 있다.

단란하고 즐거운 가정을 꾸민다는 것은 그 자체가 좋은 일이며, 그것을 위해서 애쓰는 가운데 공정한 사회가 요구하는 규범을 어기는 일만 없다면 국가와 사회를 위해서도 바람직한 현상이다. 가정은 더욱 큰 사회를 구성하는 기본 공동체이며, 이 기본 공동체가 바르고 건전하게 형성되지 않고서는 더욱 큰 사회의 건전한 발전을 기대하기 어렵다. 그러한 의미에서 훌륭한 가정을 꾸미는 일에서 삶의 보람을 찾는 보통 사람들의 생활 태도는 일단 바람직한 것으로 평가될 수 있다.

그러나 삶의 보람을 오로지 가정생활에서만 구하는 생활 태도에도 빠지기 쉬운 함정이 있다. '가족적 이기주의'라는 함정이다. 나에 대한 지나친 애착이 개인적 이기주의를 낳기 쉽듯이, 가족에 대한 지나친 애착은 가족적 이기주의로 전락할 가능성이 크다. 개인 또는 가정이 행복을 누릴 수 있기 위해서는 더욱 큰 사회의 정연한 질서와 건전한 발전이 전제되어야 하거니와, 나 또는 나의 가족에 대한 애착이 지나치게 되면 더욱 큰 사회의 질서와 발전에 대한 의지가 약화될 염려가 있다. 그러므로 좋은 가정을 꾸미는 일에서 행복을 찾는 사람들도 더욱 큰 사회의 질서와 발전을 위해서 이바지해야 할 기본 의무를 우선적으로 존중해야 한다. 이 더욱 큰 사회에 대한 의무를 소홀히 여기는 사람들이 많이 생길 경우에는, 공동생활의 터전이 무너지는 동시에 개인과 가정의 행복도 결국 파괴되는 결과에 이른다.

비록 가족적 이기주의에 빠지지 않더라도 가족주의적 인생 설계가 바람직하지 않을 경우가 있다. 최선을 다하여 열심히 일을 해도 좋은 가정을 꾸미는 일이 고작일 정도의 능력밖에 갖지 못한 사람의 경우에는, 가족주의적 인생 설계 이상의 것을 기대하기 어려울 것이다. 그러나 한 가정을 꾸미고도 많은 힘이 남아돌 정도로 탁월한 능력을 가진 사람이 가족주의적 인생 설계로 만족한다면, 그것을 최선의 길이라고 보기는 어려울 것이다. 가령 학문이나 예술 또는 그 밖의 어떤 분야에서 큰 업적을 남길 수 있는 잠재력을 가진 사람이 그 소질의 연마를 포기하고 가정생활에만 안주한다면, 본인을 위해서나 사회를 위해서나 아쉬운 일이 아닐 수 없다.

근래에는 가정생활보다도 취미 생활 가운데서 작은 행복을 찾는 사람들도 많이 있다. 낚시, 등산, 음악 감상, 독서, 꽃 가꾸기 등 취미 생활에 몰두하는 가운데 삶의 보람을 느끼는 것이다. 경우에 따라서는 침식을 잊고 몰두할 정도로 취미 생활에 열중하는 사람들도 있다.

무엇엔가 열중한다는 것은 일반적으로 좋은 일이다. 모든 일이 시들하게 느껴지고 생활이 지루하게 여겨지는 것은 가장 좋지 못한 상태다. 생활에는 중심이 필요하며, 무엇엔가 열중할 수 있는 대상을 가질 때 그 대상이 생활의 중심으로서의 구실을 할 경우가 많다. 취미라는 것은 자기가 자연적으로 좋아하는 무엇인 까닭에 특별히 노력하지 않더라도 열중할 수 있는 대상이다. 그러므로 다른 곳에서 생활의 중심을 발견하지 못한 사람들이 가장 손쉽게 그것을 얻을 수 있는 영역이 바로 취미 생활이다. 그런 뜻에서, 취미 생활은 삶에 있어서 매우 소중한 자리를 차지한다.

그러나 취미 생활이 소중하다고 해서 취미가 생활의 중심으로서 가장 적합한 대상이라고 속단할 수는 없다. 취미라는 것은 본래 생활을 즐겁게 하기 위한 도움으로서 개발된 것이며, 그 자체가 삶의 중심을 차지하는 것은 아니다. 취미는 삶의 여가를 선용하여 생활을 다채롭게 하는 보조로서는 매우 소중한 것이나, 그 자체가 생활 전체의 중심이 되기에는 미흡하다. 개인과 사회를 위해서 많은 일을 하고 일선에서 은퇴한 노인의 경우에는, 취미는 생활 전체의 중심으로서도 손색이 없을 것이다. 그러나 아직도 많은 일을 할 수 있는 능력을 가진 사람이 취미 생활에 모든 시간과 온갖 정열을 기울이는 것은, 슬기로운 인생 설계를 벗어나는 생활 태도라고 보아야 할 것이다.

4. 큰 업적을 지향하는 생활 설계

작은 행복을 추구하는 사람들과는 대조적으로 큰 업적을 목표로 삼는 사람들이 있다. 학문과 예술 또는 사상과 교육 등 여러 분야에 있어서 청사(靑史)에 남는 업적을 세운 사람들은 말할 것도 없거니와, 당대에 저명인사로 알려진 사람들 가운데도 이 부류에 속하는 사람들이 많다. 그러나 야망이 큰 모든 사람들이 이 부류에 속하는 것은 아니다. 여기서 말하는 '업적'이란 문화 또는 사회를 위해서 의의가 있는 어떤 일의 성취(成就)를 의미하는 것이며, 이기적인 동기에서 돈을 모았다거나 권력을 잡은 사람들의 행적은 여기서 말하는 '업적'에 포함되지 않는다. 여기서 말하는 업적은 예술과 학문 또는 스포츠 등 어떤 내면적 가치의 성취를 의미하는 것이며, 금력 또는 권력의 획득과 같은 외면적 가치의 달성은 포함하지 않는다.

정치나 경제의 분야에 있어서 성공한 사람들 가운데도 내면적 가치의 큰 업적을 세운 사람들이 있다. 권력이나 금력이 목적이 아니라 국가의 질서를 잡는 일 또는 국민 생활의 안정을 얻는 일을 위해서 노력하는 가운데, 즉 개인적 이기심의 만족을 위해서가 아니라 국가 또는 민족을 위해서 노력하는 가운데, 필요에 따라서 권력이나 금력을 잡은 사람들은 여기서 우리가 말하는 큰 업적을 지향하는 사람들에 포함된다. 국가 또는 민족을 위해서 큰 공적을 세운 사람들은 그들이 종사한 분야가 무엇이든, 내면적 가치를 실현한 사람들이며 큰 업적을 쌓은 사람들이다.

사람들은 누구나 다소간 어떤 잠재력을 부여받고 세상에 태어난다. 어떤 사람은 음악가의 소질을 타고나고, 또 어떤 사람은 과학자의 소질을 타고난다. 자기가 타고난 좋은 소질을 연마하여 그 잠재력이 현실화할 때 업적이 탄생한다. 그리고 자신이 숨기고 있는 잠재력을 충분히 발휘할 때 다름 아닌 '자아의 실현'을 보게 된다. 큰 업적을 지향하는 인생 설계는 곧 자아실현을 이상으로 삼는 인생 설계이기도 하다.

앞의 2장에서 인생 설계의 세 가지 기본 원칙을 제시한 바 있거니와, 이 세 가지 원칙을 따라서 삶을 설계하면 결국은 자아실현을 이상으로 삼는 결과가 될 것이다. 왜냐하면 우리의 첫째 원칙은 각자의 소질과 개성을 살린다는 것이었고, 둘째 원칙은 내면적 가치에 우위를 두라는 것이었기 때문이다. (이 두 원칙의 준수가 왜 자아의 실현을 이상으로 삼는 인생을 설계하게 하는지에 관해서는 독자가 스스로 생각해 주기 바란다.) 바꾸어서 말하면, 자아의 실현을 이상으로 삼는 인생 설계, 즉 큰 업적을 지향하는 인생 설계는 우리가 앞 장에서 고찰한 세 가지 원칙 가운데 첫째와 둘째를 지킨 설계라고 볼 수 있다. 따라서 여기에 셋째 원칙을 준수한다는 조건만 추가한다면, 업적을 추구하는 인생 설계는 나무랄 데 없는 삶의 설계가 될 것이다. 다시 말해서, 공정한 사회가 요구하는 규범을 지켜 가면서 업적을 합리적으로 추구한다면, 그것은 매우 바람직한 생활 태도가 될 것이다.

자아의 실현을 이상으로 삼는 사람들은 누구나 반드시 큰 업적을 목표로 삼아야 한다고는 생각되지 않는다. 가능하면 업적은 클수록 좋을 것임에 틀림이 없으나, 이상이 지나쳐서 공상에 가까운 것이 되느니보다는 실현이 가능한 범위 안에서 목표를 세우는 것이 바람직하다.

내가 아는 사람 가운데 학생 시절부터 이상이 높은 인물이 있었다. 우리나라의 유능한 영재들을 모아서 학덕을 연마하여 국가 발전의 지도 세력을 구축하는 것이 그의 꿈이었다. 각 대학에서 자질이 우수한 학생들을 뽑아서 숙식을 같이하며 연구도 하고 수양도 하며 각 분야에서 지도적 임무를 수행할 인재들을 양성하고, 그들이 동지적 유대 의식을 가지고 우리나라를 이끌어 가도록 한다는 구상이었다. 그 구상은 동기에 있어서 순수하고 내용에 있어서도 원대한 것이었다. 그러나 그에게는 이 원대한 이상을 실현하는 데 필요한 재정적 뒷받침이 전혀 없었고, 또 그 거창한 일을 추진하는 데 필요한 조직력과 통솔력이 부족하였다. 쉽게 말해서, 자기의 역량으로는 감당하기 어려운 너무 큰 목표를 세웠던 것이다. 그는 꾸준히 이 거창한 꿈을 추구하면서 반평생을 보냈으나, 결과적으로 성취한 일은 거의 없다. 만약 그가 좀 더 현실에 맞는 목표를 세웠더라면, 그는 자신을 위해서나 사회를 위해서나 상당한 업적을 쌓을 수 있었을 것이다.

　대중매체를 통해서 세상에 널리 알려지는 업적만이 위대한 것은 아니다. 사람들의 시선이 닿지 않는 깊은 산중에서도 아름다운 꽃이 필 수 있듯이, 세상에 널리 알려지지 않은 구석진 곳에서도 매우 값진 일을 할 수가 있다. 자기가 가지고 있는 능력을 주어진 여건 아래서 최대한으로 발휘하도록 최선을 다하는 사람은, 그가 한 일이 세상에 널리 알려지지 않더라도 진실로 존경받을 만한 훌륭한 사람이다. 여러 개의 무공훈장을 받은 장군보다도 무명의 용사가 더 애국자일 수도 있고, 신문과 방송에 자주 나타나는 저명인사보다도 농촌에 파묻힌 농촌 지도자가 더 위대한 인물일 수도 있다.

4장 행복의 실현을 위한 지혜

1. 나 자신과의 싸움: 인내와 의지력

'삶의 설계'라는 말을 사용하고 있지만, 건축설계사가 하듯이 그렇게 세밀하게 인생을 미리 설계할 수는 없다. 인생이란 일정한 자재와 인력을 가지고 건물을 짓듯이 계획대로 할 수 있는 단순한 공정이 아니다. 언제 어떤 일이 생길지 예측할 수 없는 변수의 영향을 받는 인생에 대해서, 우리가 미리 할 수 있는 것은 앞으로 실현하고자 하는 생활의 방향과 윤곽을 대략 정하는 일에 지나지 않는다. 그날그날의 구체적 활동은 상황의 전개를 따라 임기응변으로 대처해야 한다.

설사 천리안 같은 선견지명이 있어서 빈틈없이 치밀하고 저울처럼 정확한 인생 설계를 구상했다 하더라도, 그 설계대로 실천하는 데는 여러 가지 어려움이 따른다. 인생의 전 과정을 계획대로 실천하는 데 따르는 어려움은 금연 계획의 경우와는 비교가 안 될 정도로 복잡하고 다양하다.

예기치 않은 사태에 적응하여 임기응변까지 해가며 삶의 설계를 실천에 옮기자면 많은 지혜와 덕이 필요하다. 앞의 두 장(章)에서는 삶의 설계에 관한 지혜를 살펴보았거니와, 이 장에서는 그 설계를 실천하는 과정에서 요구되는 지혜와 덕 가운데 중요한 것 몇 가지를 고찰하기로 한다.

보기에 따라서는 삶의 과정이란 싸움의 연속이다. 우선 나 자신과 싸워야 하고, 또 타인과도 싸워야 하며, 인간 이외의 자연 또는 운명과도 싸워야 한다. 이 연속된 싸움에서 이긴 사람이 삶을 성공적으로 이끈 사람이고 또 행복을 쟁취한 사람이기도 하거니와, 싸움에서 이기기 위해서는 탁월한 지혜와 덕을 발휘해야 하는 것이다.

하나의 설계에 따라 인생을 산다는 것은 10년 또는 20년 앞을 내다보며 한 걸음 한 걸음 전진하는 머나먼 노력의 과정이다. 그것은 내일의 큰 기쁨을 위해서 오늘의 작은 기쁨을 포기해야 할 상황에 자주 부딪치는 사려(思慮)와 인내의 과정이다. 이 장기적 노력의 과정에서 나타나는 가장 경계해야 할 적은 바로 나 자신이며, 나 자신과의 싸움에서 이기지 못한다면 멀리 세운 목표에 도달하기 어렵다.

우리는 흔히 삶의 도정(道程)을 장거리 경주에 비유한다. 육상경기의 으뜸으로 알려진 마라톤은 42.195킬로미터의 거리를 쉬지 않고 달리는 경기이거니와, 이 경기는 타인과의 싸움이기에 앞서서 일차적으로 나 자신과의 싸움이다. 마라톤 경기에서는 끝까지 완주하여 결승선까지 도착하는 일이 우선 중요하며, 이 기본 목표만을 달성하기 위해서도 초인적 인내와 극기가 필요한 것이다. 그런데 삶의 도정은 마라톤과는 비교가 안 될 정도로 장기간에 걸친 도전이며, 그 과정에는 형언할 수 없는 어려움과 뿌리치기 어려운 유혹이 거듭 수반된다. 우리는 오늘도 많은 어려움과 유혹의 도전과 맞서 가며 삶의 가도를 달리고 있거니와, 이 달리기에 있어서 낙오를 면하기 위해서는 우선 나 자신과의 싸움에서 이겨야 하는 것이다.

먼 장래에 도달하기를 기대하는 어떤 목표를 일단 세운 뒤에는 그 목표를 향해서 전력을 기울여야 한다. 한눈을 팔거나 힘을 이리저리 분산해서는 큰 뜻을 달성하기 어렵다. 그러나 먼 곳에 불확실하게 보이는 목표를 위해서 시간과 정력을 온통 외길로 바친다는 것은 생각처럼 쉬운 일이 아니다. 손이 닿을 수 있는 곳에 당장 즐겁고 흥겨운 놀이가 유혹의 손짓을 하는데, 그것을 뿌리치고 생활 설계가 요구하는 일에만 열중한다는 것은 몹시 어려운 일이다. 그러나 그 어려움을 이기지 못하는 사람은 자기의 잠재력을 발휘하여 자아의 실현을 성취하기 어렵다.

잠시도 쉬지 않고 어떤 업적을 위한 일만 한다는 것은 사실상 어려운 일이며, 또 그렇게 한다고 일이 반드시 능률적으로 잘되는 것도 아니다. 차라리 중간에 가끔 쉬는 즐거움의 시간을 마련하는 편이 좋은 결과를 가져온다. 본래 '원기의 회복'이라는 뜻을 가진 레크리에이션, 즉 휴양과 오락의 시간을 삽입함으로써 건강의 유지와 능률의 향상을 도모하는 편이 현명할 것이다.

건강의 유지와 능률의 향상을 위한 휴양과 오락의 시간을 갖는 것이 바람직하다는 사실을 모르는 사람은 거의 없다. 우리나라에서는 요즈음 휴양과 오락을 추구하는 풍조가 정도를 지나쳐서, 일과 건강을 위한 원기 회복의 수단이 아니라 휴양과 오락 그 자체에 탐닉하는 폐단이 있다는 데 문제점이 있다. 업적을 지향하는 일을 위해서 쉬고 즐기는 것이 아니라, 오락과 유흥에 필요한 돈을 벌기 위해서 일을 하는 사람이 많을 정도로 본말이 뒤바뀌고 있는 것이다.

오락과 유흥을 파는 장사가 경향 각지에 성업을 이루어 불건전한 소비 풍조에 부채질을 하고 있다. 사람들은 주말을 즐기는 놀이에 지나친 역점을 두는 바람에 월요일에는 도리어 심신의 피로를 호소하기도 한다. 개인적으로는 시간과 정력의 낭비요, 사회적으로는 물자와 국력의 낭비다. 일에 지쳤을 때는 휴식과 오락으로 원기를 회복할 수 있으나 놀이에 지쳤을 때는 해이한 마음을 수습할 처방이 없다는 사실을 고려해야 하며, 우리나라가 막대한 외채를 짊어진 채무국일 뿐 아니라 아직도 가난한 사람들이 많은 개발도상의 나라라는 사실도 명심해야 한다. 기분을 전환하여 원기를 회복하기 위한 놀이와 사치스럽고 힘이 빠지는 유흥과는 본질이 다른 것이다.

먼 장래를 내다보고 꾸준히 달리며 나 자신과 싸워야 하는 삶의 도정에 있어서 가장 큰 힘이 되는 것은 인내와 극기의 의지력이다. 의지력은 선천적으로 타고나거나 저절로 생기는 것이 아니라 훈련과 습관을 통하여 길러지는 덕성이다. 육체의 힘으로 자연과 싸워야 했던 과거의 한국인은 의지력이 강인한 민족이었으나, 과잉보호를 받고 자라서 편리한 기계문명 속에 사는 오늘의 한국인은 심신이 모두 나약하다. 고생을 두려워하지 않고 심신을 단련하는 기회를 자주 만들어야 할 것이다.

장거리 경주에 비유되는 삶의 설계가 유종의 미를 거두기 위하여 또 한 가지 중요한 것은 항상 능동적 자세로 생활에 임하는 적극성이다. 삶의 과정에서 봉착하는 매우 위험한 상태는 권태와 의욕 상실에 빠지는 일이다. 큰 목표를 세우고 오랜 세월을 달리다 보면, 좌절의 고개에 부딪치기도 하고 침체의 늪에 빠지기도 한다. 이럴 때일수록 힘을 내야 한다. 산에 오르는 사람이 큰 봉우리를 앞에 두고 분발하듯이, 능동적 자세와 활기찬 의욕으로 어려운 고비를 넘겨야 하는 것이다.

큰 산을 정복할 계획을 세운 등반대는 처음부터 정상을 바라보고 걷지는 않을 것이다. 그들은 적절한 간격으로 베이스 캠프를 세워 가며 여러 지점에 중간 목표를 세우고 차례로 먼 목표에 접근한다. 삶의 설계를 실천에 옮길 때도 우리는 같은 방법을 써야 할 것이다. 적절한 간격으로 알맞은 중간 목표를 세움으로써 먼 길을 달리는 지루함을 더는 동시에 궁극목표에 도달하는 구체적 이정표로 삼아야 한다. 중간 목표의 달성은 그것이 한갓 수단으로서의 가치만을 갖는 것이 아니라, 그 자체로서도 귀중한 보람이라는 사실이 우리의 노고를 달래고 의욕을 고취할 것이다. 궁극의 목표가 멀고 클수록 그리로 접근하는 계획은 합리적이고 치밀해야 한다.

2. 지혜로운 건강관리

업적을 이룩하여 삶의 보람을 성취하기 위해서는 첫째로 건강이 앞서야한다. 같은 시간을 소비할 경우에도 건강할 때에 할 수 있는 일과 건강이 나쁠 때에 할 수 있는 일 사이에는 엄청난 차이가 난다. 건강이 장수의 원인으로 크게 작용한다는 사실까지도 계산에 넣는다면, 건강한 사람이 일생 동안에 할 수 있는 일과 병약한 사람이 할 수 있는 일 사이에 대단히 큰 차이가 있으리라는 것은 직감으로도 능히 헤아릴 수 있을 것이다. 자질이 같고 의지가 같을 경우에는 건강하고 오래 사는 사람일수록 보람찬 일을 많이 할 수 있다.

중년이 넘으면 각자는 자신의 얼굴에 대해서 책임을 져야 한다고 하거니와, 건강에 대해서도 같은 말이 성립할 수 있을 것이다. 어릴 때의 건강에 대해서는 유전과 부모에게로 책임을 돌릴 수가 있을 것이나, 어른이 된 이후의 건강에 대해서는 자신이 책임을 져야 한다. 선천적 체질이 건강에 끼치는 영향도 무시할 수는 없으나, 후천적 노력의 영향은 더욱 크다. 본래 튼튼한 체질을 타고난 사람이 중년 이후에 허약한 병객으로 전락하기도 하고, 허약한 체질을 타고난 사람이 자신의 노력으로 건강을 쟁취하여 오래 살기도 하는 사례를 우리는 주위에서 흔하게 본다. 타고난 체질에 대해서는 손을 쓸 여지가 없고, 후천적 노력의 부족으로 인한 건강의 상실에 대해서는 핑계의 여지가 없다.

우리는 삶의 설계 전체 안에서 건강관리에 상당한 비중을 두고 꾸준한 노력을 해야 할 것이다. 좋은 일을 많이 하여 보람된 삶을 영위하기 위한 수단으로서 건강이 중요할 뿐 아니라, 건강하게 오래 산다는 것 자체가 귀중한 일이기 때문이다. 건강과 장수는 다른 목적의 달성을 위한 수단으로서의 외면적 가치를 지니고 있을 뿐 아니라, 그 자체가 목적인 내면적 가치도 아울러 가지고 있다. 인간도 결국 생물의 일종이며, 건강하게 오래 산다는 것은 모든 생명체가 공동으로 갖는 일차적 목적이다.

건강관리의 구체적 방법에 대해서는 보건 의학과 식품 영양학 전문가들의 다양한 학설이 출판과 전파를 통하여 많은 정보를 제공하고 있다. 적절한 운동과 균형 잡힌 영양 섭취, 그리고 적당한 휴식이 건강을 위한 3대 조건이라는 것을 모르는 사람은 거의 없을 정도로 상식화된 이 문제에 대해서, 문외한이 중언부언 아는 척하는 것은 어리석은 짓이다. 다만 이 자리에서 한 가지 강조해 두고 싶은 말이 있다.

사족이 될지도 모른다고 생각하면서도 내가 강조하고 싶은 것은 마음의 자세가 건강에 미치는 영향이 지대하다는 상식이다. 식생활의 개선과 운동의 실천을 통해서 건강을 도모하는 사람들이 많은 데 비해서, 마음의 자세를 바로잡음으로써 건강을 증진하려고 노력하는 사람은 적다는 실정을 감안할 때, 이 점에 대해서 말을 하는 것은 다소 의미가 있을 것으로 생각된다. 몸과 마음 사이에 밀접한 관계가 있다는 것을 알면서도 마음의 관리를 소홀히 하는 것은, 마음을 쓰는 일이 식사나 운동보다도 뜻대로 하기 어렵기 때문일 것이다. 그러나 자기의 마음을 조절하는 의지력을 일단 길러 놓으면, 그것은 건강을 위해서뿐 아니라 삶 전체를 위해서도 큰 바탕을 얻는 구실을 할 것이다.

마음이 조급하거나 흔들리면 몸의 건강도 흔들린다. 마음이 흔들리고 조급하게 되는 원인은 밖에서 오기도 하고 나 자신 안에서 생기기도 한다. 불행한 일 또는 놀라운 일이 신변에 일어났을 때, 마음이 흔들리는 것은 누구나 경험하는 일반적 현상이다. 그러나 이 마음의 동요를 빨리 가라앉히느냐 또는 오래 지속시키느냐 하는 것은 본인의 인격에 달려 있다. 깊은 수양을 쌓음으로써 험난한 세상이 야기하는 마음의 동요를 최소한으로 줄일 수 있도록 꾸준히 노력하면, 노력한 것만큼의 결실을 거두게 될 것이다.

나 자신의 안으로부터 오는 마음의 동요는 그 뿌리를 주로 욕심에 두고 있다. 나 자신의 욕심 때문에 마음의 균형이 깨지는 경우가 많은 것이다. 대체로 말해서, 욕심을 버리고 순리를 따르면 마음이 평온한 반면에, 순리를 어기고 욕심을 부리면 마음이 균형을 잃고 흔들린다. 불가나 도가에서 마음을 비우라고 거듭 가르친 것도 그 때문일 것이다.

욕심을 버리라는 말은 의욕을 누르라는 말이 아니다. 의욕이 없는 사람은 죽은 사람과 크게 다를 바가 없다. 의욕은 왕성하게 갖되 욕심은 버리라는 것이다.

그러나 의욕과 욕심 사이에는 밀접한 상관관계가 있어서 그 분별이 어려울 경우가 있다. 일반적으로 말하면, 욕심이 많은 사람은 대개 의욕도 강하고 의욕이 왕성한 사람은 대개 욕심도 많아서, 그 중의 하나는 버리고 하나만을 취하라는 것은 무리한 요구 같기도 하다. 아마 의욕과 욕심은 그 뿌리가 같을지도 모른다. 그러나 버려야 할 심리로서의 욕심과 살려야 할 심리로서의 의욕 사이에는 중요한 차이점이 있다.

우리가 '욕심'이라고 부르는 것은 부당한 것을 탐내는 마음이다. 순리(順理)를 따라서 응당 얻을 수 있는 것을 얻고자 하는 마음에 대해서 우리는 '욕심'이라는 말을 쓰지 않는다. 자기의 몫이 아닌 것을 탐내는 심사 또는 정당한 방법으로는 얻기 어려운 것을 탐내는 심사를 우리는 '욕심'이라고 부른다. '욕심'에는 무리가 따른다. 무리가 따르는 까닭에, 욕심은 타인에게 피해를 주기 쉽고 타인과의 마찰을 일으키기 쉽다. 타인과 마찰을 일으키는 까닭에 욕심은 심적 갈등의 원인이 되고 건강을 해치는 원인이 된다.

한편 우리가 '의욕'이라고 부르는 심리에는 무리가 따르지 않아, 타인 또는 사회에 피해를 주는 부도덕성을 찾아보기는 어렵다. 그것은 순리를 따르는 정당한 노력으로 도달할 수 있는 목표에 이르고자 하는 건전한 심사다. 무리가 따르지 않으며 타인과 마찰도 빚지 아니하므로, 의욕은 갈등의 원인이 될 까닭이 없고 도리어 생활에 활력을 불어넣는다.

'건강'의 핵심은 균형과 조화에 있다. 균형과 조화가 깨졌을 때 건강을 잃는 것이다. 우리의 건강이 나빠지면 체온이 오르고 혈압도 높아지거나 낮아진다. 건강한 사람은 체온과 혈압 그리고 맥박 등이 정상적이거니와, 이때 '정상적'이라 함은 균형과 조화의 상태에 해당한다고 볼 수 있을 것이다.

무리를 하게 되면 균형이 깨지고 조화가 무너진다. 몸의 무리에서 오는 균형의 파괴는 휴식을 통하여 곧 회복할 수가 있고, 몸에 대한 일시적 무리는 체질 강화의 효과를 낳기도 한다. 그러나 마음의 무리에서 오는 균형의 파괴는 회복하기가 어렵다. 마음의 휴식을 취한다는 것은 기술적으로 어려운 일이기 때문이다. 욕심은 마음의 무리의 대표적인 것이다.

3. 원만한 대인관계: 타인과의 싸움

인간이란 본래 집단을 이루고 살기 마련이며, 현대는 인구가 늘어서 더욱 여러 사람들이 다각적 관계를 맺어 가며 살고 있다. 여러 사람들이 관계를 맺게 되면 자연히 경쟁이 생기고 알력과 갈등도 생긴다. 경쟁과 알력을 '싸움'의 일종이라고 말할 수 있다면, 삶에 있어서 타인과의 싸움이 차지하는 비중은 나 자신과의 싸움의 경우보다도 더 크다고 보아야 할 것이다. 삶의 문제란 주로 타인과의 싸움을 해결하는 문제라고 하여도 과언이 아닐 것이다.

대인관계를 어떻게 처리할 것이냐 하는 물음은 삶의 가장 큰 문제라고 볼 수 있는데, 이 물음에 대한 나의 첫째 대답은 "본질적이 아닌 싸움은 피하라."이다. '본질적인 싸움'이란 옳은 일을 위한 싸움이며, 옳은 일을 위한 싸움이 아닌 것은 모두가 본질적이 아닌 싸움이다. 본질적인 싸움에는 '사회를 위해서'라는 명분이 있으나, 본질적이 아닌 싸움에는 그것이 없다. 명분이 있는 싸움은 져도 의의가 있지만, 명분이 없는 싸움은 이겨도 별로 의의가 없다.

이기적 동기에 연유하는 싸움은 옳음을 위한 싸움이라고 볼 수 없으며, 따라서 명분이 없는 싸움이다. 감정의 대립에 근원을 둔 싸움도 옳음을 위한 싸움이 아니며, 따라서 명분이 없는 싸움이다. 이기든 지든 쌍방이 모두 손해를 보는 싸움, 또는 지고 이기고가 없이 그저 질질 끌게 되는 싸움도 옳음을 위한 싸움 내지 명분이 있는 싸움이 될 수 없다.

사람들이 모여 사는 곳에서는 어디에나 갈등이 있고 싸움이 생기지만, 그 대부분이 옳음과는 별로 관계가 없는 싸움, 즉 명분이 없는 싸움이다. 그리고 비록 '명분이 있는 싸움'이라고 인정될 수 있는 경우에도, 한쪽에는 명분이 있지만 다른 한쪽에는 명분이 없을 경우가 대부분이다. 싸우는 당사자들이 명분이 있다고 느끼거나 주장하더라도, 제삼자가 보기에는 대개 명분이 없는 싸움이다. 그러므로 참된 의미에 있어서 명분이 있는 싸움이라고 볼 수 있는 경우는 아주 드물다고 말할 수 있을 것이다. 우리 주변에서 흔히 볼 수 있는 크고 작은 갈등 내지 싸움을 살펴보면 곧 수긍이 갈 것이다.

가정에는 흔히 고부간의 갈등이 있고 다른 가족 사이에도 갈등이 있다. 가족끼리의 갈등이란 대부분이 감정에 근원을 두었거나 누군가의 독선에서 유래한다. 감정에서 유래하는 갈등에는 애당초 명분이 있을 수 없고, 독선에서 유래하는 갈등에도 독선을 부리는 편에는 명분이 없다. 어느 나라에서나 여당과 야당 사이에 늘 싸움이 벌어지지만, 대부분의 경우 국민의 처지에서 보면 명분이 없는 싸움이다. 개인 또는 당파의 이익을 위한 싸움은 겉으로 보기에 그럴듯한 명분을 아무리 내세운다 하더라도, 명분이 없는 싸움이다. 지금도 세계 도처에서 전쟁의 포화가 터지고 있지만, 대개는 맹신(盲信)의 성격을 띤 독선에서 유래하는 싸움이거나 명분 없는 침략이 유발한 싸움이다.

흔히 '대인관계'라고 불리는 개인과 개인 사이에 일어나는 갈등은 거의 모두가 명분 없는 싸움이다. 개인과 개인이 갈등을 일으키고 유형무형의 싸움으로 맞설 경우에, 옆에서 보는 제삼자들은 대개 쌍방을 모두 나무란다. 깊은 사정을 몰라서 쌍방을 모두 나무랄 경우도 더러는 있을 것이나, 대개는 제삼자의 판단이 당사자들의 감정보다는 객관적 타당성을 갖는 것이 보통이다. 그리고 쌍방이 모두 잘못이라는 말 가운데는 그것이 명분 없는 싸움이라는 의미를 함축한다.

개인과 개인의 갈등에 있어서도 옳은 편과 그른 편의 구별이 있을 경우가 없지 않다. 그럴 경우에 있어서 옳은 편에는 싸울 명분이 다소간 있다고 말할 수 있을 것이다. 그러나 다소간 명분이 있다고 해서 그 싸움이 언제나 바람직한 것이 되는 것은 아니다. 예컨대, 고부간의 어느 한편이 너무 못되게 굴어서 갈등이 생기는 경우가 있다. 이럴 경우에 당하고만 있을 수가 없어서 맞서는 편에는 다소의 명분이 있다고 말할 수 있을 것이다. 그러나 이럴 경우에도 싸워 이김으로써 못되게 구는 사람의 버릇을 고칠 수 있다면 모르거니와, 그렇지 않고 싸움의 사태를 더욱 악화시킬 가능성이 클 경우에는 차라리 싸움을 피하는 편이 현명하다. 이럴 경우에는 싸움을 피하는 것이 이기는 길에 가깝다.

사회적 존재인 인간의 삶에 있어서 불행의 가장 큰 원인의 하나는 고독이요, 행복의 가장 큰 원인의 하나는 사랑이다. 좌충우돌하며 싸움을 많이 하는 사람은 싸움의 직접 상대들의 미움을 살 뿐 아니라 제삼자들도 싫어하는 결과를 부른다. 확고한 명분이 없는 싸움은 되도록 회피하고 더러는 져주기도 하는 사람을 여러 사람들은 좋아한다. 전자는 불행의 원인인 고독을 자초하는 반면에, 후자는 행복의 조건인 사랑을 얻게 되는 것이다. 공자는 "덕이 있는 사람은 고독하지 않다(德不孤)."고 말하였다. 명분이 없는 싸움을 피하는 것은 공자가 말한 덕 가운데서 중요한 것의 하나다.

미움의 감정으로 얼굴을 붉혀 가며 사람을 대하는 것은 그 자체가 매우 괴로운 일이다. 사랑의 감정을 바탕에 두고 웃는 얼굴로 사람을 만나는 일은 그 자체만으로도 대단히 즐거운 일이요, 보람된 일이다. 이러한 관점에서 볼 때, 예컨대 사회정의를 위한 공적(公的)인 싸움과 같이 아주 특별한 경우가 아니면 싸움은 피하는 편이 좋다는 결론을 얻게 된다.

사회생활을 원만하게 수행함에 있어서 언제나 필요한 것의 하나는 협동이다. 사회생활에는 공동의 과제가 많고, 공동 과제는 협동을 통해서 해결을 본다. 협동이 잘되면 어려운 일도 해결이 가능하고, 협동이 안 되면 쉬운 일도 해결에 이르기 어렵다. 속담에 "백지장도 맞들면 낫다."고 하였거니와, 공동의 과제란 대체로 네 귀에서 마주 들어야 가볍게 움직일 수 있는 것이다. 그런데 싸우는 사람들 사이에는 협동을 기대할 수가 없는 반면에, 사랑하는 사람들 사이에서는 굳이 '협동'을 강조하지 않더라도 자연히 서로 돕기 마련이다.

눈을 크게 뜨고 멀리 바라볼 때, 오늘의 인류는 하나의 커다란 공동의 과제에 직면하고 있다. 자연 자원의 고갈, 인구의 증가, 환경의 오염, 핵전쟁의 위협 등 굵직굵직한 문제들이 지금 우리의 앞을 가로막고 서 있다. 이 굵직한 문제들을 슬기롭게 해결하느냐 못 하느냐에 인류와 지구의 미래가 걸려 있는 것이다. 이 엄청난 문제들의 어느 하나만이라도 잘못 처리했을 경우에는, 인류가 이룩한 문화와 인류의 종족 전체가 파멸의 위기를 맞게 된다. 인류 전체의 거대한 협동이 요청되고 있는 현실이다.

그런데 지금 우리는 우리끼리 싸우고 있다. 세계가 동서로 나누어져 싸우고 선진국과 후진국으로 갈라져서 싸운다. 같은 나라 안에서도 여당과 야당이 싸우고, 가진 자와 못 가진 자가 싸우며, 늙은 세대와 젊은 세대가 싸운다. 시야가 좁은 것이다. 거시적이며 원대한 시각에서 우리가 현실을 바로 내다보아야 할 시점에서, 우리는 우리끼리 싸우고 있다.

4. 덕(德)이란 무엇인가

앞 절에서 나는 "덕이 있는 사람은 외롭지 않다."는 공자의 말을 인용하였다. 옛날부터 동서의 성현들과 철학자들은 덕의 중요성을 강조해 왔고, 오늘도 각급 학교에서는 덕육(德育)을 인간 교육의 핵심으로서 중요시하고 있다. 그런데 '덕'이란 도대체 무엇인가? 덕의 본질은 무엇인가? 덕은 어떻게 생기는 것인가?

철학 사전에서 '덕(virtue)'이라는 항목을 찾아보면 여러 가지 서로 다른 학설이 소개되고 있음을 발견하게 된다. 여러 가지 학설에 공통된 생각은, '덕'이라는 것을 인간이 갖는 어떤 능력으로 보되, 처음에는 소덕(小德) 또는 흉덕(凶德)이라는 말이 암시하듯이 좋지 못한 덕도 있다고 생각한 경우도 있으나, 대체로 좋은 능력, 즉 훌륭한 행위를 하게 하는 능력이라고 보는 생각이다. 그 좋은 능력이 선천적으로 주어지는 것이냐 또는 경험을 통해서 배우는 것이냐 하는 문제에 대해서도 서로 다른 견해의 대립이 있었으나, 대체로 선천적 소질과 경험적 훈련이 결합하여 유덕한 인물이 탄생한다고 보는 견해가 광범위한 지지를 받은 것으로 보인다. 그리고 인간은 누구나 유덕한 인물이 될 수 있는 소질을 충분히 타고난다고 보는 것이 이른바 성선설(性善說)이다.

훌륭한 삶 또는 보람된 삶을 실현하기 위해서는 우선 자신의 개성에 맞추어 합리적 인생 설계를 작성해야 하고, 다음에는 나 자신 또는 나의 운명과 싸우기도 하고 내 이웃과의 갈등을 극복하기도 하면서, 세운 설계를 실천에 옮겨야 한다. 삶의 설계에서 그 실현에 이르기까지의 긴 과정을 성공적으로 이행하자면 여러 가지의 능력이 요구되거니와, 여기에 요구되는 여러 가지 능력은 모두 넓은 의미의 덕에 포함된다고 나는 생각한다. 삶의 설계를 잘 꾸밀 수 있는 능력도 덕이며, 나 자신 또는 운명과의 싸움에서 요구되는 자제력과 용기도 덕이며, 대인관계를 원만하게 이끌어 갈 수 있는 인화(人和)의 능력도 덕이다.

그러나 일상생활에서는 '덕'이라는 말이 약간 좁은 의미로 쓰일 경우가 많다. 예컨대, '후덕한 사람이다', '덕망이 높다' 또는 '실덕(失德)을 했다' 따위의 말이 흔히 쓰이거니와, 이럴 경우에는 주로 대인관계를 원만하게 하는 데 도움이 되는 사회생활의 좋은 능력을 가리킨다. 또 "원수를 덕으로 갚는다(報怨以德)."거나 "덕을 쌓은 집안에는 반드시 경사가 찾아온다(積德之家 必有餘慶)."고 말할 때도 주로 타인을 유리하게 하는 행위를 가리킨다. 공자가 "덕은 외롭지 않다."고 말했을 때도 아마 대인관계의 미덕을 염두에 두었을 것이다.

사회생활에 있어서 가장 중요한 덕은 대인관계를 원만하게 하는 능력으로서의 덕이며, 성현과 선철들이 공통으로 힘주어 가르친 것도 주로 대인관계의 덕이다. '대인관계의 덕'의 본질을 파악하기에 가장 손쉬운 길은 덕과 인간적 갈등을 관련시켜서 생각하는 접근법이 아닐까 한다. 짧게 말해서, 대인관계에서 발휘되는 덕의 핵심은 인간적 갈등을 완화 내지 해소하는 능력에 있다고 보는 견지를 취할 때, 대인관계의 덕의 본질이 명백하게 밝혀지리라고 생각하는 것이다.

어느 사회에서나 찾아볼 수 있는 법과 도덕의 출발점은 인간적 갈등이라고 생각한다. 생존경쟁이 있고 약육강식이 있으며 흥분하기 쉬운 감정이 있는 인간 사회에는, 어디를 가나 인간적 갈등이 부단히 일어난다. 그런데 이 갈등을 그대로 놓아 두면 사회에 큰 혼란이 오고 개인들은 거의 모두 불행하게 될 공산이 크다. 따라서 인간적 갈등 해결의 방안이 절실하게 요청되는데, 이 요청에 따라서 생긴 방안 가운데 공권(公權)의 강제력을 바탕으로 삼은 것이 법이고, 개인의 자율적 심성(心性)에 바탕을 둔 것이 도덕이라고 볼 수 있다. 덕이라는 것은 곧 이 도덕의 바탕을 이루는 자율적 심성에 해당한다.

원만한 대인관계를 가능케 하는 능력으로서의 덕, 즉 좁은 의미의 덕의 본질은 인간적 갈등의 예방 내지 해결을 가능케 하는 특색을 가진 능력이다. 덕이 높은 사람들 사이에서는 갈등의 빈도와 정도가 낮으며, 일단 갈등이 생기더라도 심각한 지경에 이르기 전에 비교적 원만하게 해결되는 것이 보통이다. 남과 갈등을 빚지 않는 사람, 갈등이 생기더라도 비교적 수월하게 그것을 풀어 나가는 사람이 유덕한 사람이다.

인류의 스승들이 그토록 역점을 두고 가르친 덕의 본질이 인간적 갈등을 예방 내지 해결하는 능력에 있다는 사실은, 인생에 있어서 인화가 더없이 귀중한 보배라는 것을 의미한다. 인화가 잘되는 사회는 흥하고, 인화가 안 되는 사회는 망한다. 대인관계가 원만한 사람은 삶이 즐겁고, 대인관계가 좋지 않은 사람은 삶이 괴롭다. 1장에서 행복의 기본적 조건을 고찰했을 때, 우리가 인화를 그 가장 중요한 것의 하나로 손꼽았던 것을 독자들은 기억할 것이다.

동서고금의 여러 사회에 있어서 널리 숭상된 덕목들은 모두 인간관계를 원만하게 하는 데 도움이 되어 왔다. 성실, 정직, 공정, 관용, 인자, 신의, 책임감, 봉사 정신, 겸손, 근면, 협동심, 근신, 예절 바름, 기지, 인내, 사려 깊음 등은 모두 원만한 대인관계의 수립을 위해서 도움을 주는 성향을 가졌다. 그러나 이 같은 행위가 대인관계에 있어서 언제나 같은 결과를 가져오는 것은 아니다. 관습 또는 문화 전통의 차이에 따라서, 같은 행위도 어떤 사회에서는 좋게 받아들여지고 다른 사회에서는 나쁘게 받아들여지는 경우도 있다. 그러므로 일정한 유형의 행위가 A라는 사회에서는 유덕한 행위가 되지만, B라는 사회에서는 그렇지 못할 경우도 생길 수 있다.

예컨대, 근엄한 태도는 조선시대의 양반 사회에서는 원만한 인간관계를 위해서 도움이 되었으나, 오늘의 젊은이들 사회에서는 도리어 경원(敬遠)의 대상이 된다. 또 익살은 대체로 분위기를 명랑하게 하는 행위로서 환영을 받는 경향이 있으나, 상황에 따라서는 경박한 행위로 비난을 받을 경우도 있다. 그러므로 일정한 유형의 행위가 유덕한 행위가 되느냐 부덕한 행위가 되느냐는 선천적으로 결정되는 것이 아니라, 문화의 전통을 따라서 경험적으로 결정된다고 보아야 할 것이다.

같은 문화권 안에서도 남의 행위에 대한 사람들의 반응에는 개인차가 있다. 예컨대, 익살스러운 행위에 대해서 갑은 호감을 느끼나 을은 도리어 불쾌감을 느낄 수도 있다. 그러므로 상대가 누구냐에 따라서, 또는 상황이 어떠냐에 따라서 원만한 대인관계를 위하여 요구되는 행위가 다를 경우도 있다. 결국 원만한 대인관계를 위한 덕의 근본은 구체적 상황에 적합한 행위를 할 수 있는 분별력이라 할 수 있다. 임기응변의 기지를 포함한 분별력이 여러 가지 상황에서 여러 가지 이름의 덕행(德行)을 낳는 것이다. "덕은 하나다."라고 말한 소크라테스의 명제를 우리는 이러한 맥락에서 이해할 수 있을 것이다.

어떤 행위가 사람들에게 일으키는 반응이 상황에 따라서 다양하게 나타나는 가운데도, 언제 어디서나 원만한 대인관계를 조장하는 성향을 가진 것이 있다. 사랑, 성질, 봉사 정신 등으로 불리는 마음가짐이 그것이다. 진심으로 남을 사랑하는 마음, 거짓 없이 정성을 다하는 성실한 태도, 타인과 사회를 위해서 헌신하는 봉사 정신 등은 동서고금 어떤 상황에서도 환영을 받아 왔고 또 앞으로도 환영을 받을 것이다. 따뜻한 마음으로 남을 사랑하고 거짓 없는 마음으로 사회에 봉사하는 사람은 어느 시대 어느 곳에서나 복을 받기 마련이다.

(1986)

2부
부

나와 가족

1장 인간이라는 존재
2장 '나'를 위하는 길
3장 전통 사회와 가족
4장 현대사회와 가족

1장 인간이라는 존재

1. 동물의 세계

텔레비전의 교양 프로그램에 속하는 「동물의 왕국」이라는 화면을 바라보면서, 신비스럽다는 느낌과 잔인하고 처절하다는 느낌을 아울러 가진 적이 있다. 무수한 종류의 동물들이 저마다 고유한 신체의 구조와 생활의 습성을 가지고 있으며, 그 구조와 습성이 모두 개체의 생존과 종족의 유지에 적합하도록 되어 있다는 사실을 보고 놀랍고 신비롭다는 느낌을 금할 수가 없었다. 그리고 모든 종류의 동물들이 각각 살기 위해서 애쓰고 있는 가운데 '약육강식'의 생명을 건 공방전이 도처에서 항시 전개되고 있다는 사실은, 생물의 세계가 처절하고 잔인한 싸움터라는 인상을 새삼스럽게 일깨워 주었다.

동물 세계의 생존경쟁은 종족과 종족 사이에서만 일어나는 것이 아니라 동일한 종족 사이에서도 일어난다. 밀림의 왕자로 알려진 사자는 얼룩말이나 영양(羚羊) 같은 약자들을 잡아 먹고 살거니와, 먹이를 위한 사냥은 암놈이 전담한다. 암놈은 애써서 잡은 짐승을 자기가 먼저 먹어서는 안 되며 반드시 수놈 앞에 가져다 바쳐야 한다. 암놈과 수놈이 함께 그것을 먹는 것도 아니며, 맛있는 부분부터 수놈이 포식을 하고 남긴 것을 암놈이 겨우 차지하기 마련이다. 이를테면 약자가 노동으로 얻은 것을 강자가 빼앗는 현상이 맹수의 세계에서도 일어나는 것이다.

강자가 약자를 착취하는 현상은 맹수의 세계에서만 일어나는 것은 아니다. 버트런드 러셀(B. Russell)의 목격담에 따르면, 큰부리까마귀라는 새의 수놈도 몹시 이기적이다. 죽은 동물을 먼저 발견한 것은 암놈이었으나, 뒤에 날아온 수놈이 그 먹이에 대한 암놈의 접근을 힘으로 막는다는 것이다. 수놈이 먹고 있을 동안에는 암놈이 얼씬도 못하게 하다가 제가 실컷 먹고 난 다음에야 남은 것을 암놈에게 물려주는 광경을 자기 눈으로 보았다고 러셀은 기록하고 있다.[1]

그러나 이기주의적인 것은 동물의 행동의 한 측면에 지나지 않는다. 외적과 대항하는 상황에서 같은 무리끼리 긴밀하게 협력하는 것이 동물계의 일반적 생태라는 것은 널리 알려진 상식이다. 그리고 종족의 번식을 위해서 어미들이 희생을 무릅쓰는 사례가 비일비재하다는 것도, 직접적 경험 또는 견문을 통해서 우리 모두가 익히 알고 있는 사실이다.

생존에 대한 애착은 모든 동물에게 공통된 가장 기본적 욕구임에 틀림이 없다. 삶에 대한 본능이 모든 생명체를 움직이는 힘의 원천이라 하여도 과언이 아닐 것이다. 내가 살기 위해서는 남을 죽이는 잔인성을 발휘하기도 하고, 외적의 공격을 막고 살아남기 위해서는 헌신적 협동으로 무리에 이바지하기도 한다. 생명에 대한 애착이 자기 한 개체에 대한 것임에 그치지 않고 종족 전체에 대한 그것인 까닭에, 새끼들을 위해서는 일신의 생명을 포기하

---

1 이 이야기는 본래 1931년 9월 9일자 미국의 모 일간지에 실린 칼럼 속에 소개되었다. 「기교예찬」이라는 제목의 이 글은 1975년에 런던에서 발간된 『버트런드 러셀의 미국 수상집』(Harry Ruje 편)에 다시 실렸다.

는 어미들의 희생이 본능적으로 감행되는 사례도 허다하다.

우리가 이 자리에서 동물의 세계를 화제에 올린 것은 짐승들의 생태에 대한 관찰이 인간을 이해하는 데 어떤 실마리를 제공할지도 모른다는 기대 때문이다. 이 글에서 우리가 부딪치고 있는 문제는 인간의 문제 또는 인간으로서의 삶의 문제다. 인간으로서의 삶의 문제에 접근하기 위해서는 우선 인간이 어떠한 성질의 존재인가를 어느 정도 알아야 하거니와, 인간이라는 존재가 너무나 복잡하고 미묘한 구조를 가지고 있는 까닭에, 그 진상을 직접 파악하기가 매우 어렵다. 여기서 우리는 인간도 일종의 동물이라는 사실에 주목하게 되며, 다른 동물과의 비교를 통해서 인간에 대한 이해로 접근할 수 없을까 하는 발상을 하게 된다.

인간도 다른 동물들과 마찬가지로 자기의 생명에 대해서 강한 애착을 가지고 있으며, 종족 유지에 대한 본능도 가지고 있다. 인간의 세계에서도 강자가 약자를 유린하는 현상이 도처에서 일어나고 있으며, 전쟁과 같은 대규모의 살상 행위를 '정의'를 부르짖으며 감행하기도 한다. 학자들 가운데는 인간은 야수보다도 더 잔인하다고 혹평하는 사람들도 있다. 육식동물들이 살생을 하는 것은 저희들이 먹고 살기 위한 행위에 국한되며, 같은 족속의 동물을 죽이는 일은 거의 없다. 그러나 인간은 먹지도 않을 동물을 죽이는 경우가 많고, 심지어는 같은 혈족의 일원을 죽이기까지 한다. 『동물인가 천사인가』의 저자 르네 듀보(René Dubos)는 다음과 같은 말로 인간의 잔인한 일면을 꼬집었다. "'사람은 사람을 잡아먹는 이리이다'라는 말은 인간에게는 오늘날까지도 꼭 들어맞는 말이지만, 자기들끼리는 보통 훌륭한 사회적 동물로서 행동하는 이리들에게는 억울한 말이다."[2]

그렇다면 인간도 결국은 짐승과 다를 바 없는 보통 동물의 일종에 불과하다는 결론으로 낙착하고 마는 것일까? 오히려 짐승보다도 더 잔인하고 짐승보다도 더 음탕한 동물이 바로 우리 인간이라고 솔직하게 인정하는 편이 객관성 있는 인간의 자기 인식에 가까울 것인가? 다른 동물들은 일정한 시기에만 성적 교접을 하지만 인간은 때도 철도 없이 성의 쾌락에 탐닉한다는 사실이, 인간을 짐승보다 부도덕한 존재라고 판단할 근거로서 충분한 것일까?

이러한 물음들에 대해서 주저 없이 '그렇다'고 응답하는 사람도 더러는 있을 것이다. 그러나 그와 같은 대답을 받아들이는 사람은 옛날에는 거의 없었고, 지금도 비교적 소수에 불과하다. 앞에서 인간을 이리보다도 더 잔인하다고 꼬집은 사람으로 소개한 듀보조차도, 전체적으로 볼 때 인간을 그토록 형편없는 존재라고는 생각하지 않는다. 그는 옛날의 성선론자(性善論者)들처럼 인간을 도덕적으로 찬양하지는 않았지만, 그러나 인간에 대한 그의 전체적인 견해는 긍정적이고 희망적이다. 그의 저술의 끝부분에 가까운 「인간으로 태어난 즐거움」 가운데서 우리는 다음과 같은 구절을 읽는다.

　동물계의 일부로서 인류를 이해하기 위해서는 인류의 유전적 구조와 환경의 자극에 대한 유기적 반응에 관한 지식으로 충분하다. 그러나 인류의 인간성을 이해하기 위해서는 왜 인간 생활의 그토록 큰 부분이 직접적인 실용성을 지니지 않은 이들 예술, 학문, 의식(儀式), 무수한 형태의 자기 희생 등에 바쳐지고 있는지를 알아야 한다. 인간은 가장 심오한 만족감, 즉 진정한 행복을 야수성에서는 매우 거리가 먼 활동으로부터 얻는다. 독일의 철학자 베노 에르트만은 현대 인문과학의 사조에 대한 그의 견해를 밝혀 달라는 요구를 받고 서글픈 어조로 이렇게 대답하였다. "젊은 날의 우리들은 '인간은 무엇인가'라는 물음을 열심히 되뇌었다. 그러나 오늘의 과학자들은 '인간은 원숭

2　René Dubos, *Beast or Angel?*, 1974, 김용준, 박순철 옮김, 「동물인가 천사인가」, 과학과 인간사, 1976, p.47.

이다'라는 대답에 만족하고 있는 것으로 보인다."'호모 사피엔스 사피엔스'
가 어떤 종류의 영장류로부터 진화했다는 것을 아는 것만으로는 충분하지 않
다. 더욱 중요한 것은 그가 무엇이 되고 싶어하는가 또는 무엇이 되려고 노력
해야 하는가라는 물음이다.[3]

2. 짐승과 무엇이 다른가

"어떻게 살아야 하는가?"라는 평범하고도 절실한 물음에 대해서 흔히 주
어지는 대답의 하나로서 "인간답게 살아라."라는 것이 있다. 도대체 어떻게
사는 것이 인간답게 사는 것인지 구체적인 처방이 따르기 전에는 지나치게
막연한 대답이라는 약점을 가지고 있기는 하나, 그런대로 일단 받아들일 만
한 융통성 있는 대답이라고 볼 수 있을 것이다. 사람이 사람답게 살면 그것
으로 만족할 일이지, 그 이상 무엇을 더 바랄 것인가.

"인간답게 살아라." 하는 원칙은 매우 추상적인 처방이며 그 뜻이 모호하
기 그지없으나, 그런 가운데도 몇 가지 의미를 담고 있다고 생각된다. "인간
답게 살아라." 하는 말 배후에는 인간은 다른 동물에게서는 찾아볼 수 없는
특성을 가졌다는 뜻이 숨겨져 있으며, 그 특성으로 인하여 인간은 다른 동물
보다 우월한 존재라는 뜻도 암암리에 깔려 있다. 세상에 있는 온갖 사물들
가운데서 인간이 가장 귀중한 존재라는 생각은 오랜 전통을 가진 생각이며,
그 귀중한 존재로서의 특성에 맞도록 사는 것이 올바른 삶의 길이라는 생각
도 그 전통이 오래다.

세상의 온갖 사물 가운데서 인간이 가장 귀중하다는 생각에는 인간의 주

---

3 같은 책, pp.232-233.

관이 크게 개재했을 가능성이 있을지도 모른다. 그러나 다른 존재와의 우열을 비교하는 문제를 떠나서라도, 우리 인간의 특수성이 무엇이냐 하는 물음은 일단 짚고 넘어가야 할 흥미로운 문제가 아닐 수 없다. 만약 인간에게 인간만이 갖는 특성이 있다면, 아마 그 특성과 우리 인간이 밟아야 할 길 사이에 밀접한 관계가 있으리라는 가설을 일단 세워 봄직한 일이다. 어쨌든, 생각하는 존재인 까닭에 우리는 우리가 가야 할 길에 대해서 생각하지 않을 수 없고, 인간의 길을 생각하는 과정에서 우리는 인간존재의 특성이 무엇인가를 묻게 된다. "너 자신을 알라."고 역설한 소크라테스의 가르침은 이런 맥락에서도 깊은 함축을 가졌다.

인간도 포유류에 속하는 일종의 동물이라는 사실을 의심하는 사람은 적을 것이다. 그러나 동물은 동물이되, 여타의 다른 동물들과는 크게 다른 점을 가진 것이 인간이라는 것도 일반적 상식이다. 여기서 문제가 되는 것은 인간과 다른 동물 특히 다른 고등동물과의 근본적 차이점이 무엇이냐 하는 물음이 아닐 수 없다.

이 물음에 대해서 이미 많은 대답들이 주어졌다. '정치적 동물이다', '복잡한 언어를 구사한다', '사유(思惟)의 능력을 가졌다', '도구를 사용한다' 등은 그 고전적 대답들의 대표적인 것들이다. 이러한 대답들은 각각 표현은 다르나 인간의 특성을 여러 측면에서 잘 지적해 주고 있다. '정치적'이라고 부를 수 있을 정도의 복잡한 사회조직을 가진 것도 인간에게서만 볼 수 있는 특이한 현상이고, 복잡한 언어를 구사하며 깊이 사유할 수 있는 것도 인간만의 특성이며, 정교한 도구 내지 기계를 만들어서 목적에 맞추어 활용하는 것도 인간에게서만 볼 수 있는 특이한 현상이다.

인간을 다른 동물들과 판이하게 만든 이 독특한 현상 내지 능력들이 서로 무관하게 각각 떨어져 있는 것으로는 생각되지 않으며, 같은 뿌리에 근원을 둔 여러 갈래의 구현(具現)이라고 보는 것이 우리들의 상식이다. 그 공통의 뿌리가 무엇이냐는 물음에 대하여 '이성(理性)'이라는 개념으로 대답하기도 하고 혹은 '지성(知性)'이라는 이름으로 대답하기도 하여 다소 의견의 차이가 있기는 하나, 깊이 생각하고 멀리 내다볼 수 있는 사유(思惟)의 능력이 인간을 동물의 세계에서 특별한 자리에 올려놓은 근본 특성이라고 보는 견해에는 별다른 이론이 없을 것이다. 생각하고 통찰하는 능력이 탁월한 까닭에 복잡한 기호(記號) 체계인 언어를 구사할 수 있게 되었고, 유용한 도구를 만들 수도 있었으며, 조직적 사회제도를 형성할 수도 있었다고 보는 데 무리는 없을 것이다.

높은 지능을 가진 덕분으로 정교한 도구를 만들어 사용할 수 있는 인간은, 생존이라는 투쟁의 마당에서 다른 동물에 비하여 근본적으로 다른 방식을 선택할 수 있는 특권을 갖게 되었다. 일반 동물의 경우는 환경에 대하여 수동적으로 적응함으로써 개체와 종족의 생존을 유지하는 것이 일반적 삶의 방식이다. 고작 철새처럼 추위 또는 더위를 피해서 먼 곳으로 이동하거나 너구리처럼 굴을 파고 몸을 숨기는 정도가 짐승이 환경에 적응하는 방식인 데 비하여, 인간은 장비를 동원하여 추위를 막기도 하고 사막을 농지로 바꾸기도 하는 적극적 대응으로써 환경을 변화시킨다. 다른 동물들은 그 종류에 따라서 그것들이 서식할 수 있는 지역이 국한되어 있다. 악어와 코끼리는 더운 지역에서만 살 수 있고, 북극곰과 바다표범은 추운 지역에서만 살 수 있다. 그러나 인간만은 지구 어디에서나 살 수가 있다. 이것은 환경에 대해 수동적으로 적응할 줄밖에 모르는 동물에 비해서, 환경에 적극적 변화를 가할 수 있는 인간이 삶의 방식에 있어 넓은 선택의 폭을 가졌다는 한 가지 예에 지나지 않는다.

일반 동물은 환경의 여건과 자극에 따라 본능적으로 또는 거의 수동적으로 행동하나, 인간은 환경에 저항해 가며 자유의지를 따라서 행동을 선택한다. 이러한 차이는 인간만이 자유의 주체임을 의미하는 것으로서 매우 중요한 의의를 갖는다. 인간은 자유의 주체로서 문제의 상황에서 행동 하나하나를 선택할 수 있을 뿐 아니라, 전체로서의 생애를 한 묶음으로 선택할 수도 있다. 인간은 스스로의 결단에 따라 군자(君子)의 길을 택할 수도 있고 소인(小人)의 길을 택할 수도 있으며, 애타(愛他)의 길을 택할 수도 있고 이기(利己)의 길을 택할 수도 있다. 스스로 원해서 택한 길인 까닭에, 인간은 그 길이 가져다 주는 모든 결과에 대해 몸소 책임을 져야 한다. 갈림길에서 선택의 자유를 행사하며 그 선택의 결과에 대해서 스스로 책임을 지는 자유의 주체라는 뜻에서, 인간은 윤리적 존재다. 오직 인간만이 윤리적 존재다.

인간은 탁월한 사유의 능력을 가진 까닭에 의식(意識)이 뚜렷하며, 자유의 주체인 까닭에 자아(自我)에 대한 의식이 강하다. 자아에 대한 강한 의식을 가진 인간은 자기의 삶이 성공을 거두기를 염원하며, 때때로 자기 자신에게 묻는다. "나는 어떻게 할 것인가?" "나는 어떻게 살 것인가?"

3. 생리 외적 욕구와 그 선택

일반 동물은 개체의 생존과 종족의 번식이라는 생물학적 욕구의 충족을 위해서 행동하며 산다고 말해도 과언이 아닐 것이다. 원숭이나 개 같은 고등동물은 유희본능이라도 가진 듯이 장난하고 노는 행동을 보이기도 하므로, 모든 동물의 모든 행동을 생존과 번식에 연결시켜서 설명하기는 어려울 것이다. 그러나 고등동물이 보여주는 장난이나 놀이도 본능적 행동의 범위를 벗어나는 것은 아니며, 그들의 모든 행동이 생물학적 욕구의 충족을 위한 것이라는 우리들의 가설을 거짓으로 만들 수 있을 정도의 의미를 가진 특이한 현상이라고는 생각되지 않는다. 일반 동물들은 모두 생물학적 욕구에 따라서 본능적으로 행동하며, 그들이 행동의 과정에서 보여주는 선택의 폭은 매우 국한되어 있다고 보는 견해를 고집한다 해도 사실에서 크게 벗어나지는 않을 것이다.

인간의 경우는 사정이 크게 다르다. 인간도 생리적 욕구를 외면할 도리는 없으며, 생리적 욕구의 충족을 위해서 필요한 행동을 거부하기는 지극히 어려운 일이다. 그러나 인간은 생리적 욕구가 충족되는 것만으로 뜻있고 보람된 삶이 실현된다고는 보지 않는 경향이 있다. 생리적 욕구의 충족이 인간다운 삶을 위해 필요하다고 믿는 사람들은 많으나, 그것만으로 충분하다고 보는 사람은 많지 않다. 인간다운 삶 또는 진정한 행복이 실현되기 위해서는, 먹고 자고 생식을 할 뿐만 아니라 그 밖에 또 무엇인가를 더 보태야 한다고 생각하는 것이, 동물 이상이기를 원하며 동물 이상임을 자부하는 우리들의 일반적인 생각이다.

생리적 욕구의 충족만으로 만족하지 못한다는 것은, 생리적 욕구 이외의 다른 욕구 즉 생리 외적 욕구가 인간에게 있다는 것을 의미한다. 생리 외적 욕구도 그 근원을 따지고 보면 생리적 욕구에서 파생된 것으로 볼 수 있는 것이 많으나, 인류 문화의 역사가 흐르는 사이에 그 뿌리로부터 멀리 떨어진 것들도 나타나게 되어서, 현대 문명국의 주민들은 그 생리적 근원을 추적하기가 어려울 뿐 아니라 생리적 욕구에 역행하는 듯이 보이는 욕구까지도 갖기에 이르렀다. 따라서 생리 외적 욕구는 그 이름을 일일이 열거하기 어려울 정도로 종류가 다양하고 범위도 광대하다. 진리 인식에 대한 욕구, 예술의 창조 또는 감상에 대한 욕구, 초월자에게 의지하여 도움을 받고 싶은 욕구, 친구들과 어울리고 싶은 욕구, 여러 사람들의 칭찬을 받고자 하는 욕구, 남보다 우월하게 보이고 싶은 욕구, 새로 유행하는 옷으로 몸을 감고 값나가는 보석으로 몸을 단장하고 싶은 욕구, 희귀한 돌이나 옛날 돈을 모으고 싶은 욕구, 경쟁자에게 골탕을 먹이고 싶은 생각 등 생리 외적 욕구의 예로 들 수 있는 것에는 거의 끝이 없다.

식욕, 성욕, 수면욕, 휴식욕 등 생리와 직결되는 욕구는 정상적인 사람이면 누구나 가지고 있다. 그러나 생리 외적 욕구의 경우는 모든 사람들이 모든 종류의 욕구를 고루 가지고 있는 것은 아니다. 개인이 처해 있는 문화적 배경과 사회적 위치에 따라서 또는 그가 타고난 기질에 따라서, 사람들이 가지고 있는 생리 외적 욕구의 종류와 강약에는 사람마다 차이가 있다. 생리적 욕구와 생리 외적 욕구 사이에서 발견되는 또 한 가지 근본적인 차이점은, 전자에는 일정한 한도가 있으나 후자에는 그것이 거의 없다는 사실이다. 예컨대, 식욕이나 성욕은 그것을 만족시키기에 필요한 음식이나 이성이 대단히 많을 필요가 없으나, 재산이나 권력 또는 명성에 대한 욕구는 아무리 채워도 부족함을 느끼기 쉽다.

일반적으로 말해서, 생리적 욕구를 충족시키는 일보다도 생리 외적 욕구를 충족시키기가 더 어렵다고 볼 수 있다. 한 개인이 모든 종류의 생리 외적 욕구를 가지고 있지는 않다 하더라도, 그가 가지고 있는 생리 외적 욕구 하나하나가 포만감에 이르기 어렵고, 욕심이 또 욕심을 낳기 때문이다. 재능과 노력 그리고 환경적 여건을 따라서 한 개인이 충족시킬 수 있는 생리 외적 욕구의 종류와 정도에는 차이가 많지만, 아무리 모든 조건이 잘 구비된 사람이라 하더라도 그가 하고 싶은 모든 일을 하는 것은 불가능하다. 따라서 우리는 각자가 느끼는 생리 외적 욕구들 가운데서 자기가 실제로 충족시킬 가능성이 있는 것들은 우선순위에 따라서 가려 뽑고, 나머지는 버리는 취사선택을 하지 않을 수 없다. 이 생리 외적 욕구의 취사선택을 얼마나 슬기롭게 하느냐에 따라서 각자의 삶의 질과 생애의 성패가 좌우된다 하여도 과언이 아닐 것이다.

배고픔과 목마름 또는 졸림 등의 생리적 욕구는 일시적으로 참을 수는 있으나 아주 버릴 수는 없다. 생리적 욕구의 충족을 거부한다는 것은 개체의 죽음 또는 후손의 단절을 의미한다. 그러나 생리 외적 욕구는 그것을 충족시키지 않더라도 개체와 종족의 생명 유지에는 직접적인 지장이 없다. 명예욕이나 권세욕이 강한 사람이 그 욕구를 채우지 못하면 몹시 불만스럽기는 하겠지만, 그것 때문에 죽지는 않는다. 학문 탐구나 예술 창조의 욕구의 경우도 마찬가지다. 그것을 채우지 않더라도 개체와 종족의 생명을 유지할 수 있다는 뜻에서, 생리 외적 욕구는 '이차적(二次的)'이라고 할 수 있을 것이다.

개인의 자유의지에 따라서 생리 외적 욕구를 취사선택함이 원칙적으로 가능한 일이기는 하나, 생리 외적 욕구 그 자체는 개인적으로 생기는 것이 아니라 개인을 둘러싼 문화와 사회의 여건에 따라 생긴다. 그러므로 같은 문화와 같은 사회 속에 사는 사람들은 대체로 비슷한 생리 외적 욕구를 가지는 경향이 있다. 그러나 문화와 사회가 개인의 생리 외적 욕구를 일방적으로 결정하는 것은 아니다. 문화의 전통과 사회의 현실이 생리 외적 욕구의 큰 흐름의 테두리를 정하게 되고, 그 안에 사는 개인들은 대세의 영향을 받아 가면서 각각의 자유의지에 따라 각자의 욕구 체계를 선택한다. 각자가 선택한 욕구의 체계는 그 사람 개인의 삶의 모습을 크게 좌우할 뿐 아니라, 여러 개인들이 선택한 욕구의 체계들이 모여서 내일의 문화와 내일의 사회를 결정한다. 개인들의 욕구 체계는 기존의 문화와 사회의 영향을 받고, 개인들이 오늘 선택한 욕구의 체계들은 하나로 모여서 내일의 문화와 사회를 결정하는 상호관계가 성립하는 것이다. 이러한 고찰이 우리에게 암시하는 바는 생리 외적 욕구들에 대한 개인들의 선택이 그 개인을 위해서뿐 아니라 사회 전체를 위해서도 지극히 중요한 의미를 갖는다는 사실이며, 우리 모두 신중을 다하여 슬기로운 선택을 해야 한다는 것이다. 그러나 우리는 여기서 매우 어려운 물음에 부딪치게 된다. 도대체 욕구의 체계를 두고 슬기로우니 어리석으니 하고 구별을 짓는 근거와 기준이 무엇이냐 하는 물음이다.

우리의 삶이 아무렇게나 되어도 상관이 없다고 생각할 수 있다면, 욕구의 체계에 대해서 우열을 논할 근거는 없어질 것이다. 우리의 문화와 우리의 사회가 어떻게 되어도 좋다고 생각할 수 있다면 욕구의 체계에 대한 우열의 구별은 근거를 잃을 것이다. 그러나 인간인 까닭에 우리는 우리의 삶과 우리의 사회에 대해서 무관심할 수가 없다. 우리가 우리의 삶에 대해서 관심을 버리지 못하는 한, 우리는 우리의 삶과 우리의 사회에 대해서 어떤 평가를 내리지 않을 수 없다. 지성의 소유자인 까닭에 인간은 평가하는 동물이 되었고, 평가하는 동물인 까닭에 모든 관심의 대상에 대하여 완전히 가치중립적 시선만을 보낼 수가 없다. 우리가 평가를 거부할 수 없다는 사실이 우리로 하여금 삶과 사회를 평가하지 않을 수 없게 하고, 우리의 삶과 사회가 우리의 욕구 체계에 달려 있다는 사실이 욕구 체계의 우열을 논하는 근거가 된다.

욕구 체계의 우열을 평가하는 기준이 무엇이냐는 물음은 가치판단 일반에 관한 철학적 문제에 연결되는 어려운 물음으로서, 이 글에서 본격적으로 다루기에는 지나치게 거창하다. 이 자리에서는 논술을 전개해 나가는 과정에서 필요에 따라 저 물음에 대한 기초적 고찰만 하는 것으로 만족할 수밖에 없을 것이다.

4. 나 자신에 대한 의무

"내 인생 내가 사는데 아무렇게나 살면 어떠냐?" 하는 물음을 던져 본다. 이 물음 가운데는 내가 선택하는 욕구 체계는 내 마음에만 들면 그만이지 그 이상의 어떤 객관적 기준이 있을 수 없지 않으냐 하는 뜻도 함축되어 있다. 이 물음이 억지스럽다는 것을 알기 위해서는 같은 논리의 더욱 단순한 물음 하나를 더 던져 보는 것이 도움이 될 것이다. "내 차를 내가 몰고 가는데 아무렇게나 몰면 어떠냐?"

차를 모는 사람은 어떤 목적이 있어서 차를 몬다. 대개는 빠르고 안전하게 일정한 장소까지 가는 것이 차를 모는 목적이다. 차를 모는 데 일정한 목적이 있는 이상, 그 목적에 적합하도록 차를 몰아야 할 것이며, 목적에 어긋나는 운전은 잘못된 운전이 아닐 수 없다. 그러므로 내가 모는 내 차니까 아무렇게나 몰아도 좋다는 논리는 성립할 수가 없다.

차를 모는 사람이 나 한 사람뿐이라면, 내 마음대로 몰 수 있는 자유의 폭은 상당히 넓을 것이다. 그러나 실제는 여러 사람들이 같은 길에서 여러 대의 차를 모는 것이 일반적 상황이다. 그러므로 차와 차가 서로 부딪치거나 남의 진로를 방해하는 일이 없도록 운전을 해야 할 것이며, 그렇게 하기 위해서는 속도를 제한하고 신호와 차선을 지키는 등 여러 가지 규정을 따라야 할 것이므로, 운전자가 행사할 수 있는 자유의 폭은 크게 좁아진다.

욕구의 체계를 가지고 각자의 삶을 추구하는 인생의 광장도 각각의 목적지를 향해서 여러 대의 차량이 함께 달리는 큰길과 다를 바가 없다. 욕구라는 것은 본래 욕구에 그쳐서는 별로 의미가 없으며 충족을 기다리는 미완(未完)의 심리다. 따라서 그것은 충족이 가능한 것에 국한되어야 하며, 충족되었을 때 가장 깊은 만족을 수반할 수 있도록 체계화되어야 한다. 그뿐만 아니라 여러 욕구의 체계들이 서로 부딪치거나 서로 방해하는 일이 없도록 각자의 체계를 조정해야 할 것이다. 결국 "내 인생 내가 사는 것이므로 아무렇게 살아도 좋다."는 주장은 성립할 수 없다는 논리가 된다.

설령 나 혼자만이 차를 몰고 있다 하더라도 아무렇게나 운전을 해서는 안 될 것이다. 교통사고는 혼자서도 낼 수 있으며, 길을 잘못 들면 낭패를 당할 경우도 생기기 때문이다. 인생을 살아가는 문제도 이치는 마찬가지다. 설령 무인도에 표류하여 외톨이로 살 경우라 하더라도 바람직한 삶의 태도와 그렇지 못한 삶의 태도의 구별은 없어지지 않을 것이다. 우선 구원의 선박이 접근할 때까지 살아남도록 궁리를 해야 할 것이며, 병에 걸리지 않도록 건강 관리도 해야 할 것이다. 배설은 일정한 장소에서만 하는 것이 좋을 것이며, 배설물은 땅속에 묻는 편이 바람직할 것이다. 필요 없는 살생은 삼가는 편이 바람직하며, 평화적인 동물들과 친구가 되도록 노력하는 것도 도움이 될 것이다.

무인도에 표류한 사람의 경우는 아주 예외적인 상황이다. 무인도에 표류한 사람도 고국에 남은 사람들과의 관계가 완전히 끊어졌다고 보기는 어려우며, 일반적인 경우의 사람들의 삶은 모두 사회 안에서 타인들과 관계를 맺어 가며 이루어진다고 보아야 할 것이다. 따라서 타인과의 관계가 전혀 없다는 뜻에서 완전히 개인적인 행위를 현실 속에서 찾아보기는 매우 어려우며, 모든 윤리의 문제는 사회성을 띤다고 보아도 무방할 것이다. 그러나 우리는 '사생활'이라는 말을 의미 있게 사용하고 있으며, 편의상 '사회윤리'와 '개인윤리'를 구별해서 이야기할 경우도 있다. 인간 생활이 여러 사람들의 관계 속에서 이루어지는 것이기는 하나, 그 가운데 '개인적'이라고 부를 수 있는 측면이 있는 것도 사실이다.

특히 현대인에게는 개인주의의 경향이 현저하며, '나'에 대한 의식도 유달리 강하다. 개인으로서의 '나'에 대한 애착이 심한 것이다. 대부분의 사람들이 '나'를 위해서 살고 있다는 인상이 강하며, 개인들은 각각 자신의 이익 또는 행복을 추구하기에 여념이 없다. 그러면 현대인은 옛 조상들에 비해서 과연 더 행복한 삶을 살고 있다고 단언할 수 있는 것일까?

물질과 육체의 생활에 관한 한, 현대인은 옛날 사람들보다 만족스러운 삶을 누리고 있음에 틀림이 없다. 대부분의 사람들이 굶주림과 헐벗음을 이야기로만 알고 있으며, 병고에 시달리는 사람들의 비율도 옛날보다 크게 줄어들었다. 그러나 정신생활의 측면에서도 그와 같은 향상이 이루어졌다고는 생각되지 않는다. 이 측면은 도리어 옛날보다 못해졌다고 보아야 하는 것이 아닐까. 현대인은 옛날 사람들보다 외롭게 살고 있다. 부모와 자식도 남남이며 지아비와 지어미의 사이도 서먹서먹하다. 현대인은 각자가 누에 번데기처럼 고치 속에 도사리고 앉아서 제 생각에 골몰하고 있다. 현대인은 서로가 서로를 인간으로 대접하기보다는 '나'를 위해서 이용할 수단으로 대접하는 경향이 있다. 모두가 서로 그렇게 하고 있는 까닭에 모두가 인간 이하의 대접을 받고 있음에 가까우며, 너도 나도 소외감 속에서 삶이 허전하다. 오늘의 흉악한 범죄 사건들은 인간이 인간을 천대하는 풍조의 첨단적 현상이다.

'마음고생'이라는 말이 있다. 옛날에는 못 듣던 새로운 말이다. '고생'이라면 본래 육체의 괴로움을 뜻하는 말이었다. 옛날 사람이라고 마음의 괴로움이 없었을까만, 가난한 살림에 비하면 오순도순 사이좋게 살아가는 슬기를 가지고 있었던 것으로 보인다. 사람들 사이의 관계만 원만하면 마음은 대체로 편안하다. 그러나 요즈음 사람들은 물질의 사정이 좋아졌음에도 불구하고, 옛날보다 서로 시샘하고 미워한다. 갈등이 심해진 것이다. 사람들 사이의 갈등은 우리들의 마음을 괴롭히는 가장 큰 장애물이다. 인화(人和)가 없는 곳에는 어디에나 '마음고생'이 있다.

여기서 우리는 묻게 된다. "현대인의 자기 사랑에 무엇인가 잘못된 점이 있는 것이 아닐까? '나'를 위하는 올바른 길은 다른 방향으로 뚫려 있는 것이 아닐까? '나'를 참으로 위하는 올바른 길이란 어떤 것일까? 도대체 '나'라는 것이 무엇일까?"

우리는 '나'라고 하면 우선 내 몸을 생각한다. 우리는 '나'의 범위를 나의 몸의 크기와 같은 것으로 생각하기가 쉽다. 그러나 이것은 잘못된 생각임이 분명하다. '나'라는 것은 육체의 체계가 아니라 의식(意識)의 체계다. 예술가는 자기의 작품이 높은 평가를 받았을 때 자신을 자랑스럽게 느낀다. 자기의 작품을 '나'의 일부로서 의식하기 때문이다. 운동선수는 자기가 세운 신기록에 자신의 영광을 느낀다. 자기의 기록을 '나'의 일부로서 의식하기 때문이다. 화려한 모임에 초라한 옷차림으로 출석한 교수 부인은 자신의 싸구려 의상 때문에 열등감을 느낀다. 옷을 '나'의 일부로 의식하기 때문일 것이다.

의식은 물리현상이 아니라 정신 현상이다. 의식은 고정된 실체가 아니라 움직이는 흐름이다. 움직이는 흐름인 의식은 고정불변한 크기를 가지고 있지 않다. '나'는 의식의 체계라고 하였다. 의식의 체계인 까닭에, 그리고 의식에는 고정불변한 크기가 없는 까닭에, '나'의 범위는 커질 수도 있고 작아질 수도 있는 신축성을 가졌다. 대아(大我)의 인품은 평소에 넓은 범위를 '나'로서 의식하고, 소아(小我)의 인품은 평소에 좁은 범위를 '나'로서 의식한다. 현대인이 물질생활의 향상에도 불구하고 마음고생에 시달리는 이유의 하나는 우리들의 인품이 대체로 소아의 껍질을 벗어나지 못하기 때문이 아닐까 한다.

2장 '나'를 위하는 길

1. '나'에 대한 애착

대부분의 동물들이 그렇듯이, 인간도 옛날부터 한 사람 한 사람이 떨어져서는 살기가 어려웠을 것이다. 아득한 옛날의 원시인들은 맹수 또는 이웃 부족의 공격 위험 속에서 사냥과 고기잡이와 야생 식물의 채집에 종사하며 생존을 유지한 것으로 알려지고 있거니와, 집단의 협동이 아니고서는 그러한 상황에서 살아남기 어려웠을 것이다. 목축과 농경의 시대로 바뀐 뒤에도 집단적 협동은 삶의 필수 조건이었을 것이다. 가축을 지키는 일이나 황야를 개간하여 곡식을 가꾸는 일도 한두 사람의 힘만으로는 감당하기 어려운 과제였음에 틀림이 없다. 아마 대단히 큰 집단이 필요하지는 않았을 것이다. 듀보에 따르면, 인류가 수렵과 어로 및 야생 식물 채집에 의존하며 생존을 유지하던 시대의 부족은 5백 명 정도로 구성되었고, 씨족은 50명 정도의 집단이었을 것으로 추측된다. (현대에 남아 있는 오지의 미개인들의 경우도 부족은 5백 명 정도의 크기이고, 씨족은 50명 정도의 성원을 가질 경우가 많다고 한다.) 규모가 큰 부족이든 규모가 작은 씨족이든, 어떤 집단에 속해서 그 집단에 충성을 다하지 않고서는 살아남기 어려운 것이 근세 이전의 인간 생존의 조건이었다는 사실은 인간의 의식구조에 결정적 영향을 미쳤을 것임에 틀림이 없다.

집단을 떠나서는 생존을 유지하기가 어렵다는 것은, 개인이 집단과 운명을 같이한다는 뜻이며, 개인의 생사가 집단의 흥망에 달려 있음을 의미한다. 이 경우에 있어서 생존의 단위는 개체가 아니라 집단이며, 집단 전체가 하나의 유기체에 가까운 성질을 갖게 된다. 꿀벌의 세계가 그렇듯이, 생존의 단위가 집단일 경우에 그 집단을 구성하는 개체가 집단과 분리해서 저 하나만을 따로 위한다는 것은 의미가 없는 일이며, 개체는 자신과 집단을 동일시하기 마련이다. 그 개체가 의식을 가진 존재라면, 개체보다도 집단을 자아(自我)로서 의식할 것이다. 바꾸어 말하면, 개인으로서의 '나'는 집단으로서의 '우리' 속에 융합했을 것이다.

옛날에도 '나'와 '우리'의 융화가 완전무결하지는 않았을 것이다. 같은 집단에 속하는 개인들 사이에도 이해관계나 감정의 대립이 생길 경우가 있었을 것이며, 같은 집단의 성원들 사이에 '나'와 '너'의 대립이 생길 경우가 있었을 것이다. 그러나 그 대립의 정도는 미약했을 것이며, 그 대립이 집단 전체의 단결을 크게 해칠 정도로 심화되는 것은 집단이 용납하지 않았을 것이다. 집단을 통솔하는 어른들은 막강한 힘과 절대적 권위를 가지고 집단의 이익에 역행하는 이탈자를 응징했을 것이다. 어떤 개인도 이 힘의 논리를 거부하지는 못했을 것이며, 혁명을 일으켜서 자기 자신이 집단의 통솔자 내지 지배자가 되지 않는 한, 모든 개인은 집단의 권위에 순종해야 했을 것이다.

집단이 개인에 우선하고 통솔자 내지 통솔자 계층이 막강한 권력을 장악했던 전근대적 사회에 있어서, 권위주의가 지배하고 강자의 힘이 월권과 횡포를 자행할 위험성은 조만간 생기기 마련이다. 권력의 자리가 종신직이 될 뿐 아니라 그 자손에게로 세습되는 경우가 많았다는 사실이 그러한 위험성을 더욱 조장하였다. 지배자 내지 지배 계층이 월권과 횡포를 자행한다는 것은 집단 내부에 분열이 생긴다는 것을 의미하며, 집단에 대한 개인의 헌신적 봉사가 부당한 지배자를 위한 수고로 변질할 가능성을 의미한다. 바꾸어 말하면, 그것은 집단을 위한 나의 협력과 봉사가 나 자신을 위하는 결과를 가져오지 않을 가능성을 의미하며, 이러한 가능성이 현실화했을 경우에 집단을 자아로서 의식하던 관념에 균열이 생기게 된다.

집단을 자아로 의식하던 관념에 금이 가고 개인의 권익과 자유에 대한 의식이 어렴풋이 눈을 뜬다 하더라도, 이미 속해 있는 집단을 떠나서는 생존을 유지할 수 없는 상황이 지속하는 동안은 본격적인 개인주의가 고개를 들기는 어려울 것이다. 그러나 현재 속해 있는 집단과 결별한다 하더라도 단독의 힘 또는 다른 집단과의 새로운 결연(結緣)을 통하여 살 수 있는 대안(代案)의 길이 열려 있을 경우에는, 개인들은 각각 자기의 힘으로 살 수 있다는 자신감을 갖게 될 것이며, 개인의 자유와 권익에 대한 의식이 집단에 대한 애착을 능가할 수도 있을 것이다.

현대도 개인 단독의 힘만으로 생존하기 어렵기는 과거와 마찬가지다. 그러나 가족 또는 민족과 같이 운명적으로 주어진 집단에 끝까지 머물러 있을 필요는 없으며, 스스로 선택한 새로운 집단의 일원이 됨으로써 살아갈 수도 있다는 점이 옛날과는 크게 다르다. 지금도 어린이의 경우에는 가족의 보호가 절실하게 필요하다. 그러나 옛날 농경시대의 식구들처럼 평생 가족에 묶여 있을 필요는 없으며, 어느 정도의 노동력이나 기술만 갖게 되면 가족을 떠나서도 살 수가 있다. 자기 한 사람만 똑똑하면 국적을 바꾸고도 생활할 수 있는 것이 현대의 상황이다. 이러한 상황은 개인적 자아의식의 각성을 촉진하기에 적합하며, 개인주의적 가치관의 형성에 적합한 풍토다.

개인주의는 전근대적 집단생활에 자행된 강자의 횡포와 권위주의의 억압에 대한 반발로서 이해할 수 있으며, 모든 사람을 평등하게 대접해야 한다는 당연한 주장을 함축하고 있다. 집단적 권위주의의 모순에 대한 비판과 반발의 결과로 일어난 사상인 까닭에, 개인주의는 개인의 주체성과 자유를 매우 강조한다. 만약 개인들이 자기 자신의 주체성과 자유를 존중하듯이 타인들의 그것도 한가지로 존중했다면, 개인주의가 팽배한 현대사회는 집단의 전체성만을 강조했던 옛날의 사회보다도 크게 만족스러운 사회가 되었을 것이다.

그러나 현실의 역사는 우리가 바라는 대로 전개되지는 않았다. 개인적 자아에 대한 의식(意識)의 눈을 뜬 사람들은 자기 자신의 권익과 자유를 주장함에는 철저했으나 타인들의 그것을 존중함에는 소홀했던 까닭에, '자유민주주의'라는 다른 이름으로 불리기도 한 현대의 개인주의가 그림대로 실현되지는 않았다. 개인주의자들이 원만한 사회를 형성하기 위해서는 타인들에 대한 공정한 배려와 공동체에 대한 따뜻한 의식을 가져야 하거니와, 우리 한국은 급격한 변화와 막심한 혼란 속에서 개인주의를 받아들였던 까닭에, 우리들의 개인주의는 민주주의보다는 이기주의의 방향으로 흐르는 추세를 보였다.

개인주의와 이기주의를 이론상으로 구별하기는 쉬운 일이다. 또 우리가 개인주의자는 되어도 이기주의자는 되지 않으리라고 마음먹는 것도 별로 어려운 일이 아니다. 그러나 실제 생활에 있어서 이기주의적이 아닌 개인주의자가 되는 것은 생각처럼 쉬운 일이 아니다. '팔이 안으로 굽는 심리'로 기울기 쉬운 것이 인간인 까닭에, 바르게 살고자 하는 강한 도덕적 의지가 작용하거나 이기적 행위를 용납하지 않는 타율적 제도가 확립되어 있지 않는 한, 개인주의는 부지불식중에 이기주의로 흐르는 폐단이 있다. 그런데 불행하게도 최근 반세기 동안의 우리 한국은 공정하고 이성적인 사람들을 양성하는 인간 교육에서 실패했을 뿐 아니라, 민주주의적 법질서를 확립하는 제도적 시도에서도 성공을 거두지 못하였다.

2. 이기주의의 역리(逆理)

　사회복지 문제를 연구하는 어느 대학교수가 미국의 여러 양로원을 돌아보았을 때, 그는 뜻밖에도 많은 한국 할머니들과 만나게 되었다. 머나먼 남의 나라 양로원에까지 오게 된 연유를 물었더니 대답은 대개 비슷하였다. 처음에 미국으로 오게 된 것은 이민으로 미국 영주권을 얻은 아들과 며느리의 초청 때문이었고, 아들과 며느리가 할머니를 초청한 내면의 이유는 어린아이들을 봐줄 사람으로서 가장 적합하다고 보았기 때문이었다. 어린아이들을 보살피는 구실이 있는 동안은 할머니도 그런대로 식구 대접을 받아 가며 나날을 보낼 수가 있었다. 그러나 아이들이 커감에 따라서 할머니가 해야 할 구실이 없게 되자, 할머니는 귀찮은 늙은이에 불과하였고, 눈칫밥에 마음의 부담을 느끼기 시작하였다. 그래서 결국 양로원 신세를 지게 되었다는 사연이었다.

　세상의 아들과 며느리 가운데는 위의 이야기와는 전혀 다른 사람들도 많을 것이다. 그러나 미국 양로원의 한국 할머니들 이야기는 현대 한국인의 인심을 상징적으로 말해 준다. 오늘날 한국인에게서 발견되는 이기주의적 태도는 어쩌다 볼 수 있는 특수한 현상이 아니라, 언제 어디서나 볼 수 있는 일반적 현상이다. 어디엔가 다녀올 일이 생겨서 거리에 나서게 되면, 우리는 도처에서 여러 사람들의 이기주의적 태도와 마주치게 된다.

　택시나 버스를 타기 위해 기다릴 경우에 줄을 서서 순서를 지키는 질서가 요즈음 조금씩 나아지고 있기는 하나, 아직도 새치기를 하는 사람들이 적지 않다. 지하철을 탈 때는 안전선 안에서 기다려야 하거니와, 안전선에 딱 붙어 서지 않고 다소의 거리를 두고 서 있으면 그 사이로 파고드는 젊은이가 있다. 지하철에 좌석이 부족하여 대개 서서 가는 사람도 있기 마련인데, 남이 비워 달라고 요구하기 전에는 자기 옆자리에 짐을 모셔 놓고 태연한 사람이 있다. 차 타는 시간을 이용하여 잠시 읽으라고 문고판 월간 잡지를 비치해 놓는 경우가 있는데, 그것들이 여러 날 가기 전에 없어진다. 지하철 전 구역에서는 담배를 피우지 못하게 되어 있지만, '금연'을 요구하는 포스터를 배경으로 삼고 유유히 담배를 피우는 사람도 있다. "여기는 금연 구역이니 오늘만 피우고 다음부터는 참으시오." 하고 용기를 내어 잔소리를 한 적이 있었다. 젊은이는 한참 노려보더니 "아저씨는 담배 안 피우십니까." 하고 항의조로 물어 왔다. 할아버지라 하지 않고 아저씨라고 부른 것을 기특하게 생각하면서, "전에는 피우다가 요즈음은 피우지 않소." 하고 부드럽게 대답하였다. 금연이 요구되는 곳은 지하철 이외에도 여러 군데 있지만 아직은 지켜지지 않는 경우가 허다하다. 나만 좋으면 그만이라는 생각을 가진 사람들이 많기 때문일 것이다.

버스나 택시를 타고 거리를 달릴 때면 자기만 생각하는 사람들이 너무나 많다는 것을 더욱 실감한다. 차를 몰 때는 운전자로서 지켜야 할 규칙이 있을 터인데, 거의 무법 천지에 가까운 난맥상이다. 아슬아슬할 정도로 위험을 느끼는 순간도 가끔 있다. 교통의 마당에서 이토록 이기적인 사람들이 다른 경우에는 그렇지 않기를 기대하기는 대단히 어려운 일이다. 자신의 생명에도 위험의 닥칠 가능성을 무릅쓰고 이기적인 운전을 하는 사람들이, 위험이 적은 다른 상황에서 이기적 태도를 자제한다는 것은 더욱 어려운 일이 아닐 수 없다.

"도대체 이기적인 것이 왜 나쁘냐?" 하고 반문하고 싶은 사람들이 있을지도 모른다. 모든 동물이 본래 이기적이기 마련인데, 그것을 굳이 나무라는 것은 도학자적 위선(僞善)에 불과한 것이 아니냐 하는 뜻이 함축된 반문이다. 이러한 반문에 대해서 옛날 성현들의 가르침을 끌어대는 사람들도 있을 것이다. 공자와 석가모니 그리고 예수가 모두 이구동성으로 이기주의는 그릇된 태도라고 가르쳤으니, 이기주의가 옳지 않다는 것은 의심의 여지가 없다고 대답하는 것이다. 그러나 이러한 권위주의적 대답에 승복하지 않는 사람들도 있을 수 있는 일이다. 유교나 불교 또는 기독교를 믿는 사람들에게는 저 대답만으로도 충분하겠지만, 어떤 종교도 믿지 않는 사람들에 대해서는 저 대답이 통하지 않을 수도 있다. 성현들의 가르침을 떠나서라도 이기주의의 부당성을 밝힐 수 있는 논변이 가능할 것인가?

무릇 어떤 인생관이 하나의 실천적 이론으로서 타당성을 갖기 위해서는 적어도 두 가지 조건을 충족시킬 수 있어야 한다. 첫째로 그 인생관을 누구에게나 권장할 수 있어야 하고, 둘째로 그 인생관을 실천에 옮겼을 때 그 인생관이 목표하는 바가 달성될 공산이 커야 한다. 이기주의라는 인생관이 타당성을 갖기 위해서는, 첫째로 모든 사람들이 이기주의적으로 행동해도 좋다고 인정할 수 있어야 하고, 둘째로 모든 이기주의자들 또는 대부분의 이기주의자들이 이기주의의 목적인 '내 이익의 극대화(maximization)'라는 결과에 도달할 공산이 커야 한다. 자기 자신은 이기주의적으로 행동하면서 다른 사람들에게는 이기주의적 행동을 권장할 수 없다면, 이기주의가 보편성을 가질 수 없으므로 하나의 이론으로서 성립할 수가 없다. 그리고 내 이익을 극대화하는 것이 이기주의자의 목적인데, 이기주의자들이 결과적으로 많은 이익을 얻을 공산이 적다면, 이기주의가 하나의 실천 사상으로서 타당성을 가질 수 없다.

누구나 이기주의적으로 행동하라고 권장한다는 것은, 모든 사람들의 이기주의가 가져올 결과에 대해서 개의치 않는다면 논리적으로는 어려울 것이 없는 일이다. 그러나 모든 사람들이 이기주의적으로 행동했을 때, 그 사람들이 각각 자신들의 목표인 많은 이익을 얻게 될 것이라고 기대하기는 어려울 것이다. 상호간의 연관성을 가지고 살기 마련인 인간 사회에서 개인들의 이해관계는 서로 어긋나는 것이 보통이며, 이해관계가 서로 다른 여러 사람들이 각각 자신의 이익만을 추구할 경우에, 서로가 서로를 방해함으로써 결국은 대부분의 사람들이 뜻을 이루지 못할 공산이 크다. 이기주의자들의 무질서한 행동이 수라장을 초래하는 현상은 흔히 볼 수 있는 일이다. 이기주의자들이 모인 사회는 전체로서 번영을 누리기 어려우며, 사회 전체가 몰락하게 되면 그 사회 성원 모두가 뜻을 이루고 살기 어렵다는 것은 역사의 교훈을 통하여 익히 알려진 상식이다.

자기 한 개인의 힘만으로 원하는 목표를 달성하기는 매우 어렵다. 사회 전체의 상황이 순조로워야 하고 다른 사람들의 협조도 얻어야 한다. 이기주의자들이 주도하는 사회는 대체로 갈등과 혼란에 시달리기 쉬우며, 이기주의자는 타인의 미움을 받기가 쉬우므로 필요할 때 남의 협조를 얻기가 일반적으로 어렵다. 따라서 이기주의자들이 목표로 삼는 '내 이익의 극대화'를 이룩한다는 것은 사실상 매우 어려운 일이다. 이기주의적 태도가 결과적으로 불이익을 가져온다면 그것은 일종의 역리(逆理) 현상이 아닐 수 없으며, 이기주의가 하나의 실천적 이론으로서 성립할 수 없음을 의미한다.

3. 자애(自愛)의 대가

'나에 대한 사랑'은 모든 동물에게 공통된 자연스러운 심리이며, 그것이 있기에 우리는 어려움을 이겨 가며 열심히 살아갈 수가 있다. 우리에게 '의무'라는 것이 있다면, '나에 대한 사랑'을 여섯 가지 기본적 의무의 하나로서 손꼽은 리처드 프라이스(R. Price)의 주장이 옳았다고 생각된다. 종교적 지도자나 저명한 윤리학자 가운데 남에 대한 사랑을 강조한 사람은 많으나 나에 대한 사랑을 강조한 사람이 적은 것은, 나에 대한 사랑을 낮게 평가했기 때문이 아니라 굳이 강조하지 않아도 자기에 대한 사랑을 게을리하는 사람이 적었기 때문일 것이다. 나에 대한 사랑이 지나친 나머지 남에 대한 사랑을 소홀히 여기는 사람은 어디서나 찾아볼 수 있으나, 그 반대의 경우는 어쩌다 있는 예외적 현상이다. 나를 사랑하는 것은 당연한 일이며, 그 자체는 오히려 권장되어야 할 삶의 원천이다. 그렇다면 '나에 대한 사랑' 즉 자애심(自愛心)과 이기심(利己心)은 어떻게 다르며, 이 두 가지 사이에는 어떠한 관계가 있는 것일까?

나에 대한 사랑이 원칙적으로 당연한 심리임에는 틀림이 없으나, 나에 대한 사랑에서 생기는 모든 행위가 옳은 것은 아니다. 나를 사랑하는 길에도 옳은 것과 그른 것이 있으며, 우리가 보통 '이기주의'라고 부르는 것은 옳지 못한 길로 나를 사랑하는 태도의 하나라고 볼 수 있을 것이다. 식욕 또는 성욕을 충족시키는 것은 원칙적으로 바람직한 일이지만 그 충족의 방법에 부당한 것이 있듯이, 그 자체로서는 바람직한 '나에 대한 사랑'에도 옳지 못한 길이 있으며, 그 옳지 못한 길의 한 가닥이 바로 이기주의에 해당한다.

'나를 사랑한다'는 말과 '나를 위한다'는 말은 거의 같은 뜻으로 사용되고 있다. 사람을 포함한 모든 동물들은 그 천성(天性)을 따라서 나를 위하기 마련이며, 본능에 따라서 행동하는 일반 동물의 경우에는 '나를 위함'에 있어서 잘못을 저지르는 사례가 비교적 드물다. 사람이 놓은 덫에 걸린다거나 독이 섞인 먹이를 잘못 집어삼키는 따위의 오류를 범할 경우가 있기는 하나, 그것은 대개 인간의 간계(奸計)와의 관련 속에서 생기는 특수한 경우다. 그런데 만물의 영장으로 자처하는 인간은 '나를 위함'에 있어서 잘못을 저지를 경우가 많다. 여기서 '잘못을 저지른다' 함은 도학자적(道學者的) 견지에서 하는 말이 아니라, 본인 자신을 위하는 견지에서 보더라도 어리석게 행동한다는 뜻이다. 인간이 높은 지능을 소유함에도 불구하고 자신을 위하는 길에서 어리석게 행동하는 경우가 많은 것은, 인간의 욕구 체계와 사회적 관계가 매우 어렵고 복잡하기 때문일 것이다.

만약 인간의 욕구 체계도 다른 동물의 경우와 같이 생리적인 것에 불과했다면, 인간이 자신을 위하는 길도 식욕과 성욕 등의 충족을 즐겨 가며 개체의 생명을 유지하고 종족을 번식하는 따위의 단순한 목표만을 가졌을 것이고, 그 길에서 잘못을 저지를 위험성은 적었을 것이다. 그러나 인간이 현실적으로 가지고 있는 욕구 체계는 '문화적'이라고 부를 수 있는 생리 외적 욕구를 크게 포함하는 까닭에 그 내용이 매우 복잡하고, 따라서 그것을 충족시키는 길도 다양하고 복잡하다. 그뿐만 아니라 인간의 복잡한 욕구 체계는 복잡한 사회구조와 광범위한 인간관계를 초래하였다. 개인의 욕구 체계가 그 자체만으로도 복잡하고 또 여러 사람들의 욕구 체계가 복잡하게 엉켜서 갈등을 일으키고 있다는 상황은, 인간이 자신의 욕구를 충족시키는 일, 즉 자신을 위하는 일을 매우 어려운 것으로 만들었다. 그리고 그 일이 어렵다는 사실은 그 일에 있어서 잘못을 저지를 가능성이 크다는 것을 의미한다.

어떻게 하는 것이 자신을 올바르게 위하는 길에 해당하느냐 하는 물음에 알기 쉽게 대답하기는 쉬운 일이 아니다. 이 물음은 우리를 어려운 철학적 문제로 끌어들인다. 그 철학적 문제와 본격적으로 대결해 가며 "어떻게 하는 것이 참으로 나를 위하는 길에 해당하는가?" 하는 물음에 만족스럽게 대답하기를 시도하는 것은, 이 글의 수준에는 적합하지 않다고 생각된다. 여기서는 상식적 수준에서 저 물음에 대답해 두는 것으로 만족하는 것이 좋을 것으로 보인다.

여기서 '나'의 범위를 어떻게 생각하는 것이 바람직하냐 하는 문제는 접어 두기로 한다. 현대인들이 대체로 소아적(小我的) 자아관에 사로잡혀서 '나'라는 것을 매우 좁게 의식하는 데 우선 문제가 있다고 생각되나, 이러한 문제는 일단 접어 두고 개인주의적인 '나'를 전제로 했을 때, 나를 참으로 위하는 길이 무엇일까 하는 문제만을 생각해 보기로 한다. 일상적 생활 속에서 우리는 어떻게 '나'를 위하고 있으며, 일상생활을 통해서 관찰되는 '나를 위하는 행위들'의 어떠한 점에 문제가 있는 것일까?

사람들의 생활 태도는 개인에 따라서 차이가 많으므로 일률적으로 말하기는 어려우나, 대체로 우리는 '나'의 사람됨을 위하기보다도 '나'의 겉모습 또는 '나'의 감각적 욕망의 충족을 위하는 경우가 많지 않을까 생각된다. 바꾸어 말하면, 우리들 가운데 대부분의 사람들은 자신의 인격보다도 자신의 감각적 만족 또는 자신의 소유나 사회적 지위 따위에 대해서 더 많은 관심을 기울이는 경향이 있는 것으로 보인다. 다시 말하면, 돈을 많이 벌거나 높은 지위에 올라서 호의호식하는 것을 잘사는 것으로 생각하고, 그 이상의 높은 목표에 대해서는 무관심하거나 게으름을 피우는 사람들이 많다는 인상을 강하게 받는다.

정당한 방법을 거쳐서 부자가 되거나 높은 지위에 오르는 경우라면 굳이 못마땅하게 생각할 이유가 없다. 그러나 많은 소유 또는 높은 지위를 최고의 목표로 삼게 되면 방법을 가릴 여유를 잃게 되기 쉽다. 호의호식이 언제나 반드시 나쁘다고 보기는 어렵다. 그러나 호의호식이 정도를 지나치면 몸에도 해롭고 마음을 위해서도 유리할 것이 없다. 내가 많은 돈을 벌고 높은 지위에 오르기 위하여 부당한 방법을 동원한다면, 여러 사람들에게 피해를 줄 뿐 아니라 나 자신의 사람됨에도 상처를 입힐 것이다. 나의 지나친 호의호식이 다른 사람들의 굶주림과 헐벗음의 원인이 된다면, 그것도 다른 사람들에게 피해를 줄 뿐 아니라 나 자신의 사람됨에도 상처를 입힐 것이다. 남에게 피해를 주는 것은 타인을 위하는 길이 아니며, 나의 사람됨에 상처를 입히는 것은 나는 위하는 길이 아니다.

우리가 어떤 목적을 달성하기 위해서는 반드시 어떤 대가를 치러야 한다. 아무런 대가도 치르지 않고 내가 원하는 것을 얻는다는 것은 불가능에 가까운 일이다. 문제는 내가 얻는 것의 값과 내가 잃는 것의 값을 비교할 때 어느 편의 크냐에 있다. 많은 대가를 치르고 적은 것을 얻는 행위가 나를 위하는 올바른 길이 될 수 없음에는 의심의 여지가 없다.

4. 삶의 보람

우리들의 행위는 여러 가지 결과를 가져온다. 그 결과 가운데는 좋은 것도 있고 나쁜 것도 있기 마련이다. (우리가 하는 행위 그 자체에도 옳음과 그름 또는 아름다움과 추함 등의 값이 있을 수 있으므로, 행위의 결과의 값을 따질 경우에는 행위 그 자체가 갖는 값도 계산에 넣어야 할 것이다.) 우리가 하는 행위가 가장 바람직한 것이 되기 위해서는 그 행위로 인하여 실현되는 가치가 가능한 최고치(最高値)에 접근해야 할 것이다. 바꾸어 말하면, 내가 한 행위가 빚어낸 좋은 결과들의 값과 나쁜 결과들의 값을 비교했을 때, '좋음'의 값의 초과분이 크면 클수록 그 행위는 바람직함에 가까워 갈 것이다. 내가 개인적 이기주의를 벗어나서 객관적 견지에 설 경우에는 나는 사회 전체를 위해서 좋은 결과냐 나쁜 결과냐를 따지게 될 것이며, 내가 이기주의자의 견지를 취할 경우에는 나 개인을 위해서 좋은 결과냐 나쁜 결과냐를 따지게 될 것이다. 비록 이기주의자의 견지를 취한다 하더라도, 나를 위하고자 하는 동기에서 한 행위가 나를 위해서도 '나쁨'의 값이 '좋음'의 값을 압도하는 결과를 가져온다면, 내 행위는 어리석음을 범했다는 평가를 면하기 어려울 것이다.

우리의 행위가 어떠한 결과를 가져올지 정확하게 예견한다는 것은 매우 어려운 일이다. 예컨대, 거짓말을 할 것인가 참말을 할 것인가 하는 문제 앞에서 망설일 때, 거짓말을 하면 어떤 결과들이 생기고 참말을 하면 어떤 결과들이 생길지 미리 정확하게 내다보기는 매우 어렵다. 더구나 내 행위가 가져올 여러 가지 결과들의 긍정적 가치와 부정적 가치를 계산하고 비교한다는 것은 더욱 어려운 일이다. 그러므로 우리가 망설임의 갈림길에서 어떻게 할 것인가로 고민할 때, 내가 선택한 행위가 가져올 결과들의 긍정적 가치와 부정적 가치를 일일이 계산하고 비교한다는 것은 사실상 불가능에 가까운 일이다. 결국 우리가 현실적으로 할 수 있는 것은 개략적인 예상과 직관에 호소함으로써 하나의 행위를 선택하는 길밖에 없다. 우리가 유한자(有限者)인 우리 자신에게 요구할 수 있는 것은 바르게 살고자 하는 굳은 의지를 가지고 최선을 다하는 정도에 그치며, 그 이상을 요구하는 것은 무리한 일이 될 것이다.

우리의 행위가 초래할 결과들의 값을 개략적인 예상과 직관에 호소함으로써 판단할 때, 그 판단이 크게 빗나가지 않도록 하기 위한 중요한 조건의 하나는 삶을 위해서 무엇이 더 중요하고 무엇이 덜 중요한가를 바르게 아는 일이다. 가치의 경중(輕重)에 대한 인식이 애당초 잘못된 사람은, 앞을 내다보는 시선이 아무리 날카롭다 하더라도 자기가 하고자 하는 행위 또는 그 결과들의 값을 개략적으로 판단하거나 직관했을 때, 엉뚱한 결론을 내리기가 쉽다. 여기서 우리는 매우 어려운 이론적 문제와 만나게 된다. 가치들의 비교가 요구될 때 그 높고 낮음 또는 많고 적음을 어떻게 판정하느냐 하는 문제다. 이 문제는 가치의 본질이 무엇이냐 하는 더욱 근본적인 물음이 먼저 대답을 얻어야 풀릴 수 있는 문제로서, 철학적인 어려움을 안고 있는 문제들 가운데 하나다. 전문적 연구 논문이 아닌 이 글의 취지에 비추어 볼 때, 가치의 본질과 그 측정 내지 비교에 관한 이 어려운 문제와 정면으로 대결하는 것은 적합하지 못할 것이다. 우리는 상식적인 수준에서 이 문제에 대처하는 것으로써 만족할 수밖에 없다.

가치 비교의 척도로서 우리가 생각할 수 있는 것의 하나로 우선 가치의 지속성(持續性) 또는 수명을 들 수 있을 것이다. 세상에는 가치를 지니고 있는 것으로 알려진 여러 가지 사물 또는 대상이 존재하거니와, 그들 가운데 어떤 것은 수명이 길고 어떤 것은 수명이 짧다. 예컨대, 예술은 오랜 수명을 누리는 반면에 권세는 그 수명이 짧다. 위대한 인물의 학덕(學德)이나 사상은 그 수명이 길고, 백만장자의 사치와 향락은 그 수명이 짧다. 일반적으로 말해서, 다른 조건이 크게 다르지 않다면, 오랜 수명을 누릴 수 있는 것의 가치가 그렇지 못한 것의 가치보다도 상위를 차지해야 마땅하다고 보는 것이 사리에도 맞고 상식과도 일치할 것이다.

가치 비교의 척도로서 둘째로 생각할 수 있는 것은, 가치를 지닌 어떤 대상이 인간 또는 그 밖의 존재에 대해서 줄 수 있는 혜택의 크기다. 무릇 가치를 지닌 것은 그것을 가진 자에게 혜택을 입힐 수 있는 힘을 가지고 있거니와, 어떤 것은 많은 사람들에게 큰 혜택을 나누어 줄 수가 있는 반면에 다른 어떤 것은 오직 소수에게만 큰 혜택을 줄 수가 있다. 예컨대, 사상이나 예술은 여럿이 나누어 가져도 각자에게 돌아가는 혜택이 클 수 있으나, 돈이나 권력의 경우는 그렇게 되기가 어렵다. 일반적으로 말해서 다른 조건이 같다면, 다수에게 큰 혜택을 나누어 줄 수 있는 것의 가치가 오직 소수에게만 혜택을 줄 수 있는 것의 가치보다도 상위를 차지해야 마땅하다고 보아야 할 것이다.

가치 비교의 셋째 기준으로서 가치의 목적성과 수단성의 관계를 들 수 있을 것이다. 우리는 가치 있는 것들을 얻고자 원하거니와, 어떤 것은 그 자체를 목적으로서 추구하나 다른 어떤 것은 그 밖의 어떤 목적의 달성을 위한 수단으로서 추구한다. 예컨대, 많은 사람들이 재물의 획득을 원하거니와, 재물 그 자체를 위해서보다도 안락한 삶을 위한 수단으로서 그것을 추구할 경우가 많다. 이 경우에 재물과 안락한 삶 사이에는 수단과 목적의 관계가 있음을 보거니와, 수단인 재물의 가치보다도 재물의 목적인 안락한 삶의 가치를 높게 평가하는 것이 사리에 맞을 것이다. 의약(醫藥)의 가치와 건강의 가치의 관계에 대해서도 우리는 비슷한 주장을 할 수 있을 것이다. 일반적으로 말해서, 어떤 목적의 달성을 위하여 필요한 수단의 가치보다는 그 수단을 통해서 실현될 목적의 가치를 더 높게 평가해야 할 것이다. 의약의 가치보다는 건강의 가치를 상위에 놓아야 할 것이고, 악기의 가치보다는 음악의 가치를 높이 평가해야 할 것이다.

이 밖에도 가치 비교의 척도로서 생각할 수 있는 것들이 있으나 모두 열거할 필요는 없을 것으로 보인다. 더 여러 가지 척도를 고려하지 않더라도 우리가 '나'를 위해서 어떠한 목표를 추구함이 바람직하냐 하는 물음에 대해서 해답의 윤곽을 얻을 수 있으리라고 생각되기 때문이다. 두 가지 목표 가운데 어느 편의 가치가 더 크냐 하는 물음이 어떤 가치 비교의 척도를 적용하느냐에 따라서 다른 대답을 얻게 된다면, 가치 비교의 모든 척도를 고찰할 필요가 있을 것이다. 그러나 실제로는 어느 척도에 비추어 보나 대개 같은 대답을 얻게 되므로, 위에서 소개한 세 가지 척도만으로 그쳐도 무방할 것으로 보인다.[1]

일반적으로 말해서, 수명이 오래 가는 가치일수록 그것이 혜택을 줄 수 있는 범위가 넓고, 또 그것 자체가 목적으로서의 성격도 강하게 띠고 있다. 예컨대, 예술과 사상은 오랜 수명을 누리는 가운데 무수한 사람들에게 큰 혜택을 나누어 줄 뿐 아니라, 그것들 자체가 본래적(本來的) 가치를 지닌 목적으로서의 성격도 강하다. 한편 금력과 권력은 예술이나 사상에 비하여 수명이 짧으며 큰 혜택을 나누어 줄 수 있는 범위가 좁을 뿐 아니라, 그것들은 본래 수단으로서의 성격이 강한 것으로서, 그것들 자체를 목적으로 삼고 추구하는 것은 잘못된 가치관을 가진 일부 사람들의 경우에 지나지 않는다.

---

1 여기 한 가지 예외가 있다. 가치 비교의 척도로서 생각할 수 있는 것들 가운데 '만족의 강도(強度)'도 거론할 수가 있는데, 이 척도에 따르면 관능의 쾌락 또는 권세와 같은 외면적 가치를 지닌 것이 예술이나 사상 또는 인격 등 내면적 가치를 가진 것보다도 높은 위치를 차지해야 한다는 판단이 나오게 된다. 그러나 여러 가지 척도를 종합적으로 적용함으로써 하나의 결론을 내리는 것이 마땅할 것이며, '만족의 강도'라는 한 가지 척도의 비중이 다른 여러 가지 척도의 그것을 합친 것보다도 크다고는 생각할 수가 없다. 결국 '만족의 강도'를 고려에 포함시킨다 하더라도 내면적 가치가 외면적 가치보다도 높은 자리를 차지해야 마땅하다는 결론이 뒤집히지는 않는다.

여기서 우리는 우리들의 본래의 문제로 되돌아가서 " '나'를 위하는 가장 올바른 길은 무엇인가?" 하는 물음을 생각해 보기로 하자. 결론적으로 말해서, 한 개인을 위하여 가장 바람직한 삶은 그의 전 생애를 통해서 되도록 많은 가치가 실현되도록 행위하며 사는 것이라고 볼 수 있을 것이다. 그리고 많은 가치를 실현하는 삶을 살기 위해서는, 삶의 목표를 세움에 있어서 생명이 길고 여러 사람들에게 큰 혜택을 줄 수 있으며, 그 자체가 목적으로서의 성격이 강한 것들을 우선적으로 선택해야 할 것이다. 삶의 궁극목표를 어떻게 설정할 것이냐 하는 문제는 당사자의 소질과 취향 그리고 환경적 여건 등을 널리 고려해서 결정해야 할 문제이나, 돈과 재물, 권력과 지위, 관능적 쾌락 등 외면적 가치의 계열에 속하는 것들은 적어도 삶의 궁극목적으로는 적합하다고 보기 어렵다. 돈이나 지위는 다른 어떤 더욱 중요한 일을 위해서 사용되었을 때 비로소 빛을 발하는 것이며, 관능의 쾌락은 다음날의 활기찬 일을 위한 준비 또는 충전을 목적으로 추구될 때 가장 값진 것이 된다.

　생명이 길고 여러 사람들에게 큰 혜택을 줄 수 있으며, 그 자체가 목적으로서의 성격이 강한 가치를 지닌 것으로는 어떤 것이 있을까? 학문이나 예술의 분야에서 또는 사회나 국가를 위하는 공공의 사업에서 업적을 쌓는 일을 우선 생각할 수 있을 것이며, 고매한 인격 또는 심오한 사상도 생각할 수 있을 것이다. 그러나 반드시 세상에 널리 알려질 정도의 거창한 일만을 생각할 필요는 없을 것이다. 평범한 보통 사람들도 꾸준히 노력만 하면 실현할 수 있는 목표 가운데도, 생명이 길고 보람이 큰 일들을 얼마든지 찾아볼 수 있다고 생각된다.

　우리는 한 개인의 생애를 하나의 작품으로 생각할 수 있을 것이다. 하나의 작품이 아름다운 것이 되기 위해서 반드시 그 규모가 방대할 필요는 없다. 해바라기에는 해바라기의 아름다움이 있고, 안개꽃에는 안개꽃의 아름다움이 있다. 사람에게는 누구에게나 그 사람 나름의 개성이 있고 소질이 있다.

개성과 소질을 살려 가며 자아를 개발하고 균형이 잡힌 인격을 형성하여 가까운 이웃과 사이좋게 살아가는 것은, 그것만으로도 뜻있고 아름다운 삶의 실현이라고 볼 수 있을 것이다. 자기가 맡은 일을 열심히 하는 가운데 사회를 위해서 필요한 일꾼이 되고, 여가를 이용하여 독서도 하고 취미도 살려 가며 조용한 나날을 보내는 것도, 비록 화려하지는 못하더라도 조촐하고 깨끗한 삶의 실현이라고 볼 수 있을 것이다. 역경과 불운의 연속 속에서 고생스러운 길을 걸어야 하는 사람은 어려운 상황에 굴하지 않고 용기와 슬기로써 문제들을 극복해 나가는 과정에서 보람과 가치를 실현할 수 있을 것이며, 그의 그러한 삶은 어디에 내놓아도 손색이 없는 훌륭한 작품으로서 평가되기에 충분할 것이다.

평범한 보통 사람들로서도 누구나 시도할 수 있는 일 가운데 좋은 가정을 꾸미는 일을 들 수 있을 것이다. 인간은 본래 협동을 통해서만 행복에 도달할 수 있는 사회적 존재이나, 근래에 지나친 개인주의가 세상을 풍미하는 가운데 공동체와 타인을 아끼는 의식이 몹시 약화되고 있다. 이러한 상황은 사람과 사람의 사이를 가깝게 해줄 수 있는 유대(紐帶)의 강화를 요구하거니와, 이와 같은 시대적 요청과 관련해서 가장 자연스러운 공동체로서의 가정이 갖는 의의는 매우 크다고 생각된다.

가정이라는 것은 개인들의 생활의 편익을 돕기 위한 수단에 그치는 것이 아니라, 그 자체가 삶의 중요한 모습이다. 훌륭한 가정을 꾸미는 일은 그 자체만으로도 크나큰 가치의 실현이다. 그러나 요즈음 우리는 가정이 갖는 의의를 과소평가하는 경향이 있다. 가정 밖에 나가서 하는 일이 중요하고 가정 안에서 하는 일은 보잘것없는 것으로 낮잡아 평가하는 경향이 있다. 종래 한국의 전통적 가족제도에 비민주적 요소가 있었음을 반성하게 되며, 또한 현대의 서구적 개인주의를 비판 없이 받아들이는 풍조가 지배하는 가운데, 가정이 갖는 긍정적 측면까지도 망각하는 지나침이 생긴 것이다.

오늘의 우리 현실에 적합한 가정의 모습이 있을 것이다. 우리의 실정에 맞는 단란하고 화목한 가정을 꾸미는 일에 도움이 되도록 사는 것은 누구에게나 가능한 일이며, 그 일은 비록 겉으로 크게 드러나는 화려한 사업은 아니지만 실질적으로 매우 뜻있는 일이다. 가정을 꾸미고 지키는 일은 다른 직업에 종사해 가면서도 일생을 통하여 꾸준히 계속할 수 있는 보람된 일이며, 그것은 나 자신을 위해서 누구나 할 수 있는 일 가운데 대표적인 것이다.

3장 전통 사회와 가족

1. 농경 사회와 가족제도

한국의 전통 사회는 농경 사회였다. 대부분의 사람들이 농사에 의존하여 생계를 유지했던 것이다. 농사에는 땅이 절대적이다. 땅을 떠나서는 농사를 지을 수가 없다. 전통 사회에 있어서 땅은 개인들 각자의 소유이기보다는 가족의 공동소유로서의 성격이 강했다. 원시적 방법으로 농경에 종사했던 시대였으므로, 농사를 위해서는 공동 작업이 불가피하였고, 전통적 방식의 농업을 위해서 가장 적합한 제도는 대가족제도였다. 가족 단위로 함께 농사를 짓고 소비생활도 가족 단위로 하는 것이 그 시대의 실정에 맞았다. 따라서 토지의 소유권도 가족이 공동으로 갖는 것이 바람직했다.

전통적 농경 사회에서는 가족이 생활의 단위였다. 그리고 가족생활의 경제적 기본은 토지였다. 생존을 위해서는 토지의 혜택에 참여해야 했고, 공동소유로 된 토지의 혜택에 참여하기 위해서는 가족의 일원으로서의 신분을 확보함이 필수적이었다. 전통적 농경 사회에서 개인이 가족을 떠나 독립하여 산다는 것은 극히 어려운 일이다. 하다못해 머슴 또는 노비의 자격으로

라도 어떤 가족에 속해 있어야 살아갈 수가 있었다. 대체로 말해서, 개인은 그의 가족과 운명을 같이하였다.

꿀벌은 여왕벌을 중심으로 무리를 지어서 산다. 한 마리의 벌이 무리를 떠나 따로 산다는 것은 거의 불가능한 일이다. 꿀벌이 무리를 떠난다는 것은 곧 죽음을 의미한다. 농경시대의 개인과 가족의 관계를 한 마리의 꿀벌과 그 무리의 관계와 똑같다고 보기는 어려울 것이다. 그러나 정도의 차이는 있지만 저 두 가지 관계 사이에 상당한 유사성이 있다고 말할 수는 있을 것이다. 한 마리의 벌이 그 무리를 떠나서는 생존을 유지하기가 어렵듯이, 농경시대의 농가의 성원이 그가 속해 있던 가족과 인연을 끊고 단독의 힘으로 살아간다는 것은 매우 어려운 일이었다.

가족이 한 덩어리가 되어 생활의 단위를 이루고 가족의 성원들은 생사고락의 운명을 같이해야 했던 까닭에, 전통 사회의 가족을 위해서 가장 절실하게 요구된 것은 질서요, 행동의 통일이었다. 가족이 한 덩어리가 되어 일사불란한 질서를 유지하기 위해서는 강력한 통솔자가 필요하였다. 군대에 절대적 명령권을 가진 지휘자가 필요한 것과 같은 논리다. 가족을 통솔하고 가사를 지휘하는 권한을 가진 사람은 '가장'이었다. 한국의 경우는 부계가족(父系家族)인 까닭에, 가족 가운데서 항렬이 높고 나이가 많은 남자, 즉 '아버지'가 그 권한을 가졌으므로, 그를 가부장(家父長)이라고도 부른다.

가장은 가족을 통솔하고 가사를 처리하는 권한을 가졌으며, 가족 내에 의견의 차이가 생겼을 경우에는 이를 조정하는 최종 결정권을 가졌다. 가장은 외부에 대해서는 가족을 대표하는 권한을 가졌으며, 계(契)를 비롯한 부락 또는 친족 모임에 참석하여 가족을 대표하였다.

전통 사회에서의 가장은 가산(家産)을 관리할 권한과 가족의 의식주를 마련할 의무를 가졌으며, 가족의 수입과 지출을 관리하고 집안의 노동력을 관리할 권한과 의무도 가졌다.

가장이 노쇠했을 경우에는 그의 권한과 의무를 장자(長子)에게 물려주는 경우가 많았다. 노가장(老家長)은 아들에게 살림을 물려준 뒤에도 집안 어른으로서의 권위를 유지했으며, 극진한 예우를 받았다. 예컨대, 노가부장이 거처하는 사랑방은 집의 다른 방보다 정성을 들여 꾸며졌으며, 노가부장에게는 아침저녁 밥상을 특별히 좋은 반찬으로 차려서 제일 먼저 올리는 것이 일반적 관례였다. 가장은 가족을 통솔하고 가산을 관리하는 등 집안 어른으로서의 권한을 누렸으나, 그 권한이 모든 집안일을 단독으로 좌지우지할 수 있을 정도로 절대적인 것은 아니었다. 다시 말해서, 가장이 반드시 독재자로서 군림한 것은 아니었으며, 가장에 대해서 영향력을 행사할 수 있는 사람들이 있었다. 대개의 가장들은 '안주인'의 자리를 차지한 부인의 의견을 어느 정도 받아들였고, 장성한 자녀들의 의견도 존중하였다. 또 가장은 가까운 촌수(寸數)의 친족들의 여론에 의해서도 영향을 받았다.

한국의 전통 사회에서는 '대범함'을 가장의 중요한 미덕으로 삼았으며, 집안 살림의 세밀한 부분에까지 일일이 참견하는 태도는 삼가는 것을 정도(正道)로 여겼다. '안살림'으로 불린 집안의 일상적 업무는 '안주인'으로서의 주부에게 일임하는 경우가 많았다. 전통 사회의 한국의 부녀자들이 삼종지덕(三從之德)에 눌려서 많은 희생을 강요당한 것도 사실이나, 시집을 가서 아들을 많이 낳고 뒤주와 광의 열쇠를 일단 맡은 뒤에는 어떤 범위 안에서 상당한 권한을 행사할 수 있었다는 사실도 무시할 일이 아니다. 그러기에 우리나라 속담에 "여자도 아들 셋만 낳으면 호랑이가 된다."라는 말이 있다.

주부의 권한 가운데 가장 큰 비중을 차지하는 것은 가족의 소비생활을 관장하는 일이다. 의식주를 비롯한 집안에서의 소비생활을 어떤 방식으로 운영하느냐 하는 것을 결정하고, 그 결정을 실천하는 것은 주로 주부의 권한인 동시에 책임이다. 주부는 가장의 통솔을 받는 위치에 있었으나, 어느 정도의 결정권을 가짐으로써 가장의 짐을 덜어 주는 구실을 하였다.[1]

우리나라의 전통적 가족에 있어서 가장 또는 주부가 그들의 권한을 개인적 이기심으로 남용하는 일은 거의 없었다. 그들은 언제나 가족 전체를 위하는 마음가짐으로 살았으며, 가족과 자신을 동일시하는 심리 속에서 항상 가족을 위해 생각하고 행동하는 경향이 있었다. 특히 주부는 희생을 희생인 줄도 모르고 헌신적으로 많은 일을 하였다.

우리나라의 전통 사회에서는 부부 두 사람만으로는 정상적 가족이 성립할 수 없다고 생각되었으며, 자녀를 가져야 비로소 완전한 가족으로서의 모습을 갖출 수 있었다. 따라서 자녀의 생산은 결혼한 부부의 절대적 소망이었고, 특히 남아의 생산은 남의 집으로 시집 온 여자의 신성한 의무였다. 며느리는 아들을 낳아 길러야 비로소 시댁의 식구로서의 확고한 자격을 인정받을 수 있었다. 가족이 삶의 기본단위였던 까닭에 가족의 후계자를 낳아야 생명을 유지할 수 있었고, 부계 사회였던 까닭에 아들만이 대(代)를 잇는 후계자로서의 자격이 있었던 것이다. 남의 집으로 시집을 와서 아들을 낳지 못하면, 그 집을 죽이는 것에 가까우니 큰 죄를 짓는 격이 되었다.

아들은 많이 낳을수록 바람직한 일이었다. 딸은 결국 시집을 가서 '남의 집 사람'이 되기 마련이지만, 아들은 끝까지 가족의 일원으로 남아 노동력을 보태 줄 사람이었기 때문이다. 그뿐만 아니라 어린이와 젊은이들의 사망을 막을 만한 의술의 발달이 없었던 까닭에, 하나나 둘만의 아들로는 안심할 수가 없었던 것이다.

전통 사회에서는 부모와 자녀 사이의 유대가 현대사회의 경우보다도 훨씬 강하고 끈끈하였다. 자녀는 부모 그 자신들의 생명의 연장이었으며, 식구들

---

1 여기에 기술한 가장과 주부의 권한과 책임에 관한 대목은 이광규(李光奎)의 『한국가족의 구조분석』(일지사, 1975), 3장 1절과 2절을 참고로 하였다.

은 누구나 가족의 부분으로서 가족을 지키고 키워 가야 할 공동의 과제를 나눈 서로 얽힌 존재였다. 우리나라의 전통 사회에서는 개인의 주체성이나 자유보다는 가족의 총체성(總體性)과 가문의 번영이 더 귀중한 의미를 가졌다.

2. 전통적 가족의 인간관계

사람들의 의식구조는 그 사회의 특성에 따라서 형성된다. 우리나라의 전통 사회가 가족주의적 사회였다는 사실은 우리 조상들의 의식구조를 가족주의적인 것으로 만들었다. 우리 조상들이 가족주의적 사고방식을 가지고 살았다는 것은 조선시대에 쓰인 소설에도 잘 나타나 있다. 몇 가지 예를 들어 보기로 하자.

『홍길동전』에서 홍길동이 집을 뛰쳐나가 신출귀몰한 도술(道術)로 각지의 관리들을 괴롭혔을 때, 홍길동을 잡지 못한 국왕은 그의 부친과 형을 금부(禁府)에 가두고 친히 국문했다는 이야기가 있다. 한 사람이 나라에 죄를 지으면 삼족(三族)을 무더기로 처벌한 일은 실제로도 있었거니와, 범법자 한 개인만을 처벌하지 않고 그의 온 가족을 연루자로서 처벌한다는 것은 개인을 독립된 주체로 보지 않고 한 가족의 분신으로 보는 관점에서만 가능한 일이다. 『홍길동전』에서는 국왕이 홍길동 체포의 책임을 그의 형에게 지웠고, 형은 아우에게 "일문(一門)의 보전을 위해서 자수하라."는 내용의 방을 써 붙이는 방법을 택하고 있다. 홍길동 정도의 도술이 능통한 사람이라면 포졸들에게 잡히지 않을 수도 있을 것이나, 모진 형벌과 옥고를 치르는 한이 있더라도 가문을 위해서 자수하라는 호소인 것이다.

『창선감의록(彰善感義錄)』의 주인공 화진(花珍)이 어질고 착했음으로 인하여 그의 이복 형의 극악무도한 죄가 형벌의 감면을 받게 되었다는 이야기도, 가족주의적 사고방식을 바탕에 깔고 있는 것으로 볼 수 있다. 『유충렬전 (劉忠列傳)』 또는 『조웅전(趙雄傳)』의 끝머리가 그렇듯이, 한 사람이 나라에 큰 공을 세우면 그 집안의 다른 사람들까지 벼슬을 하게 된 사연 등도 모두 가족주의적 사고방식을 전제로 하지 않고서는 이해하기 어려운 이야기들이 다.

가족주의적 사고의 바탕에는 '같은 핏줄을 나눈 사람들은 같은 부류의 사람들'이라는 생각이 깔려 있다. 핏줄이라는 끈을 통해서 여러 사람들이 연결되어 있다고 보는 동시에, 그렇게 연결된 사람들은 하나의 전체를 형성한다고 보았던 것이다. 핏줄 가운데 가장 가깝고 끈끈한 것은 부모와 자식 사이의 그것이며, 특히 부자간의 핏줄은 인륜(人倫)의 근본으로서 존중되었다.

부모와 자녀의 핏줄이 가깝고 소중하다 함은 부모와 자식이 한마음으로 살아야 한다는 뜻을 함축하는 것이며, 부모는 자녀를 내 몸같이 아끼고 자녀도 부모를 내 몸처럼 아껴야 한다는 뜻을 함축한다. 부모가 자녀를 내 몸처럼 아끼는 것은 모성애 또는 부성애로 불리는 자연의 정에 의해서 가능했으며, 자녀가 부모를 내 몸처럼 아끼도록 하는 데 큰 힘이 된 것은 효(孝)의 윤리였다. '효'는 인간을 인간답게 하는 근본으로서 숭상을 받았으며, 그것은 사람됨을 평가함에 있어서도 가장 중요한 척도의 구실을 하였다.

효도를 중요시한 경향은 조선시대의 소설 가운데도 여러 곳에 반영되어 있다. 그 시대에 쓰인 소설의 주인공들은 대개 효자 또는 효녀로 되어 있으며, 효성이 지극하다는 한 가지 사실만으로 그 사람 전체를 훌륭한 사람이라고 보아도 틀림이 없으리라는 발언도 흔히 보인다. 예컨대, 『옥낭자전(玉娘子傳)』 가운데 양자의 후보를 물색하는 대목에서, 생부모에 대한 효성이 지극하다는 것만으로 다른 행실은 물어볼 필요도 없다고 단정하며 양자로 결정하는 이야기가 있다.

옛날의 우리 조상들은 효도가 요청하는 일이라면 만사를 제쳐 놓고 그 일부터 해야 한다는 생각이 강했던 것으로 보인다. 예컨대, 『오유란전(烏有蘭傳)』에서 그 여주인공에 반해 제정신이 아니었던 이생(李生)이 그의 부친이 병환이라는 전갈을 듣고는 애인에게 연락을 취할 겨를도 없이 곧 집으로 돌아간 사연이나, 『구운몽(九雲夢)』에서 들어주기 어려운 청을 그것이 '어버이를 위하는 정성에서 나온 청'이라는 이유로 쾌히 승낙하는 군주의 태도 등은 효도를 우선시하는 전통적 관념을 반영한 것으로 볼 수 있을 것이다.

가족 안에서 부모와 자녀의 관계 다음으로 중요한 것은 남편과 아내의 관계였다. 부부의 관계가 혼인이라는 결연을 통하여 맺어지기는 예나 지금이나 다를 바가 없다. 그러나 전통 사회에서의 결혼은 한 남성과 한 여성의 개인적 결합이 아니라 두 가문의 결합이라는 뜻이 앞섰다는 점에서 오늘의 경우와 다르다. 개인과 개인의 결합이기보다는 가족과 가족의 결연으로서의 성격이 강했던 까닭에, 결혼의 상대를 선택하는 결정권은 신랑 될 사람과 신부 될 사람 당사자들에게 있지 않고 가족을 대표하는 가장에게 있었다. 결혼을 두 개인의 결합으로 보는 현대인의 관념으로는 도저히 납득할 수 없는 혼사의 결정을 우리 조상들이 한 것은, 그 당시의 어른들이 젊은이들의 인격을 무시했기 때문이 아니라, '결혼' 그 자체에 대한 옛날 사람들의 관념이 오늘날 우리들의 경우와 크게 달랐기 때문이다.

전통 사회의 결혼이 두 가문의 결연이기는 하나, 신랑 집과 신부 집이 동등한 위치에서 하나로 뭉치거나 연결되는 것은 물론 아니었다. 그것은 신부 집의 딸이 신랑 집의 며느리로서 신분을 바꾸는 절차였고, 신부 된 사람 개인을 위해서는 매우 불리한 신분의 전환이었다. 며느리는 시댁의 다른 식구들과 평등한 자격을 처음부터 얻고 그 집의 일원이 되는 것이 아니라, 입회(入會)에 비유한다면 '준회원'의 자격으로 낯선 단체 속에 들어가는 꼴에 가까웠던 것이다.

며느리가 시댁의 당당한 식구로서의 자격을 인정받기까지에는 몇 가지 어려운 고비를 넘겨야 했다. 그 첫째 고비는 시댁의 가풍에 완전히 동화되는 일이요, 둘째 고비는 시댁의 대(代)를 이을 아들을 낳는 일이며, 셋째 고비는 '시집살이'로 불리는 시댁 측의 푸대접을 참고 견디어 내는 일이었다. 전통적 가족제도에서의 '며느리'라는 존재는 우리나라 전통 사회의 가장 비민주적이요 비인간적인 신분 가운데 하나였다.

여자에게는 '남존여비'의 관념이 항상 불리하게 작용하였던 까닭에, 시집간 여자는 남편에 대해서도 종속적 위치를 감수할 수밖에 없었다. 아내는 남편을 하늘처럼 받들고 그의 시중을 드는 것이 당연한 임무라는 것을 여자들 자신도 의심하지 않았다. 남편에 대한 순종은 아내의 의무요 미덕이었다. 아내에게는 지켜야 할 의무가 무수히 많았거니와, 그 가운데서도 특히 중요한 것은 몸과 마음의 전부를 바쳐서 평생 한 남편을 극진히 섬기는 일, 아들을 낳아서 잘 기르는 일, 시부모를 정성으로 모시고 그들이 죽은 뒤에는 예 (禮)를 따라 제사를 지내는 일, 시댁의 일가나 친지들이 찾아오면 융숭하게 대접하는 일 등이었다.

아내가 지켜야 할 도리 가운데서 가장 엄중한 것은 정절(貞節)을 더럽히지 않는 일이었다. 정조는 여자에게 생명과도 같은 것이어서 이것을 잃는 것은 여자의 모든 것을 잃는 것이니 다름이 없었다. 조선시대 소설 가운데 여자 주인공들이 전쟁, 강도, 관권(官權)의 행패 등으로 몹쓸 고난을 겪는 이야기가 무수하게 많으며, 그럴 때마다 정조가 위협을 당하지만 거의 예외 없이 끝까지 그것을 지킨 것으로 되어 있다. 이러한 경향은 조선시대에 있어서 수절(守節)에 대한 요청이 대단히 엄격했다는 사실을 반영한 것이라고 볼 수 있을 것이다. 권선징악(勸善懲惡)의 뜻이 강했던 조선시대 소설의 이야기는 대체로 그 시대의 도덕관을 크게 반영하는 것으로 풀이할 수 있기 때문이다.

여자에게는 정절을 지킬 의무를 엄하게 요구했지만, 같은 의무를 남자에게도 지우지는 않았다. 남자에게는 기생집 출입이 공공연하게 허용되었고,

부실 또는 소실이라는 이름의 다른 부인을 갖는 것도 제도적으로 허용되었다. 그러나 남의 유부녀에게 접근하는 행위는 도덕적 비난의 대상이었다.

전통 사회에 있어서 며느리와 아내 또는 여성 일반이 받은 비인간적 대우는 현대인의 윤리 의식으로서는 도저히 이해할 수도 용납할 수도 없는 불합리한 처사다. 현대인의 관점에서 볼 때, 이해할 수 없는 불합리한 처사나 사회현상은 여성의 문제에 국한된 것은 아니었다. 자녀들의 절대적 순종을 요구하는 가부장적 권위주의나 엄청난 낭비를 수반하는 상례(喪禮)와 제례(祭禮)의 관습도, 현대인의 관점에서는 이해하기 어려운 불합리한 삶의 방식이었다.

그러나 농경시대에 살았던 우리 조상들은 자신들의 삶의 방식에 대해서 크게 저항을 느낌이 없이 적응했을 것으로 생각된다. 물론 개중에는 그 시대의 규범 또는 생활양식 일반을 불합리하다고 비판한 사람도 있었을 것이다. 그러나 대부분의 사람들은 그들의 현실을 기정사실로서 받아들이기에 큰 저항을 느끼지 않았을 것으로 보인다. 만약 대부분의 사람들이 저항을 느꼈다면 그 저항이 어떤 형태로든 겉으로 드러났을 것이나, 조선시대의 질서를 근본적으로 부정하고 나선 사람들은 극히 예외적인 소수에 불과하였다.

오늘의 우리 상식으로는 납득할 수 없는 불합리한 처사에 대하여 옛 조상들이 크게 저항을 느끼지 않은 것은, 옛 조상들의 의식구조가 후손인 우리들과 다르기 때문일 것이다. 현대를 사는 우리 후손들은 각 개인이 자신을 독립된 주체로서 의식하며 살고 있지만, 옛날의 우리 조상들은 가족을 생활의 유기적 단위로서 의식하며 살았다. 쉽게 말해서, 가족을 구성하는 성원들이 개인으로서의 '나'를 위해서 살기보다도 가족이라는 '우리'를 위해서 살았던 까닭에, '가족을 위해서'라는 막강한 관념 앞에서 개인의 권익이나 자유에 대한 의식은 압도당하고 말았던 것이다. '가족'이라는 집단이 절대적 목적의 자리를 차지하게 되면, 가족을 이루는 식구들 가운데 약자의 위치에 놓인 사람들이 수단의 자리로 전락할 공산이 큰 것은 당연한 귀추라고 볼 수 있을 것이다.

한국의 전통적 가족주의를 불합리하고 비민주주의적 방향으로 몰고 감에 있어서 결정적 작용을 한 것은, 가계(家系)의 계승은 오직 남성에 의해서만 가능하다는 그릇된 관념이었다. 우리 조상들은 사람의 씨(種)는 남성만이 갖고 있으며 여성은 씨를 싹 틔우는 밭(田)의 구실밖에 못한다고 믿었다. 중국에서 건너온 것으로 보이는 이 믿음은 '부생모육(父生母育)'이라는 말 가운데 잘 나타나 있다. "자녀에게 생명을 준 것은 아버지요, 이 생명을 길러준 것은 어머니"라는 뜻의 말이거니와, 이 말 바탕에는 자손에게 생명의 씨를 물려줄 수 있는 것은 오직 남성뿐이라는 믿음이 깔려 있다.

혈통의 씨는 남성만이 가졌다는 믿음은 가계를 계승할 자격이 남자들에게만 있다고 보는 부계 가족제도의 바탕이 되었고, 그것은 또 남존여비의 관념을 정당화하는 도덕적 근거의 구실을 하였다. 가계의 계승이라는 것은 같은 혈통(血統)이 대를 이어 가며 생명을 연장함을 의미하는 것이므로, 그 가문의 씨를 가진 사람만이 가계를 계승할 자격을 갖는 것은 당연한 일이다. 그리고 씨를 소유함으로써 가계를 계승할 자격을 가진 남성이 그것을 갖지 못한 여성보다 가족주의 사회에서 귀중한 대우를 받는 것도 당연한 일이었다. 혈통의 씨는 남자만 가졌다는 믿음이 있는 한, 가족주의 사회에서 남존여비의 관념은 당연한 것으로 받아들여지기 마련이며, 남존여비의 관념을 당연한 것으로 받아들일 때, 체력에 있어서 우세한 남성이 여성 위에 군림하게 되는 것은 자연스러운 귀추가 아닐 수 없다. 결국 씨를 소유함으로써 가문의 혈통을 이을 수 있는 것은 오직 남성뿐이라는 불합리한 믿음이 체력의 차이와 상승 작용함으로써, 우리나라 전통 사회의 남녀간의 불평등을 심하게 만드는 결과를 가져왔다.

3. 가족주의와 전통 윤리

전통적 가족 윤리에서는 혈연 즉 핏줄의 거리가 가까운 관계일수록 그것을 소중하게 생각하였다. 부모와 자식의 관계 다음으로 혈연이 가까운 사이는 형제 또는 자매의 관계다. 조선시대의 통념(通念)에 따르면, 형과 아우는 본래 두 사람이라기보다는 같은 사람이 두 조각으로 나누어진 것이다. 따라서 형과 아우는 영화를 누려도 같이 누리고, 고생을 하여도 같이해야 마땅하다는 것이 우리나라 전통 사회의 도덕관념이었다. 잘살아도 같이 잘살고 못살아도 같이 못살아야 하는 것이 형과 아우라면, 그들은 한지붕 밑에서 함께 사는 것이 바람직할 것이다. 형제가 같이 사는 것이 바람직하다는 도덕관념은, 농사가 여러 사람들이 협동적 노동을 요구한다는 경제적 이유와 아울러 우리나라 전통 사회의 대가족제도를 낳게 하는 계기가 되었다.

『흥부전』은 형제간의 우애를 다룬 소설이다. 형제는 동고동락해야 마땅하다는 당시의 윤리를 무시하고 동생을 집에서 내쫓고 구박한 나쁜 형과 끝까지 우애를 지켜서 '아우의 도리'를 다한 아우의 이야기가 이 소설의 줄거리를 이루고 있거니와, 동생 흥부의 태도는 형제의 윤리를 구현한 귀감으로서의 의미를 가졌다. 흥부가 형 놀부를 대한 태도 가운데서 중요한 것을 간추리면 다음과 같다. ① 형이 아무리 못되게 굴어도 흥부는 반항하지 않고 끝까지 순종하였다. ② 흥부는 형을 원망하지 않았으며, 형의 잘못을 숨겨 주려고 애를 썼다. ③ 흥부는 자기가 잘되고 형이 망한 다음에, 재산을 나누고 집을 지어 주는 등 끝까지 형을 후대하였다.

"한몸을 쪼갠 것이나 다름이 없으므로 영화를 누려도 같이 누리고 고생을 하여도 같이해야 마땅하다."는 생각은 형제나 자매 사이에만 적용된 윤리가 아니라, 이 같은 정신은 비록 정도의 차이는 있었으나 일가와 친척 전반에 확대되어 친척 윤리의 바탕을 이루었다. 같은 핏줄을 나누었고 따라서 같은 성(姓)과 본관(本貫)을 가진 일가친척은 결코 남이 아니며, 그들의 일은 곧 나의 일이라는 관념이 상당히 강한 힘을 가지고 작용하였다. 이러한 친척 관념 및 가족주의적 사고방식은 조선시대 문헌에서 흔히 찾아볼 수 있다. 특히 『한중록』 가운데는 저자인 혜경궁 홍씨가 그의 친정 집안을 생각하고 걱정하는 대목이 자주 보인다.

『한중록』 가운데, 혜경궁 홍씨 친정에 잔치가 있어서 조카딸 등 여러 친척의 젊은이들을 만났을 때 매우 기뻤다는 이야기와 친정 젊은이들을 보니 돌아간 고모 생각이 나서 슬펐다는 진술이 있다. 이 대목에서 저자 홍씨가 보여준 고모에 대한 회고의 정과 귀양 간 사촌들에 대한 슬픈 감정은, 그 당시의 우리 조상들이 친척을 생각하는 마음의 깊이가 오늘날 부모나 처자를 생각하는 마음에 뒤지지 아니함을 느끼게 한다. 이 대목에는 고모가 생존했을 때 동기와 조카들을 자기 아들과 다름없이 사랑했다는 이야기도 있으니, 집안을 생각하는 마음의 간절함이 혜경궁 홍씨의 특수한 심정이기보다는 그 당시의 일반적 현상이었다고 볼 수 있을 것이다.

『한중록』의 저자는 여러 조카들의 이름과 근황을 말하면서 그들에 대한 깊은 애정을 표명한 다음에, 조카들에게 주는 간곡한 교훈을 이렇게 적고 있다.

> 너희들 각각 소과(小科)도 못하고 거적 사모(紗帽) 아래의 몸이 되니, 인정상 아낌이 없으랴마는 내 집이 이제는 조금도 벼슬하기를 바라지 않더라. 수영이 너부터 … 집을 다스려 화목한 가운데 강직 명철히 하고, 제사 받들기를 정결히 하고, 홀로 된 어버이를 극진히 효양하고, 맏누이를 형같이 알고 … 숙계조(叔系組)를 할아버지 우러러 받들듯이 하고, 제부(諸父: 아버지의 여러 형제)를 선형(先兄)같이 섬기고, 나어린 고모를 누이 보듯 하고, 여러 사촌 동생들을 가르치며 사랑하여 동기같이 하고, 먼 일가에 이르도록 환대하며,

문하에 궁한 사람들을 버리지 말며 … 선인(先人)과 선형 하시던 덕행을 이어서 집안 명성을 떨어뜨리지 말라. …[2]

위에 인용한 글의 내용은 우리나라 전통 사회의 친척 사이에서 지켜지도록 요구된 윤리 규범의 대강을 쉽게 풀어서 말한 것에 해당한다. 그 정신을 짧게 요약한다면, 결국 형제 사이에서 돕고 고락을 같이하는 그 태도를 점차 촌수(寸數)가 멀어 가는 곳에까지 연장하여, 모든 일가친척이 궁핍을 면하도록 상부상조한다는 뜻이 그 핵심이라고 볼 수 있을 것이다.

농경시대의 전통적 가족 윤리는 그 시대의 윤리 전반의 핵심이었다. 다시 말하면, 우리 전통적 가족 윤리의 기본 정신은 가족 또는 친척 사이에서만 발휘될 성질의 것이 아니라 혈연관계가 없는 사람들 사이에서도 그대로 타당성을 갖는 보편적 윤리의 정신이기도 하였다. 내 부모를 섬기는 마음을 연장하여 이웃 어른들을 공경하고, 내 자녀를 사랑하는 마음을 연장하여 이웃 젊은이들을 아끼라는 것은 유교의 가르침인 동시에 우리나라 전통 윤리의 기본 정신이기도 하다.

우리나라의 전통 윤리는 정(情)에 바탕을 둔 윤리다. 혈연의 정, 부부의 정, 이웃 또는 친지의 정을 따라서 서로 사랑하고 도와 가며 살아가는 지혜가 곧 전통 윤리의 기본이다. 정에 바탕을 둔 윤리인 까닭에 우리나라의 전통 윤리에는 자기중심적인 일면이 있다. 정이라는 것은 자기와 관계가 가까운 사람에 대해서는 강하게 일어나고 먼 사람에 대해서는 약하게 일어나는 것이 보통이므로, 정에 바탕을 둔 윤리가 명령하는 행위는 상대가 누구냐에 따라서 다를 수 있다. 예컨대, 남의 아버지보다는 내 아버지를 더 위하고, 남

2 『한중록』, 전규태 편, 『한국고전문학전집』, 세종출판공사, 1970, 제4권, p.107.

의 아들보다는 내 아들을 더 아끼는 것이 정에 바탕을 둔 윤리에 부합하는 태도다. 정에 바탕을 둔 전통 윤리는 모든 사람들을 아끼고 사랑할 것을 요구하지만, 가까운 사람일수록 더 위하도록 요구한다는 뜻에서 자기중심적이다.

가족 윤리를 핵심으로 삼는 전통 윤리의 또 한 가지 특색은 '수직적 질서'를 중요시한다는 점에서 찾아볼 수 있다. 아버지와 아들 사이에서는 아들이 아버지를 따라야 하고, 남편과 아내 사이에서는 아내가 남편을 따라야 하며, 형과 아우 사이에서는 아우가 형을 따라야 하듯이, 전통적 가족 안에서의 인간관계는 평등한 관계가 아니라 상하의 관계라는 특색을 가졌다. 이러한 수직적 관계는 가족 내부에만 국한된 것이 아니라 가족 밖에 까지 연장된다. 나이 많은 사람은 나이 적은 사람보다 위에 있었으며, 관(官)은 민(民)보다 위에 있었다. 양반은 상민보다 신분이 높았고, 천민은 상민보다도 더욱 신분이 낮았다. 양반들 가운데도 지체가 높은 양반과 낮은 양반의 구별이 있었으며, 천민들 가운데도 더 천한 사람과 덜 천한 사람의 구별이 있었다. 요컨대, 신분의 높낮음을 가리는 위계질서가 사회 전체를 지배했던 것이다.

전통적 가족제도와 전통적 가족 윤리가 형성되고 또 그것들의 연장으로서의 전통적 신분 사회와 권위주의적 전통 윤리가 형성된 것은, 그 당시의 경제적 조건과 국민의 의식구조를 비롯한 여러 가지 문화적 여건이 그러한 제도 및 그러한 윤리와 잘 어울렸기 때문일 것이다. 그러나 19세기 말엽부터 서양의 새로운 문물이 들어오기 시작하면서, 우리나라의 문화는 정치, 경제, 사회, 가치관 등 모든 분야에 큰 변화를 가져왔다. 이 충격과 변화는 우리나라의 가족제도 내지 가족 문화에도 자연히 획기적 변화를 가져왔다.

4장 현대사회와 가족

1. 전환기를 맞은 한국 가족제도

한국의 전통적 가족제도는 농업경제를 배경으로 삼고 형성된 것이었다. 그러나 1960년대 이후의 한국은 급격한 공업화와 도시화의 방향으로 변천하였다. 현재도 한국에는 농가가 있고 농촌이 있지만, 농업인구가 차지하는 숫자는 점점 줄어 가는 추세에 있다. 또 농가에 태어난 젊은이라 하더라도 반드시 부업(父業)을 계승하기 위하여 토지에 집착할 필요는 없게 되었다. 농토는 부모에게 맡기고 자신들은 도시로 나가서 다른 직업을 갖기를 원하는 젊은이들이 많으며, 실제로 그렇게 하는 편이 경제적으로 윤택하게 살 수 있는 길이 될 경우가 많다. 어느 정도 교육을 받고 성장한 뒤에는 굳이 자신이 태어난 가정에 매달리지 않더라도 독립해서 살 수 있는 길이 열려 있으며, 많은 경우에 부모로부터 독립하는 편이 도리어 홀가분하고 오붓하게 살 수 있는 것이 오늘의 한국 사회다.

한마디로 말해서, 한국의 전통적 대가족제도를 불가피한 것으로 만들었던 옛날의 조건들이 사라진 것이다. 이러한 상황의 틈을 타고 서양의 개인주의가 들어왔다. 사람들은 개인적 자아의식에 눈을 뜨게 되었고, 가족이라는 '우리'와 반드시 생사와 고락을 같이할 필요도 없어졌다. 가장이 가부장적 권위를 휘두를 수 있는 상황이 아니며, 수직적 질서를 존중하는 전통적 가족 윤리가 설 땅이 없어졌다. 따라서 전통적 대가족제도가 옛날의 모습을 지키기가 어렵게 되었고, 전통적 가족 윤리도 흔들리기 시작하였다.

가족제도 자체가 없어질 위기를 맞은 것은 아니다. 지금도 옛날처럼 결혼이라는 제도가 있고 가족이라는 것도 여전히 존재한다. 그러나 결혼의 의의와 가족의 성격은 옛날 그대로가 아니다. 결혼은 두 가문의 결합이 아니라 두 개인의 결합이라는 관념이 우세하게 되었고, 가정은 그 자체가 생활의 단위이기보다는 생활의 주체적 단위인 개인들이 모여서 사는 곳이 되었다. 가족 또는 가문을 위해서 개인이 있는 것이 아니라, 개인들을 위해서 가정이 존재한다는 생각이 지배적이다. 한국의 가족제도가 전환기를 맞은 것이다.

전환기를 맞은 우리의 가족제도와 가족 윤리를 어떻게 다시 정립하느냐 하는 문제는 우리 사회가 당면한 중요한 문제들 가운데 하나다. 전통적 가족 제도와 가족 윤리가 현대의 실정에 맞지 않는다고 해서 서구의 그것을 그대로 모방하는 것이 바람직하다고는 생각되지 않는다. 일반적으로 전통이라는 것은 함부로 버려서는 안 될 귀중한 것을 간직하고 있다는 평범한 상식에 비추어 보더라도, 전통적 가족제도와 가족 윤리를 송두리째 버릴 수는 없다는 것이 식자들의 공통된 의견이다.

전통적 가족제도와 가족 윤리를 오늘의 실정과 현대인의 심성에 맞도록 고치되 옛것의 좋은 점은 살려야 한다는 견해에 대해서, 많은 사람들이 원칙적으로 찬동하고 있다. 그러나 무엇을 어떻게 고치고 옛것 가운데서 무엇을 어떻게 살리느냐 하는 구체적인 물음에 대해서는, 사람들의 의견이 다각도로 대립하는 경향을 보인다. 이 물음에 대한 견해는 늙은 세대와 젊은 세대 사이에 차이가 있고, 남자와 여자 사이에 차이가 있으며, 농촌 사람과 도시

사람 사이에도 차이가 있다.

행동 내지 실천의 대립은 관념 내지 의견의 대립보다도 더욱 심한 편이다. 바람직한 가족 형태나 가족 윤리에 대해서 말로는 같은 의견을 주장하면서도, 실제 행동에 있어서는 전혀 다른 태도를 취할 경우가 허다하다. 예컨대, 결혼하기 전에는 "부모를 한집에서 모시고 사는 것이 자식의 도리"라는 견해에 찬동한 청년이 막상 결혼을 한 뒤에는 따로 사는 편을 택하는 경우도 흔히 있고, 또 말로는 "며느리도 내 자식이니 딸과 마찬가지로 아끼고 사랑하는 것"이 자기의 생활신조라고 밝힌 시어머니가 실제로는 매우 가혹하게 며느리를 괴롭히는 사례도 적지 않다.

가족제도 또는 가족 윤리에 관한 의견 및 행동의 차이는 심각한 사회문제로 발전할 소지를 가졌다. 세상에 태어난 사람은 극소수의 예외를 제외하고는 모두 어떤 가족의 한 성원으로 살고 있으며, 또 앞으로도 계속 그렇게 살도록 마련이다. 따라서 어떤 가족제도 또는 가족 윤리 속에 사느냐 하는 것은 모든 사람들의 이해와 관계되는 현실적 관심사이며, 바람직한 가족제도 또는 가족 윤리에 대한 태도의 대립은 대체로 이해관계의 대립을 반영하기 쉽다. 모든 사람들의 이해관계와 직결되는 문제인 까닭에 남녀노소의 구별 없이 누구나 이 문제에 대하여 관심을 갖게 되며, 또 각각 자기에게 유리한 길을 옹호하는 경향이 있는 까닭에 이 문제는 복잡한 양상의 태도의 대립을 초래한다. 이러한 대립 내지 갈등을 그대로 방치할 수는 없으며, 그것을 해소할 수 있는 새로운 가족제도와 가족 윤리를 정립하는 일은 우리 모두를 위해서 매우 중요한 과제가 되고 있다.

어떠한 가족제도와 가족 윤리가 바람직하냐 하는 문제는, 이해관계가 서로 다른 사람들의 주관적 의견을 기준으로 삼고 생각할 문제가 아니라, 우리들이 처해 있는 객관적 상황과 현대 한국인의 의식(意識)을 기준으로 삼고 생각할 문제다. 다시 말해서, 경제를 비롯한 여러 가지 생활 여건과 우리들의 의식구조에 적합하고 우리들 모두를 고루 행복하게 만들기에 가장 적합한 가족제도와 가족 윤리가 우리들이 추구해야 할 이상이라고 할 것이다.

한 가지 확실한 것은 전통 사회의 가부장적 대가족주의가 오늘의 우리 현실에 맞지 않는다는 사실이다. 농업으로 생계를 유지하던 옛날에는, 농토가 있는 고향을 떠나서 개인이 독립해서 산다는 것이 거의 불가능했던 까닭에 개인보다도 가족이 생활의 단위가 되었고, 가족이 생활의 단위였던 까닭에 '나'보다도 '우리'로서의 가족을 우선적으로 생각하는 자아의식(自我意識)이 형성되었다. 그리고 '우리'로서의 가족을 우선적으로 생각하는 자아의식이 형성되었던 까닭에, 수직적 질서를 앞세우는 비민주적 가족 윤리가 당연한 것으로 받아들여질 수 있었다. 그러나 지금은 전통적 대가족제도를 필요로 하는 경제적 여건도 사라지고, 가부장적 가족 윤리를 수용하기에 적합한 가족주의적 자아의식도 개인주의적 자아의식 앞에 퇴색하고 말았다. 따라서 전통 사회의 대가족제도와 가부장적 가족 윤리는 그 근거를 잃었다고 보아야 한다.

그렇다면 대안(代案)이 무엇일까? 가족제도 자체를 아주 없애는 편이 좋다고 생각하는 사람은 거의 없을 것이다. 우리의 전통적 가족제도는 마땅치 않으나 그래도 가족제도는 유지해야 한다면, 우리에게 바람직한 가족의 모습은 어떠한 것일까? 우선 서양 사람들의 핵가족이 머리에 떠오른다. 서양식 핵가족이 우리가 따라야 할 모범이라고 볼 것인가? 도대체 서양 사람들의 핵가족이란 어떠한 특성을 가지고 있는 것일까?

2. 가족 안의 개인주의

서양에도 여러 나라가 있고 나라마다 가족의 특색이 있다. 핵가족으로 불릴 수 있는 소규모의 가족이라는 공통점이 있고 겉으로 보기에는 비슷비슷한 모습을 드러내고 있지만, 그들의 내면세계에는 다소의 차이가 있다. 같은 유교 문화권에 속해 있지만 한국과 중국과 일본의 전통적 가족제도에 차이점이 있듯이, 같은 기독교 문화권에 속해 있는 서양 각국의 가족에도 나라마다의 특색이 있다.

인류학에 대해 문외한인 내가 서양 각국의 서로 다른 가족제도를 구별해 가며 설명할 능력은 전혀 없다. 다만 내가 할 수 있는 것은, 구체적 사례를 통해서 서양의 가족들이 대체로 철저한 개인주의의 방향으로 흐르고 있다는 사실을 지적하는 정도에 그친다. 우선 실례부터 들어 보기로 하자.

약 30년 전에 나는 미국 어느 교수 댁의 저녁 초대를 받은 적이 있었다. 남의 집에 초대를 받아서 갈 때에는 작은 정표를 가지고 가는 것이 그 나라의 예절이라고 들었기에, 한국 화가가 그린 엽서 한 장 크기의 그림을 들고 갔다. 교수 댁에 도착했을 때 문간에 나온 것은 교수의 부인이었다. 나는 무심코 그 그림을 교수 부인에게 내밀었다. 그 자리에서 풀어 본 교수 부인은 아름다운 그림이라고 칭찬하면서 "이것을 누구에게 주는 것이오?"라고 물었다. 나는 "교수님 내외분께 드립니다."라고 주저 없이 대답하였다. 교수 부인은 다시 그림을 싼 것을 펼쳐 보았다. 두 장이 들어 있을 것을 기대했던 모양이다. 그러나 그림은 한 장밖에 없었다. 교수 부인은 아주 이상하다는 표정을 지으며 고개를 갸우뚱했다. 나는 그가 왜 이상히 여기는지 도무지 이해가 가지 않았다. 그림 한 장을 남편과 아내에게 공동으로 준다는 것은 미국 사람으로서는 이해할 수 없는 행동이라는 것을 안 것은 여러 해 뒤의 일이다. 아내와 남편은 엄연히 두 사람인 까닭에, 그림 한 장을 공동으로 소유한다는 것은 미국 사람으로서는 생각하기 어려운 일이라는 것을 나는 전혀 모르고 있었다.

미국의 어느 친구로부터 크리스마스 선물이 우편으로 왔기에, 나도 다음 해부터 선물을 보냈다. 선물의 왕래가 계속되는 가운데 나는 매우 흥미로운 사실을 깨달았다. 미국에서 보내온 소포에는 우리 식구의 수를 따라서 여러 가지 자질구레한 물건들이 들어 있었고, 내가 보낸 소포에는 매년 한 가지 물건만을 넣었다는 사실이다. 상대편에게도 처자가 있었으나, 나는 그들 각 개인에게 따로따로 선물이 돌아가야 한다는 생각은 전혀 하지 않았다. 목각, 자개를 수놓은 병, 한국 인형 등 어느 한 가지만 보내도, 그들의 거실에 놓고 함께 보면 될 것이라고 생각했다. 미국 친구는 우리 가정을 여러 개인들의 모임으로 본 것이요, 나는 그의 가정을 하나의 생활 단위로 보았던 것이다.

어느 한국인 의사가 미국인 의사 가정의 초대를 받았다. 그 초대석에는 미국인 의사의 어머니도 참석하였다. 모임이 끝나고 헤어질 때 미국인 어머니가 한국인 의사에게 "이 다음에는 내 손님이 되어 주겠습니까?"라고 물었다. 한국인은 오늘도 당신의 손님이 된 것이 아니냐고 반문하였다. 그러자 어머니는 "오늘은 내 아들의 손님이지요. 이 다음에는 내가 초대하고 싶습니다."라고 대답하였다. 미국 의사의 어머니는 같은 집 이층에 따로 살고 있었다.

서울에 온 스웨덴의 중년 부부가 한식집에 들렀다. 불고기 2인분을 시키면서 두 접시에 따로따로 니누어 달라고 부탁하였다. 외국 손님 주문대로 두 접시로 나누어서 제공했을 때, 아내가 점원 아가씨를 불러 세우고 불평을 하였다. 남편 접시의 고기가 자기의 것보다 많아 보인다는 것이 불평의 요지였다. 그 광경을 지켜본 어느 한국인 인류학자의 증언에 따르면, 그 스웨덴 부부는 불고기 값을 따로따로 지불하였다.

위의 네 토막 이야기는 모두 단편적이며, 그것을 가지고 서양 사람들의 가족을 전반적으로 말하기는 어렵다. 그러나 그것들은 모두 지극히 개인주의적이라는 공통성을 가지고 있으며, 이 점에 있어서 매우 상징적 의미를 갖는다고 볼 수 있다. 서양 사람들이 가족끼리도 내 것과 네 것의 구별을 분명히 한다는 것은 일반적 현상이라고 보아도 좋을 것이다. 어머니 품에 안겨 젖을 빠는 아기의 경우는 다르겠지만, 모든 성인들은 각각 독립된 자유인으로서 각자의 삶을 산다. 각자는 누구의 아버지거나 아들이기에 앞서서 나 자신이며, 누구의 지아비거나 지어미기에 앞서서 나 자신이다. 내가 가정을 위해서 있다기보다는 가정이 나를 위해서 있다고 보는 것이 서양 사람들의 시각일 것이다. 이와 같이 철저한 개인주의에 입각한 서구적 가족상을, 지아비와 지어미 사이에도 칸막이가 있고 부모와 자식 사이에도 칸막이가 있는 서구적 가족상을, 우리가 앞으로 본받아야 할 미래 한국의 가족상의 모범으로 볼 것인가? 또는 한국의 전통적 가족의 모습과도 다르고 서구의 현대적 가족의 모습과도 다른 어떤 새로운 모형을 추구해야 할 것인가? 이것이 지금 우리 앞에 놓인 절실한 문제다.

현대 한국의 가족은 이것도 저것도 아닌 어정쩡한 상태에서 방황하고 있다. 지금도 한국의 부모들 가운데는 자녀를 자신의 연장으로 생각하고 자신이 못한 일을 자녀에게 인계함으로써 성취하고자 하는 사람들이 있으며, 대부분의 자녀들은 그리한 부모의 태도에 반발을 느낀다. 대개의 자녀들은 자기들이 독립된 인격임을 강조하며 부모의 간섭으로부터 풀려나기를 원한다. 그러나 그들은 장성한 뒤에도 부모로부터 어떤 도움을 받을 권리가 있다고 생각하는 경향이 있으며, 부모로부터 독립하여 새살림을 날 때는 부모가 집도 장만해 주고 살림 도구도 마련해 줄 의무가 있다고 생각하는 경우가 많다. 논리의 일관성이 없는 것이다.

남편과 아내 사이에 있어서도 바람직한 가정의 모습에 관한 견해가 서로 다를 경우가 흔히 있다. 많은 남편들은 집에서 가정을 지키는 것이 아내의 임무라고 생각하는 경향이 있으나, 젊은 세대의 아내들은 가정 밖에서 자기 자신의 세계를 갖고자 원한다. 많은 남편들은 아직도 '내조(內助)'를 아내의 도리로 생각하고 있으나, 대부분의 아내들은 평등한 위치에서 남편을 대하는 것이 옳다고 믿는다.

　가정은 성원들의 긴밀한 협동을 요구하는 공동체다. 성원들의 협동이 원만하게 이루어지기 위해서는 바람직한 가정의 모습에 대한 일치된 견해가 있어야 하며, 성원 각자가 해야 할 일과 기대할 수 있는 일에 대해서도 일치된 양해가 있어야 한다. 그런데 현재 우리들은 가정이 필요하다는 점에는 대체로 의견을 같이하고 있으나, 우리가 가꾸어야 할 가정의 바람직한 모습이 무엇이며 가정 안에서 각자가 해야 할 일과 기대할 수 있는 일이 무엇이냐에 대해서는 서로 다른 생각을 가지고 있는 경우가 많다. 이것은 과도기적 현상이라고도 볼 수 있을 것이나, 이 과도기를 슬기롭게 대처함으로써 새로운 가족제도와 가족 윤리의 방향을 정립하는 것은 우리들의 공동 과제다.

3. 이상적 가족상(家族像)의 방향

　한국의 전통적 가족제도의 가장 큰 결함은 그 비민주주의적 특성에 있다. 한국의 전통적 가족제도 아래서는 여성의 권익이 부당한 침해를 받았고, 젊은이들의 자유가 지나친 억압을 당했다. 인간은 인간이라는 점에서 근본이 같다고 보는 현대인의 관점에 설 때, 한국의 전통적 가족제도 내지 가족 윤리에 포함된 비민주주의적 요수는 제거되어야 할 것이다.

　그러나 한국의 전통적 가족제도에는 매우 좋은 점도 있었다. 그것은 사람들의 자아(自我)가 개인의 테두리를 벗어나서 가족 전체에까지 미쳤다는 사실이다. '나' 하나를 지키기에 급급한 인간상보다는 '우리'를 위해서 작은 나를 잊을 수도 있는 인간상이 한 단계 높은 자리에 위치한다고 나는 믿는다. 개인과 개인 사이의 칸막이를 넘어서 여러 사람들이 하나의 '우리'로서 고락을 같이하는 심성이 인간의 삶을 더욱 값진 것으로 만들 것임에 틀림이 없다.

개인주의의 색채가 강한 현대 서구의 가정에는 성원들이 다른 사람의 억압을 받지 않고 자기의 뜻에 따라 자유롭게 살아갈 수 있다는 장점이 있다. 그러나 여러 식구들이 각자의 작은 '나'를 넘어서서 더욱 큰 '우리'로 융화되는 높은 차원의 심성이 결여되었다는 점에서, 현대의 서구적 가족은 우리의 전통적 가족을 따르지 못한다.

만약 그렇게 할 수만 있다면, 한국의 전통적 가족의 좋은 점과 서구의 현대적 가족의 좋은 점을 모두 살리는 새로운 유형의 가족상을 형성하는 것이 가장 바람직할 것이다. 가족이라는 '우리'의 발전 속에 더욱 큰 자아의 성장을 발견한 전통적 가족 의식과 개인인 '나'의 독립성과 주체성을 양도할 수 없는 기본권으로 믿는 현대적 자아의식을 모두 살릴 수 있는 가족상의 실현이 가능하다면, 그것보다 더 바람직한 일이 없을 것이다. 문제는 과연 그것이 가능하냐에 있다.

강한 개인적 자아의식과 가족적 공동체 의식을 조화시키는 일은 가능하다고 생각된다. 강한 개인적 자아의식을 가진 사람이 가족에 대하여 확고한 공동체 의식을 갖는다는 것은 논리적으로 모순된 일이 아니며, 심리적으로도 무리가 없는 일이다. 강한 개인적 자아의식을 살리기 위해서 우리가 반드시 이기주의자가 될 필요는 없으며, 가족에 대해서 확고한 공동체 의식을 갖기 위해서 우리가 반드시 집단주의자가 될 필요도 없다.

개인으로서의 '나'를 살리기 위해서 양보할 수 없는 것은 나의 주체성이며 나의 이기심은 아니다. 공동체로서의 '우리'를 살리기 위해서 필요한 것은 공동체에 대한 사랑과 협동심이며 개인의 부정은 아니다. 공동체인 '우리'를 살리기 위해서 작은 '나'의 작은 이익을 부정할 필요는 더러 있을 것이다. 그러나 그 작은 이익의 부정이 한 개인 자체의 부정을 의미하는 것은 아니다. '나'의 작은 것을 부정하고 큰 '우리'를 위하여 협동할 때, 개인의 자아는 도리어 더욱 크게 실현된다. 옛날의 전통적 가족에서의 집단적 자아의식의 경우는 여러 성원들의 '나'가 가족이라는 '우리' 속에 용해되었다. 이를테면 '우리'가 '나'들을 삼켜 버렸다. 그러나 우리가 목표로 삼고자 하는 개인과 공동체를 조화시킨 개인적 자아의식의 경우에는, 공동체가 주체적 자아로서의 '나'의 범위 안으로 포섭된다. 이를테면, '나'가 '우리'를 내 가슴 안에 품는 것이다.

여기서 말하는 '우리' 즉 공동체로서는 가족 이외에도 직장, 사회단체, 국가 등 여러 가지를 생각할 수가 있다. 따라서 위에 전개한 '나'와 '우리'의 조화에 관한 주장은 가족 윤리뿐 아니라 사회윤리 전반에 확대하여 적용할 수 있는 개념이다. 다만 여러 가지 공동체 가운데서 가족은 그 규모가 가장 작고 또 '나'와의 관계가 가장 밀접하므로, '나'의 가슴 안에 품기가 비교적 용이한 공동체다. 그러므로 자아의 범위를 우선 가족으로 확대하고, 그 '우리의식'을 다시 더 큰 공동체에까지 넓혀 간다면, 가족 윤리의 정립이 사회윤리 전반의 정립을 위한 발판의 구실을 하는 결과가 될 것이다.

개인적 자아의식과 가족적 공동체 의식의 조화 내지 종합에 성공한다면, 그 밖에 남는 문제들은 그 종합의 바탕 위에서 해결책을 찾아볼 수 있는 지엽적 문제가 될 것이다. 예컨대, 노후의 부모와 함께 살아야 하느냐 또는 따로 살아야 하느냐 하는 따위의 문제들은, 작은 '나'의 작은 이익에 애착하는 옹졸한 자아의식만 극복되면 그 높은 차원의 자아의식을 바탕으로 삼고 해결할 수 있을 것이다. 지엽적 문제들에 대해서 일률적인 해답을 내려야 할 이유는 없을 것이며, '가족의 모든 성원을 위해서'라는 기본 원칙에 모두 협력하는 태도만 확고하다면, 구체적 상황에 맞는 여러 가지 해결 방안의 모색이 가능하게 될 것이다. 노부모를 모시고 사는 것이 옳은 해결책이 될 경우도 있을 것이고, 따로 사는 편이 옳은 해결책이 될 경우도 있을 것이다. 원칙이 같더라도 구체적 여건이 다르면 그 해결책은 다를 수가 있다. 맞벌이가 바람직하냐 또는 주부는 가사에 전념하는 편이 바람직하냐 하는 문제에 부딪쳤을 경우에도, 문제를 푸는 방식은 역시 마찬가지가 될 것이다. '우리'에 포함되는 가족 성원들 모두의 행복을 고루 존중한다는 원칙을 고수하면서 그 가정이 처해 있는 여러 가지 구체적 여건을 충분히 고려한다면, 그 가정의 경우에 적합한 해결책을 찾아낼 수 있을 것이다.[1]

미래의 한국이 목표로 삼아야 할 이상적 가족은 ① 가족 성원들의 개인적 자유와 주체성이 존중될 뿐 아니라, ② 가족 성원들의 자유롭고 주체적인 협동을 통하여 각 개인의 '나'보다도 가족 공동체로서의 '우리'가 우위(優位)를 차지하는, 그러한 모습의 가족이라고 하였다. 이것은 아주 먼 장래를 위한 하나의 이상을 말하는 것이며, 지금 당장 또는 가까운 장래에 그러한 가족상(家族像)의 실현이 가능하다고 낙관하는 것은 아니다. 어떤 경우에 있어서나 이상으로의 접근에는 오랜 세월에 걸친 단계적 노력이 필요하다.

앞에서 말한 이상적 가족상을 향한 단계적 노력 과정에서 우선 먼저 해야 할 것은, 개인의 자유와 주체성이 침해를 받는 전통적 가족제도의 비민주적 요소를 제거하는 일이다. 그리고 그 다음에 '나'만에 집착하는 소아적(小我的) 인간상을 탈피하는 노력을 병행해야 할 것이다. 전통적 가족제도의 비민주적 요소를 제거하는 과정에는 여성에게 불리한 현재 한국의 가족법을 개정하는 작업이 포함되어야 한다.

아직도 한국의 가족제도는 남성 위주의 전통을 묵수하고 있다. 남자를 통해서만 가계(家系)의 계승이 가능했던 전통적 가족제도의 '남존여비' 관념은 두 가지의 근거를 가지고 있었던 것으로 보인다. 첫째로 많은 근육 노동을 요구하는 전통적 농경 사회에서는 가족 공동체에 대한 공헌도에 있어 연

---

1 '이상적 가족상의 방향'에 관한 이 절에서 피력한 견해의 일부는 이미 필자의 단행본 『소설에 나타난 한국인의 가치관』, II, 2장에서 발표한 견해의 일부와 대동소이하다.

약한 여성보다는 힘센 남성이 우위를 차지하기 마련이었고, 공헌도에서 앞서는 남성이 가족 공동체 안에서 주도권을 갖게 된 것은 당연한 추세였다. 둘째로 인간의 '씨'를 가진 것은 남성뿐이며 가계를 이을 수 있는 자손을 생산함에 있어서 더 큰 구실을 하는 것은 남성이라는 믿음이 일반적으로 수용되었고, 이러한 믿음도 남성의 우위를 위한 근거로서 작용하였다.

그러나 현대의 관점에서 볼 때, 저 두 가지 사항은 가족에서의 남성의 우위를 정당화할 수 있는 근거로서의 타당성을 전혀 갖지 못하고 있다. 첨단 과학의 힘이 경제적 행위의 능률을 좌우하는 현대사회에 있어서 근육에 의존하는 단순 노동력의 강약은 별로 큰 의미를 가지고 있지 않다. 그리고 사람의 씨는 남성만이 가지고 있으며 여성은 자손의 생산을 위한 보조의 구실밖에 못한다는 생각은 전혀 과학적 근거가 없는 거짓에 지나지 않는다. 따라서 가정 안에 있어서나 가정 밖에 있어서나 여성보다 남성을 우대해야 할 이유가 없다는 결론이 불가피하다.

남성과 여성이 동등한 대우를 받아야 한다 함은 남녀의 역할 분담까지도 부정하는 것은 물론 아니다. 남자가 할 일 따로 있고 여자가 할 일 따로 있다는 고정관념은 타파해야 마땅할 것이나, 각자의 능력에 가장 적합한 일을 맡는 것은 사리에 맞는 일이다. 다만 주로 남자가 하는 일은 높이 평가하고 주로 여자가 하는 일은 낮게 평가하는 종래의 평가 기준은 시정되어야 할 것이다.

가족을 구성하는 성원들의 개인적 자유와 주체성이 존중되는 것만으로 바람직한 가족상의 목표에 도달했다고 보기는 어렵다. 가족을 구성하는 성원들 각자가 개인적 자아와 권익을 지켜 가면서 한지붕 밑에 사는 것만으로는 훌륭한 가정이 실현되었다고 보기 어렵다. 양도할 수 없는 주체성을 가진 개인들이 각자 작은 '나'의 껍질을 벗어 던지고 더욱 큰 자아로서의 '우리' 속에 융화될 때, 즉 개인들의 단순한 집합 이상인 하나된 가족 공동체로서의 융합이 이루어졌을 때, 비로소 바람직한 가족상이 실현되었다고 볼 수 있을 것이다.

하나로 융화된 가족 공동체의 출현이 바람직하다고 주장하는 것은, 단순히 전통적 가족상으로의 복고가 바람직하다고 주장하는 것과는 다르다. 전통 사회에서의 하나로 융화된 가족 공동체는, 가부장적 권위주의의 압력 밑에서 개인적 자아가 '나'를 자각하기 이전에, 개인의 자유와 주체성이 억압된 가운데 이루어진 것이었다. 그러나 우리가 장차 실현하기를 원하는 것은 개인적 자아의 충분한 자각을 거쳐서, 개인적 주체의 자율적 선택을 통하여 이루어지는 가족 공동체다.

우리가 장차 실현하기를 바라는 가족 공동체가 가능하기 위해서는, 자유 의지를 통하여 작은 '나'를 넘어설 수 있는 대아적(大我的) 자유인의 양성이 앞서야 한다. 이 대아적 자유인을 대량으로 양성하는 것은 여러 단계의 교육이 수행해야 할 공동의 과제다. 이 공동의 과제가 달성되기 위해서는 가정교육부터 우선 제 기능을 다해야 할 것이다.

4. 인간 교육의 출발점

자녀에 대해서 부모가 해야 할 일들 가운데는 크게 두 가지 기능이 있다. 하나는 양육의 기능이고 또 하나는 교육의 기능이다. 현대의 한국 부모들은 자녀들을 먹이고 입히는 일에 있어서는 옛날의 부모들보다 크게 앞서 있다. 그러나 자녀들을 가정에서 교육하는 일에 있어서는 조상들에게 멀리 뒤지고 있다. 옛날에는 사람으로서 올바르게 사는 길이 무엇이며 사람됨의 바람직한 모습이 무엇이냐에 대해서, 대부분의 부모들은 그들 나름의 신념을 가지고 있었다. 대개의 부모들이 유식해서가 아니라, 옛날에는 사회의 변동이 대단히 완만했고 일반에게 통용되는 윤리 규범의 틀이 잡혀 있었던 까닭에,

'사람의 도리'가 무엇이냐에 대해서 부모들을 공통된 상식을 가지고 있었던 것이다. 따라서 그들은 자녀를 어떻게 가르쳐야 하느냐에 대해서 고민할 필요가 없었고, 자신들이 어렸을 때 부모들로부터 배운 대로 다시 가르치면 되었다. 그러나 오늘의 부모들의 경우는 사정이 크게 다르다.

사회의 모습이 급격하게 변하고 있으며 서양의 이질적 문화가 밀려들어오고 있는 현대 한국에서는, 옛날부터 전해 오던 전통적 가치관이 흔들리기 시작한 지 오래며, '사람의 도리'가 무엇이며 '올바른 삶의 길'이 무엇이냐에 대해서 확고한 신념을 가진 부모는 그리 많지 않다. 설령 부모들 가운데 자기 나름의 윤리관을 가진 사람이 있어서 그것을 자녀들에게 가르치려고 한다 해도, 자녀들 측에서 그 가르침을 순순히 받아들이지 않을 가능성이 매우 높다. 다음은 어느 인류학자로부터 직접 들은 실화의 한 토막이다.

그 인류학 교수는 남녀 학생들을 인솔하고 어느 농촌 민가에서 며칠 기거한 적이 있었다. 그 농가에는 방이 셋밖에 없었으며, 그 가운데서 둘을 인류학과 현지 조사단이 빌렸던 것이다. 그 농가에는 과년한 처녀가 있었는데, 낮에만 보이고 밤이 되면 자취를 감추었다. 잠자리를 나그네들에게 빼앗기고 이웃으로 자러 간 것으로 짐작하고, 인류학 교수는 그 집 아버지에게 미안하다는 인사를 하였다. 그리고 여대생들과 비슷한 나이 또래이니 함께 자도록 하면 좋지 않겠느냐고 제안하였다. 그랬더니 주인집 아버지는 그런 걱정은 할 필요가 없다고 담담하게 응대하였다. 딸이 다른 집에 자러 간 것도 아니고 약혼자의 방에 가서 자기로 되었으니, 도리어 잘된 일이라는 표정이었다.

아무리 약혼한 사이라고는 하지만 결혼식도 올리기 전에 공공연하게 동침을 시킬 수는 없음을 말하고, 인류학 교수는 생각을 돌리도록 권고하였다. 그랬더니 주인집 아버지는 딸이 약혼자와 자러 간 것은 이번이 처음이 아니라는 사실을 밝히고, 어쩌면 대학교수가 세상 돌아가는 것도 모르고 그토록 고루한 말을 하느냐며 도리어 교수를 나무랐다. 교수는 자기가 바로 그런 문제를 연구하는 전문가임을 밝히고, 세상이 아무리 달라졌다 해도 약혼만 한 남녀를 함께 재우는 것은 바람직하지 못하다는 의견을 말했다. 그제서야 아버지는 당황하면서 자기도 처음에는 딸의 그러한 행동을 꾸짖었으나, "아버지는 세상이 달라진 것도 모르고 옛날이야기만 하고 있다."는 딸의 핀잔에 눌려서 후퇴했다고 실토하였다.

위의 토막 이야기는 현대 한국 가정교육의 한 단면을 상징적으로 말해 준다. 많은 경우에 오늘의 한국 가정의 부모들은 자녀들보다 학교교육의 수준이 낮다. 따라서 자녀들을 우러러보는 경향이 있으며 세상을 사는 지혜에 있어서도 자녀들이 자신들보다 앞서 있다고 생각할 경우가 많다. 요컨대, 가정교육을 위한 스승으로서의 자신감을 가진 부모가 많지 않으며, 인간 교육의 기초를 가정에서 다져 주지 못하고 마는 경우가 허다하다.

현대와 같은 과도기에 있어서 자녀의 인간 교육을 위한 확고한 신념 체계를 갖는다는 것은 쉬운 일이 아니다. 그러나 무엇이 옳고 무엇이 그르냐는 문제에 대한 전통적인 가르침 가운데는 예나 지금이나 변함없이 타당성을 갖는 것이 적지 않으며, 현대 한국의 특수 사정을 감안한다 하더라도, 우리가 어떻게 살아야 하느냐 하는 물음에 대해서 한국의 지성인들이 가지고 있는 생각들은 큰 테두리 안에서 어느 정도 같은 방향으로 의견이 모아지는 추세를 보이고 있다. 그러므로 일반 가정의 부모들도 자신의 체험에 기초하여 스스로 삶의 문제에 대한 사색을 습관화하고, 인생 문제 또는 사회문제를 다룬 전문가들의 저술을 두루 읽는다면, 자녀 교육을 위한 자신의 신념 체계를 마련하는 일이 아주 불가능하지는 않을 것이다.

일거에 완벽한 신념 체계를 갖추려고 서두를 필요는 없을 것이며, 자기의 신념 체계가 확립되기 이전에는 자녀를 교육할 자격이 없다고 생각하는 것은 잘못이다. 어느 정도 자기의 주관이 서게 되면, 그 주관에 기대 가며 자녀와 진지한 대화를 나눌 수가 있을 것이다. 자녀들에게 자기의 신념 체계를 강요하는 것은 좋은 교육의 방법이 아니다. 삶의 문제를 앞에 놓고 부모와 자식 사이에 진지한 대화를 나누는 것만으로도 교육적 효과는 클 것이다. 서로 의견을 나누는 가운데 좋은 결론으로 접근할 가능성이 있다. 그러나 내용이 있는 대화를 할 수 있기 위해서는 자신의 체험을 살리고 평소에 좋은 책을 읽어 둘 필요가 있다는 사실을 잊지 말아야 할 것이다.

어떤 부모들은 무엇이든 자녀들이 하는 대로 내버려 두는 것을 잘하는 일이라고 생각한다. 자녀가 아주 어린 시절부터 제 욕심만 차리는 짓이나 남에게 피해를 주는 짓 또는 떼를 써서라도 부당한 요구를 관철시키려고 하는 따위의 태도는 바로잡아 주어야 하거니와, 무엇이든 아이들의 말을 들어주는 것이 '진보적인 부모'인 줄 잘못 알고 자녀의 버릇을 잘못 들이는 부모들이 있다. 가부장적 권위주의를 가지고 어린이들의 의사나 자유를 함부로 억압하는 것도 부모로서 잘못하는 짓이지만, 자기밖에 모르는 어린이들에게 모든 것을 제멋대로 하도록 내버려 두는 것도 부모로서 잘하는 짓이 아니다. 불필요한 간섭이나 억압은 물론 가하지 말아야 하겠지만, 분명한 잘못에 대해서는 그것이 잘못이라는 것을 깨닫도록 가르치는 것이 부모의 책임이요, 자녀의 장래를 위하는 길이다. 무엇이든 자기 하고 싶은 대로 하고 큰 아이는 장성한 뒤에도 나쁜 짓을 자제할 힘을 갖지 못하는 까닭에, 사회에 적응하기가 매우 어렵게 된다.

자녀 교육의 가장 큰 목적은, 자녀들이 성장한 뒤에 어려운 문제들을 극복해 가며 원만하게 살 수 있는 능력을 길러 주는 일이다. 삶의 과정에서 우리들이 만나는 문제들 가운데서 가장 일반적이고 큰 비중을 차지하는 것은 사람과 사람의 만남에서 야기되는 사회적 갈등의 문제일 것이다. 따라서 누구나 경험하기 마련인 사회적 갈등에 슬기롭게 대처할 수 있는 능력을 어릴 때부터 길러 주는 것은, 부모가 자녀를 위해서 해야 할 일 가운데 매우 중요한 것이다. 어려서 버릇을 일단 잘못 들이면, 장성한 뒤에 그것을 바로잡기는 대단히 어렵다. 그러므로 어린이들을 '자유롭게 키운다'는 취지 아래 방종을 조장하는 부모는 결과적으로 자녀의 장래를 어렵게 만드는 잘못을 저지르게 된다.

가부장적 권위가 가족을 지배하던 과거에는 부모들의 자녀 교육이 지나치게 엄격하고 억압적이었다. 전통 사회의 가정교육이 지나치게 권위주의적이었다는 것을 반성하게 되면서, 이번에는 지나치게 방임하는 반대의 극단으로 달리는 추세가 일어났다. 외국에서는 아이들을 자유롭게 키운다는 정보의 잘못된 이해도 이러한 추세에 부채질을 하였다. 그러나 어느 편으로도 지나친 것은 바람직하지 못한 길이 되기 쉬우며, 이른바 선진국에서도 장래성이 있는 나라에서는 자녀들의 인간 교육을 소홀히 하지는 않는다.

어느 날 내가 지하철을 타고 있을 때, 40세 전후로 보이는 어머니가 유치원 나이의 아들을 데리고 차에 올랐다. 빈자리가 없음을 알고 어린이는 앉아 가고 싶다고 하며 보챘다. 그 광경을 본 중년 여자 한 분이 자기의 자리를 양보하면서, 그 자리에 아이를 앉히도록 권하였다. 그러나 아이 어머니는 그것을 사양하고 자기 아들이 서서 가는 편을 택했다.

나는 이 어머니가 잘했다고 생각한다. 무엇이든 떼만 쓰면 제 마음대로 된다는 생각을 길러 주는 것은 좋은 일이 아니다. 밖에서뿐 아니라 가정에서도 같은 방침을 따라서 가르치는 것이 좋을 것이다. 밥상을 앞에 놓고 맛있는 반찬을 모두 제가 차지하려고 끌어당기는 것을 웃으며 내버려 두는 것은 교육을 잘하는 부모의 태도가 아니다. 지나친 이기심에 대해서는 어려서부터 제동을 걸 필요가 있다. 어른에게만 좋은 음식을 대접하는 것이 비민주주의적이라면, 어린이만을 특별 대우하는 것도 비민주주의적이다. 자녀를 보호하는 것은 부모의 책임이지만, 지나친 보호는 도리어 자녀를 잘못된 길로 인도한다.

자녀를 잘못된 길로 빠지게 하는 과잉보호를 피하기 위하여 가부장적 권위주의로 되돌아가서는 안 될 것이다. 자녀가 아주 어릴 때는 단호한 태도로 꾸짖는 방법에 의존함이 마땅할 경우도 있을 것이다. 그러나 자녀가 어느 정도 말귀를 알아듣게 된 뒤부터는 지성적 대화의 방법으로 전환하는 편이 좋을 것이다. 어린이 스스로 이해하고 깨닫도록 도와주는 편이 더욱 좋은 결과를 가져온다. 어린이를 데리고 무슨 지성적 대화가 가능하겠느냐고 의심하는 부모는 요즈음 많이 논의되는 '어린이 철학'에 관한 문헌을 가까이하도록 함이 좋을 것이다. 생각하는 힘을 어른들만이 가지고 있는 것은 아니며, 어릴 때부터 생각하는 버릇을 기르도록 도와주는 것은 부모가 해야 할 일 가운데 매우 중요한 과제에 속한다.

　행동은 말보다도 더욱 중요하다. 부모들 자신은 게으르게 살면서 자녀에게만 부지런하라고 권고할 때, 그 말은 별로 힘을 갖지 못할 것이다. 부모는 돈밖에 모르면서 자녀들에게는 정신의 가치를 강조할 경우에도, 그 강조 자체는 옳은 말이라도 교육적 효과는 별로 갖지 못할 것이다. 귀여운 자녀가 자라서 자기밖에 모르는 작은 사람이 되지 않고 '나'의 작은 껍질을 깨고 더욱 큰 '우리' 속에 융화되는 새로운 인간상으로 접근하기를 원한다면, 부모들 자신의 일상생활 가운데서 스스로 그러한 방향으로의 노력을 꾀해야 할 것이다. 자녀들은 부모들의 실천적 시범에 대한 모방과 부모들과의 사랑과 이해에 가득 찬 지적 대화를 통해서 그들의 인격의 기초를 다져 간다.

　한 가정에 있어서나 나라 전체에 있어서나 새 세대의 가치관 내지 의식의 수준이 구세대의 그것보다 한 단계 높아질 때, 그 가정 또는 나라는 밝은 미래를 갖게 된다. 그러나 새 세대의 가치관 내지 의식 수준을 끌어올린다는 일은 여간 어려운 과제가 아니며, 이 과제는 나라 전체의 정치와 경제, 과학과 종교, 교육과 예술 등 모든 분야와 관련된 거창한 문제다. 가정을 지키는 평범한 부모로서는 그것이 자기들 자신의 문제라는 것을 실감하기 어려울 정도로 거창한 문제다. 그러나 다음 세대를 인간으로서 성장시키는 과정에 있어서 부모와 가정교육이 차지하는 비중을 과소평가해서는 안 될 것이다. 가정생활은 삶의 과정 전체의 출발점이며, 출발이 잘못되면 삶의 과정 전체의 발전이 어두운 전망을 갖게 된다.

(1989)

3부
한국의 밝은 내일을 향하여

1장 인간 사회에 있어서의 갈등
2장 한국과 한국인: 그 어제와 오늘
3장 한국의 미래상
4장 내일의 한국을 위한 가치 의식과 행동 양식

1장 인간 사회에 있어서의 갈등

1. '우리'에서 '나'로

텔레비전의 화면이 동물의 세계를 소개할 경우가 더러 있다. 자연계에는 놀라울 정도로 많은 종류의 동물들이 살고 있으며, 그 생태가 기기묘묘한 것도 있어서 신비스럽기조차 하다. 동물의 종류가 여러 가지임을 따라서 그것들이 사는 모습도 각양각색이나, 모든 동물들이 예외 없이 공통으로 보여주는 것은 생존에 대한 본능적 욕망이다. 생존에 대한 욕망, 그것은 개체의 생명에 대한 애착일 수도 있고, 종족의 보존에 대한 본능일 수도 있다.

그러나 많은 동물들의 경우에 있어서 개체가 살아남고 종족을 보존하는 일은 심한 어려움에 부딪친다. 생물의 세계에서는 강한 자가 약한 자를 먹이로 삼는 것이 일반적 현상인 까닭에 생존은 그 자체가 싸움의 과정일 수밖에 없고, 변화가 심한 자연환경에 적응하는 일도 용이하지 않을 경우가 적지 않다.

거칠고 변화무쌍한 환경에 적응해 가며 강한 자에게 먹히지 않기 위해서는, 같은 족속끼리 무리지어 살며 힘을 합하는 것이 대체로 유리하다. 호랑이나 사자처럼 월등하게 강한 동물은 종족의 보존에 필요한 정도의 소수의 협동만으로도 충분히 살아남을 수가 있다. 그러나 힘이 약한 동물의 경우에는 다수가 떼를 지어 공동으로 살아갈 필요가 있다. 벌이나 개미 따위의 작은 동물들이 무리를 떠나서 단독으로 산다는 것은 불가능에 가깝다.

인간도 홀로 살아갈 수 있을 정도로 강한 동물은 아니다. 두뇌는 발달했으나 육체적으로 허약한 점이 많은 존재이기에, 인간도 아득한 옛날부터 무리를 지어서 살아왔다. 인류의 조상들에게는 맹수의 습격을 막거나 짐승을 사냥하는 데도 단결이 필요하였고, 황무지를 개간하여 농사를 짓는 데도 협동이 불가피하였다. 옛날 사람에게는 자기가 속해 있는 집단을 떠난다는 것은, 무리를 떠난 꿀벌의 신세처럼 곧바로 죽음을 의미하였다.

무리를 떠나서는 하루도 살 수 없는 상황에서는 집단 전체가 하나의 '우리'일 수밖에 없고, 이 '우리'는 곧 '나'를 포함하는 하나의 유기적 공동체일 수밖에 없다. 이 경우에 있어서, '우리'를 떠난 '나'는 존재하지 않는다. 옛날 사람들은 가족, 씨족 또는 부족 단위로 한 덩어리가 되어 서로 의지해 가며 살았다.

옛날 사람들의 경우도 같은 가족, 씨족 또는 부족 내부에 갈등이 생기는 일이 전혀 없지는 않았을 것이다. 한 개인 내부에서도 영(靈)과 육(肉)의 갈등이 생길 수 있다는 사실로 미루어 볼 때, 긴밀한 '우리' 의식으로 뭉친 집단 내부에도 다소의 갈등은 있었을 것이다. 그러나 그 내부의 갈등이 집단 전체의 단결을 파괴할 정도로 심하지는 않았을 것이며, 집단 어른들의 가부장적 권위로써 다스릴 수 있는 정도의 것이었을 공산이 크다.

꿀벌의 경우처럼, 집단을 떠나서는 하루도 살 수 없을 정도로 사회적 유대가 긴밀했던 시대가 인간에게도 아마 있었을 것이다. 그러나 세월이 흐르고 인간의 지능이 점점 고도로 발달함에 따라서 인류는 동물의 세계에서 최강자로 군림하게 되었고, 소속 집단에 대한 개인의 의존도가 줄어들게 되었다. 예나 지금이나 인간이 사회적 존재임에는 다를 바가 없으나, 개인의 생존을 위해 자기가 이미 속해 있는 가족 또는 그 밖의 집단에 완전히 예속하지 않으면 안 될 정도의 사회 의존도는 점차 줄어드는 추세를 보인 것이다.

농경시대만 하더라도 토지와 연결되어 있는 가족을 떠나서 개인이 살 수 있는 길은 일반적으로 열려 있지 않았다. 가족이 하나의 생존 단위였고, 개인은 살아남기 위해서 자기가 날 때부터 속해 있는 가족의 성원임을 고수해야 했으며, 그 자리를 고수하기 위해서는 충성을 다하여 가족의 공동 목표 달성에 이바지할 필요가 있었다. 이러한 상황에서는 개인주의적 자아의식은 설령 있다 하더라도 아주 미약할 수밖에 없다.

과학과 기술의 눈부신 발달에 따라서 산업화가 이루어지고 상공업에 종사하는 사람들이 경제의 주도권을 잡게 되면서, 사람들의 생활 조건에 획기적인 변화가 생겼다. 가족의 보호는 성장기에만 필요하게 되었고, 일단 성인이 된 다음에는 자기만 똑똑하면 가족을 떠나더라도 독립된 개인으로서 살아갈 수 있는 길이 열리게 된 것이다. 가족이 돌보지 않더라도 한 나라의 국민으로서의 자리만 확보하면 고향의 토지를 떠나서도 직업을 얻을 수가 있고, 직업만 있으면 생존은 보장받을 수 있게 되었다.

근래에는 이민(移民)의 기회가 비교적 널리 열려 있어서 국적을 바꾸는 일조차도 옛날같이 어렵지는 않다. 출생과 더불어 주어진 모국이 마음에 들지 않는 사람은 고국을 버리고 다른 나라의 국민이 되어 생존을 계속할 수가 있다. 현대의 개인에게는 가문에 대한 충성이 생존을 위한 필수 조건이 아니듯이, 모국에 대한 충성도 생존을 위해서 절대적 필요조건은 아니다.

내가 현재 속해 있는 가족 또는 국가를 떠나더라도 새로운 집단의 성원이 됨으로써 살아갈 수 있게 되었다는 사실은, 나와 가족 또는 나와 국가의 유대가 약화되었음을 의미한다. 다시 말해서, 나의 가문 또는 나의 모국이 나에게 절대적인 존재는 아니라는 것을 의미한다. 현대인인 나는 나의 가족 또는 모국과 끝까지 운명을 같이해야 할 불가피성을 벗어나고 있으며, 삶의 길에 있어서 자유로운 선택을 할 수 있는 여지가 옛날의 개인들보다 훨씬 넓어졌다.

앞에서도 말한 바와 같이 선천적 인연에 대해서 맺어진 가족 또는 부족을 떠나서는 하루도 살기 어려웠던 옛날에는, '우리'를 살리는 길이 곧 '나'를 살리는 길이었고, 집단을 떠난 독립된 개인으로서의 '나'가 존재할 수 있는 여지는 매우 좁았다. 그러나 가족을 떠나서도 살 수가 있고 국적을 바꾸어도 살 수가 있는 현대 산업사회에서는, '나와 우리는 하나'라는 의식은 약화되기 마련이고, '우리'를 형성하는 개인들이 각각 '나'를 가장 절실한 자아(自我)로서 의식하는 심리가 강해지기 마련이다. 옛날 사람들에게는 집단적 자아의식이 강했으나 산업사회의 현대인에게는 개인적 자아의식이 강한 것은, 옛날의 삶의 조건과 오늘의 삶의 조건이 다르기 때문이다.

2. '나'들의 갈등

밖으로부터의 위협에 대항하기 위하여 사람들이 똘똘 뭉쳐서 하나가 되어 살던 옛날에도, 집단 내부에 다소의 갈등은 있었을 것이다. 식욕과 성욕을 비롯한 생물학적 욕구는 개인을 단위로 삼고 일어나기 마련이며, 아무도 나의 식욕 또는 성욕을 대신해서 만족시켜 줄 수 없기는 옛날이나 지금이나 다를 바가 없다. 따라서 옛날 사람의 경우에도 개인적 자아의식이 전혀 없었으리라고는 생각하기 어려우며, 개인적 자아의식이 있는 곳에서는 어디서나 '나'들 사이에 갈등이 생길 계기가 있었을 것이다. 그러나 집단의 유대가 더없이 강했던 옛날 사람들의 개인적 자아의식은 생존이 걸려 있는 '우리' 의식 앞에 압도당했을 것이며, '나'들 사이의 갈등도 집단을 파괴할 염려가 있을 정도로 심각하지는 않았을 것이다.

그러나 가족에 대한 애착이 생존의 필수 조건이 아니고 모국에 대한 충성이 생존의 절대적 요청이 아닌 현대 산업사회에 있어서는, 사정이 크게 다르다. 산업사회에 사는 현대인은 개인적 자아의식, 즉 '나'의 독립과 자유를 희구하는 의식이 월등하게 강하며, 개인들이 욕구하는 바가 서로 충돌하는 경우도 옛날보다 빈번하고 또 그 강도도 옛날에 비하여 훨씬 심각하다. 바꾸어 말하면, 산업사회의 현대인은 자신의 권익에 대한 의식이 강하고 공동체보다도 자신을 아끼는 마음이 앞서는 까닭에, 인간 상호간의 갈등이 옛날보다 심각한 양상을 보인다. 일반적으로 말해서, 집단의식이 강할수록 집단과 집단 사이의 갈등이 심하기 마련이고, 개인적 자아의식이 강할수록 집단 내부의 갈등이 심하기 마련이다.

산업사회의 현대인은 개인적 자아의식이 강한 반면에 집단의식은 약하다고 단순하게 말하기는 어렵다. 왜냐하면 개인적 자아의식이 반드시 모든 집단의식을 약화시키는 것은 아니며, 경우에 따라서는 강한 개인적 자아의식이 강한 집단의식을 수반할 수도 있기 때문이다. 예컨대, 근로자들의 강한 개인적 자아의식이 하나로 뭉쳐서 '노동조합'에 대한 집단의식을 형성할 수 있으며, 한 걸음 나아가서 계급의식으로 발전할 수도 있다. 또 여자들의 개인적 자아의식이 미약했던 옛날에는 남성을 상대로 하는 '여성'이라는 집단의식은 없었으나, 현대에 이르러서는 여성이 집단적으로 단결함으로써 개개인의 인권을 회복해야 한다고 생각하는 여성 지도자들이 적지 않다.

대체로 말해서, 사람들의 개인적 자아의식이 강한 현대의 산업사회는 인간적 갈등이 많은 사회다. 개인들 상호간의 갈등도 많고, 이해관계가 일치하는 개인들이 새로운 집단을 구성함으로써 옛날에는 없었던 집단간의 갈등을 새로이 빚어내기도 한다. 가진 사람들과 못 가진 사람들의 갈등, 근로자와 사용자의 갈등, 젊은 세대와 늙은 세대의 갈등, 여성과 남성의 갈등, 이것들은 모두 현대인의 강한 개인적 자아의식에 뿌리를 둔 여러 가지 사회현상이라고 볼 수 있다.

삶의 과정에서 우리는 항상 크고 작은 문제들과 맞닥뜨린다. 그 문제들은 주로 개인적인 것도 있고 주로 사회적인 것도 있거니와, 개인적 문제들을 슬기롭게 잘 해결해 나가는 사람은 삶을 성공적으로 이끌어 가는 사람이고, 사회적 문제들을 무리 없이 잘 해결해 나가는 사회는 안정되고 평화로운 사회다. 자고로 위대한 인물로서 만인의 존경을 받은 인물은 삶의 과정에서 부딪친 어려운 문제들을 슬기롭고 용감하게 극복한 사람들이며, 이상의 나라로서 소망의 대상이 된 것은 어려운 문제들이 해결되어 큰 걱정이 없는 사회였다.

삶의 과정에서 부딪치는 문제들은 크게 두 부류로 나누어 볼 수 있다. 첫째 부류는 인간과 자연의 만남에서 일어나는 문제들이요, 둘째 부류는 인간과 인간의 만남에서 생기는 문제들이다. 인간은 옛날부터 태풍과 홍수, 또는 추위와 더위 등 천재지변과 싸워야 했고, 맹수와 곤충 그리고 세균 따위의 인간 외의 생물과도 싸워야 했다. 그리고 앞 절에서 말한 집단과 집단 사이의 갈등 또는 개인과 개인 사이의 갈등은 인간과 인간의 만남에서 생기는 문제들이다. 천재지변 또는 맹수의 공격에 대한 대책이 없이는 살아가기 어렵듯이, 인간 상호간의 갈등을 그대로 두고는 마음 편히 살 수 없는 까닭에, 인간과 인간의 갈등도 해결해야 할 문제로서의 성격을 강하게 띠고 있다.

아득한 옛날의 우리 조상들은 자연과의 싸움에 있어서 매우 허약한 존재였다. 맹수나 곤충과의 싸움에서는 인간의 지능이 큰 힘을 발휘하기도 했으나, 천재지변의 원인이 천신(天神) 또는 지신(地神)의 노여움에 있다고 보았던 까닭에, 인류의 옛 조상들은 천지신명에게 빌고 애걸하는 것 이외에 별다른 대책을 몰랐다. 돌림병은 마귀의 악의에 연유한다고 잘못 알았던 까닭에, 인간의 조상들이 할 수 있었던 것은 마귀를 쫓는 무술(巫術)을 부리는 정도가 고작이었다.

그러나 시대를 따라서 자연을 대하는 인간의 지혜는 점차 늘어났고, 특히 근세 이후에 크게 발달한 과학과 기술은 자연에 대한 인간의 우위를 확고부동한 것으로 만들었다. 천재지변과 질병의 원인에 대해서 많은 것이 밝혀졌고, 천지신명에 대한 기구(祈求)나 마귀를 쫓는 무술보다도 인간이 스스로 개발한 과학과 기술이 더 유용하다는 사실이 밝혀졌다. 아직도 인간의 힘에 부친 천재지변이 자주 일어나고, 현대의 의술로도 감당하기 어려운 난치의 병이 적지 않다. 그러나 자연에 대처하는 인간의 지혜는 앞으로도 더욱 발전할 전망이며, 자연과의 싸움에 견디지 못하여 인류가 멸망할 가능성은 비교적 희박하다.

자연과의 싸움의 마당에서 월등한 강자가 된 인간은, 그러나 인간들 자신과의 싸움에서는 구태의연하게 우둔한 존재로서 남아 있다. 놀랍고 부끄럽기 짝이 없는 일이나, 자기 자신의 욕망과 감정을 자제하지 못함에 있어서 현대인은 수백 년 전보다 별로 달라진 것이 없다 하여도 과언이 아니다. 그리고 이성(理性)의 지시를 거부하는 이 욕망과 감정은 바로 인간 상호간의 갈등의 원천인 것이다. 더욱이 자본주의 산업사회의 현대인에게는 개인주의적 자아의식이 강한 까닭에, 인간 상호간의 갈등의 양상이 과거보다 복잡하고 다양하다.

3. 윤리의 뿌리

20세기 초반까지만 하더라도 우리나라에서는 내외(內外)의 예절이 까다로워서 남녀의 행동이 많은 제약을 받았다. 양반 계층의 부녀자들은 외간 남자와 바로 대면하거나 말을 주고받는 일이 없어야 했으며, 여자가 남자의 앞을 가로지르는 것은 무례한 짓이었다.

여자는 앞가슴이 불룩하게 보이지 않도록 하기 위해서 꽉 졸라 매는 것이 예절에 맞는 행위였다. 다만 아기에게 젖을 먹이기 위하여 젖가슴을 내놓는 것은 별로 흉이 되지 않았으며, 여름철에 농촌 아주머니가 두 팔을 위로 올려서 물동이의 손잡이를 잡고 걷다 보면 젖가슴이 밖으로 나오는 경우가 흔히 있었지만, 그것도 별스러운 광경은 아니었다. 온통 벌거숭이가 되어도 이상할 것이 없는 해수욕장에서도 젖가슴만은 가려야 하는 요즈음의 풍습과는 대조적이다.

남녀간의 행동거지 또는 남이 보는 곳에서의 옷매무새를 아무렇게나 해도 좋은 것이 아니라 어떤 규범을 지켜야 한다는 관념이 일반적 권위를 가질 경우에, 그 규범은 그 사회의 윤리의 일부가 된다. 여자가 남에게 맨발을 보여서는 안 된다는 관념과 같이 어떤 특정한 사회에서만 행동을 제약하는 권위를 가진 규범도 있고, 약속을 지켜야 한다거나 남을 속여서는 안 된다는 따위와 같이 거의 대부분의 사회에서 통용되는 규범도 있다. 특정한 사회에만 국한된 규범이든 동서고금에 일반적으로 통용되는 규범이든, 그 규범을 지키는 것이 마땅하다는 생각이 어떤 사회에서 일반적으로 받아들여질 경우에, 그러한 생각을 '윤리 의식'이라고 부른다. 그리고 그 규범은 윤리 규범으로서의 권위를 갖게 된다.

동서고금 모든 사회에 있어서 보편적으로 통용되는 윤리가 참된 윤리요, 어떤 특정한 시대나 지역에 국한된 윤리는 참된 윤리가 아니라는 견해도 있다. 그러나 여기서 우리는 여러 시대와 여러 지역에 실제로 있었거나 현재 존재하는 여러 가지 윤리는, 일단 사실대로 인정하는 경험론적 견지에서 이야기를 계속하기로 한다. 경험론적 견지에서 볼 때, 도대체 윤리라는 것이 어떠한 연유로 생기는 것이며 윤리의 존재 이유는 무엇일까?

윤리의 뿌리를 우주가 본래 가지고 있는 어떤 형이상학적 원리에서 찾아야 한다고 보는 견해도 있다. 이를테면 우주 전체를 지배하는 이법(理法)이 있어서, 그 이법이 인간 생활의 규범으로 나타난 것에 해당하는 것이 바로 윤리라고 보는 견해는 그 대표적인 것이다. 그러나 윤리학적 이론을 탐구하자는 것이 아닌 이 자리의 우리를 위해서는, 윤리의 형이상학적 근원까지 문제 삼을 필요는 없을 것이며 다만 경험적 현실 생활과 윤리가 어떠한 관계를 가졌는가만 살펴보는 것으로 충분할 것이다. 여기서 우리가 경험적 현실 생활과 윤리의 관계를 살펴보고자 하는 이유는, 앞 절에서 언급한 바 있는 삶의 과정에서 부딪치는 문제의 해결과 윤리 사이에 불가분의 관계가 있다고 보기 때문이다.

일반적으로 말해서, 동서고금 여러 사회에서 '윤리'의 이름으로 숭상된 덕목(德目) 또는 규범(規範)들은 인간의 삶 특히 그 사회생활을 위하여 도움이 되는 기능을 수행해 왔다고 볼 수 있다. 예컨대, '용기'라는 덕목은 외적과의 싸움에 있어서 크게 유용하며, '근면'은 개인 또는 집단의 생존을 위해서 필요한 사물을 생산하는 데 도움이 되는 덕목이다. 그리고 "약속을 지켜라." 또는 "속이지 말아라." 하는 따위의 규범을 서로 지키는 사회에는 인간 상호간의 갈등이 비교적 적을 것이며, "공정하라." 또는 "관용을 베풀어라." 하는 따위의 규범은 사회적 갈등을 미연에 방지하는 동시에 이미 일어난 갈등을 해결하는 데 도움이 될 것이다.

자연과의 싸움에 수반하는 어려움이 삶의 문제의 중심을 차지했던 원시시대도 있었지만, 어느 정도 문명이 발달한 뒤의 인간 사회에 있어서 삶의 문제의 주종(主宗)을 이루어 온 것은 인간 상호간의 갈등에서 오는 문제들이다. 특히 사람들의 인권 의식과 개인적 자아의식이 강한 현대에 있어서는, 개인의 행불행 또는 국가의 흥망이 인간의 사회적 갈등을 어느 정도 슬기롭게 해결하느냐에 달려 있다 하여도 과언이 아닐 것이다.

우리는 앞에서, '윤리'라는 것은 삶의 과정에서 인간이 부딪치는 문제들을 해결하기에 적합한 행위의 처방으로서의 성격이 강하다는 것을 보았다. 그리고 이제 문명사회에 있어서, 인간이 부딪치는 문제들의 주종을 이루는 것은 인간 상호간의 갈등에서 오는 문제임을 보았다. 그렇다면 문명사회에 있어서의 윤리는 주로 인간 상호간의 갈등을 해소하기 위한 처방의 체계라고 볼 수 있다는 결론을 얻을 수 있을 것이다.

윤리뿐만 아니라 모든 국가나 집단에서 볼 수 있는 법 또는 제반 규정도 인간 상호간의 갈등의 예방과 해결을 위한 장치라고 볼 수가 있다. 법과 규정은 일반적으로 '질서'를 위한 장치로서 이해되고 있거니와, '질서'라는 것은 다름 아닌 갈등 없는 상태의 다른 이름이다. 어쨌든 사회생활에 있어서 큰 비중을 차지하는 법과 윤리가 필경 사회적 갈등의 예방과 해결을 위한 장치라는 사실은, 사회생활 또는 삶 전체에 있어서 갈등이라는 것이 크고 작은 문제들의 원천임을 말해 주는 것으로 볼 수 있을 것이다. 따라서 갈등이 많으냐 적으냐, 그리고 갈등의 해결이 어느 정도 순조로우냐 하는 것은 한 사회의 바람직한 정도를 측정함에 있어서 매우 중요한 척도의 하나라고 보아야 할 것이다.

그러나 모든 윤리 규범이 언제나 인간적 갈등의 해결을 위해서 도움을 주는 것은 아니다. 그 규범이 형성되던 당초에는 갈등의 방지와 해결을 위한 장치로서 유용하던 윤리 규범이, 후일에는 도리어 갈등을 일으키는 계기가 되기도 한다. 예컨대, 삼종지도(三從之道)로 불리는 한국 전통 사회의 윤리 규범은 과거에는 남녀간의 갈등을 미연에 방지하는 장치로서 구실을 했으나, 현대에는 도리어 여권 운동가들에게 불평의 씨가 되고 있다. 일반적으로 말해서, 일정한 시대의 생활 조건 내지 사회상(社會相)을 반영하고 형성된 윤리 규범은 그 시대가 지나가고 생활 조건 내지 사회상이 바뀌게 되면, 갈등의 해결을 돕기보다는 도리어 새로운 갈등의 계기가 되는 경우가 있다. 시대와 사회상의 변천에 따라서 각각 그 시대와 사회에 적합한 윤리 내지 가치관이 다를 경우가 있는 것은 그 때문이다.

4. 살기 좋은 사회

18세기 말엽에 일어난 프랑스 혁명을 이끈 지도자들은 '자유'와 '평등' 그리고 '우애'를 국가의 기본 원리로서 제창하였다. 국민들 사이에 억압을 가하는 사람과 억압을 당하는 사람의 구별이 없고, 모두가 인간으로서의 평등한 권리를 누리며, 사람들 상호간에는 동포로서의 사랑이 넘치는 그런 사회를 새로 건설할 것을 그들은 꿈꾸었다.

모든 사람들이 자유와 평등을 누리고 사람들 상호간에는 넓은 의미의 우애(友愛), 즉 인간애가 왕래하는 그런 나라를 건설하는 것은 프랑스 혁명을 주도한 사람들만의 이상이 아니었다. 참된 자유가 무엇이고 만인이 누려야 할 평등한 권리가 무엇인지에 대해서는 여러 가지 견해의 대립이 없지 않았으나, 어쨌든 인간이 인간답게 살기 위해서 가장 중요한 것은 자유와 평등 그리고 우애라는 믿음은 근세 이후의 사회사상의 바탕에 흐른 일관된 신념이었다. 자유민주주의를 선택한 나라들에 있어서뿐 아니라, 사회주의 내지 공산주의를 신봉한 나라들에 있어서도 궁극의 목표로서 표방된 것은 자유와 평등 그리고 우애로 가득 찬 사회를 건설하는 일이었다.

해방 이후의 우리나라가 '민주주의'를 표방하고 새 출발을 했을 때, 그 '민주주의'라는 그릇 속에 담겨야 할 내용이 무엇인지에 대해서 뚜렷한 생각이 일반에게 있었던 것은 아니다. 그러나 해를 거듭함에 따라서 우리가 건설해야 할 민주주의 국가의 그림이 희미하게나마 점차 그 윤곽을 드러낸 것은 사실이며, 이제 우리 한국 사람들의 머릿속에 그려지고 있는 민주주의 사회에 있어서도, 자유와 평등 그리고 우애가 필수 불가결한 조건으로서 자리를 굳혀 가고 있음을 직감할 수가 있다.

전통 사회의 가부장적 권위에 눌려 왔고 일본 제국주의 식민지 정책의 억압 속에 살았던 우리 한국인은 해방이 몰고 온 '자유'의 바람을 크게 환영하였다. 공동체를 위해서 요청되는 자유의 한계와 자유에 따르는 책임 등에 대해서 깊은 이해가 없었던 까닭에 '자유'와 '방종'이 혼동되는 문제점은 있었으나, 그리고 진정한 자유는 인간 이성의 적극적 발휘에서 실현된다는 깊은 이치를 아는 사람은 적었으나, 어쨌든 인간이 인간답게 사는 데 '자유'가 매우 필요한 조건이라는 것은 일반적으로 받아들여진 확고한 통념(通念)이었다.

　해방 당시와 그 직후에 있어서는 자유와 평등은 병행하기 마련이라는 소박한 생각을 가진 사람들이 많았다. 신분의 귀천이 엄격했던 조선시대와 일본인이 지배자로서 군림한 식민지 시대에 있어서는, 그 사회적 불평등이 곧장 억압을 당한 계층의 질곡(桎梏)으로 연결되었다. 따라서 그러한 시대를 산 체험을 가진 사람들로서는 자유와 평등이 언제나 병행한다는 소박한 생각을 갖기가 쉬웠다. 그러나 세월이 흐르는 가운데 자유와 평등 사이에 심각한 갈등이 개재한다는 사실이 밝혀지기 시작하였다. 자본주의 경제 제도가 궤도에 오르면서, 시장을 매개로 삼은 자유경쟁이 심한 빈부의 격차를 초래한다는 사실이 우리나라에 있어서도 엄연한 현실로 나타난 것이다. 그리고 지나친 빈부의 격차는 단순히 평등의 파괴만을 의미할 뿐 아니라 불우한 계층의 자유를 명목상의 자유에 그치는 것으로 만든다는 사실도 밝혀졌다. 여기서 '평등'이 '자유'와는 구별되어야 할 또 하나의 원리로서 바람직한 사회를 위한 기본 조건이라는 신념이 일반적 상식으로 받아들여지게 되기에 이르렀다.

　집안간에 우애가 두텁고 이웃에 대하여 인정이 많다는 것은 우리나라의 자랑스러운 전통이었다. 이러한 전통은 우리나라가 농경 사회로서의 오랜 역사를 가졌다는 사실과 무관하지 않을 것이다. 그러나 물질주의의 사조를 수반한 산업화의 바람에 밀려서, 근래에는 저 우애와 인정의 전통이 무너져 가는 것을 피부로 느끼면서 많은 사람들이 매우 안타깝게 여기고 있다. 물질생활의 안정 내지 풍요만으로는 사람다운 삶이 보장되지 않는다는 것을 우리는 잘 알고 있으며, 우리나라의 전통적인 우애와 인정을 살리되, 옛날과 같이 좁은 집단 내부에 국한된 그것이 아니라 낯선 사람들에게까지 널리 미치는 더욱 큰 인간애로 승화시킴이 바람직하다는 것이 우리 모두의 소망이요 상식이다.

앞에서도 말한 바와 같이 현대는 과거 어느 때보다도 인간 상호간의 갈등이 심각한 시대다. 인간적 갈등의 양상이 유독 심각하다는 것은, 자유와 평등 그리고 우애로 가득 찬 사회를 건설하고자 하는 이상이 순조롭게 실현되어 가고 있지 않다는 것을 의미한다. 모든 사람이 자유와 평등을 누리고 서로 아끼고 사랑하는 사회일수록 사람들 사이의 갈등은 적을 것이기 때문이다. 자유와 평등을 외치는 소리가 높음에도 불구하고 인간적 갈등이 도리어 심하다는 사실은, 자유와 평등에 대한 욕구는 매우 높은데, 그 욕구가 제대로 충족되지 않음으로써 생기는 갈등이 적지 않다는 것을 의미한다고 볼 수 있을 것이다. 그리고 사람들 사이에 갈등이 심한 까닭에 우애 또는 인간애에 대한 소망도 따라서 뒤로 밀릴 수밖에 없는 것이 현대의 일반적 상황이 아닐까 한다.

근세 이래의 사상가들이 염원했듯이, 자유와 평등 그리고 우애의 세 조건을 갖춘 나라가 건설된다면, 그 나라는 갈등이 극소화한 나라인 동시에 또 매우 살기 좋은 나라일 것이다. 다시 말하면, 현대에 있어서 자유와 평등 그리고 우애가 높은 수준에 이른 나라를 건설하는 일은 곧 갈등이 적은 나라를 실현하는 일이요, 그것은 동시에 살기 좋은 사회를 마련하는 길이기도 하다.

먼 옛날에도 어느 정도 살기 좋은 사회가 있었을 것이다. 그 가운데는 현대적인 의미의 자유와 평등은 높은 수준에 이르지 못한 경우도 더러 있을 것이다. 그러나 과거의 모든 살기 좋은 나라는 예외 없이 갈등이 적었을 것이다. 개인적 자아에 대한 권리 의식이 미약했던 옛날에는, 개인적 자유와 평등이 결여된 가운데서도 사람들은 서로 애정을 나누어 가며 살 수 있었을 것이고, 따라서 불평과 불만에서 오는 인간의 갈등은 적었을 것이다. 만일 이러한 추측이 크게 빗나간 것이 아니라면, 살기 좋은 사회가 되기 위해서 가장 절실한 조건은 인간과 인간의 갈등의 극소화라는 주장이 성립할 수 있을 것이다. 심한 갈등에서 오는 노여움과 미움, 그리고 시샘의 감정은 삶을 불편하게 만드는 가장 근본적인 원인이다.

2 장 한국과 한국인: 그 어제와 오늘

1. 한국의 전통 사회

서양의 문물이 대대적으로 들어오기 이전의 한국 사회를 편의상 '전통 사회'라는 이름으로 부르기로 한다. 한국 전통 사회의 가장 기본적인 특색은, 국민의 대다수가 농업에 종사한 농경 사회였다는 사실에서 찾아볼 수 있을 것이다. 국민의 대부분이 자급자족에 가까운 농업에 종사했다는 사실은, 우리나라 전통 사회의 양상과 국민들의 윤리 의식 내지 가치 의식을 좌우함에 있어서 결정적 요인으로 작용하였다.

농업에 종사하는 사람들은 토지를 떠나서는 살아갈 수가 없다. 기계화 이전의 전통적 농사는 주로 사람의 노동력에 의존했던 까닭에, 농업에 종사하는 사람들은 항상 자기가 경작하는 농토를 가까이서 지켜야 했다. 농토에 대한 소유권 내지 소작권은 대개 부모의 세대에서 자녀의 세대로 계승되는 것이 보통이었으므로, 혈연 또는 인척 관계가 있는 사람들이 대를 이어서 같은 고장을 삶의 터전으로 삼는 경향이 현저하였다. 쉽게 말해서, 인구의 이동이 적었다. 분가를 한다거나 이사를 하는 경우가 있다 해도 대개 인근 마을로 옮겨 앉을 정도에 지나지 않았으며, 거의 자급자족으로 살림을 꾸려 나갔던 까닭에 멀리 여행하는 일도 적었다.

사람들이 대를 이어서 고향땅을 지켜 가며 자급자족에 가까운 생활을 한다는 것은, 사람들의 접촉 범위가 좁다는 것을 의미한다. 농토를 멀리 떠나기 어려우므로 같은 고장에서 평생을 살게 되면, 그리고 생활필수품을 구하기 위하여 먼 곳의 사람들과 교역을 할 필요가 별로 없는 자급자족의 경제생활을 하게 되면, 직접 또는 간접의 만남을 통하여 사람들의 이해관계가 얽히는 것은 좁은 범위에 국한되기 마련이다. 다시 말해서, 혈연과 지연 또는 인척 관계가 전혀 없는 낯선 사람과 만날 기회는 아주 적었으며, 더러 만난다하더라도 가볍게 스쳐 갈 정도의 만남에 지나지 않는 것이 전통 사회에 있어서의 인간관계였다.

사람들의 접촉 범위가 좁으며 만나는 사람들은 혈연 또는 지연의 유대로 연결된 사이였다는 사실은, 한국의 전통 사회를 인정(人情)이 두터운 사회로 만드는 데 기여하였다. 가까운 인연으로 낯익은 사람들끼리 같은 고장에 오래 살게 되면 자연히 그 사이에 정의(情誼)가 생기기 마련이며, 더욱이 농경 사회는 생존을 위한 경쟁보다는 협동의 기회가 더 많은 집단인 까닭에, 평화로운 농촌의 분위기 속에서 두터운 인정이 길러질 공산이 컸던 것이다. 투자에 대한 이윤을 계산하기에 골몰한 상업인의 심리와는 달라서, 농촌 사람들은 세밀한 이해관계의 따짐보다는 순박한 인정으로 사람을 대하는 것이 일반적 경향이다.

한국 전통 사회의 또 하나의 특색은 가족주의적 사회라는 점에서 찾아볼 수 있을 것이다. 국민의 대부분이 농업에 종사하며, 혈연 또는 인척의 관계가 있는 사람들끼리 같은 고장에 뿌리를 내리고 함께 산다는 생활 조건이 자연히 빚어낸 것이 가족주의의 사회였다고 볼 수 있다. 전통 사회에 있어서의 농토는 엄밀한 의미로 개인의 소유라기보다는 한 가족의 소유라는 관념이 강했고, 따라서 농사일도 가족 단위의 협동 작업으로 이루어지는 것이 보통 이었다. 게다가 유교 문화권에 속하는 우리나라에서는 옛날부터 혈연과 가계(家系)를 존중히 여기는 전통이 강했으므로, '나' 한 사람을 자아(自我)로서 의식하는 개인주의적 관념보다도 '우리'인 가족 전체를 자아로 의식하는 가족주의적 관념이 우세하였다. 이와 같이 가족에 대한 공동체 의식이 강하고, 개인의 자유나 권익보다도 가족의 번영과 영광을 앞세웠다는 점에서, 우리는 한국의 전통 사회를 가족주의적이라고 부를 수 있을 것이다.

아무리 인정이 순박한 농촌 사회요, 개인적 자아보다는 집단적 자아를 앞세우는 가족주의의 사회라 하더라도, 사람들이 모여 사는 곳에 인간적 갈등은 생기기 마련이다. 한국의 전통 사회에도 갈등은 있었다고 보아야 하며, 그 갈등을 해소하여 원만한 대인관계를 조성하는 일은, 자연과 싸워 가며 의식주를 해결하는 일과 아울러 그 시대 사람들의 가장 큰 과제였다고 볼 수 있을 것이다.

그러나 전통 사회에 있어서는 인간적 갈등의 양상이 현대 산업사회의 경우와는 여러 가지 면에서 달랐을 것으로 짐작된다. 첫째로 갈등이 생기는 범위가 좁았고, 따라서 그 규모도 비교적 작을 경우가 많았을 것이다. 갈등이라는 것은 직접 또는 간접으로 만나는 계기가 있어서 감정이나 이해관계가 얽힐 기회가 생겨야 일어나기 마련이다. 전혀 관계가 없는 사람들 사이에서는 갈등이 생길 까닭이 없다. 그런데 앞에서 말한 바와 같이, 전통 사회에 있어서는 사람들의 접촉 범위가 좁았으므로 인간적 갈등도 좁은 범위 안에서 생길 수밖에 없었을 것이다. 그리고 외국과의 전쟁 같은 국제적 갈등은 더러 있었지만, 통신과 정보가 발달한 현대사회에서 보는 바와 같은 계층간의 갈등, 세대간의 갈등 따위의 큰 규모의 갈등은 좀처럼 일어나지 않았을 것이다.

전통 사회에 있어서의 갈등은 크게 두 부류로 나누어 볼 수 있을 것이다.

하나는 개인과 개인 사이의 갈등이고, 또 하나는 가문과 가문의 갈등이다. 개인과 개인 사이의 갈등은 어느 시대의 어느 사회에나 있는 일반적 현상이거니와, 다만 전통 사회의 경우는 그것이 대개 서로 잘 아는 친숙한 사람들 사이에서 일어났다는 점이 생면부지의 낯선 사람들 사이에도 그것이 자주 생기는 현대사회의 경우와 다를 것이다. 가문과 가문 사이의 갈등은 가족주의적 자아의식에 연유하는 것으로서, 개인간의 갈등이 가족간의 갈등으로 확대된 경우가 많았을 것이다. 그러나 더러는 '파혼'과 같은 가문의 불상사가 직접적 원인이 되기도 하였을 것이다. 사색당쟁(四色黨爭)은 가문의 갈등과 세도 싸움이 연결된 특수한 경우라 하겠다.

전통 사회에서의 개인적 갈등은 주로 평소에 쌓아 올린 정의(情誼)의 힘으로 풀었을 것이다. 이제까지 가까이 사귀어 온 사람들 사이의 갈등인 까닭에, 오랫동안 가꾸어 온 깊은 정에 호소함으로써 서로 용서하고 감정을 풀수 있었을 것이다. 그리고 때로는 가부장적 권위의 훈계와 충고도 아랫사람들의 갈등을 해소함에 힘이 되었을 것이다.

가문과 가문 사이에 생긴 갈등의 경우에는 그것을 해소할 실마리를 찾기가 매우 어려웠을 것이다. 두 가문 사이에 세교(世交)의 정을 쌓은 과거가 있다 하더라도, 가문의 영욕(榮辱)에 관련된 원한을 씻기에는 힘이 부족했을 것이다. 두 가문이 모두 두려워할 정도의 권위를 가진 제삼자를 생각하기 어려우니, 가부장적 설득이나 중재에 의한 해결도 어려웠을 것이다. 오직 장구한 세월의 흐름만이 가문 사이의 갈등을 푸는 약의 구실을 했을 것이다.

2. 한국인의 전통적 가치관과 전통 윤리

옛날의 우리 조상들이 자연을 대한 태도는 현대 서구 문명의 영향을 받는 사람들의 그것과 크게 달랐던 것으로 보인다. 현대 과학 문명 속에 사는 사람들은, 자연과 인간을 대립시키고 자연을 인간에 의하여 이용되거나 정복될 대상으로서 생각하는 경향이 있다. 그러나 옛날의 우리 조상들은 인간을 대자연 속에 포섭되는 부분으로 생각하는 경향이 있었다. 자연은 두려움과 믿음의 대상이었으며, 길흉화복을 좌우하는 초월적 존재였다.

우리 조상들의 눈으로 보았을 때 자연은 신비로운 존재였고, 크고 웅장한 자연물에는 신비로운 마력(魔力)이 깃들어 있음에 틀림이 없었다. 따라서 큰 산, 깊은 강, 높은 바위, 큰 고목(古木) 등은 인간을 도울 수 있는 영험한 힘을 가진 존재로서 신앙과 기구(祈求)의 대상이 되었다.

우리 조상들은 인간이 행복하게 살기 위해서는 자연 또는 천지신명의 보살핌이 필요하다고 믿었다. 그리고 천지신명의 가호를 받기 위해서는, 그들에게 치성(致誠)을 올리고 평소에 꾸준히 선행(善行)을 해야 한다고 믿은 사람이 많았던 것으로 보인다. 결국 인간의 행복은 인간 자신의 노력과 이 노력을 어여쁘게 본 초인간적 존재의 도움으로 얻을 수 있다고 믿었던 것이다.

인간 자신의 노력과 초인간적 존재의 가호를 통하여 달성하기를 원한 옛사람들의 행복의 조건은 어떠한 것이었을까? 옛사람들의 가치관에도 어느 정도의 개인차는 있었을 것으로 보이나, 대체로 본 일반적 경향을 특권층인 양반계급과 서민층인 상민 계급으로 나누어서 말할 수 있을 것이다.

조선시대의 양반들이 행복의 조건으로서 일반적으로 꼽은 것은 높은 벼슬을 통한 입신양명, 학덕이 높은 인품, 건강과 장수, 자손의 번영, 부부의 해로(偕老), 안락한 죽음 등이었다고 그 당시의 소설은 암시하고 있다. 아마 궁색하지 않은 물질생활도 행복의 조건으로서 중요시했을 것이나, 재물에 대한 욕심이 현대 산업사회에서와 같이 무한정 크지는 않았을 것이다.

양반 가문에 태어나지 못한 상민 또는 천민의 경우에는, 높은 벼슬로 입신양명한다거나 학문을 닦아서 명성을 떨친다는 것은 현실적으로 바라보기 어려운 목표였다. 따라서 그들의 가장 절실한 소망은 물질생활의 토대 위에서 한 가족이 단란하게 사는 일이었다. 그리고 건강하고 효성스러운 자녀를 거느리고 부부가 해로하며 천수(天壽)를 다하는 것이 바람직하다고 생각한 점에 있어서는, 양반들과 다를 바가 없었을 것이다.

가족주의의 경향이 강했다는 점에 있어서는 양반이나 상민이나 마찬가지였다. 우리 조상들은 개인으로서의 '나'를 독립된 자아로서 의식하기보다는, 가족으로서의 '우리'를 하나의 자아로서 의식하는 경향이 현저하다. 현재 한지붕 밑에 사는 식구들뿐 아니라 이미 고인이 된 조상들과 앞으로 태어날 자손들까지 자아로서의 '우리' 속에 포함시켜서 의식하였다. 따라서 가족의 단위는 자연히 커질 수밖에 없었고, 적어도 팔촌 이내는 한집안으로 생각하는 대가족주의가 형성되었다.

한국의 전통 윤리는 한국의 전통 사회가 농업을 위주로 하는 가족주의적 집단으로 구성되었다는 사실에 의해서 그 기본 특색이 결정되었다 하여도 과언이 아니다. 가족주의 자체도 농경 사회에 있어서 가장 발달하기 쉬운 가치관이라는 점을 감안한다면, 한국 전통 윤리의 바탕은 농사에 의존한 생활 양식에 있었다고 말할 수 있을 것이다.

농사는 토지에 의존하며, 농토는 단순한 경제적 가치만을 갖는 것이 아니라 농부에게는 생명체와도 같은 애착의 대상이다. 조상이 물려준 땅을 지키는 것은 자손의 도리이며, 조상의 뼈를 묻은 선산이 있는 고향은 함부로 떠날 수 없는 영주의 땅이다. 이러한 사정은 사람들로 하여금 자손 대대 같은 고장에 살게 하였고, 이사하는 경우에도 멀리 떠나지 않는 것이 상례였다.

같은 고장에 사는 사람들은 혈연 또는 인척의 유대로 이어지는 경우가 많았고, 설령 가족적 유대가 없을 경우에도 대개는 세교(世交)의 정의 왕래가 있는 가문에 속하는 사람들이었다. 요컨대, 우리 전통 사회에 있어서 서로 만난 사람들은, 이미 아는 사이이거나 통성명을 하면 서로 상대가 누구라는 것을 알 수 있는 사이였다.

특정한 사회에 어떠한 윤리가 형성되느냐 하는 것은 그 사회의 인간관계에 기인하는 실천적 문제의 양상과 밀접한 관계가 있다. 전통 사회에서 서로 만나고 교섭을 갖는 사람들의 범위가 주로 이미 알고 있거나 알 만한 사람들 사이에 국한되었다는 사실은, 그 시대의 윤리 의식 가운데서 특정한 대인관계를 위한 규범들이 차지하는 비중이 크다는 결과를 초래하였다. 다시 말해서, 부모와 자녀, 남편과 아내, 형과 아우 또는 친구와 친구 등 개인적 인연이 중요시되었고, 그러한 개인적 인연으로 연결된 사람들 사이에서 지켜져야 할 규범들이 윤리 체계 전체의 근간을 이루었다.

개인적 인간관계의 특수성이 중요시된 우리 전통 사회에서는, 사람이 취해야 할 올바른 행위 내지 태도는 행위자와 그 상대자의 개인적 관계에 따라서 상당한 차이가 있었다. 예컨대, 어려운 처지에 놓인 사람을 도와주는 것은 일반적으로 권장할 만한 선행(善行)으로 인정되었지만, 도움이 필요한 사람이 나와 가까운 혈연 또는 그 밖의 어떤 개인적 관계가 있을 때 내가 그를 도와야 할 의무는, 나와 별다른 관계가 없는 사람을 도와줄 의무보다 훨씬 크다고 알려졌다. 또 남을 속이는 짓은 일반적으로 비난을 당해야 마땅한 비행(非行)이지만, 친구를 속이는 것은 생면부지의 먼 사람을 속이는 것보다 더 큰 잘못이며, 부모를 속이는 잘못은 친구를 속이는 그것보다도 더욱 큰 잘못으로 인정되었다.

우리나라 전통 윤리의 또 하나의 특색은, 윤리 의식에 있어서 정서적 요소가 차지하는 비중이 압도적으로 크다는 사실이다. 즉 도덕적으로 높이 평가하는 행위들을 떠받들고 있는 심성(心性)으로서 가장 중요한 것은, 사리(事理)에 대한 이지적 판단이기보다도 '인간적'이라고 부를 수 있는 정서 내지 감정이다. 예컨대, 효성스럽다고 칭송되는 행위의 심리적 기초는 부모에 대한 혈육의 정이며, 충성의 이름으로 찬양되는 행위의 심리적 토대는 군주 또는 그 밖의 어떤 윗사람에 대한 의리의 정이다.

우리나라 전통 윤리의 세 번째 특색은, 인간관계에 있어서의 수직적 질서가 중요시되었다는 사실에서 찾아볼 수 있다. 인간관계의 수직적 질서를 중요시하는 우리나라 전통 윤리에 있어서는, 개인이 차지하는 사회적 지위 또는 개인들 상호간의 상대적 관계가 중요한 의미를 갖게 된다. 사람들의 특수한 신분 또는 대인관계에서의 상대적 위치에 따라서, 각 개인이 받아야 할 대우에도 차별이 있어야 마땅하다는 관념이 강하게 작용했던 것이다. 이러한 관념의 작용은 상대가 누구냐에 따라서 말씨를 달리해야 하는 우리 언어의 예절에 지금도 그 흔적이 남아 있다.

3. 급변하는 한국 사회

19세기 말엽부터 우리 한국에도 서구 문명의 새로운 물결이 밀려오기 시작했다. 그러나 한국을 전근대적 농경 사회로 묶어 두는 편이 유리했던 일본 식민지 정책의 제약 아래서, 서구 문명의 수용이 바람직한 방향으로 활발할 수는 없었다. 한국의 전통 사회가 서양 문명의 충격을 대대적으로 받기 시작한 것은 8·15 광복 이후의 일이다.

제2차 세계대전의 종식으로 일본의 압제를 벗어나게 되어 민족 독립과 새 나라 건설의 길이 열리기는 했으나, 그 길이 결코 순탄하지는 않았다. 우선 우리 한국인의 뜻과는 전혀 관계 없이 국토를 양단하여 38선 이남에는 미국 군대가 진주하고 그 이북에는 소련군이 진주했다는 사실이, 우리의 길을 험난하게 만든 결정적 요인이었다. 처음에는 남한에도 사회주의 내지 공산주의를 앞세운 정치 세력이 있었으나, 미국 군정의 영향력 앞에서 명맥을 유지하기 어려웠다. 북한에도 자유민주주의를 선호하는 정치 세력이 있었으나, 소련 군정의 반대에 부딪쳐 쇠퇴할 수밖에 없었다. 결국 1948년에 남한에는 '민주주의'를 표방하는 정부가 수립되고 북한에는 공산주의 정권이 수립되었거니와, 이념을 달리하는 이 두 정권은 오로지 한국인들만의 주체적 선택에 의해서 각각 세워진 것이 아니라, 미국과 소련 두 강대국의 상반된 이해관계에 따라서 타율적으로 만들어진 작품이었다.

　민주주의 헌법을 제정하고 대한민국이 출범했을 당시의 한국 국민 가운데, 민주주의에 적합한 의식 수준을 몸에 익힌 사람들은 극소수에 불과했다. 민주주의의 선진국으로 알려진 미국에서 평생을 살다가 돌아온 이승만조차도 초대 대통령으로 취임한 뒤에 보여준 것은 카리스마적 독재자의 모습이었다. 이승만과 그의 추종자들은 정권의 연장을 위해서 반대파와 언론의 탄압, 규범을 무시한 헌법 개정, 부정선거, 폭력배의 동원 등 민주주의 원칙에 어긋나는 짓을 수없이 저질렀다.

　4·19 학생 의거에 힘입어 이승만 정권이 무너지기는 했으나, 곧바로 한국의 민주화가 뒤따르지는 않았다. 장면을 수반으로 삼은 민주당 정권이 민주주의 정치로의 전환을 꾀하기도 했으나 정권 담당자들의 역량이 부족했고, 그들의 뒤를 밀어 주어야 했던 일반 국민들의 의식 수준에도 미흡한 점이 있어서, 과도기적 혼란을 수습하지 못하고 5·16 군부 세력에게 대권을 넘겨주고 말았다.

　5·16 군사정권도 민주주의를 표방하기는 했으나, 무슨 일이든 힘으로 밀어붙이면 된다는 사고방식을 가진 그들은 체질적으로 민주주의와 거리가 멀었다. 국토가 분단되어 북방으로부터 공산주의의 위협이 끊임없다는 특수 사정을 근거로 삼고, 한국의 민주주의는 한국의 특수 사정에 맞는 색다른 것이라야 한다고 강변하면서 '한국적 민주주의'라는 말을 만들어 내기도 했으나, 허울 좋은 말장난에 지나지 않았다.

　1979년 부마 사태에 이어 박정희 대통령의 시해 사건이 일어났을 때도, 많은 사람들이 한국의 민주화를 기대했으나 혼란과 분열의 소용돌이 속에서 이 기대는 충족되지 않았다. 정권은 바뀌었으나 정치의 내용에는 큰 발전이 없었다.

광복 이후 40여 년이 지나도록 한국의 정치가 후진성을 청산하지 못한 것은 국토의 분단과 집권층의 비민주적 체질에도 원인이 있을 것이나, 국민의 의식 수준에도 책임이 있다고 생각된다. 독재에 항거하는 국민의 의식은 그동안에 크게 높아져서 독재 정권을 쓰러뜨리는 데 결정적 구실을 하기도 하였다. 그러나 국민 각자가 이기심을 자제하여 민주 시민으로서의 책임을 다하기까지는 아직도 부족한 점이 많다. 민주 시민으로서의 권리 의식은 크게 상승했으나, 그 의무 의식은 아직도 낮은 수준에 머물러 있는 것이다. 자유민주주의는 개인주의의 인간관을 바탕으로 삼거니와, 개인주의자들이 모여서 공정하고 살기 좋은 사회를 세우기 위해서는, 각자가 타인의 권익을 나의 그것과 다름없이 존중하고 삶의 광장으로서의 공동체를 아끼는 마음이 깊고 강해야 한다. 그러나 오늘의 우리 한국인에게는 바로 이 공정심(公正心)과 공동체 의식이 부족한 것이다.

8·15 당시의 한국의 경제 사정은 몹시 빈약하였다. 농업과 어업이 생산의 대부분을 차지했으며, 공업은 거의 수공업 단계에 머물러 있었다. 그나마 6·25 전쟁으로 심한 상처를 입고 더욱 가난한 나라가 되었다. 그러나 1960년대 이후로 공업화를 서두르고 온 국민이 부지런히 일한 덕분으로, 1980년대 후반 이후에는 경제의 선진국들이 한국을 만만치 않은 경쟁국으로 인정하고 견제를 가하는 지경에 이르렀다.

그러나 한국의 산업화 과정은 많은 문제점을 안고 진행되었다. 민족 자본의 축적이 없는 상태에서 주로 외국 차관에 의존했으므로 외채(外債)가 누적하였고, 과학 기술의 부족을 저임금으로 메움으로써 국제 경쟁에 임했던 까닭에, 근로자들을 제대로 대접하지 못하는 무리도 있었다. 또 공업화를 서두른 나머지 환경오염에 대한 방지책을 충분히 강구하지 못한 것도 중대한 문제점이다.

한국 경제의 가장 큰 문제는 빈부의 격차가 지나치다는 사실이 아닐까 한다. 사회의 불균형은 그 자체가 바람직하지 못한 현상이거니와, 특히 인권과 평등에 대한 의식이 고조된 현대의 정신적 상황에 비추어 볼 때, 이 문제는 소홀히 생각해서는 안 될 중대한 문제다. 못사는 사람들이 가난의 책임을 자기들 자신의 팔자 또는 조상에게로 돌리던 옛날과는 달라서, 오늘의 사회 불균형은 계층간의 심각한 갈등을 초래한다는 사실만으로도, 이 문제는 결코 작은 문제가 아님을 알 수 있을 것이다.

30년 또는 그보다 더 오랜 옛날과 비교한다면, 오늘의 우리 경제 사정은 많이 좋아졌음에 틀림이 없다. 그러나 물질생활이 향상된 것과 비례해서 정신적으로도 삶이 더욱 만족스럽게 되었다고 보기는 어렵다. 그렇게 보기 어려운 여러 가지 이유 가운데 가장 큰 것의 하나는, 사람들 사이의 갈등이 과거의 어느 때보다도 더 심하게 되었다는 사실이라고 나는 생각한다. 인간적 갈등은 가난보다도 더 우리의 마음을 괴롭힌다.

산업사회를 지향하는 오늘의 한국에는 농경 사회이던 옛날에 비해서 훨씬 많은 인간적 갈등이 일어나고 있다. 서로 모르는 사람들과 다각적으로 관계를 맺어 가며 사는 것이 오늘날 우리들의 사회생활이다. 교통과 통신의 놀라운 발달로 전국이 한 마을처럼 좁아진 오늘에 있어서는, 서로 모르는 사람들 사이에서도 만남과 이해관계의 얽힘이 광범위하게 경험됨에 따라서, 옛날에는 없었던 새로운 유형의 갈등이 도처에 일어나고 있다. 이 많은 갈등을 어떻게 푸느냐 하는 것이 우리들 모두가 당면한 절실한 과제다.

사람들의 접촉 범위가 넓어졌다는 사실은 인간적 갈등 내지 사회적 갈등이 옛날보다 심하게 된 이유의 일부에 지나지 않는다. 현대 한국인의 가치관 내지 생활 태도도 옛날 우리 조상들의 그것보다 갈등을 일으키기 쉬운 특성을 가지고 있다.

4. 현대 한국인의 가치관의 몇 가지 특색

어떤 개인 또는 집단의 가치관 내지 생활 태도를 파악하고자 할 때 제일 중요한 것은, 그 개인 또는 집단이 무엇을 삶의 목표로서 가장 소중히 여기고 가장 열심히 추구하고 있는가를 살펴보는 일이다. 따라서 우리가 오늘의 한국인의 가치관을 파악하기 위해서는 먼저 한국인이 가장 열심히 추구하는 삶의 목표가 무엇인가를 눈여겨 보아야 한다.

오늘날 많은 한국인들이 가장 열심히 추구하는 목표에는 세 가지 부류가 있다. 그 첫째는 돈 또는 재물이요, 둘째는 권력과 지위이며, 셋째는 관능적 쾌락이다. 돈 또는 재물을 탐내는 것은 오늘의 한국인에게만 특유한 현상이라고 보기는 어려우나, 자본주의의 도입과 산업의 발달을 계기로 그 경향이 더욱 심하게 되었다. 권력과 지위를 숭상한 것은 관존민비의 관념이 강했던 우리나라 양반 사회에 옛날부터 있었던 전통적 현상이나, 권력과 지위에 대한 접근 가능성이 모든 사람들에게 개방된 현대에 있어서 그 경향은 더욱 치열하게 되었다. 관능적 쾌락을 좋아하는 것도 동서고금에 공통된 현상이나, 여러 가지의 고급 향락이 상품으로서 개발된 오늘의 소비문화 속에서 그 경향이 더욱 가속화하였다.

오늘의 한국인이 많은 경우에 재물과 권력 또는 지위를 가장 소중한 것으로 여기고 또 그것들을 매우 열심히 추구하는 경향을 가졌다는 사실을, 우리는 생활 주변의 일상적 경험을 통하여 확인할 수가 있었다. 현재 우리 한국에서는 돈이나 권력 또는 높은 지위를 얻는 일에 성공한 사람들이 가장 큰 선망의 대상이 되고 있다. 직업을 선택함에 있어서나 결혼 상대를 물색함에 있어서, 첫째로 고려의 대상이 되는 것은 돈 또는 권력이다. 돈이나 권력을 잡기에 유리한 직업이 좋은 직업으로서 평가되며, 돈이나 권력이 많은 사람 또는 그런 사람을 어버이로 가진 젊은이가 좋은 신랑감 또는 좋은 신붓감으로서 선호의 대상이 된다.

돈 또는 권력을 얻어서 국가와 사회를 위하여 뜻있는 일을 하고자 하는 사람도 더러 있으나, 많은 경우에 있어서 금력 또는 권력 그 자체가 매력의 대상이 된다. 금력 또는 권력이 다른 무엇을 위한 수단일 경우에, 그 '다른 무엇'의 큰 비중을 차지하는 것은 관능적 쾌락이다. 각지에 향락을 상품으로서 공급하는 유흥업이 성업을 이루고 있으며, 국민 일반의 소비생활이 날로 사치스러움을 더해 가고 있는 현상은 쾌락주의의 경향을 입증한다.

사람들의 가치관 내지 생활 태도를 파악하기 위하여 둘째로 중요한 것은, 개인들의 자아의식의 폭이 얼마나 넓으냐 하는 것을 살피는 일이다. 다시 말해서, 사람들이 '나' 또는 '우리'로서 아끼고 사랑하는 대상의 폭이 얼마나 넓으냐 하는 문제가 그들의 가치관의 틀을 결정함에 있어 중요한 위치를 차지한다. '나' 또는 '자아'라는 것은 일정한 범위를 가진 물체가 아니라 '자아의식'이라는 이름의 의식(意識)의 체계다. 의식이란 움직이는 심리 현상인 까닭에, '자아'도 의식의 수준 또는 상태를 따라서 그 범위에 신축성이 있다. 쉽게 말해서, 자아의 범위가 넓은 인품도 있을 수 있고 좁은 인품도 있을 수 있다. 같은 개인도 그때그때의 심리 상태에 따라 자아의 범위에 변동이 생길 수 있다. 우리가 흔히 쓰는 '소아(小我)'니 '대아(大我)'니 하는 말의 뜻도 같은 맥락에서 이해할 수 있을 것이다.

대체로 말해서, 현대 한국인의 자아의식은 우리 조상들의 경우보다 그 폭이 좁다. 우리 조상들은 가족이라는 '우리'를 자아로서 의식하는 경향이 강했으나, 오늘의 한국인은 '나' 한 사람을 자아로 의식하는 경향이 현저하다. 우리 조상들은 가문(家門)을 빛내기 위해서 과거(科擧)라는 등용문을 두드렸고, 아들을 생산하여 가계(家系)를 잇는 것을 결혼의 첫째 목적으로 삼았다. 그러나 오늘의 젊은이들은 개인의 성공을 위하여 명문 대학에 들어가기를 열망하고, 핵가족의 행복을 위하여 좋은 배우자를 물색한다. 가족주의적 자아관에서 개인주의적 자아관으로 의식이 바뀌어 가고 있는 것이다.

개인주의자들은 개인인 '나'를 자유의 주체로서 의식하고 나의 자유와 나의 권익을 크게 중요시한다. 각각 자신의 자유와 권익을 존중하는 개인주의자들이 모여서 질서 있는 사회를 구성하기 위해서는, 각자가 타인의 자유와 권익도 자기의 그것과 다름없이 존중하는 공정심(公正心)이 전제되어야 한다. 이 공정심이 결여될 경우에는 개인주의가 이기주의로 떨어지게 되고, 사회의 질서와 평화가 위협을 받기 마련이다.

나의 자유와 남의 자유를 한가지로 존중하고 나의 권익과 남의 권익을 한결같이 아낌으로써, 모든 사람들이 각자의 뜻을 이룰 수 있는 공정한 사회를 건설하자는 것이 자유민주주의의 이상이라고 볼 수 있다. 그러나 실제에 있어서 나와 남을 한결같이 대접한다는 것은 아무나 도달할 수 있는 쉬운 경지가 아니어서, 민주주의를 내세워 온 역사가 오랜 서구 여러 나라의 경우에도 남의 자유와 권익을 침해하는 사례가 적지 않다.

우리 한국의 경우는 '자유민주주의'를 표방한 역대 정권부터가 민주주의의 기본 정신을 배반하였고, 국민 각자도 대부분이 민주 시민으로서의 교육을 제대로 받지 못하고 성장하였다. 따라서 우리는 나와 남의 권익을 동등하게 존중하기보다는 나 자신의 자유와 권익에 대한 애착이 지나치게 우세할 경우가 많으며, 우리들의 개인주의는 결과에 있어서 이기주의로 전락하게 될 경우가 허다하다. 사회가 건전하게 발전하기 위해서는 시민 각자의 이웃 또는 공동체에 대한 적극적 배려가 필수 조건으로 요청되나, 우리들의 경우는 나의 작은 이익을 위해서 이웃 또는 공동체를 해치는 행위도 서슴지 않는 사례를 흔히 볼 수 있는 실정이다.

이상에서 한국인의 가치관 내지 생활 태도의 몇 가지 기본 특색을 대충 살펴보았거니와, 그러한 특색을 가진 가치관 내지 생활 태도는 사람들 사이의 갈등을 일으킬 소지가 많다는 것을 곧 알 수가 있다. 첫째로 많은 한국 사람들의 열렬한 추구의 목표가 되고 있는 금력, 권력과 지위, 관능적 쾌락 등 외면적 가치는 경쟁성이 강하므로, 그것들을 얻기 위해서는 서로가 서로를 물리쳐야 한다. 이해관계가 상반되어 서로가 서로를 물리쳐야 하는 인간관계를 가져오는 생활 태도는 사회적 갈등을 일으킬 소지가 많은 생활 태도임에 틀림이 없다. 둘째로 모두가 각각 '나'의 자유와 권익을 주장하는 개인주의적 자아의식도 사람들의 갈등을 일으킬 가능성이 높은 자아의식이다.

비록 경쟁성이 강한 목표를 앞에 놓고 여러 사람들이 겨룬다 하더라도, 모두가 규칙을 지켜 가며 정정당당하게 경쟁에 임한다면 갈등과 혼란은 비교적 덜할 수도 있을 것이다. 그러나 우리나라에는 경쟁에 있어서 수단을 가리지 않는 사례가 적지 않아 사태가 더욱 난감하다. 비록 개인적 자아의식이 강하다 하더라도, 남의 자유와 권익도 나의 그것처럼 존중하는 공정심만 철저하면 대인관계는 비교적 무난할 수 있을 것이다. 그러나 우리 한국인의 경우는 타인의 자유와 권익에 대한 배려가 미약한 까닭에, 개인주의는 이기주의로 기우는 동시에 갈등과 혼란의 원인이 되기 쉽다.

3장 한국의 미래상

1. 사회제도와 국민의 의식 수준

앞에서 우리는 오늘의 한국과 오늘의 한국인을 돌이켜 보면서, 우리의 현실이 충분히 만족스러운 상태가 아님을 반성하였다. 더욱 나은 내일을 갈망하는 것이 인간의 본성이라는 관점에서 본다면, 우리들의 현실이 만족스럽지 못한 것은 어쩔 수 없는 일반적 현상의 일부라고 말할 수도 있을 것이다. 그러나 오늘의 우리 현실이 불만스러운 것은, 모든 시대의 현실이 불만스럽게 느껴지기 마련이라는 심리적 필연 때문만이 아니라, 우리 한국이 역사적 전환기에 처해 있다는 특수 사정에도 연유한다. 옛것이 무너지고 새로운 것은 아직 제대로 세워지기 이전의 불안정한 시기라는 사실이, 우리 현실의 불만스러움을 더욱 크게 하고 있는 것이다.

전환기는 비약을 위한 준비의 시기가 될 수도 있고, 몰락으로 가는 위기가 될 수도 있다. 문제에 슬기롭게 대처할 때 전환기는 비약을 위한 발판이 되고, 어리석게 대처하면 그것은 몰락으로 가는 위기가 된다. 오늘의 문제에 슬기롭게 대처함으로써 밝은 내일을 가져오는 것은 전환기에 처한 우리들의 공동 과제다.

밝은 내일을 가져오기 위해서 우선 해야 할 일은 건설될 내일의 청사진을 우리의 처지에 맞도록 그리는 일이다. 훌륭한 건축물을 세우기 위해서는 좋은 설계도가 있어야 하듯이, 바람직한 사회를 건설하기 위해서도 적합한 청사진이 앞서야 한다. 그 청사진을 본격적으로 그리기 위해서는 여러 분야의 전문가들이 협동 작업을 해야 할 것이며, 어떤 한 사람만의 힘으로 그 일을 하기는 어렵다. 그러나 일반 독자의 교양을 위한 이 글에서 정교한 내일의 청사진을 제시할 필요는 없을 것이며, 우리로서는 큰 줄기의 윤곽을 대충 그려서 기본 방향을 모색해 보는 것만으로도 뜻이 있을 것이다.

한국의 바람직한 미래상의 그림을 시도함에 있어서, 우리가 완전한 백지 상태를 출발점으로 삼기는 어려울 것인다. 역사라는 것은 과거로부터의 연속일 수밖에 없는 까닭에, 지금까지 걸어온 길을 완전히 무시하고 새로 출발한다는 것은 가능하지도 않고 바람직하지도 않다. 오랜 역사를 가진 한국의 전통 속에 살려야 할 유산이 적지 않다는 사실을 감안할 때, 우리의 미래상이 과거와 현재를 존중해야 할 이유는 더욱 뚜렷하다.

한국의 바람직한 미래상을 우선 정치의 측면에서부터 생각하고자 할 때, 우리는 당장에 매우 난감한 딜레마 앞에 서게 된다. 우리가 2000년대의 한국을 머릿속에 그리고자 할 때 남한만을 따로 떼어서 생각하기는 어려운 노릇이며, 반세기 동안 정반대의 체제를 고집하며 대립해 온 남과 북을 놓고 통일한 나라의 바람직한 정치의 모습을 실현이 가능한 범위 안에서 그리기도 지극히 어렵기 때문이다. 평화적 통일을 전제로 할 때 통일까지에는 상당한 시간이 필요할 것으로 전망되거니와, 우리가 지금 의미있게 할 수 있는 일은 평화적 통일로 순조롭게 접근하기에 적합한 준비가 될 수 있는 정치사회의 모습을 그리는 일이 아닐까 한다.

한국을 위해서 어떠한 정치체제가 가장 바람직한가 하는 문제를 고찰함에 있어서, 반드시 고려해야 할 것은 한국인의 마음가짐이다. 추상적으로 고찰할 때 가장 이상적이라고 생각되는 정치체제가 있다 하더라도, 그 체제를 실천에 옮기기에 적합한 마음가짐을 갖지 못한 사람들에게는 무용지물에 지나지 않는다. 사납고 힘이 세어서 하루에 천 리를 달릴 수 있는 준마가 있다 하더라도, 그 말을 능히 다룰 수 있는 능력을 갖지 못한 사람에게는 온순한 보통 말만 못한 것과 같은 이치라 하겠다.

일반적으로 말해서, 이상에 가까운 정치사상일수록 실천에 옮기기가 어렵다. 다시 말해서, 그것을 실천에 옮길 사람들의 수준을 고려함이 없이 그 사상만을 따로 떼어서 생각할 때 가장 매력적인 정치사상일수록, 그 사상을 실천에 옮기기 위해서는 높은 수준의 마음가짐을 가진 사람들이 필요하다. 플라톤이 이상국가론을 제시했을 때 그 이상을 실현하기에 적합한 통치자 계급을 길러 내기 위한 교육의 문제를 소상하게 다룬 것은, 바로 이 점을 알고 있었기 때문이다.

여기서 우리는 또 하나의 까다로운 물음과 만나게 된다. 정치체제를 포함한 사회제도를 성공적으로 확립하기 위해서는 그 제도의 이상을 실현하기에 적합한 국민의 수준이 전제되어야 한다면, 도대체 제도의 개선이 어떻게 가능하냐 하는 물음이다. 예컨대, 오랫동안 노예제도 아래서 살아온 사람들은 노예근성을 갖기 마련일 터인데, 만일 민도(民度)에 맞는 제도가 바람직한 제도라는 논리를 따른다면, 현재 노예제도를 실시하고 있는 나라는 언제까지나 노예제도에 머물러 있어야 하지 않느냐 하는 물음이 제기될 수 있다.

이 물음에 대답함에 있어 가장 큰 힘이 될 수 있는 것은, 사람들의 의식구조 및 의식 수준은 교육에 의해서 고쳐질 수 있다는 사실일 것이다. 집단을 구성하는 여러 사람들 가운데는 의식 수준이 높은 사람과 낮은 사람의 차등이 있기 마련이며, 높은 수준에 있는 사람이 낮은 수준에 있는 사람들을 끌어올리는 것이 다름 아닌 교육이다. 이 교육을 통하여 국민 일반의 의식 수준을 더욱 높이 끌어올리는 것은 가능한 일이며, 국민 일반의 의식 수준을 한 단계 높임으로써 이상에 한 발 더 가까운 사회제도로의 이행을 성공적으로 수행할 수가 있을 것이다.

그렇다면 국민의 현재의 의식 수준에 적합한 사회제도를 취택할 것이 아니라, 이상적 사회제도를 우선 만들고 그 제도에 맞도록 국민을 교육하는 길이 옳지 않으냐 하는 또 하나의 물음을 제기할 수 있을 것이다. 그러나 이 의문은, 교육이 효과를 거두기 위해서는 적절한 단계적 순서를 밟아야 한다는 사실을 상기할 때 쉽게 풀릴 것이다. 제도적 교육에 있어서도 초등교육에서 중등교육을 거쳐서 고등교육으로 점진적 순서를 밟는 것이 상례이며, 최고 수준의 교육에 이르기까지에는 오랜 세월이 걸린다. 국민 일반의 의식 수준을 높이는 교육의 과제는 지식수준을 높이는 학교교육보다도 훨씬 복잡하고 어려운 일이며, 낮은 단계에서 높은 단계로 한꺼번에 뛰어오를 수 없음은 물론이요, 현재보다 조금 더 높은 단계로 옮겨 가는 데도 장구한 시일이 걸린다. 따라서 국민 일반의 현 수준을 가지고는 도저히 따라가기 어려울 정도로 지나치게 이상적인 제도에 도전하기보다는, 현재의 의식 수준을 조금만 높이면 적응할 수 있을 정도로 좀 더 나은 제도에 도전하는 편이 현명할 것이다.

내가 무슨 말을 하고 있는지 쉽게 이해가 되지 않는 독자들은, 육상선수에게 장대 높이뛰기 훈련을 시키는 과정을 생각해 보면 도움이 될 것이다. 장대 높이뛰기의 선수가 되고자 하는 사람은 처음에는 낮은 높이에서부터 시작해야 하며, 기량이 상승함에 따라서 조금씩 더 높은 기록에 도전해야 한다. 처음부터 일류 선수의 흉내를 내고자 하거나 한꺼번에 기록을 크게 갱신하려고 욕심을 부리면 일을 그르친다. 그리고 순서를 따라서 훈련을 쌓을 경우에도, 어느 높이까지 가면 그 이상의 발전은 기대하기 어려운 한계에 부딪친다. 국민의 의식 수준을 높이는 문제도 근본은 비슷할 것이다. 한꺼번에 높은 수준으로 뛰어오를 수는 없을 것이며, 순차적 점진의 방법을 따른다 하더라도 완전히 이상적인 인간상에까지 도달하기는 어려울 것이다. 어차피 인간은 유한자임을 면하지 못한다.

2. '나'의 자유와 권익에 대한 의식

8 · 15 광복 이후에 남한 사람들과 북한 사람들에게 공통으로 생긴 변화의 하나는, 가족에 대한 공동체 의식이 약화되었다는 사실이다. 우리 조상들에게는 가족을 자기와 동일시하는 '우리 의식'이 매우 강했다. 그러나 19세기 말부터 서양의 개인주의적 사조와 접하게 되면서 개인으로서의 나에 대한 자아의식이 눈을 뜨기 시작했고, 광복과 더불어 미국과 소련의 영향이 한반도를 남과 북으로 가르고 밀어닥침에 이르러, 우리나라의 전통적 가족주의는 더욱 큰 충격을 받게 되었다.

우리나라의 전통적 가족주의가 받은 충격은 남한의 경우와 북한의 경우가 크게 다르다. 남한에서는 자유민주주의라는 개인주의가 당연한 인생관으로서 수용되었고, 따라서 전통적 가족주의는 이미 낡은 것이라는 평가를 받으며 개인의 자유 앞에 뒤로 밀리는 추세를 보였다. 한편 북한에서는 민족을 앞세우는 사회주의가 유일하게 정당한 체제로 군림하게 되었고, 따라서 전통적 가족주의는 민족이라는 더욱 큰 자아를 위해서 물러서야 할 낡은 사상으로 전락하였다. 남과 북에 있어서 전통적 가족주의가 다 같이 뒤로 밀렸으되, 남한에서는 개인주의의 방향으로 밀리고 북한에서는 집단주의의 방향으로 밀리게 된 것이다. 이러한 방향의 차이는 남한 사람들과 북한 사람들의 의식구조가 서로 다른 방향으로 형성된 전체의 일부에 지나지 않거니와, 이 의식구조의 차이는 앞으로 통일을 내다보는 우리에게 큰 문제로 다가올 것이 예상된다.

남한에 있어서 개인주의적 의식이 강화된 것은, 19세기 말부터 일어나기 시작했던 변화가 같은 방향으로 더욱 가속화된 현상이라고 볼 수 있을 것이다. 미군이 주둔하고 미군정이 실시되면서 미국의 정치적 영향력이 크게 작용한 것은 사실이나, 미국 문화에 대한 적극적 저항의 과정도 없이 비교적 조용하게 그것이 받아들여진 것은, 자유와 평등 그리고 물질적 풍요를 약속하는 듯한 인상을 주는 미국적 민주주의에 대해서 막연한 호감 내지 기대를 느낀 사람들이 많았다는 것을 의미한다고 볼 수 있을 것이다.

'민주주의'라는 이름에 대해 호감과 기대를 느낀 사람들이 많았다는 사실이 곧장 우리 남한을 민주주의 국가로 발전시키는 결과를 부르지는 않았다. 민주주의의 이름을 안다는 것과 그 근본정신을 이해한다는 것은 같은 일이 아니었던 것이다. 그러나 자유민주주의의 심리적 기초를 이루는 개인적 자아의식만은 크게 눈을 뜬 것이 사실이며, 이 고조된 개인적 자아의식은 우리 조상들의 가족적 자아의식과는 크게 대조적이다.

개인적 자아의식이 눈을 떴다 함은 개인으로서의 '나'의 자유와 권익에 대한 의식이 강화되었음을 의미한다. 요즈음 한국의 젊은 세대 가운데서, 부모의 명령에는 무조건 복종하는 것이 자식의 당연한 도리라고 생각하는 사람을 찾아보기는 어렵게 되었다. 시부모와 남편 그리고 자녀들을 위해서 오로지 희생적으로 봉사하는 것이 여자의 올바른 삶의 길이요, 가정 밖의 개인적 활동에서 삶의 보람을 찾으려는 태도는 용서받을 수 없는 패덕(悖德)이라고 믿는 여자도 없을 것이다. 적어도 남한 사람들에 관한 한, 오늘의 한국인은 대부분 개인에게 자유와 삶의 권리가 있다고 믿는다.

누구나 자유와 삶의 권리를 가졌다는 믿음은 곧장 '평등'에 대한 요구로 발전한다. 지나치게 불평등한 사회에서는 강자와 약자의 격차가 크기 마련이고, 강자와 약자의 격차가 크게 되면 약자들의 '자유와 삶의 권리'는 한갓 이론상으로만 존재할 뿐 현실적 행사는 기대하기 어렵다. 따라서 '자유와 삶의 권리'가 만인에게 실질적으로 보장되기 위해서는 사회의 균형이 전제되어야 하고, 사회가 균형을 얻기 위해서는 몇 가지 기본적 문제에 대해 평등의 원칙이 적용되어야 한다. 현재 남한 사람들의 의식구조에 있어서 평등의 원칙에 대한 의식이 자유의 원칙에 대한 그것처럼 보편화했다고는 보기 어렵다. 그러나 불우한 계층과 젊은 지식층 가운데는 평등의 원칙에 대한 의식이 자유의 원칙에 대한 그것보다도 오히려 더 강한 사람들이 적지 않다. 요컨대, 오늘의 남한 사람들은 일반적으로 자유에 대한 요구와 평등에 대한 요구를 강하게 느끼고 있다고 말할 수 있을 것이다.

우리 남한 사람들의 대부분이 자유와 평등을 아울러 열망하고 있다는 사실은, 앞으로 우리나라가 정치의 민주화와 경제의 민주화를 아울러 추구해야 할 시점에 와 있음을 의미한다. 이제까지 40여 년 동안에 우리가 정치의 민주화도 경제의 민주화도 제대로 이룩하지 못한 이유의 하나는, 우리들의 일반적 의식 수준이 민주주의 사회의 실현이라는 목표에 비추어 미흡함에 있었다고 볼 수 있다. 그러나 우리들의 의식 수준도 이제는 상당한 높이에 이르렀고 앞으로 더욱 향상될 것으로 기대되므로, 내일의 한국을 명실이 상부한 민주주의 사회로 건설할 것을 우리의 공동 목표로 삼는 것이 우리의 현실에 맞는다고 생각된다.

일부의 급진주의자들 가운데는 내일의 한국을 사회주의 국가로 건설하는 것을 당면한 과제로 삼아야 한다고 믿는 사람들이 있다. 그들이 그렇게 믿는 이유 가운데는 사회주의를 더욱 이상적인 사회사상으로 보는 견해도 포함되어 있을 것이며, 북한이 현재 사회주의를 표방하고 있다는 사실을 감안할 때, 남한에서의 자유민주주의에 대한 집착은 민족의 통일을 어렵게 한다는 의견도 포함되어 있을 것이다.

사회주의의 길이 옳다고 믿는 사람들이 그들의 믿음을 뒷받침하기 위하여 제시하는 이론적 내지 실천적 이유는 그 밖에도 수없이 많을 것이다. 그들이 제시하는 무수한 이유를 검토하고 사회주의가 오늘의 한국에 적합하냐 아니냐를 자유민주주의와의 비교를 통하여 논의하는 것은 이 짧은 글에는 걸맞지 않는 일이다. 다만 여기서 우선 생각해 보아야 할 것은, 오늘의 한국인들이 가지고 있는 의식 수준으로서 저 이상주의를 과연 감당할 수 있느냐 하는 물음이다.

사회주의가 그 이론대로 실천되기 위해서는 국민의 대다수가 사회 전체를 자아(自我)로서 의식하는 대아(大我)의 인품이거나, 개인적 자아의식을 가졌을 경우에는 나와 남을 차별 없이 대접하는 투철한 공정심(公正心)의 소유자라야 한다. 그리고 특히 공공의 일에 대한 결정권을 가진 사람들은 그 권력을 남용하지 않는 도덕심이 확고해야 한다. 그러나 현재 우리들의 의식 수준은 저 기준에 크게 미치지 못하고 있는 실정이다. (북한 사람들의 경우에도 그들의 민도가 플라톤의 이상국가론의 인간상에 접근해 있다고 믿을 만한 근거가 전혀 없다.)

현재 남한 사람들의 대부분이 사회주의 체제에 대해서 부정적 관념을 가지고 있다는 사실도 깊이 고려해야 할 것이다. 대부분이 원치 않는 체제를 강요할 수 있는 권한은 아무에게도 없으며, 많은 사람들이 못마땅하게 생각하는 체제를 폭력으로 강요했을 경우에는 파괴적 대가가 지나치게 크다는 사실을 무시할 수가 없다. 앞에서 나는 어떤 체제의 옳고 그름은 그 체제만을 따로 떼어서 판단할 수 없으며, 그 체제를 적용하고자 하는 국민의 의식 수준과의 관계를 고려해서 판단해야 한다고 말한 바 있다. 지금 우리는 그 문제와 다시 만나고 있는 것이다.

3. 민주 사회를 위한 정치적 기초

앞 절 끝머리에서, 우리는 정치의 민주화와 경제의 민주화가 아울러 이룩된 내일의 한국을 건설해야 한다고 말하였다. '자유'에 대한 사람들의 권리 의식은 정치의 민주화를 요구하고, '평등'에 대한 사람들의 권리 의식은 경제의 민주화를 요구한다고 보았던 것이다. 여기서 우리가 '정치의 민주화' 란 무엇이며 '경제의 민주화'란 무엇인가 하는 문제와, '자유'와 '평등'은 어떠한 관계를 가졌는가 하는 따위의 문제에 대해서 만족할 만한 이론부터 앞세우고자 꾀한다면, 아마 우리는 지나치게 전문적인 문제의 늪 속으로 빠지고 말 것이다. 일반 독자를 위한 교양서를 엮고자 하는 본래의 의도를 벗어나지 않기 위해서, 우리는 지나치게 전문적이거나 세부적인 문제는 비켜 가는 것이 좋을 듯하다. 우리들의 상식과 통념에 의지해 가면서 바람직한 내일의 윤곽만을 잡아 보자는 것이 우리들의 출발점이었다.

도시의 교통이 질서를 유지하기 위해서는 교통 규칙이 필요하고, 교통 규칙을 어기는 사람을 막아 주는 교통경찰도 필요하다. 우리나라와 같은 대규모의 사회가 질서 정연하게 발전하기 위해서도 사람들의 방종을 막아 줄 규칙이 필요하고, 규칙을 어기는 사람들에 대하여 제재를 가할 수 있는 공권(公權)의 조직도 필요하다. 이러한 필요에 따라서 생긴 것이 현대 국가의 정권이요 정부다.

공권력을 행사할 수 있는 자리는 대체로 유력한 고지로서의 성격을 가졌다. 교통경찰의 권한도 자동차를 모는 사람에게는 상당한 것이 될 수 있거니와, 한 정부가 갖는 공권력은 실로 막강하다. 막강한 권력은 자칫하면 남용되기 쉬우며, 권력을 장악한 사람들은 그것을 남용함으로써 사리(私利)를 취할 수가 있다. 남에게 지시를 내리고 중대한 공사(公事)의 결정권을 갖는 등 기분 좋은 일을 할 수 있을 뿐 아니라 남용을 통하여 사리를 취할 기회도 주는 정권의 자리는, 야심가들에게는 자못 매력이 큰 대상이 아닐 수 없다. 정권이 심한 경쟁의 대상이 되는 이유가 바로 여기에 있다.

일반 시민의 처지에서 볼 때는, 전체 시민들을 위해서 공정한 법률을 제정하고 실천하며, 행정력을 발동함에 있어서 권력을 남용하지 않을 정부를 세우는 것이 바람직하다. 그리고 전체 시민들의 권익을 공정하게 대변할 수 있기 위해서는 유권자들의 대다수가 지지하는 정부가 선택되어야 하고, 권력을 남용하지 않기 위해서는 정부를 주도하는 사람들의 도덕성이 높아야 한다. 대통령 또는 국회의원을 국민의 투표로 뽑는 절차를 중요시하는 이유가 여기에 있으며, 정권을 배경으로 삼은 부정과 부패를 중대시하는 이유도 여기에 있다.

선거 당시에는 온갖 좋은 말로 국민을 위한 심부름꾼이 되겠다고 공약을 하고도, 일단 당선된 다음에는 배신을 하는 사람이 있다. 처음에는 좋은 정치를 하던 사람도 오래 권좌에 머무르게 되면 부패하는 경향이 있다. 이에 국민은 항상 정부를 감시할 필요가 있고, 일정한 기간이 지난 다음에는 정권 담당자를 다시 선출할 필요도 있다. 언론기관은 정부를 감시하기에 가장 유력한 기관이며, 언론의 자유가 보장되지 않거나 상업주의로 타락하게 되면 언론기관은 제구실을 못한다. 우리가 언론의 자유를 역설하는 이유가 여기에 있으며, 장삿속만을 중요시하는 언론기관을 미워하는 이유도 여기에 있다.

나라 살림에 대한 결정권을 갖는다는 것은 대단한 권한이다. 대단한 권한인 까닭에, 일단 정권을 잡은 사람들은 그 자리를 놓지 않으려고 한다. 나라의 살림을 맡는 일이 매우 힘드는 일임에도 불구하고 그 일을 계속하고 싶어하는 심리의 배후에는, 십중팔구 권력을 전리품으로 착각하는 심리가 숨어 있다. 우리가 장기 집권을 막아야 하는 이유가 여기에 있으며, 정권의 평화적 교체를 민주주의의 필수 조건으로 삼는 이유도 여기에 있다.

한국의 대통령 또는 대통령 후보 가운데는 '나 아니면 안 된다'는 논리를 내세우는 사람들이 있었으나, 이러한 사고방식은 민주주의의 기본 원칙과 크게 어긋난다. 대통령으로서 누가 적합한가는 주권자인 국민의 전체 의사로써 결정할 문제이며, 대통령이나 그 후보자가 결정할 문제가 아니다. '나 아니면 안 된다'는 사고방식 뒤에는 국민 위에 군림하는 카리스마적 태도가 깔려 있으며, 카리스마적 성격은 장기 집권의 욕심과 연결되기 쉽다.

후진국에서는 통치자의 으뜸가는 조건을 지도력 또는 영도력(領導力)이 라고 보는 사람들이 많다. 그러나 '지도력'이니 '영도력'이니 하는 관념 자체 가 비민주적 발상의 산물이며, 민주국가의 정권 담당자를 위해서 첫째로 중 요한 것은 권한을 남용하지 않는 도덕성과 국민을 주인으로 대접하는 봉사 정신이다. 정치와 도덕은 본래 거리가 멀다느니 정치가에게 도덕성을 기대 하는 것은 현실에 맞지 않는다느니 하는 따위의 말을 하는 사람도 있으나, 민주정치의 핵심을 모르는 위험한 생각이다.

도덕성의 본질은 지나친 욕심을 자제할 수 있는 심성이다. 욕심이 많고 도 덕성이 결여된 사람에게 나라 살림을 맡기는 것은, 도둑에게 보물 창고의 열 쇠를 맡기는 것과 다를 바가 없다. '견물생심(見物生心)'이라고 하였다. 나 라의 경제를 좌지우지할 수 있는 권력을 잡게 되면 욕심이 생기기 마련이고, 나라의 우두머리에게 욕심을 자제할 도덕성이 부족하면 나라 전체가 위에 서부터 썩어 내려가기 마련이다.

성현의 경지에 이를 정도로 도덕성이 높은 사람들이 정치를 맡아 주는 것 이 가장 바람직한 일이나, 현실적으로 그렇게 되기는 어렵다. 정치라는 것 은 여러 사람들이 하기 마련인데, 탁월한 도덕의 소유자들이 무리를 지어서 배출된다는 것은 기적에 가까운 일이며, 그러한 도덕가들이 더러 나타난다 하더라도 그들이 정치와 같이 유혹이 많은 분야로 뛰어들 가능성은 몹시 희 박하다.

정치가들의 도덕성에만 의존할 수가 없는 까닭에, 정치가들이 정권을 남 용하거나 그 밖의 어떤 잘못을 저지르는 일을 막을 수 있는 제도적 장치가 필요하다. 헌법을 비롯한 법 체제의 많은 부분이 그러한 제도적 장치에 해당하며, 법을 지키는 일에 있어 예외자를 인정하지 않는 것이 민주주의의 철칙인 이유도 이러한 맥락에서 명백할 것이다. 정치인들이 자기에게 유리하도록 함부로 법을 뜯어고치거나, 약한 사람들에게만 법의 준수를 강요하고 자기는 법을 지키지 않을 경우에는, 민주주의는 뿌리째 흔들린다.

민주주의는 민주주의에 적합한 가치관 내지 심성을 갖춘 국민들에 의해서만 실현이 가능하다. 민주주의의 실현을 위해서 적합한 가치관 내지 심성이 어떠한 것인가에 대해서는 다음 장(章)에서 생각해 보기로 한다.

4. 민주 사회를 위한 경제적 기본 방향

현대사회에 있어서 경제생활이 차지하는 비중은 대단히 크다. 개인의 생활 목표를 위해서나 집단의 공동 목표를 위해서나 경제적 기반이 없이는 아무 일도 제대로 되지 않는 것이 삶의 일반적 현상이며, 특히 현대 산업사회에 있어서 이 점은 더욱 현저하다. 민주 사회의 건설을 희망하는 우리들이 정치의 민주화와 아울러 경제의 민주화를 역설하는 이유도 여기 있다.

정치의 민주화가 주로 국민의 '자유'와 직접 관계를 가졌다면, 경제의 민주화는 주로 국민 생활의 '평등'과 깊이 관계한다고 볼 수 있을 것이다. 그런데 '자유'와 '평등' 사이에는 병행과 갈등의 두 관계가 아울러 있어서, 정치의 민주화와 경제의 민주화 사이의 관계도 대단히 복잡하다. 국민의 자유가 신장될수록 국민 생활의 평등이 실현되는 것이라면, 정치의 민주화는 경제의 민주화를 촉진하고 경제의 민주화는 정치의 민주화를 조장한다고 볼 수 있을 것이므로, 경제 민주화의 문제를 정치 민주화의 문제의 연장선상에 있는 문제로서 다룰 수가 있을 것이다. 그러나 실제는 그렇게 단순하지가 않다. 국민의 기본권으로서의 '자유'를 어떻게 해석하느냐에 따라 자유와 평등이 같은 노선 위에서 사이좋게 동행할 수도 있고, 자유와 평등이 서로를 부정하는 상반된 원리로서 대립할 수도 있다.

만약 자유의 핵심은 자주적이요 이성적인 활동에 있다고 보는 견해를 취한다면, "자유는 제한된 의미의 평등을 요청한다."는 명제가 성립할 것이다. 왜냐하면 자주적이요 이성적인 활동을 할 수 있기 위해서는 경제적 생활의 안정을 얻어야 하며 경제적 예속을 벗어나야 하는데, 경제적 안정과 경제적 자주성을 갖기 위해서는 어느 정도의 경제적 평등이 전제 조건으로 요구되기 때문이다.

사람이면 누구에게나 인간답게 살 권리가 있다는 견해는 오늘날 일반적으로 받아들여지고 있는 통념이다. 이러한 주장은 어떠한 삶이 인간다운 삶이냐는 물음을 제기하거니와, 이에 대해서는 물질생활에 중점을 두는 인생관과 정신생활에 중점을 두는 인생관에 따라 서로 다른 대답이 나올 수 있다. 남부럽지 않을 정도의 물질생활을 하는 것이 인간답게 사는 길이라고 믿는 사람들도 있고, 자주적이요 이성적인 활동이 인간다운 삶의 핵심이라고 믿는 사람들도 있다. 전자의 경우에는 모든 사람들의 인간다운 삶을 위해서 평등이 필수적임을 강조할 것이요, 후자의 경우에는 자주적이요 이성적인 활동 가운데 진정한 자유가 있다고 말할 것이다. 가난한 사람들이 인간 이하의 삶으로 고난을 겪는 것은 사회의 불평등으로 인한 빈부의 격차 때문이라는 것이 소박한 평등론자들의 주장이며, 자주적이며 이성적인 활동 가운데 참된 자유가 실현된다고 보는 것은 옛날부터 많은 철학자들의 공통된 견해였다.

자주적이며 이성적인 활동을 참된 자유라고 보는 동시에 참된 자유에 인간다운 삶의 핵심이 있다고 보는 사람도 사회적 평등을 주장한다. 자주적이며 이성적인 활동을 할 수 있기 위해서는 기본 생활의 안정과 자아의 성장에 필요한 교육의 기회를 가져야 하며, 모든 사람들이 기본 생활의 안정을 얻고 교육의 기회를 얻기 위해서는 사회생활의 기본적 평등이 요구되기 때문이다. 요컨대, 자유의 본질을 자주적이며 이성적인 활동에 있다고 보는 견해를 취할 경우에는 자유와 평등이 같은 노선 위에서 사이좋게 동행하게 된다.

그러나 '자유'라는 말을 다르게 이해하는 사람들도 있다. 남의 간섭을 받지 않는 것, 특히 정부의 간섭을 받지 않고 개인들이 각자가 원하는 대로 활동하는 것을 자유의 핵심으로 보는 사람들이 있다. 물론 그렇게 생각하는 사람들도 모든 간섭을 배제하고 제멋대로 살 '자유'가 개인들에게 있다고 주장하지는 않는다. 여러 사람들이 모여서 사회생활을 하자면 규범이라는 것이 필요하며, 방종을 허용하면 사회는 질서를 잃고 혼란에 빠진다는 사실을 그들도 잘 알고 있다. 다만 남의 간섭을 받지 않는 것을 자유의 핵심으로 생각하는 자유주의자들은 간섭의 범위를 최소한으로 줄여야 한다고 주장하며, 민주주의 방식을 따라서 제정한 법을 지키는 일 이외에는 모든 활동은 각자가 원하는 대로 내버려 두어야 한다고 주장한다. 국가는 개인의 생명과 재산을 보호하고 사회의 안녕과 질서를 유지하기에 필요한 법을 제정하고, 그 법이 지켜지도록 공권을 행사할 권리와 책임을 갖는다. 그러나 그 이상의 간섭을 국가가 국민 생활에 대해서 가하는 것은 부당하다는 것이다.

개인들의 활동에 대한 간섭은 최소한으로 줄여야 한다고 주장하는 자유주의 사상을 경제생활에 적용할 때, 빈부의 차이가 크게 생기게 된다. 왜냐하면 사람들의 경제적 활동 능력에는 개인차가 많으므로, 경제활동을 개인들의 자유경쟁에 맡길 경우에는 각자의 소득에 큰 차이가 생긴다. 각자가 능력에 따라서 얻은 바를 자손에게 주거나 상속시킬 자유까지 인정할 때, 소유의 격차는 점점 커지기 마련이다. 자본 또는 생산 시설을 많이 소유한 사람은 그 자본과 시설의 힘을 빌려서 더욱 효율적으로 소득을 올릴 수 있으나, 자본 또는 생산 시설을 갖지 못한 사람들은 불리한 조건의 부담을 지고 경쟁에 임해야 하는 까닭에, 적은 소득밖에 올리지 못하는 것이다. 이러한 과정이 거듭 되풀이되도록 내버려 두면, 자유가 불평등을 조장하는 결과에 이를 공산이 크다.

빈부의 격차가 지나친 것은 여러모로 바람직하지 못한 현상이다. 능력이 부족한 사람에게도 기본 생활의 안정은 보장되도록 도모함이 마땅하며, 가진 사람과 못 가진 사람의 격차가 지나치면 계층간의 위화감이 생겨서 사회적 협동이 어렵게 된다. 여기서 사회적 균형에 대한 요구가 생기게 되거니와, 경제적 민주화란 바로 이 사회적 균형의 실현을 그 핵심적 과제로 삼는다고 보아도 무방할 것이다.

사회적 균형이 바람직하다고 해서, 능력이 많고 부지런히 일을 많이 한 사람들이 애써 벌어 놓은 것을 그렇게 못한 사람들에게 마구 나누어 주도록 강요하는 것은 옳지 않은 일이다. 그것은 또 하나의 불공평일 뿐 아니라, 만일 그렇게 한다면 능력이 많은 사람들도 게으름을 피우게 되기 쉬우며, 나라 전체의 생산이 줄어서 문제가 도리어 악화될 염려가 있다.

나라 전체의 경제력이 빈약해서 모든 국민이 굶주림에 시달리는 것은, 비록 그것으로 빈부 격차의 문제는 없어진다 하더라도 바람직한 일이 아니다. 생산성을 높여서 나라 전체가 부강하게 되고, 그 혜택을 온 국민이 고루 입는 것이 바람직한 목표다. 그러나 그것은 결코 용이한 문제가 아니다. 여기서 생산제도는 어떻게 하고 분배는 어떻게 하는 것이 가장 적합하냐 하는 어려운 문제가 생긴다.

이 문제에 대한 옳은 대답도 그 국가가 처해 있는 나라 안팎의 사정과 사람들의 의식 수준 여하를 따라서 달라질 것이다. 가령 세계의 여러 나라들이 무역 경쟁을 통해 각각 자기 나라의 부강을 도모함이 치열할 경우에는, 우리나라도 강대국의 경제적 식민지가 되지 않도록 경계하면서 국제적 경쟁력에서 밀리지 않는 생산과 분배의 방식을 강구해야 할 것이다. 우리나라의 자연 자원과 과학 기술이 어떤 상황과 수준에 있느냐에 따라서도, 우리에게 적합한 생산과 분배의 계획이 달라져야 할 것이다. 특히 중요한 것은 한국의 경제인과 근로자들의 의식 수준이다. 창의를 요구하는 경제 전문가와 기업의 살림을 맡을 관리인들, 그리고 일선에서 땀 흘릴 근로자들의 도덕적 수준이 높을수록 국영기업의 원칙을 도입하는 것이 바람직할 것이며, 사람들의 의식 수준이 개인의 이익을 앞세우는 단계를 벗어나기까지에 요원한 거리가 있을수록 개인기업의 원칙을 살리는 것이 우선 안전할 것이다.

나는 한국 경제의 구체적 실정과 지수(指數)에 대해서는 아는 바가 적은 문외한이다. 따라서 오늘의 한국을 위해 가장 바람직한 생산의 방식과 분배의 원칙이 무엇이냐에 대해서 구체적인 처방을 제시할 능력이 없다. 다만 내가 여기서 할 수 있는 것은, 경제적 민주화를 지향하는 한국 경제가 앞으로 지향할 방향에 대해서 원칙적인 사견을 제시하는 일에 지나지 않는다.

민주 사회를 지향하는 우리나라에 있어서, 경제정책의 궁극목표는 모든 국민이 타고난 소질을 발휘하여 자아를 실현할 수 있는 물질생활의 안정을 마련하는 데 두어야 할 것이다. 이 궁극의 목적을 위해서는 전체적으로 본 한국 경제의 성장과, 성장의 혜택이 모든 국민에게 고루 돌아가는 공정한 분배가 아울러 추진되어야 할 것이다. 그러나 국가 경제의 전체적 성장과 국민 모두를 위한 만족스러운 분배 사이에는, 서로가 서로를 방해하는 모순의 관계가 개재한다. 성장에 역점을 두자면 분배에 어려움이 생기고, 분배에 역점을 두자면 성장에 주름살이 잡히는 것이다.

우선 경제의 성장부터 도모하고 그 다음에 분배 쪽으로 비중을 옮기자는 것이 1960년대 이래 한국의 정부와 기업가들의 지론이었다. 그리고 이 지론을 실천에 옮김으로써 성장에 있어서 어느 정도 성과를 거두었다. 이제까지의 방식을 좀 더 밀고 간다면 한국 경제는 선진국 대열에 진입할 수 있다고 정책 당국자와 경제인들은 생각하며, 그 길을 선택할 것을 간절하게 희망한다. 저소득층이 기왕에 참고 기다린 것처럼 좀 더 기다려 주기를 바라는 것이다. 그러나 저소득층 측에서는 이젠 더 못 참겠다고 아우성을 친다. 이것이 오늘날 한국 경제의 심각한 단면이다.

이 시점에서 우리가 깊이 반성해야 할 절실한 문제가 있다. 한국의 저소득층이 이제까지는 잘 참아 주었는데 이제 와서 왜 갑자기 태도를 바꾸었겠느냐 하는 문제를 깊이 성찰할 필요가 있다. 정치적 민주화의 바람이 경제적 민주화의 바람까지 몰고 왔다는 대답도 저 물음에 대한 해답이 될 수 있을 것이다. 그러나 우리에게 필요한 것은 좀 더 구체적인 해답이다.

지금까지 저소득층이 잘 참아 준 것은 그들의 참을성과 이해에 힘입은 바도 없지 않을 것이나, 그보다도 더 큰 이유는 힘에 눌려서 감히 반발할 만한 기력이 그들에게 없었다는 사실에서 찾아야 할 것이다. 정부의 시책은 사회적 균형보다는 오로지 경제적 성장에 역점을 두었고, 이러한 정책의 비호를 받은 기업가는 분배에 대해 크게 신경을 쓰지 않아도 좋을 정도로 우세한 고지에 서 있었다. 이러한 풍토 속에서 대체로 순박한 의식 수준에 머물렀던 저소득층은 현실을 현실대로 받아들일 수밖에 없었다.

그러나 근래에 사회주의를 긍정의 시각에서 바라보는 급진주의 대학생들이 공장과 농촌의 근로자들에게 의식화의 바람을 불어넣었고, 정치적 민주화의 기류를 타고 그들의 권리 의식을 표면화할 수 있는 기회가 주어졌다. 참을성 있게 침묵을 지켜 오던 근로 저소득층의 목소리가 갑자기 높아진 이유가 여기에 있다.

"내일의 번영을 위해서, 다음 세대의 행복을 위해서, 좀 더 참읍시다." 하는 제언이 저소득층에게 설득력을 갖지 못하는 또 하나의 이유는, 부유층의 사치스러운 소비생활에 있다. 각계각층 모두가 허리띠를 졸라매고 불편을 참는 길이라면, 많은 저소득층도 이에 기꺼이 동참했을 것이다. 생산과 무역으로 벌어들인 돈을 아무도 낭비하지 않고 생산에 재투자하거나 시급한 문화 산업으로 돌렸다면, 가난과 불편을 참고 내일의 희망에 위안을 찾을 수 있었을 것이다. 그러나 우리의 현실은 그렇지가 않았다.

검소한 생활로 근로자들과 고락을 같이한 기업가도 간혹 있었으나, 그렇지 않은 경우가 대부분이었다. 사회를 위해서 유익한 일은 하나도 하지 않으면서 어마어마한 협잡으로 돈을 벌어 사치와 호화의 극치를 누린 사람들도 있었다. 여러 가지 성금의 명목으로 기업 이윤 가운데 막대한 금액이 징수되었으며, 그 수입과 지출의 명세가 국민들 앞에 시원스럽게 발표되지 않았다. 고급 위락 시설과 값비싼 사치품이 날로 범람하는 가운데, 한편에는 구애 없는 소비생활로 허영심과 우월감을 만족시키는 계층이 있고, 다른 한편에는 상대적 빈곤감과 열등감 속에 현실을 부정적인 시각에서 바라보는 계층이 있다. 이러한 상황인 까닭에, "내일을 위하여 좀 더 참고 견딥시다." 하는 말이 설득력을 잃은 것이다.

지금부터라도 늦지 않다고 나는 생각한다. 첫째로, 정치의 민주화를 통하여 정치인과 경제인의 결탁으로 이루어지는 부정과 부패를 없애야 할 것이다. 둘째로, 사치성 소비문화를 억제하는 동시에 금력과 권력의 고지에 선 사람들이 검소와 절제의 모범을 보여야 할 것이다. 셋째로, 부지런한 일 속에서 삶의 보람을 느끼며 검소한 생활 속에 떳떳한 긍지를 느끼는 새로운 가치 풍토를 조성해야 할 것이다.

성장부터 서두를 것이냐, 분배에 역점을 둘 것이냐 하는 문제를 앞에 놓고 흑백논리를 구사해서는 안 될 것이다. 성장을 추진하는 일과 분배에 역점을 두는 일 사이에 서로 엇갈리는 일면이 있음은 사실이다. 그러나 두 가지를 조화시키는 일이 전혀 불가능하지는 않을 것이다. 근로자들의 사기와 의욕을 돋움으로써 생산성을 높일 수 있는 가능성은 충분히 있다. 근로자들의 기본 생활을 안정시키는 것도 그들의 사기와 의욕을 돋우는 데 도움이 될 것이요, 기업주가 검소한 생활 태도로써 동고동락의 일체감을 일으키는 것도 큰 도움이 될 것이다. 한국 사람들은 비위가 상하면 감정적으로 빗나가는 반면에, 기분만 맞으면 이해관계를 초월하여 정열적으로 협조하는 뜨거운 마음을 가졌다.

5. 바람직한 문화의 기본 방향

우리가 정치의 민주화를 바라고 경제의 민주화를 바라는 것은, 모든 사람들이 각자의 뜻을 이루고 보람된 삶을 갖기 위해서 그것이 필요하다고 믿기 때문이다. 각자의 뜻이 무엇이며 보람된 삶이 무엇이냐는 물음에 대답하는 것은 윤리학 또는 인생론 전반에 관한 문제이며, 이 문제에 대한 본격적 탐구는 또 다른 연구와 저술의 과제다. 이 글에서는 나의 상식적 의견을 압축해서 말하는 것으로 대신함으로써, 내일의 한국 문화에 대해 간단히 생각해보는 출발점으로 삼고자 한다. 우리가 한국의 바람직한 미래상을 소묘함에 있어서 한국의 문화에 대한 언급을 생략할 수 없으며, 바람직한 문화의 바탕은 국민 각자의 뜻있고 보람된 삶 그 자체 안에 있다고 보는 것이 나의 평소 의견이다.

사람은 저마다 어떤 소질, 즉 발전의 가능성을 타고난다. 타고난 소질의 전부를 남김 없이 모두 발전시킬 수는 없는 일이며, 타고난 소질들 가운데서 어떤 것을 주로 발전시키고 어떤 것을 잠재워 두느냐 하는 것은 각자가 스스로 선택한 생활 설계에 따라서 자주적으로 결정할 문제다. 가령 나에게 음악가의 소질도 있고 과학자의 소질도 있으며, 또 문학에 대한 소질도 다소 있다고 하자. 그러나 이 세 가지 소질을 모두 충분히 발휘해서, 큰 음악가도 되고 저명한 과학자도 될 뿐 아니라 문학에서도 일가를 이룬다는 것은 사실상 매우 어렵다. 따라서 나는 그 가운데 하나의 길을 선택하여 정진하는 한편, 다른 소질은 취미 정도로 살리는 것으로 만족해야 한다. 물론 두 가지 이상의 전문가로서 발전할 수도 없지는 않다. 그러나 내가 다소의 소질을 가진 모든 분야에 있어서 전문가로 대성하기는 거의 불가능하다. 따라서 나는 진로에 대한 취사선택을 해야 하거니와, 이 취사선택이 바로 나의 생활 설계의 큰 줄거리를 이루는 것이며, 어떤 생활 설계를 세우는가는 내가 스스로 결정해야 할 나 자신의 문제다.

타고난 소질을 충분히 발휘하는 것을 '자아의 실현'이라고 한다면, 자아의 실현 이상의 뜻있고 보람된 삶이 따로 없을 것이라고 나는 믿는다. 예를 들어, 소나무 씨를 위해서 가장 바람직한 삶은, 싹이 터서 잔솔이 되고, 잔솔이 다시 노송(老松)이 되도록 크는 것밖에 다른 무엇을 생각하기 어렵다. 사람도 마찬가지가 아닐까 한다. 자기가 타고난 소질을 충분히 발휘하여 가능성을 모두 현실로 발전시키는 것 이상으로 바람직한 삶이 다시 없으리라고 생각된다.

물론 인간의 타고난 가능성은 소나무 씨처럼 단순하지가 않다. 인간은 여러 가지의 가능성을 복합적으로 가지고 있으나 그 여러 가지 가능성을 모두 실현할 수는 없으므로, 여러 가지의 가능한 체계 가운데서 하나를 선택하여 그 실현을 도모하기 마련이다. 그러한 차이점은 있으나, 타고난 가능성을 가장 크게 발휘함이 가장 바람직한 삶이 되리라는 점에 있어서는 인간이나 소나무나 다를 바가 없을 것이다.

사람들이 소질을 발전시켜 자아를 실현할 때, 각 개인은 독립적으로 그렇게 하는 것이 아니라, 각자가 속해 있는 사회의 생활양식의 제약도 받고 도움도 받아 가며 자신을 키운다. 예컨대, 그림에 소질이 있는 사람이 그 소질을 연마하여 화가로 성장할 경우에, 그가 어떤 나라의 어떤 시대에 살았느냐에 따라서 그의 화풍(畵風)은 영향을 받게 된다. 같은 소나무 씨도 그것이 떨어진 땅의 토질과 지형 그리고 기후를 따라서 그 자라는 모습이 다른 것과 같은 이치라 하겠다.

개인이 자아를 실현함에 있어서 자기가 속해 있는 사회의 생활양식에 의해 영향을 받는다 함은, 개인의 성장 내지 실현이 기존하는 문화의 틀 속에서 이루어진다는 뜻이다. 사회적 존재인 인간은 그가 사는 사회 문화의 영양을 섭취하며 자라기 마련이고, 그의 자아 성장 내지 자아실현은 그에게 영양을 공급한 문화의 일부가 되어 그 문화의 발전에 이바지한다. 쉽게 말하면, '문화'라는 것은 조상과 자손이 세대를 이어 가며 살아오는 가운데 축적한 생활양식과 사고방식 및 그 결과의 총체에 대한 이름이라고 보아도 무방할 것이다. 문화는 일조일석에 생기는 것이 아니라 오랜 세월에 걸쳐서 서서히 형성되는 삶의 방식 및 그 표현이다. 문화는 대체로 어떤 추세를 따라서 자연스럽게 성장하기도 하고 쇠퇴하기도 한다. 그러므로 짧은 기간 동안에 새로운 문화를 만들어 내거나 어떤 계획을 세워서 의도적으로 문화의 흐름을 바꾼다는 것은 일반적으로 어려운 일이다. 그러나 문화는 어디까지나 인간이 만들어 내는 것이며, 인간의 주체적 태도와 관계없이 자연적으로 생기는 현상은 아니다. 그러므로 문화를 바람직한 방향으로 발전시키고자 하는 꾸준한 노력이 여러 사람들에 의하여 오랜 세월을 두고 이루어지면, 그러한 노력 없이 자연의 추세에 맡기는 것과는 크게 다른 결과를 얻을 수가 있을 것이다.

개인이 훌륭한 삶을 갖기 위해서는 그 사람에게 적합한 삶의 설계가 필요하듯이, 한 민족이 탁월한 문화를 형성하기 위해서는 그 민족을 위해 바람직한 문화의 방향을 제시하는 철학이 있어야 할 것이다. 개인을 위한 적합한 삶의 설계와 민족을 위한 바람직한 문화의 철학 사이에는 밀접한 내면의 관계가 있으며, 개인들이 각각 올바른 삶의 계획을 세워서 열심히 살아가면 민족 전체가 바람직한 방향으로 문화를 밀고 나가는 결과가 될 것이다. 개인들의 자아 성장 내지 자아실현이 모여서 그 집단의 문화를 형성하기 때문이다. 그러나 개인의 자아 성장 내지 자아실현은 단독의 힘으로 되는 것이 아니라 문화의 틀의 영향을 받고 이루어지는 것이므로, 개인의 성장과 문화의 형성은 상호 의존의 관계를 가졌다고 보아야 할 것이다.

문화를 개인들의 자아 성장 내지 자아실현의 틀이요 또 그 종합이라고 볼 때, 바람직한 내일의 한국 문화는 첫째로 모든 한국인의 잠재 능력이 발휘되는 방향으로 성장해야 할 것이다. 옛날 신분 사회에서는 일부의 특권층만이 소질 개발의 기회를 가졌을 뿐, 일반 서민은 그 기회를 갖지 못한 경우가 많았다. 그러나 민주주의를 지향하는 내일의 한국 문화는 모든 사람들에게 자아실현의 기회가 주어지는 공정성을 가져야 할 것이다. 다시 말해서, 모든 사람들에게 뜻있고 보람된 삶을 영위할 수 있는 기회가 주어지는 문화가 내일의 한국을 위해 바람직할 것이다. 국민 각자가 타고난 소질을 발전시켜서 자아의 성장을 이룩할 때, 각 개인은 뜻있고 보람된 삶을 갖게 될 것이요, 국민 모두가 뜻있고 보람된 삶을 가질 때 그들의 삶이 유기적으로 집합하여 민주적 문화를 형성할 것이다.

내일의 한국 문화는 둘째로 생명력이 왕성해야 할 것이다. 문화에 있어서 생명력이 왕성하다 함은, 그 문화를 생산한 정신 또는 그 문화가 표현하는 정신이 건강하고 생명에 가득 차 있음을 말한다. 문화는 인간적인 삶의 표현이라고 볼 수 있으므로, 한 문화가 생명력이 왕성하고 건강하다 함은 그 문화의 주인공들의 삶 자체가 생명력이 왕성하고 건강함을 의미한다.

비록 현란하고 화사하여 보기에 아름다운 문화라 하더라도, 그 바탕에 흐르는 정신이 연약하거나 노쇠했을 경우에는 결코 훌륭한 문화로서 평가되기 어렵다. 세련됨이 부족하여 거칠고 소박한 면이 있다 하더라도, 젊고 싱싱한 기운이 넘쳐 장래성이 있는 문화가 오히려 바람직한 문화가 아닐 수 없다. 굳건한 기백과 발랄한 창의성이 풍부한 기풍을 바탕으로 삼은 문화는 장래가 있는 문화다.

셋째로, 내일의 한국 문화는 주체성이 뚜렷해야 할 것이다. 문화라는 것은 일조일석에 생기는 것이 아니라, 조상이 남긴 전통을 토대로 삼고 자손들이 창의를 발휘하는 가운데 완만하게 성장한다. 따라서 우리 문화는 우리들의 조상과 우리들 자신의 개성이 그 속에 살아 있어야 하며, 남의 나라 문화의 무분별한 모방은 얻는 것보다 잃는 것이 많을 염려가 있다.

현대와 같이 국제적 교류가 빈번한 시대에 문화의 쇄국주의(鎖國主義)를 주장하는 것은 물론 아니다. 문화라는 것은 본래 국경을 넘어 다니기 마련이고, 외국 문화의 장점을 받아들임으로써 자기 나라의 문화를 더욱 풍부하게 만들 수가 있다. 그러나 우리 문화의 뿌리와 줄기 위에 남의 문화의 좋은 가지를 접붙일 때 비로소 우리 문화의 새로운 경지가 열리는 것이니, 우리 문화의 뿌리와 줄기를 버리고 남의 문화의 가지를 꺾어서 들고 다니는 어리석음은 범하지 말아야 한다. 우리 문화의 주체성을 지키자 함은, 남의 문화에 대한 편협한 배척을 주장함이 아니라 우리 문화의 뿌리와 줄기를 보존함이 중요하다는 것을 말함이다. 우리 민족의 문화는 특히 그 뿌리와 줄기가 오래고 자랑스럽다는 사실을 잊지 말아야 할 것이다.

4 장 내일의 한국을 위한 가치 의식과 행동 양식

1. 민주 사회의 기반 조성을 위하여

앞 장에서 우리는 바람직한 한국의 미래상에 대한 소략한 고찰을 하였다. 우리의 고찰은 한국의 미래에 대한 단순한 예측이 아니라, 우리가 바라는 미래 한국의 정치와 경제 그리고 문화의 기본에 대한 당위론적 논술이었다. 정치와 경제의 민주화 그리고 건전하고 자주적인 문화는, 자연히 다가올 한국의 미래 모습이 아니라 우리의 힘으로 성취해야 할 노력의 목표다.

한국의 바람직한 미래상이 공상적 희망에 그치지 않기 위해서는, 한국인의 가치 의식과 행동 양식이 그 목표 달성에 적합해야 한다. 정치와 경제의 민주화를 실현하고 모든 한국인의 잠재력의 개발로써 이루어지는 건전하고 자주적인 문화를 이룩하기 위해서, 어떠한 가치관 내지 생활 태도가 요구되는 것일까? 이 짧은 글에서 저 큰 문제를 빈틈없이 다룰 수는 없을 것이다. 앞에서 한국의 미래상의 문제를 고찰했을 때와 마찬가지로 큰 줄거리를 따라 원칙만을 더듬어 보기로 한다.

정치를 필요악(必要惡)으로 평가하는 견해도 있기는 하나, 현대사회에 있어서 정치가 국민 생활 전체에 미치는 영향은 대단히 크다. 정치가 잘되면 경제와 사회 그리고 교육 등 여러 분야의 일이 순조롭게 풀리고, 정치가 잘못되면 모든 분야의 일들이 받침대를 잃고 흔들린다. 앞에서 우리는 정치의 민주화를 한국의 바람직한 미래상의 중요한 측면으로 손꼽았거니와, 정치의 참된 민주화가 실현되기 위해서는 그 실현에 적합한 가치관 내지 생활 태도를 대다수의 한국인이 가져야 한다. 그렇다면 한국의 정치가 이름만이 아닌 민주화를 이루기 위해서 요구되는 가치관 내지 생활 태도 가운데서 가장 중요한 것은 무엇일까?

민주주의의 정치가 실현되기 위해서는 우선 국민의 대다수가 나라의 주인으로서의 권리를 제대로 행사해야 한다. 국민의 주권을 행사함에 있어 첫째로 중요한 것은, 나라의 살림을 맡길 사람을 선출하는 데 개인의 이해관계보다도 공동체 전체를 위하는 관점에서 판단하는 일일 것이다. 예컨대, 정부의 최고 책임자인 대통령을 선출함에 있어서, 후보자의 사람됨보다도 그의 출신 지역 또는 동창관계 따위를 판단의 기준으로 삼는 것은 주권을 정당하게 행사하는 태도가 아니다. 또 국회의원을 선출함에 즈음하여, 무책임한 공약에 현혹되거나 일시적 선심 공세에 흔들리는 것도 주권을 올바로 행사하는 태도가 아니다.

정치의 민주화가 실현되기 위해서 둘째로 중요한 것은, 정권 경쟁에 임하는 정치인들이 경쟁의 규칙을 어기지 않는 일과 정권을 전리품으로 착각하는 과오를 범하지 않는 일이다. 지금까지의 한국의 정치인들 가운데는 정권을 잡기 위해서 권모술수와 폭력의 힘을 빌린 사례가 많았고, 일단 정권을 잡게 되면 그 남용에서 오는 이익을 일당이 나누어 갖는 것을 당연한 처사로 생각하는 경향이 강했다. 정권의 장악을 위해서 수단을 가리지 않는 부정(不正)이나 정권을 전리품으로 간주하는 심사가 판을 치는 한, 한국 정치의 민주화는 실현되기 어려울 것이다.

정치의 민주화를 위해서 셋째로 중요한 것은, 국민이 정부를 감시하고 견제하는 주인 의식을 굳게 간직하는 일이다. 정부의 권력에 아부하여 치사한 혜택에 참여하기에 급급한 사람들이 많이 있는 동안, 민주주의는 제대로 실현되지 않는다. 국민이 정부를 두려워할 것이 아니라 정부가 국민을 두려워해야 한다. 선거철에만 일시적으로 주권자 노릇을 하는 것은 큰 의미가 없으며, 평상시에도 나라의 주인은 국민이라는 관념이 우세하게 몸에 배어 있어야 한다.

비록 정부와 여당이 투철한 민주주의 정신을 가진 사람들로 구성된다 하더라도, 국민 일반이 민주 시민으로서의 의무를 다하지 않으면 자유롭고 질서 정연한 사회는 실현되지 않는다. 국민 일반의 권리 의식도 중요하지만, 민주 시민으로서의 의무 의식도 그에 못지않게 중요하다. 비록 민주 시민의 의무가 무엇인지 관념적으로는 알고 있다 하더라도, 이기심이 지나치게 강한 사람은 그 앎을 실천에 옮기기 어렵다.

자유민주주의는 개인주의적 인간관을 출발점으로 삼는다. 그러나 개인주의자들이 각자의 자유와 권익만을 존중하고 타인의 그것을 소홀히 여길 경우에는, 민주주의 사회는 실현되지 않는다. 나와 남을 같은 논리에 따라 대접하는 공정심(公正心)은 개인주의가 이기주의의 혼란으로 빠지지 않기 위하여 국민 일반이 갖추어야 할 기본적 심성이다.

민주 사회의 실현을 위해서 국민 일반이 가져야 할 또 하나의 심성은 공동체 의식이다. 나와 남의 권익을 차별 없이 존중하는 공정심이 있다 하더라도, 개인들만을 안중에 두고 공동체를 아끼고 사랑하는 마음이 없으면 살기 좋은 사회는 건설되지 않는다. 사회라는 것은 완전히 독립된 개인들의 단순한 만남만으로 이루어지는 집적(集積)이 아니라, 여러 가지 관계의 유대로 조직된 공동체다. 그것은 구심점과 공동의 목표를 가지고 있는 하나의 전체라는 점에서 여럿인 단순한 집합과는 다르다. 이 공동체로서의 사회가 구심점을 향하여 단결할 때 그 구성원인 개인들은 삶의 터전을 얻게 되거니와, 사회가 하나의 구심점을 가진 공동체로서 개인들을 위한 삶의 터전으로서의 구실을 하기 위해서는 구성원인 개인들의 공동체 의식이 강해야 하는 것이다.

민주 사회의 건설을 위해서 국민 일반이 가져야 할 마음가짐 가운데서 셋째로 중요한 것은, 크고 작은 사회규범을 지키는 준법정신이다. 정치의 민주화가 이루어져 제반 법규가 바르게 제정되었다 하더라도, 국민 일반이 그것을 지켜 주지 않으면 민주 사회는 실현되지 않는다. 공정심이 투철하고 공동체 의식이 강하면 자연히 사회규범을 지키게 되므로, 준법정신은 저 두 가지 심성 가운데 포함된다고도 볼 수 있으나, 한국 사람들 가운데 규정을 무시하는 경우가 많음을 감안하여 따로 강조해 두는 것이다.

2. 경제생활의 민주화를 위해서 요구되는 마음가짐

앞 절에서 우리는 정치의 민주화를 위해서 요청되는 국민의 마음가짐을 고찰하는 가운데, 공정심과 공동체 의식 그리고 준법정신까지 언급하였다. 그러나 이 세 가지 심성이 특별히 민주정치의 성공을 위해서만 요구되는 것은 물론 아니다. 그것들은 민주 사회 전반을 위해서 요구되는 덕목이며, 그 가운데서도 나와 남의 권익을 한결같이 존중하는 공정심은 경제의 민주화를 위해서 특별히 강조되어야 할 심성이다. 경제의 민주화가 성공적으로 실현되기 위해서 가장 중요한 것은 분배에 있어서의 공정성이기 때문이다.

분배에 있어서의 공정성 이외에도 경제의 민주화가 성공적으로 이루어지기 위해서 요구되는 여러 가지 덕목이 있다. 그 가운데서도 특히 중요한 것은, 생산성을 높이는 데 필요한 마음가짐과 소비생활의 합리화를 위해서 요구되는 정신 자세라고 생각된다. 생산성이 낮아 분배할 수 있는 물자의 절대량이 너무 부족하면 인심이 각박해지기 마련이어서 공정한 분배가 사실상 어려워지고, 생산성을 높이는 데 어느 정도 성공을 거둔다 하더라도 소비생활에 낭비가 많으면 사람들의 끝없는 욕심을 감당하기 어렵다.

생산성을 높이기 위해서 요구되는 덕목으로서는 ① 일을 부지런히 함과 ② 창의(創意)의 발휘, 그리고 ③ 협동 정신을 강조해야 할 것이다. 한국 사람들은 국내외에 있어서 매우 부지런하게 일하는 민족이라는 것이 근래에 널리 알려지게 되었다. 따라서 근면성 그 자체에 대해서는 특별히 더 강조하지 않아도 좋을 것이다. 그러나 각자가 개인적 소득을 위해서 발휘하는 단순한 근면성만으로 높일 수 있는 생산성에는 한계가 있다. 현대의 과학 기술에 바탕한 창의성이 근면성과 결합하고 이에 협동 정신까지 가세하여 상승작용을 빚을 때, 한 단계 높은 차원의 생산성의 향상을 기대할 수 있을 것이다.

널리 알려진 바와 같이, 지금까지의 한국 무역이 국제 경쟁에서 좋은 성과를 올릴 수 있었던 것은, 주로 일선 근로자들의 근면과 저임금에 힘입은 바 컸다. 그러나 경제의 민주화에 대한 기대가 높아진 현 시점에 이르러 저임금 방식을 계속 밀고 나갈 수는 없는 형편이며, 저임금에 의존하는 방법으로는 앞으로 중국과 동남아 여러 나라들과의 경쟁에서 이기기 어려운 실정이다. 따라서 앞으로는 첨단 과학 기술에 의존하는 공업 선진국형 수출에 역점을 둘 수밖에 없거니와, 이러한 전환을 위해서 크게 요청되는 것이 새로운 연구와 개발에서 창의성을 발휘하는 일이다.

지금까지 한국 사람들이 부지런히 일한 것은 주로 각각 자기가 잘살기 위한 노력이었고, 우리나라 경제 전체의 발전을 위한 협동의 측면에는 미흡한 점이 많았다. 예컨대, 남의 기업체가 양성한 유능한 기술자나 직원을 빼돌리는 사례가 허다했고, 대기업과 중소기업의 협동에도 문제점이 많았다. 일본의 기업들은 자기 나라 안에서는 치열한 경쟁을 하다가도 외국에 나가면 합심하여 타국과의 경쟁에 대비한다고 하는데, 한국의 기업들은 외국에 나

가서까지 자기들끼리의 경쟁에 열중한 나머지 다른 나라 기업에 어부지리를 제공하는 경우가 많다고 들었다. 앞으로 한국 경제가 더욱 크게 발전하기 위해서는 노사간의 협동을 포함한 여러 가지 차원의 협동이 잘 이루어져야 할 것이다.

1960년대 이후의 한국 경제가 활발한 성장을 이룩했음을 따라서 우리의 소비수준도 날로 상승하는 추세를 보여 왔다. 소득이 늘면 소비수준도 자연히 따라 올라가기 마련이라고는 하나, 우리 한국의 경우는 사치와 낭비가 좀 지나친 것으로 생각된다. 한국인의 성격 가운데는 옛날부터 외화(外華)를 선호하는 경향이 있어서 그것이 허영심으로 연결되는 경우가 많았거니와, 근래에 경제 사정이 좋아짐에 따라서 사치와 낭비의 풍조가 일어나고 있는 것으로 관찰되는 것이다.

자본주의 경제가 활발하게 성장하기 위해서는 소비수준이 높아져서 경기가 활기를 띠어야 한다는 주장에도 일리는 있을 것이나, 나는 대국적 견지에서 바라볼 때 검소한 소비생활이 강조되어야 한다고 믿는다.

검소와 절약을 강조해야 한다고 믿는 첫째 이유는, 한국 경제의 외국에 대한 의존도가 높다는 사실에 있다. 우리는 막대한 숫자의 외채를 지고 있을 뿐 아니라 자원과 원료의 대부분을 외국에 의존하고 있으며, 기술조차도 비싼 대가를 치르고 선진국으로부터 사들이는 사례가 허다하다. 남미나 동남아의 후진국에 적용되는 종속이론(從屬理論)이 우리 한국의 경우에도 전혀 무관하지 않다고 보는 견해도 있는 이러한 상황 아래서, 사치스러운 소비로 외화를 낭비한다는 것은 결코 사려 깊은 행동이라고 보기 어렵다.

검소한 소비생활을 강조해야 한다고 보는 둘째 이유는, 한국 사람들 가운데 가난에 시달리고 있는 저소득층이 상당히 많다는 사실에 있다. 오늘의 한국인 가운데 빚을 지거나 나쁜 짓을 하지 않고 사치스러운 소비생활을 할 수 있는 사람은 일부 부유층에 지나지 않는다. 이러한 상황에서 감행되는 일부

특권층의 사치와 낭비는 많은 서민층에게 위화감을 주거나 무리한 소비욕을 자극한다. 사회적 갈등을 조장하고 공동 목표를 향한 협동을 저해하는 계층간의 위화감이 애써 막아야 할 불행한 심리임에는 의심의 여지가 없다.

사치와 낭비를 부당하다고 생각하는 셋째 이유는, 사치스러운 생활을 숭상하는 풍조가 지배하게 되면 소유에 대한 사람들의 욕망이 끝도 없이 커지게 되고, 가질수록 더 많이 갖고 싶은 욕심 때문에 유한한 물자를 가지고 공정하게 분배하기가 매우 어려워진다는 사실에 있다. 사치가 자랑거리로 평가되고 값비싼 물건의 소유가 높은 신분을 상징하게 되면, 비록 생산성이 크게 향상된다 하더라도 사회적 불균형과 그로 인한 계층간의 갈등은 해소되지 않을 것이다.

검소와 절약을 중요한 미덕으로 생각하는 넷째 이유는, 지구가 보유하고 있는 자연 자원이 유한하다는 사실에 있다. 석유와 석탄, 철과 동 등 대부분의 자연 자원은 일단 소비하면 재생이 거의 불가능하다. 그런데 인간이 생산하는 모든 물품에는 자연 자원이 포함되어 있다. 따라서 모든 물품의 낭비는 자연 자원의 낭비를 의미하며, 지구가 인간이 살 수 있는 천체로서 존속하는 기간을 단축시키는 결과를 부를 것이다.

3. 사회적 갈등의 극복을 위하여

이 책의 3부를 시작하면서 우리는 인간 사회에 일어나는 갈등의 '문제'를 이모저모에 걸쳐서 길게 이야기하였다. 인간이 부딪치는 삶의 문제들 가운데서 가장 큰 문제가 갈등의 문제이며, 살기 좋은 사회가 되기 위한 으뜸가는 조건이 갈등의 극소화라고 보았기 때문이다. 우리가 정치와 경제에 있어서 민주화가 실현되기를 염원하는 것도, 결국 그 길이 현대의 상황에서 갈등을 극소화하는 방안이라고 믿기 때문이라고 말할 수 있을 것이다. 갈등의 문제를 그토록 중요시하면서 윤리의 뿌리도 갈등의 문제에 있다고 본 우리는, 이제 갈등의 극소화를 위해서 요구되는 마음가짐에 대해 좀 더 부연하여 생각해 보기로 한다.

일반적으로 말해서, 갈등의 출발점은 욕구 내지 의견의 대립이라고 볼 수 있을 것이다. 그러나 단순히 욕구나 의견이 대립하는 것만으로 갈등이 생겼다고 말하지는 않는다. 운동경기에서 승부를 겨루는 것도 욕구의 대립 현상이요, 학술적 토론에서 상반된 견해를 피력하는 것도 의견의 대립 현상이다. 그러나 운동경기장이나 학술 토론장을 보통 갈등의 마당이라고 보기는 어려우며, 이른바 '선의의 경쟁' 또는 지성적 견해의 대립은 그 자체가 갈등은 아니다.

갈등이 생기는 것은 욕구나 의견의 대립이 감정의 대립을 수반할 경우에 있어서다. 욕구의 대립 또는 의견의 대립이 냉정을 잃고 감정의 대립을 초래할 때, 비로소 갈등의 문제가 생긴다. 사람들은 누구나 자기의 욕구가 충족되기를 바라고 자기의 의견이 받아들여지기를 바라거니와, 이 바람이 뜻대로 채워지지 않을 때 불만의 감정이 일어난다. 욕구의 충족 또는 의견의 통과가 뜻대로 되지 않는 것이 어떤 타인의 존재 때문이라고 생각될 때, 그 불만의 감정은 그 타인에게로 화살을 돌리게 된다. 질투, 분노, 증오, 공포 등은 타인에게로 화살을 돌린 감정의 이름이다. 악의가 섞인 남의 감정의 화살을 받은 사람은 그 사람대로 또 분노, 증오, 멸시, 공포 등의 감정으로 되받아치게 된다. 이렇게 되면 악순환의 논리를 따라서 욕구에 얽힌 감정의 갈등은 심각한 양상으로 발전한다.

갈등의 출발점이 욕구의 대립에 있다 함은 욕구의 대립이 심한 사회일수록 갈등이 생길 소지가 크다는 것을 의미한다. 따라서 지나친 갈등을 막기 위해서는 욕구의 대립부터 정도를 넘지 않아야 할 것이다. 사람들의 욕구 가운데는 타인과의 충돌이 불가피한 것과 그렇지 않은 것이 있다. 예컨대, 막강한 권력에 대한 욕구 또는 남보다 더 큰 부자가 되고 싶은 욕구를 가진 사람들이 많을 때, 그들의 욕구는 충돌을 면하기 어렵다. 반면에 깨끗한 인격을 갖고 싶은 욕구 또는 건강을 유지하고 싶은 욕구는, 많은 사람들이 품는다 하더라도 반드시 서로 충돌할 위험성은 거의 없다. 일반적으로 말해서, 소수밖에는 도달할 수 없는 목표, 즉 경쟁성이 강한 목표를 너도나도 앞을 다투어 추구하면, 그들의 길은 서로 충돌하지 않을 수 없다. 그러나 여러 사람들이 다 같이 뜻을 이룰 수 있어서 경쟁으로 남을 물리칠 필요가 없는 목표를 여러 사람들이 추구할 경우에는, 그들의 길이 충돌해야 할 이유는 별로 없을 것이다.

2장 4절에서도 이미 지적한 바와 같이, 오늘의 한국인 가운데는 금력과 권력 또는 관능의 쾌락 등 경쟁성이 강한 가치를 삶의 가장 중요한 목표로서 추구하는 풍조가 자못 강한 편이다. 이러한 풍조는 인간의 사회적 갈등을 조장할 소지가 많은 가치 풍토이므로, 갈등의 극소화를 살기 좋은 사회의 기본 조건으로서 중요시하는 우리의 관점에서 볼 때, 극복하도록 노력해야 할 풍조가 아닐 수 없다.

삶에는 치열한 경쟁으로 남을 물리치지 않고도 도달이 가능한 값진 목표가 수없이 많다. 자기의 소질에 적합한 분야에서 열심히 노력하여 사회에 필요한 일꾼이 되는 일, 행복한 가정을 꾸미는 일, 근무시간에는 땀 흘려 일하고 남는 시간에 취미 생활에 몰두하는 일, 어떤 이상적 인간상(人間像)을 머릿속에 그리고 그 이상으로 접근하기 위하여 꾸준히 노력하는 일, 믿을 수 있는 친구들과 놀이를 즐기거나 정담을 나누는 일, 종교적 봉사 활동, 한국의 발전 또는 한국의 문화를 위해서 보탬이 되는 일에 정열을 기울이는 일, 자기가 맡은 일에 있어서 탁월한 솜씨를 연마하는 일, 부끄럽지 않은 자세로 하루하루를 당당하게 살아가는 일 등.

역사에 남을 만한 큰 인물이 되는 것을 삶의 목표로 삼는 것도 좋을 것이다. 소질을 잠재우고 보잘것없는 인물로 생애를 마치는 것보다는 큰 업적을 남기는 편이 바람직함에는 논란의 여지가 없다. 그러나 큰 인물이 되는 가장 대표적인 길이 정치와 경제의 분야에서 두각을 나타내는 것이라는 관념은 반드시 옳은 생각이라고 보기 어렵다. 학문과 예술 또는 교육과 종교 등 금력이나 권력과는 인연이 먼 분야에 있어서 큰 업적을 남기는 편이, 도리어 권력과 금력의 세계에서 높은 자리에 오르는 것보다도 더 값질 경우가 허다하다.

오늘날 우리 주변에는 경쟁의 승리자가 되는 것을 성공의 조건으로 생각하는 사람들이 많다. 사회생활에 있어서 경쟁은 불가피한 현상이고, 경쟁으로 인하여 사회의 발전이 촉진되는 경우가 많은 것은 사실이다. 그러나 경쟁에서의 승부가 삶의 성패를 결정하는 가장 중요한 기준은 아니며, 남을 쓰러뜨리지 않고도 할 수 있는 값진 일이 무수하게 많다. 경쟁이나 승패와는 별로 관계가 없는 일로 높은 경지에 이르는 편이 도리어 더욱 값진 삶이 되는 경우가 많을 것이다.

욕구의 대립 또는 견해의 대립이 있다 하더라도, 그것이 감정의 대립을 동반하지 않으면 큰 갈등의 문제는 생기지 않는다. 같은 목표를 앞에 놓고 치열한 경쟁을 벌인다 하더라도, 그 경쟁이 정정당당한 방법을 따르는 선의의 경쟁으로 시종한다면 별다른 갈등의 문제는 생기지 않는다. 까다로운 갈등의 문제가 생기는 것은 욕구나 의견의 대립에 감정의 대립까지 곁들일 경우에 있어서이며, 경쟁이 반지성적(反知性的) 태도에 의하여 타락한 양상을 보일 경우에 있어서이다. 바꾸어 말하면, 분노, 질투, 증오 등의 좋지 못한 감정을 포함한 반지성적 태도는 경쟁성 강한 외면적 가치에 대한 탐욕과 아울러 갈등을 일으키는 심리적 근원이다.

우리 한국인 가운데는 냉철한 지성보다도 뜨거운 감정이 우세한 기질을 가진 사람들이 많은 편이다. 한국인은 좋은 의미로나 나쁜 의미로나 감정이 우세한 민족이다. 마음이 뜨겁고 감정이 풍부하다는 것은, 그 자체로 볼 때 오히려 바람직한 심성으로 평가할 수 있을 것이다. 옛날 농경시대에 있어서 우리 조상들의 풍부한 감정은 온후하고 인정 많은 사회의 밑거름이 되었다. 혈연 또는 지연의 유대로 묶인 좁은 범위의 사람들이 자급자족의 경제생활을 영위하던 가족주의적 농촌 사회에 있어서, 풍부한 감정은 따뜻한 인정으로 작용하여 갈등을 방지하고 해소하는 데 큰 힘이 되었다.

그러나 사람들이 접촉 범위가 월등하게 넓어지고, 낯선 사람들 사이에서도 이해관계가 복잡하게 얽히는 현대 산업사회에 있어서는, 우리들의 다정다감한 기질이 도리어 노여움과 미움 따위의 부정적 감정으로 작용하여 사람들의 갈등을 더욱 조장할 경우가 많은 편이다.

낯선 사람들과의 광범위한 접촉에서 빚어지는 현대사회의 갈등을 극소화하기 위해서는, 옛날 농촌 사회를 지탱했던 가족적 인정의 힘만으로는 부족하다. 국토 전체가 온통 도시로 변해 가고 있는 현대사회의 갈등 문제를 풀기 위해서는, 합리적 사고 내지 지성적 사고의 힘을 크게 빌려야 할 것으로 보인다. 그런데 한국 사람들은 전통적으로 합리적 사고방식을 별로 숭상하지 않은 편이고, 현대에 와서도 행동의 세계에 있어서 일반적으로 이지(理智)가 감정에 눌리는 경향이 남아 있다. 앞으로 우리 사회의 갈등 문제를 원만하게 해결하기 위해서는 우리들의 의식구조에 있어서 합리적 정신 내지 지성의 비중이 크게 높아져야 할 것으로 보인다.

4. 정열과 지성의 조화: 인간 교육의 과제

인간은 지능의 발달에 있어서나 감정의 발달에 있어서나 어떤 동물보다도 월등하게 앞서 있다. 월등하게 발달한 지능과 감정의 힘으로 인간은 지구의 왕자로서 군림하게 되었고, 다른 동물에게서는 볼 수 없는 문화의 금자탑을 높이 쌓아 올렸다.

그러나 다른 한편에 있어서, 인간은 그들의 높은 지능과 발달한 감정으로 말미암아 다른 동물들에게서는 볼 수 없는 많은 문제를 가지게 되었다. 지능과 감정이 발달한 까닭에 인간은 생물학적 욕구 이외의 많은 욕구를 갖게 되었고, 끝이 없는 생리 외적 욕구를 충족하기 어려움에서 오는 인간만의 문제를 갖게 된 것이다. 그리고 사회적 갈등 내지 인간적 갈등은, 충족하기 어려운 생리 외적 욕구와 관련해서 인간이 갖게 된 인간만의 문제들 가운데 가장 일반적이고 가장 어려운 문제다.

인간의 감정 가운데는 갈등 발생의 원인이 되는 것도 있고 갈등 해결의 힘이 되는 것도 있다. 불만과 분노, 경멸과 증오 등의 감정은 갈등을 일으키고 조장하는 작용을 하며, 동정과 연민을 포함한 넓은 뜻의 사랑의 감정은 갈등을 해결하는 데 힘이 된다.

인간의 지능 가운데도 갈등의 발생 또는 그 심화를 조장하는 것이 있고, 그 해결 내지 완화를 위해서 힘이 되는 것도 있다. 좋지 못한 욕심과 지능이 한데 어울리면 간지(奸智)라는 이름의 지능이 되어 갈등을 조장하는 원인으로 작용하고, 나 하나만을 생각하지 않고 타인과 공동체도 생각하는 넓은 안목과 지능이 한데 합치면 지성(知性)이라는 이름의 심성이 되어 갈등 해결에 귀중한 힘이 된다.

거듭 말하거니와, 정열의 계열의 속하는 심성에도 인격과 사회를 파괴하는 낮은 차원의 것이 있고, 인격의 성숙과 사회의 발전을 돕는 높은 차원의 것이 있다. 이지(理智)의 계열에 속하는 심성에도 낮은 차원의 것과 높은 차원의 것이 아울러 있기는 마찬가지다. 이에 정열과 이지에 있어서 낮은 차원의 측면을 잠재우고, 높은 차원의 측면을 앙양하는 것은 사회적 갈등을 극소화하는 데 필요한 가장 기본적인 마음의 자세다.

정열이 풍부하다는 것은, 그 자체로 볼 때 많은 가능성을 의미한다는 뜻에서 일단 좋은 일이라고 볼 수 있을 것이다. 이지가 높다는 것도, 그 자체로 볼 때 역시 많은 가능성을 의미하는 것으로서 환영해야 할 것이다. 그러나 정열과 이지 가운데 어느 한쪽만 크게 발달하고 다른 한쪽은 몹시 빈약할 경우에는, 그 풍부한 정열 또는 높은 이지가 도리어 성격의 파탄을 일으켜 대인관계를 어렵게 만들 염려가 크다.

중요한 것은 풍부한 정열과 높은 이지가 조화를 이루는 일이다. 뜨거운 정열과 냉철한 이지의 조화, 그것은 쉬운 일이 아니나 결코 불가능한 일도 아니다. 정열과 이지의 조화는 개인적으로 볼 때는 안정된 인품의 조건이며, 사회적으로 볼 때는 자유와 협동의 조건이다.

정열과 이지의 어떠한 배합을 '조화'라고 부를 것이냐 하는 것은 대답하기 쉬운 물음이 아니다. 시대와 사회의 상황을 따라서 '조화'에 필요한 배합의 기준은 다를 것이다. 다만 추상적인 표현이 허용된다면, 그 시대와 사회의 갈등의 문제를 해결하기에 가장 알맞은 정도가 그 시대가 요구하는 '조화'의 기준이 된다고 말할 수 있을 것이다. 예컨대, 옛날 농경 사회에서는 정열의 비중이 좀 우세한 편이 상황에 적합했을 것이며, 오늘의 산업사회에서는 이지의 비중이 좀 우세한 편이 상황에 알맞을 것이다.

'정열'이라는 것과 '이지'라는 것이 독립된 요소로서 마음속에 자리잡고 있는 무엇은 아닐 것이다. 정열과 이지가 조화를 이룬다 함도 그 이름을 가진 두 가지 마음의 요소가 적당한 비율로 배합됨을 의미하는 것이 아니라, 하나의 마음이 작용함에 있어서 정열적이면서도 절제를 잃지 않고 이지적이면서도 따뜻함을 간직하는 경지를 가리키는 말이라고 보아야 할 것이다.

미움과 노여움 또는 시샘 같은 나쁜 감정을 처음부터 많이 타고난 사람은 없을 것이다. 동정과 연민을 포함한 사람의 감정도 후천적으로 성장하는 경우가 많을 것이다. 날 때부터 간지(奸智)가 뛰어난 사람도 없을 것이며, 날 때부터 인화(人和)의 지혜를 듬뿍 타고나는 사람도 없을 것이다. 정열과 이지의 조화 여부도 선천적으로 결정되기보다는 경험의 영향을 받고 후천적으로 결정된다고 보아야 할 것이다.

어떤 의식구조의 인품으로 자라느냐 하는 것은 주로 사회제도, 특히 경제적 사회제도에 따라서 결정된다고 보는 학설이 있다. 이 학설에도 어느 정도 부분적인 타당성은 있을 것이다. 사회제도는 우리의 경험의 많은 부분을 결정하는 것이며, 모든 종류의 경험은 교육적 영향력을 가졌다고 보아야 할 것이다. 그러나 사람 됨됨이가 오로지 사회제도만으로 결정된다고 보는 것은 지나친 편견이며, 제도 이외에도 인간 형성에 영향을 미치는 여러 가지 요인들이 있음을 인정해야 할 것이다. 특히 가정환경과 학교교육이 인간 형성에 미치는 영향력은 막대한 것이며, 같은 사회제도, 같은 경제체제 아래서도 여러 가지 가정환경과 서로 다른 학교교육이 있을 수 있다는 사실을 잊지 말아야 할 것이다.

바람직한 민주국가를 건설하여 갈등이 적은 사회를 실현하기 위해서는 그 그림에 맞는 의식구조를 가진 사람들이 많이 나와야 하고, 그러한 사람들이 많이 나타나기 위해서는 사회제도의 개선뿐 아니라 교육이 잘되어야 한다. 그러나 우리 한국은 가정에 있어서나 학교에 있어서나 전체로서의 인간 교육을 제대로 못하고 있다는 것이 오래전부터의 여론이다. 인간 교육 또는 전인교육이 제대로 되지 못하고 있음을 알면서도, 그것을 바로잡지 못하는 데는 그럴 만한 사유가 있을 것이다. 그 사유를 정확하게 밝혀 내어 자라나는 세대를 바람직한 한국의 미래상에 맞도록 길러 내는 일은, 오늘의 한국 기성세대가 해결해야 할 중대한 공동의 과제다.

(1988)

4부

그 밖의 소론

1. 초국가 시대와 가치관의 문제

2. 분단 상황과 철학자의 임무

3. 우리는 왜 이렇게 메말라졌는가

4. 철학과 현실

1. 초국가 시대와 가치관의 문제

1. 한국의 경우

1945년 8월 15일에 우리나라가 일본의 통치로부터 해방되었을 때, 조선은 극도로 빈곤한 경제적 후진국이었다. 공업은 단순한 수공업 단계를 벗어나지 못했고, 비누와 치약 또는 시멘트와 유리 같은 초보적 공산품조차도 전량을 외국 수입품에 의존해야 할 형편이었다. '농자천하지대본(農者天下之大本)'이라고 하며 스스로 농업국임을 강조하기도 했으나, 그 농산물조차도 국민 전체가 기근을 면하기에는 크게 부족한 수량에 불과했다.

6·25 전쟁으로 한국의 경제 사정은 더욱 악화되었다. 1960년대 초까지도 한국인의 대다수가 절대 빈곤 속에서 어려운 삶을 영위하였다. 대학교수들 가운데 가정에 전화나 텔레비전을 설치할 수 있었던 것은 오직 소수에 지나지 않았다.

그러나 1960년대 후반부터 한국의 경제는 '근대화'의 기치를 앞세우고 발전하기 시작하였다. 박정희 정권이 우선적으로 추구하였고 대다수의 국민이 호응하기도 한 한국의 '근대화'는, 오로지 공업화에 역점을 두었다. 공업화만이 빈곤을 면하는 길이라는 믿음 아래 많은 공장과 도로가 건설되었고, 근로자들도 열심히 일하였다. 공업화를 위한 정책과 노력은 일차적 성공을 거두었고, 국민의 총생산은 증대하기 시작하였다.

두 차례에 걸친 석유파동과 박 대통령의 피살 사건에 이어 또 하나의 군부 쿠데타가 일어나는 과정에서 겪은 정국의 불안 등으로 경제성장이 한때 주춤하기도 하였으나, 발전의 큰 흐름은 적어도 1980년대 말까지는 계속되었다. 연필도 제대로 만들지 못하던 나라가 가전제품과 자동차를 수출하는 나라로 성장하였다. 1986년에는 아시안 게임을 성공적으로 치렀고, 1988년에는 올림픽 대회도 성공적으로 개최하였다.

국민들의 소비생활도 크게 향상되었다. 대부분의 가정이 전화를 가설하고 텔레비전과 냉장고를 장만하게 되었다. 자가용 승용차를 생활필수품으로 여기는 사람들이 날로 늘어나게 되었고, 남한에서 등록된 자동차 수가 3백만 대를 돌파하였다. 많은 여행객들이 고속버스보다도 비행기를 선호하는 추세를 보이고 있다.

그러나 물질생활의 풍요와 병행하여 정신생활의 측면에도 향상이 있었던 것은 아니다. 경제 사정이 좋아짐에 따라서 연극을 관람할 기회가 늘고 음악을 감상할 기회도 는 것은 사실이다. 도서의 출판과 판매 부수도 해마다 증대하는 추세를 보였다. 그러나 최근 30년 동안에 한국인의 정신생활이 전체적으로 풍요롭게 되었다고 말하기는 어렵다. 겉으로 나타난 통계 숫자의 향상에도 불구하고, 한국인의 내면생활은 도리어 옛날보다 더욱 빈곤한 상태로 퇴보한 어두운 측면을 갖게 되었다는 것이 많은 사람들의 일치된 반성이다.

50년 또는 40년 전의 한국 사람들은 극도로 빈곤한 물질생활 속에서도, 정신적으로는 비교적 풍요로운 삶을 영위하였다고 생각된다. 그들은 대가족제도 속에서 서로 사랑하고 서로 돕는 따뜻한 인간관계를 유지하였다.

'이웃사촌'이라는 말이 상징하듯이, 같은 마을 사람들 사이의 우정도 돈독하였다. 그들은 이해득실을 세밀하게 따지지 않았으며, 부족한 물질을 서로 나누어 가졌다. 굶주림에 못 견디어 남의 채소나 과일을 훔치는 좀도둑은 더러 있었으나, 무기를 든 강도는 거의 없었다.

그러나 이제는 사정이 크게 다르다. 사람들은 각각 외톨이가 되어서 서로 멀리 떨어져 살고 있다. 몸과 몸이 가까울 경우에도 마음과 마음은 서로 떨어져 있다. 서로 떨어져서 무관심한 데 그치지 않고 상대편을 밀어제치거나 공격하는 경우도 허다하다. 심한 자기중심적 태도로 서로가 서로를 밀어제치는 까닭에, 심각한 사회적 갈등이 도처에서 일어나고 있다. 가진 계층과 못 가진 계층 사이에 갈등이 있을 뿐 아니라, 가진 사람들 내부에도 갈등이 있고 못 가진 사람들 내부에도 갈등이 있다. 늙은 세대와 젊은 세대 사이에 갈등이 있을 뿐 아니라, 늙은 세대 내부에도 갈등이 있고 젊은 세대 내부에도 갈등이 있다.

대다수의 사람들이 소유의 극대화 또는 향락의 극대화를 삶의 궁극목표로서 추구하고 있다. 방법을 가리지 않고 저 두 가지의 극대화를 꾀하는 사람들이 많은 까닭에, 빈부의 격차가 심해지고 사회의 질서가 무너진다. 결국은 대부분의 사람들이 심적 고통을 당하는 역설적 결과를 초래한다.

향락의 극대화와 소유의 극대화를 추구하는 생활 태도는 장사꾼들의 과장된 광고의 부추김 속에서 과소비의 풍조를 일으켰다. 과소비의 풍조는 필요 이상의 공업화를 초래하였고, 필요 이상의 공업화는 자연환경의 오염을 촉진하였다. 자기의 이익만을 생각하고 사회 전체에 대한 배려가 부족한 가운데 이루어지는 지나친 공업화와 상업주의는, 환경오염의 정도를 심각한 지경으로 몰고 가는 결과를 초래하였다.

치열한 사회 경쟁에서 패배했거나 패배할 것으로 장래가 예견되는 사람들도 향락과 과소비에 대한 욕구를 갖기는 마찬가지다. 그들은 정당한 방법으

로는 자신들의 욕구를 충족시킬 길이 없는 까닭에 범죄에 해당하는 비상수
단에 호소한다. 옛날에는 극히 예외적인 현상이었던 강력 범죄가 일상적 사
건이 되었고, 특히 청소년들의 범죄가 심각한 지경에 이르고 있다. 마약 복
용자의 숫자가 날로 늘어나는 현상도 같은 맥락의 사회악으로 볼 수 있을 것
이다.

물질생활이 좋아졌음에도 불구하고 정신생활은 도리어 나빠진 이 모순의
근원은, 사회구조의 부당성에 있다고 일부의 대학생들은 판단하였다. 따라
서 그들은 현재 한국의 사회구조를 전복하는 것만이 저 모순을 극복하는 길
이라고 믿는 동시에, 부분적 개조가 아닌 전폭적 혁명을 외치고 나섰다. 혁
명 뒤에 건설될 사회의 모범을 그들은 사회주의 내지 공산주의의 그림에서
찾았다.

근년에 나타난 동구(東歐)의 변혁이 마르크스주의를 절대적 신뢰로써 믿
어 온 젊은 혁명론자들에게 어떤 태도 변화를 가져올지에 대해서 단정적으
로 말하기는 어려울 것이다. 마르크스주의 그 자체의 타당성에는 의심의 여
지가 없다고 계속 믿는 사람도 있을 것이고, 반신반의하는 태도로 역사의 진
전을 주시하는 사람도 있을 것이다. 다만 한 가지 분명한 것은, 마르크스주
의에 대한 그들의 믿음에 변화가 오든 오지 않든 간에, 그들이 오늘의 한국
현실을 긍정적으로 받아들이지는 않으리라는 사실이다.

2. 인류의 공동 과제

산업화 과정에서 한국이 경험하고 있는 어려운 문제들을 오직 한국만의
것이라고 보기는 어렵다. 한국이 겪고 있는 어려운 문제들과 한국의 민족적
역사적 특수성 사이에 어떤 인과관계가 있으리라는 것을 부인할 생각은 없
다. 그러나 오늘의 한국은 전 세계로 연결되어 있으며, 오늘의 한국이 당면

하고 있는 문제들은 많은 경우에 세계적인 문제이기도 하다. 한국이 겪고 있는 많은 문제들은 세계의 다른 여러 나라들도 함께 겪고 있거나 앞으로 겪을 가능성이 높은 문제들이다.

심한 개인주의적 생활 태도로 인하여 각자가 외톨이가 되고, 심한 경우에는 남을 밀어제치는 이기주의에까지 이르는 현상은 한국만이 경험하는 현실은 아니다. 집단주의가 범하기 쉬운 비리와 불합리에 대한 반발적 대응으로서 나타난 개인주의가, 반대의 극(極)으로 지나치게 달림으로써 새로운 문제를 일으킨 곳은 본래 서구의 선진국들이다. 개인주의와 이기주의는 이론상으로 구별할 수 있는 두 가지의 인생관이다. 그러나 서구의 개인주의자들이 이기주의로의 이행을 실천적으로 막는 데 만족스럽게 성공했다고 보기는 어려운 것이다.

소유의 극대화 또는 향락의 극대화를 삶의 목표로 삼는 생활 태도는 자본주의와 불가분의 관계를 가졌다. 소유의 극대화 또는 향락의 극대화를 삶의 목표로 삼는 생활 태도가 한국인에게 고유한 것으로 보기는 어려우며, 그것은 자본주의의 영향을 받은 여러 나라 사람들에게 공통된 생활 태도라고 볼 수 있다. 따라서 소유의 극대화 또는 향락의 극대화를 목표로 삼는 사람들의 치열한 사회 경쟁에 따르는 갈등의 문제, 돈과 향락 따위의 외면적 가치에 대한 지나친 욕망으로 인한 인간적 내지 내면적 가치의 위축의 문제들도, 한국인만의 문제가 아니라 세계의 여러 나라 사람들이 공통으로 겪는 문제라고 보아야 할 것이다.

공업화에 수반하는 환경오염의 문제가 전 세계의 문제임은 두말할 필요도 없다. 공기와 물과 토질의 오염 문제는 이제 세계 모든 사람들의 문제이며, 공기와 물은 국경선을 넘어서 이동하는 것이므로, 환경오염의 문제는 본질적으로 국가를 초월한 인류 전체의 문제다.

강력 범죄의 문제, 마약 복용에 관련된 심각한 문제들, 성도덕의 문란과

에이즈(AIDS)의 문제들도 한국이 근원지가 아니다. 그것들의 대부분은 산업 선진국에서 일어나기 시작해서 한국에 흘러들어 온 문제들이며, 세계 전체로 퍼져 가고 있는 문제들이다. 특히 마약의 제조와 밀수 그리고 그 복용에 관련된 문제들은 국경을 넘어서는 문제들이며, 타락한 성문화와 에이즈의 문제도 국적 또는 국경을 따지기 어려운 문제들이다.

현재 자본주의 국가들의 사람들이 가지고 있는 것과 같은 종류의 윤리적 문제들을, 소련과 동구의 여러 나라 또는 중국도 똑같이 가지고 있다고 말하기는 어려울 것이다. 그러나 그동안 사회주의 내지 공산주의를 신봉했던 나라들은, 지나친 빈곤이 견디기 어려워 자본주의 국가들의 경제적 '발전'을 부러워하고 있다. 그들도 이제는 자유 시장 제도를 도입함으로써 경제적 난제(難題)를 해결하고자 꾀한다. 그러나 자본주의 국가들이 그 경제 발전 과정에서 경험한 부정적 측면을 끌어들이지 않으면서 자유 시장 제도의 좋은 점만을 살리는 길이 무엇인지는 아직 막연하다.

경제와 경영, 문화와 생태(生態) 등에 있어서 국경의 중요성이 점점 줄어드는 시대에 우리는 살고 있다. 좋은 일이든 나쁜 일이든, 한 나라에서 생긴 중대한 사건은 곧바로 다른 나라들에 영향을 미치고 있다. 오로지 한 나라에만 국한된 문제는 거의 없으며, 각국의 문제는 동시에 세계 전체의 문제가 되기도 한다. 앞으로 다가오는 시대는 전 인류가 힘을 합하여 공동으로 안고 있는 과제를 함께 해결해야 할 시대, 국경을 초월하는 크고 넓은 마음이 요구되는 시대다.

그러나 실제로는, 각국이 자기 나라의 이익을 추구하기에 급급한 국가주의(nationalism)에 머물러 있는 것이 오늘의 현실이다. 제2차 세계대전이 끝난 뒤 45년 동안에 한반도, 베트남, 중동, 아프가니스탄, 남미 등 여러 지역에서 명분 없는 전쟁이 자주 일어났으며, 지구 전체가 평화를 누린 때는 거의 없었다. 무기에 의존하는 전쟁이 없는 지역에서는 경제의 패권 또는 기술의 패권을 노리는 새로운 형태의 전쟁이 일어났고, 그것은 지금도 계속되고 있다. 발전 도상에 있는 나라들 또는 이미 발전한 나라들은 각각 그 나라의 형편에 따라, 보호무역정책을 쓰기도 하고 혹은 무역 압력을 가하기도 하여 각각 자기 나라 이익을 확보하기에 여념이 없다.

이기주의적 태도에서 오는 대립은 국가 내부에서도 일어난다. 같은 국가 안에서도, 여러 집단이 각각 자기 집단의 이익을 우선적으로 확보하기 위해 다른 집단에 대하여 배타적 태도를 취한다. 같은 집단에 속하는 개인들은 다시 각자의 이익을 우선적으로 확보하고자 하는 까닭에, 동일한 집단 안에서도 또 대립과 갈등이 생긴다. 어떤 경우에나 작은 '나' 또는 부분에 대한 애착에 밀려서 '우리' 또는 전체에 대한 배려가 무력화하는 경향을 보인다.

마르크스의 공산주의가 성공하기 위해서는 '나'보다도 '우리'를 우선시하는 집단적 인간상의 출현이 요구되었다. '나'의 행복을 우선적으로 추구하는 개인주의적 자아의식을 넘어서지 않는 한, 집단농장 또는 국영 공장에서의 생산성이 상승하기를 기대하기는 어렵다. 오늘의 개인주의적 인간상을 낳게 한 근본 원인이 사유재산에 있다고 판단한 마르크스는, 모든 생산재를 국유화하는 새로운 제도만 확립하게 되면, '나'와 '우리'를 동일시하는 새로운 인간상이 자연히 형성되리라고 전망하였다. 경제 제도가 인간상을 결정한다고 믿었던 것이다.

그러나 공산주의 사회의 건설을 위해서 혁명을 일으킨 모든 나라들에 있어서, 생산재의 국유화는 도리어 생산성의 저하를 초래하였다. 경제의 외형적 제도를 바꾸는 것만으로 새 인간상의 실현이 이루어지기는 어렵다는 것이, 역사적 실험의 결과로 밝혀진 셈이다. 제도와 인간 사이에는 불가분의 관계가 있기 마련이며, 인간의 혁명 없이 제도의 참된 혁명에 성공할 수 없다는 사실, 즉 인간이 제도보다도 더욱 근본적이라는 사실을 통찰함에 있어서, 마르크스는 플라톤의 지혜를 따르지 못했던 것이다.

사회주의 또는 공산주의를 위한 역사적 실험이 실패했다는 사실이 자본주의의 성공을 의미하는 것은 아니다. 생활필수품의 결핍에 시달리는 사회주의 국가의 사람들이 자본주의 선진국의 풍요를 우선은 부러워할 것이다. 그러나 그들이 만일 자본주의 사회가 안고 있는 이면의 문제들을 충분히 알게 된다면, 오늘의 자본주의 선진국을 단순한 모방의 대상으로 삼는 삶의 길이 과연 옳은 길이냐에 대해서 다시 생각하지 않을 수 없을 것이다.

　고르바초프의 페레스트로이카와 글라스노스트가 어떠한 결과를 가져올지, 동구의 민주화 운동이 어떠한 형태로 전개될 것인지에 대해서 확실한 예측을 하기는 어려울 것이다. 그리고 이제까지 자본주의에 입각한 민주주의 노선을 걸어온 나라들이 어떠한 수정 내지 개혁의 길을 선택할 것인지도 앞으로 주의 깊게 지켜봐야 할 문제다. 다만 거의 확실하다고 생각되는 한 가지 예측이 있다. 세계의 여러 나라들이 어떠한 정치체제 또는 경제 제도를 선택한다 하더라도, 사람들이 현재의 자기중심적 생활 태도를 버리지 않는 한, 자연환경의 파괴, 인간과 인간의 갈등 등 현대가 당면한 공동의 과제를 해결하기는 어려우리라는 예측이다.

　또 한 가지 거의 확실한 것이 있다. 사람들이 소유의 극대화 또는 향락의 극대화를 삶의 최고 목표로서 추구하는 가치관을 고수하는 동안, 자기중심적이며 배타적인 생활 태도를 벗어나기는 어려우리라는 사실이다. 바꾸어 말하면, 소유나 관능적 쾌락의 향유와 같은 외면적 가치보다는 인격과 교양, 학문과 예술, 사랑과 우정, 자유와 평화 등 내면적 가치를 우선적으로 추구하는 가치관의 전환이 있을 때, 비로소 '나'와 '우리'를 동일시하는 가운데 배타적 이기주의를 초월한 생활 태도로써 현대 인류가 당면한 공동의 문제를 해결할 수 있는 길이 열릴 것이다.

3. 가치관과 가치관 교육

한 국가 또는 사회가 일정한 시기에 가지고 있는 재물, 권력, 지위, 관능적 쾌락 등 외면적 가치는 그 총량이 대체로 한정되어 있다. 예컨대, 한국이 1990년에 보유하고 있는 재물은 그 총량이 대체로 정해져 있으며, 고급 관리나 국회의원의 자리도 일정한 숫자 이상으로 증설하기가 어렵다. 그뿐만 아니라, 소유와 향락 등 외면적 가치에 대한 현대인의 욕구는 적절한 선에서 멈추지 않고 점점 커가는 경향을 가졌다. 그러므로 외면적 가치를 둘러싼 사람들의 경쟁은 치열한 양상을 띠게 되며, 서로의 이해관계가 대립하는 까닭에 공동의 목표를 위해서 협동하기가 어렵다.

한편 고매한 인격, 학문과 예술, 사랑과 우정, 자유와 평화 등 내면적 가치에 속하는 것들은 사람들의 노력 여하에 따라 그 총량을 크게 늘릴 수가 있다. 그러므로 이들 내면적 가치를 획득 내지 성취하기 위해서는 굳이 남을 밀어낼 필요가 없다. 바꾸어 말하면, 사람들이 어떤 내면적 가치의 획득 내지 성취를 삶의 최고 목표로 삼을 경우에는 대부분이 그 뜻을 이룰 수 있는 가능성이 생기며, 공동의 과제 달성을 위해서 크게 단결하며 협동할 수 있는 여건이 형성될 것이다.

내면적 가치보다 외면적 가치가 경쟁성이 약하다는 사실만으로, 후자보다도 전자를 선호하는 생활 태도가 바람직하다는 주장을 뒷받침하기는 불충분할 것이다. 만약 경쟁성의 문제를 떠나서 가치 그 자체만을 비교할 때는 외면적 가치가 내면적 가치보다 더 소중하다고 볼 수 있다면, 내면적 가치를 삶의 최고 목표로 삼아야 한다는 주장이 적어도 경쟁력이 강한 사람들에게는 설득력을 갖기 어려울 것이다.

그러나 가치들 그 자체의 중요성을 비교해 보더라도, 외면적 가치가 내면적 가치보다 우위(優位)를 차지해야 마땅하다고는 생각하기 어렵다. 가치 비교의 척도로서 우리는 가치의 지속성(durability), 가치가 사람들에게 베풀 수 있는 혜택(benefit)의 범위와 크기, 가치의 목적성과 수단성 등을 생각할 수 있거니와, 이들 어느 척도로 재더라도 내면적 가치를 외면적 가치보다 높이 평가해야 한다는 결론을 얻게 될 것이다. 다만 가치가 주는 만족감의 강도(intensity)를 기준으로 비교할 때는, 외면적 가치에 높은 점수를 주어야 한다는 주장이 유리하게 될 것이다. 그러나 이 한 가지 척도의 힘이 다른 척도들의 힘을 합한 것보다도 더 강하리라고는 생각되지 않는다.

만약 모든 사람들이 개체보다도 집단을 우선적으로 위하고 부분보다도 전체를 더 위하는 새로운 유형의 인간상이 출현한다면, 만약 전 인류가 한 무리의 꿀벌처럼 하나로 뭉치고 지구 전체가 하나의 벌집같이 될 수 있다면 인간 상호간의 갈등의 문제나 자연환경의 오염 문제는 무난히 해결될 수 있을 것이다. 그러나 인간 사회가 꿀벌의 사회와 같은 정도의 유기적 집단이 될 수 없다는 것은, 플라톤과 마르크스의 이상을 아무도 실현하지 못한 지난날의 역사에 의해서 밝혀졌다고 보아도 무방할 것이다. 적어도 가까운 장래에는 개인주의적 자아의식을 완전히 초탈한 인간상이 실현되리라고 기대하기 어렵다.

우리가 현 단계에서 생각할 수 있는 것은, 개인적 자아를 완전히 초탈한 인간 사회가 아니라, 여러 개인들의 인생 설계의 조화로운 실현을 가능하게 하는 민주주의적 공정 사회다. 우리가 현 단계에서 기대할 수 있는 것은, 전 인류가 충성을 다하며 그 품 안에서 안주할 수 있는 하나의 세계 국가를 건설하는 일이 아니라, 여러 나라들이 독립을 유지하면서 서로 돕는 가운데 인류 전체의 고향인 지구를 깨끗하게 유지하는 일이다.

개인들이 각각 어떤 내면적 가치를 최고의 목표로 삼는 삶의 설계를 세우는 것만으로, 민주주의적 공정 사회가 실현되기는 어려울 것이다. 그 밖에도 여러 가지 덕을 갖춘 사람들의 많은 출현이 요구된다. 예컨대, 합리성, 공정, 성실, 협동, 근면, 절약, 용기 등의 덕을 갖춘 사람들이 사회의 지배 세력을 이룰 수 있을 정도로 많이 출현해야 할 것이다.

위에서 언급된 바와 같은 가치관 및 덕을 갖춘 사람들이 저절로 다수 배출되지는 않을 것이다. 그렇게 되기 위해서는 바람직한 의식구조의 형성에 적합하도록 사회의 구조적 모순도 시정되어야 할 것이고, 가치관 교육과 도덕 교육을 포함한 인간 교육의 적절한 실천이 있어야 할 것이다. 여기서 생기는 철학적 문제의 하나는, 피교육자의 인격에 대한 간섭을 포함하기 마련인 '인간 교육'이라는 것이 도대체 정당화될 수 있느냐 하는 문제다. 다시 말해서, 인간 교육을 위해서는 앞으로 실현하고자 하는 '인간'의 청사진이 요구되거니와, 자기 아닌 타인에 관해서 실현하고자 하는 인간상의 목표를 설정할 권한이 교육자 측에 있느냐 하는 인권론적 문제가 여기 생긴다.

전체주의 인간관에 입각하여 개인은 집단의 목적을 위해서 봉사해야 한다는 견지에 선다면, 저 인권론의 문제는 생기지 않을 것이다. 그러나 현대 또는 가까운 장래는 전체주의 인간관을 전제로 삼고 교육의 문제를 다룰 수 있는 시대가 아니며, 따라서 우리는 개인을 자유의 주체로 보는 견지에서 이 문제에 대답해야 할 것이다. 개인을 자유의 주체로 보는 인간관에 입각할 때, 실현하고자 하는 인간상의 목표를 본인 이외의 사람이 정할 수 있는가?

우리들의 생활에도 사생활의 측면과 공공 생활의 측면이 있다. 아무리 개인이 자유의 주체라 하더라도 그의 공공 생활의 측면이 요구하는 규범의 제약을 거부할 수는 없다. 그러므로 공공 생활의 측면이 요구하는 규범에 순응하기 쉽도록 도덕 교육 내지 가치관 교육을 베푸는 것은 자유 또는 인권에 대한 침범이 아니다. 다시 말해서, 우리는 서로 공공 생활의 규범을 지켜 줄 것을 요구할 권리가 있으며, 이 규범에 순응하기 쉽도록 교육을 베푸는 것은 인권의 침해에 해당하지 않는다.

그러나 아직도 문제는 남아 있다. 공공 생활의 규범 즉 사회규범의 타당성의 문제가 남아 있다. 교육자의 위치를 차지한 사람들이 믿고 있는 사회규범이 피교육자의 위치에 놓인 사람들이 믿는 그것과 일치할 경우에는 문제가 없을 것이다. 그러나 바람직한 사회에 대한 사람들의 신념이 일치하지 않을 경우에는 타당성을 가진 사회규범에 대한 신념에도 불일치가 생기기 마련이며, 이 경우에는 누구의 신념을 따라서 교육의 목표를 정할 것이냐 하는 문제가 생긴다.

지금 우리가 부딪치고 있는 문제는 바람직한 사회의 제도 내지 구조에 대한 사회철학의 문제와 직결된다. 이 문제에 대해서 여기서는 다만 한두 가지 암시를 언급하는 것만으로 이 글의 끝마무리를 대신하고자 한다.

바람직한 국가 또는 사회에 대한 이상적인 그림을 제시한 철학자들이 있었고, 또 앞으로 새로운 이상도(理想圖)를 제시하는 사람이 나타날 수도 있을 것이다. 그러나 이들 이상도는 우리가 요원한 장래에 실현하기를 바라는 먼 목표 또는 우리가 지향해야 할 방향을 정하는 데는 도움이 될 것이나, 우리가 가까운 장래에 실현하기를 기대하는 목표를 정하거나 이 시대에 실천하고자 하는 인간 교육의 프로그램을 짜는 데는 별로 쓸모가 없을 것이다.

이상적인 국가 또는 사회에 대한 그림이 아름다울수록, 그 그림에 가까운 국가나 사회를 실현함에 참여할 사람들의 의식 수준이 높아야 한다. 현존하는 사람들의 의식 수준으로서는 감당하기 어려울 정도로 너무 높게 목표를 설정할 경우에는 큰 실패를 가져올 염려가 많다. 마르크스의 공산주의가 역사적 실험에서 실망스러운 결과를 초래하게 된 가장 큰 원인은, 그 실험에 참여한 사람들의 의식 수준이 마르크스가 생각한 사회를 건설하기에는 너무 낮았다는 사실에 있었다고 나는 믿는다.

우리는 지금 21세기를 바라보는 시점에서, 우리가 건설해야 할 사회와 그 건설에 적합한 사람들을 길러 내는 문제를 생각하고 있다. 그리고 장차 건설하고자 하는 목표를 설정함에 있어서는, 그 건설에 참여할 사람들의 가치관과 사고방식 등을 포함한 의식 수준의 현실을 깊이 고려해야 한다는 점을 언급하였다. 여기서 우리가 다시 생각하게 되는 것은, 세계에는 역사와 전통이 다른 여러 국가가 있으며 각국 사람들의 가치관과 사고방식 그리고 의식수준에도 차이가 현저하다는 사실이다. 이 시점에서 우리가 얻게 되는 첫째 결론은, 가까운 장래에 건설하기를 희망하는 국가의 청사진과 그 건설이 요구하는 사람들을 길러 내는 교육의 프로그램은, 각국의 사정에 따라 결정함이 마땅하다는 그것이다.

그러나 이 장 2절에서 이미 언급된 바와 같이, 오늘의 세계는 국경선과 국적이 갖는 의의가 점점 줄어드는 추세를 보이고 있으며, 인류는 광범위하고 긴밀한 협동을 통해서 해결해야 할 공동의 과제를 가지고 있다. 그러므로 세계의 여러 나라들은 각각 그 나라의 특수성에 따라 정치와 경제, 문화와 교육 등에 관한 이정표를 세우되, 각 단계의 목표로 접근하는 과정에서 인류와 세계 전체가 당면하고 있는 공동의 과제와 이를 위한 국경을 초월한 협동의 요청도 깊이 고려해야 할 것이다.

자유의 요구와 평등의 요구를 조화시키는 문제, 노력하는 모든 사람들에게 보람과 행복의 길을 열어 주는 문제, 지나친 사회 경쟁에서 오는 인간적 갈등과 고독을 극복하는 문제, 마약과 성병 그리고 범죄로부터 사회를 구하는 문제, 핵전쟁의 위협으로부터 인류를 구하는 문제, 공업화와 도시화에 의하여 파괴되고 있는 지구를 자원의 고갈과 오염의 위협으로부터 지키는 일 등은 오늘의 세계가 공동으로 안고 있는 보편적 과제의 대표적인 것들이다. 세계의 역사 발전에 대하여 영향력을 가진 여러 나라에서 지도적 위치에 있는 인사들은, 각각 자기 나라의 문제 해결을 꾀하는 과정에서도 항상 저 세계와 인류의 공통 과제를 염두에 두어야 할 것이다.

(1990)

2. 분단 상황과 철학자의 임무

1. 분단 상황과 통일

고래로 철학자들은 개별적인 문제보다도 보편적인 문제에 관심을 기울였다. 그들은 시간과 공간의 제약을 받지 않는 보편적 진리를 탐구하였고, 특수한 시대나 특수한 지역의 문제보다도 연면히 흐르는 역사의 문제 또는 전체로서의 세계의 문제를 다루는 것이 그들 본연의 임무라고 믿는 경향이 있었다. 이러한 믿음은 현대의 철학자들에게도 살아 있으며, 넓은 시야(視野)를 잃지 않는 것이 철학하는 태도의 필수 조건이라는 것은 '철학'이라는 개념 그 자체에 포함된 기본 전제라고 하여도 과언이 아닐 것이다.

현대를 '초국가 시대(transnational era)'라고 특징지은 사람이 있다. 아직도 각기 자기 나라의 국익(國益)에 집착하는 종전의 추세에 근본적 변화가 왔다고는 말하기 어려우나, 지구가 날로 좁아지고 있으며 전 인류가 같은 이해관계의 끈으로 연결되고 있음에는 의심의 여지가 없다. 천연자원의 고갈과 생활환경의 오염 그리고 인구의 증가와 가난한 나라의 굶주림 등의 전 세계적인 문제가 심각하게 제기되고 있다. 이러한 시대적 상황을 염두에 둘

때, 특히 현대의 철학자들은 국가와 민족의 문제를 넘어서서 세계와 인류의 문제로 관심을 돌려야 한다는 주장이 일차적 타당성을 가질 것이다.

그러나 한반도에 뿌리를 둔 우리 한민족 철학자들은 세계와 인류의 문제를 생각하기에 앞서서, 우리 민족과 우리 국가의 문제를 골똘히 생각하지 않을 수 없는 처지에 놓여 있다. 근세 이후에 우리 민족이 겪어 온 불행한 역사가 우리들에게 남다른 과제를 안겨 준 것이다. 우리의 전공이 형이상학이든 인식론이든, 윤리학이든 논리학이든, 또는 그 밖의 어떤 분야이든 우리가 '철학자'로서 자처하는 이상, 우리는 역사가 우리에게 안겨 준 이 남다른 과제를 외면하지 못할 것이다.

제2차 세계대전이 끝나고 일제로부터 풀려났을 때, 우리는 우리 민족의 불행에 종지부가 찍힌 것으로 믿고 환호했다. 그러나 그것은 새로운 불행의 시작에 불과했다. 이 나라의 주인인 우리들 자신의 의사와는 전혀 무관하게 강대국의 횡포로 결정된 국토의 분단이 초래한 비극적 결과를 이 자리에서 조목조목 따지며 되씹을 필요는 없을 것이다. 이 자리에서 우리가 해야 할 일은, 반세기에 걸친 국토의 분단으로 빚어진 우리들의 문제 상황을 정확하게 인식하고, 이 문제 상황의 극복을 위해서 우리들 한민족의 철학자가 어떠한 구실을 해야 하는가 하는 물음을 앞에 놓고 성실하고 기탄 없는 의견을 나누는 일이라고 생각한다.

우리들의 문제 상황을 심히 난처한 것으로 만든 가장 큰 요인은, 분단된 한반도의 남쪽을 맡은 미국과 그 북쪽을 맡은 소련이 상반된 이데올로기와 상반된 체제로 대립한 두 강대국이었다는 사실이다. 남쪽에 진주한 미군은 미국이 표방하는 이데올로기에 따라서 '자유민주주의'의 겉모습을 갖춘 정치제도와 그 정권을 이쪽에 세웠고, 북쪽에 진주한 소련군은 소련이 표방하는 이데올로기에 따라 '공산주의'의 겉모습을 갖춘 제도와 그 정권을 그쪽에 세웠다. 만약 두 강대국의 군대가 장소를 바꾸어서 진주했더라면, 남쪽에 공산주의 정권이 세워지고 북쪽에는 자본주의 정권이 세워졌을 것임이 거의 확실하다. 이는 우리 한민족의 견지에서 볼 때, 지금 우리 국토의 남과 북을 극도의 긴장 상태로 몰고 간 두 가지 이데올로기의 대립이 우리에게는 다분히 타의적(他意的)이고 우연적임을 의미한다.

남과 북의 선택은 그 시발점에서는 비록 타의적이고 우연적이었으나, 반세기의 세월이 흐르는 가운데 그것이 마치 우리 자신의 자주적 선택이었던 것처럼 느끼게 되었고, 이 선택의 결과로서 생긴 남과 북의 현실을 온갖 가치판단의 기준으로서 각각 존중하고 있는 실정이다. 이 엄청난 사실을 철학하는 사람으로서 우리들은 깊이 성찰하고, 원점으로 돌아가 우리의 현실을 냉철하게 재평가하는 작업을 해야 할 것이다.

해방 전까지 우리 민족은 하나로 살았고, 우리의 남과 북은 언어, 풍습, 가치관 등을 포함한 문화 전반에 걸쳐 별로 큰 차이를 보이지 않았다. 그러나 분단의 반세기 동안 상반된 체제 밑에서 살아오는 가운데, 우리의 남과 북은 서로 다른 방향으로 크게 변화하였다. 현격한 차이를 가진 두 가지 사회구조는 사람들의 의식구조에 심각한 영향을 끼치기 마련이었고, 그 결과로서 남에서 우세한 가치관 내지 사고방식과 북에서 우세한 가치관 내지 사고방식에 커다란 격차가 생기게 되었다. 심지어 언어까지도 남과 북 사이에 상당한 차이가 있는 것이 오늘의 현실이다. 이러한 차이가 심각한 문제점으로서 과거 어느 때보다도 절실하게 지금 우리에게 다가오는 까닭은, 우리가 이제 '통일'의 문제를 당면한 현실 문제로 다루어야 할 시점에 와 있다는 사실에 연유할 것이다.

통일에 대한 논의는 작금에 비롯된 것이 아니며, 오래전부터 여러 가지 주장과 의견이 표명되기도 하고 논쟁의 대상이 되기도 하였다. 그러나 그전에 있었던 통일에 대한 발언은, 무력에 의한 일방적 통일의 의지를 표명하는 것이거나 정치인들의 말씨름 또는 소박한 국민의 감상적 희망의 표출에 가까운 것이었다. 그러나 최근에 이르러 사정이 크게 달라졌다. 남과 북 사이의 긴장이 점차 완화되어 가고 있는 추세를 보이는 가운데 불신의 벽도 조금씩 낮아지고 있으며, 평화적 통일의 전망이 보이기 시작한 것이다.

언어와 혈통이 크게 다른 여러 민족이 하나의 국가를 형성하는 사례도 많은 시대에, 언어와 혈통이 같고 오랫동안 하나로 살아왔던 우리 민족이 강대국이 무책임하게 갈라 놓은 분단의 상태를 그대로 유지한다는 것은 사리에 맞지 않는다. 통일은 우리의 절대적 과제가 아닐 수 없다. 벌써 우리는 통일했어야 마땅하나, 여건이 성숙하지 않아서 이제까지 미루어 왔을 따름이다.

통일이 절대적 과제임에는 틀림이 없으나, 이 과제의 수행을 위하여 지나치게 많은 희생과 대가를 치르는 것은 바람직한 일이 아니다. 동족상잔의 무력 통일을 남쪽이 원하지 않는 것도 바로 그 때문이다. 통일을 하되 모두가 만족할 수 있는 결과를 초래하는 그런 방식을 우리는 염원하고 있다. 우리 세대와 우리 후손에게 행복과 번영을 약속하는 통일의 방안을 강구하는 것이, 우리들의 공동 과제이고 우리 민족의 역사적 사명이다.

통일의 대가가 결코 만만치 않다는 것은 독일의 통일이 겪고 있는 후유증으로 미루어 능히 짐작할 수가 있다. 통일을 성취한 독일이 겪고 있는 불만스러운 현실은 아무도 예상하지 못한 것이었다. 서독은 자본주의 체제를 성공적으로 운영한 나라이고, 동독은 사회주의 체제를 비교적 무난하게 운영한 나라다. 서독은 무역 흑자가 세계 제2위인 나라였고, 동독은 동구에서 제1위의 경제력을 가진 나라였다. 단적으로 말해서, 독일의 경우는 통일에 소요되는 막대한 비용을 감당할 만한 실력을 갖추었다고 볼 수 있는 강점을 가지고 있었다. 그럼에도 불구하고 통일을 성취한 뒤의 독일은 동과 서 양쪽 사람들 모두 크게 불만스러울 정도의 심각한 문제와 갈등에 시달리고 있다.

독일에 비하여 우리는 더 많은 어려움을 안고 있다. 경제력에서 남한은 서독보다 훨씬 빈약하고, 북한은 동독보다도 더욱 빈약하다. 6·25 전쟁을 비롯해서 많은 불상사가 있었던 까닭에, 분단의 벽도 우리의 경우가 더 높이 가로놓였다. 그래도 통일은 우리 모두의 염원이며, 최소한의 대가를 치르고 최소한의 후유증을 남기도록 슬기로운 통일을 이룩하는 것이 우리 민족의 크나큰 과제다. 이 과제의 달성을 위해서 우리 한민족 철학자들이 맡아야 할 임무가 적지 않을 것으로 보인다.

2. 극복해야 할 현실: 남한의 경우

우리가 민족적 통일을 순조롭게 달성하기 위해서 먼저 해야 할 일이 있다. 오늘의 남한이 가지고 있는 모순과 비리, 그리고 오늘의 북한이 가지고 있는 모순과 비리를 그대로 놓아두고는 통일의 실현이 어려울 것이며, 설령 통일이 된다 하더라도 그 결과가 만족스럽지 못할 것이다. 그러므로 우리가 통일의 정지(整地) 작업으로서 우선 해야 할 일은 남과 북의 현실이 각각 안고 있는 모순과 비리를 되도록 축소하는 일이 아닐 수 없다.

첫째로 우선 해야 할 일은 우리의 현실이 안고 있는 문제점을 정확하게 파악하는 일이고, 둘째로 해야 할 일은 오늘의 현실을 고쳐 나가는 데 지침(指針)의 구실을 할 원칙을 정하는 일이며, 셋째로 해야 할 일은 개혁의 구체적 방안을 강구하여 실천에 옮기는 일이다. 이 세 단계의 일을 수행하는 데 철학자가 맡아야 할 임무가 적지 않으며, 특히 첫째 단계와 둘째 단계에서 철학자들의 비판적 안목과 먼 앞날을 내다보는 통찰력이 제구실을 해야 할 것이다.

남한의 현실을 비판하고 진단하는 일은 남한의 실정을 잘 아는 남한의 철학자들이 일차적으로 맡아야 할 것이다. 북한의 현실을 비판하고 진단하는 일은 북한의 실정을 잘 아는 북한의 철학자들이 일차적으로 맡아야 할 것이다. 서로 대상을 바꾸어서 비판하고 진단하는 일은, 정보의 교환이 더욱 자유롭게 되고 어느 정도 상호 신뢰의 분위기가 성숙한 뒤에 본격적인 작업에 들어가도 과히 늦지 않을 것이다.

남한의 경우는 고쳐야 할 잘못된 점이 무엇인지 어느 정도 그 윤곽이 파악되고 있다. 그 파악에 모든 사람들이 참여하고 있다고 보기는 어려우며 그 파악이 피상적 단계에 머물고 있는 경우도 적지 않으나, 철학을 하는 사람들 사이에서는 현실에 대한 반성이 어느 정도 합의(合意)에 접근하고 있다. 앞으로 남은 과제는 현실에 대한 인식을 더욱 심화하는 일과, 그 인식을 전파함으로써 실천의 역량을 기르는 일이라고 생각된다.

최근 약 30년 동안에 남한의 경제가 괄목할 만한 발전을 이룩했다는 것은 부인하기 어려운 사실이다. 연명을 초근목피(草根木皮)에 의존하는 사람은 거의 없으며, 딸의 결혼에 이불 한 채 못해 주는 것을 마음 아파 하는 부모도 거의 없다. 판잣집에 사는 달동네와 두메산골 농촌에까지 텔레비전과 냉장고가 보급되고 있으며, 국산차가 각지의 길을 메우고 있다. 물질의 풍요와 발맞추어 몸도 크게 편해졌다. 무거운 짐을 지게로 지어 나르던 고역을 경운기가 대신하게 되었으며, 시장 또는 면사무소에 다녀오자면 네 시간 내지 다섯 시간은 걸어야 했던 고역을 버스가 덜어 주게 되었다.

그러나 물질생활의 풍요가 정신생활의 풍요로 이어지지는 않았으며, 몸이 편해짐에 따라서 마음도 편안하게 되지는 않았다. 지난날에 비하여 정신생활은 도리어 빈곤해졌다는 느낌을 가질 경우가 많으며, 옛날에는 몰랐던 '마음고생'이 가진 자와 못 가진 자 모두를 괴롭히고 있다. 옛날 사람들은 물질의 가난 속에서도 정서의 풍요를 나누며 살았으나, 요즈음 사람들은 물질의 풍요 속에서 각자의 둘레에 성을 쌓고 각각 외톨이로 살고 있다. 상호 불신과 상호 견제 속에서 마음의 평화를 잃고 긴장만 거듭하는 것이, 오늘의 우리들이 갖는 사회생활의 특징이다.

물질생활의 풍요가 정신생활의 빈곤으로 이어지는 우리들의 역설적 상황의 주요 원인으로서, 많은 사람들이 사회구조의 잘못과 의식구조의 잘못을 지적하였다. 사회구조의 잘못과 의식구조의 잘못 사이에 어떤 인과관계가 있으며, 잘못된 사회구조와 잘못된 의식구조의 핵심이 무엇인가를 정확하게 진단하는 일은 앞으로의 과제로서 남아 있다. 이 과제를 탐구하는 공동 작업에도 철학자의 참여를 요청하는 부분이 적지 않을 것으로 보인다.

남한 사회의 구조적 문제점은 대체로 정치와 경제 두 측면에서 지적되어 왔다. 정치적 시각으로부터 지적된 바의 핵심은, '자유민주주의'의 이름을 앞세워 놓고 실제로는 '독재'에 가까운 정치를 해온 '민주화의 실패'에 대한 비판의 소리라고 볼 수 있을 것이다. 그리고 경제적 시각에서 지적한 문제점의 핵심은 이윤 추구에 지상(至上)의 목표를 둔 자본주의적 배금사상 내지 물질 숭배가 인간의 비인간화를 초래하고 있다는 비판의 소리로 이해할 수 있을 것이다.

남한의 '자유민주주의'는 자유민주주의를 위한 자생적 기초의 준비가 없는 상태에서 갑자기 시작된 것이었다. 민주주의가 제대로 실현되기 위해서는 민주주의 사회에 적합한 마음가짐을 가진 사람들이 대다수를 차지해야 하는데, 우리의 경우는 민주주의의 규칙을 존중하는 훈련을 받은 바가 전혀 없는 사람들이 국민의 대다수를 차지하는 상태에서 출발하였다. 자유와 방종을 혼동하고 권리와 의무의 상호 관계도 모르는 사람들이 갑자기 시작한 민주주의였던 까닭에, 그 출발에서부터 많은 문제를 안고 있었다.

비록 출발 당시의 준비가 부족했다 하더라도, 그 뒤의 노력이 순조로웠다면 반세기 가까운 세월 속에서 우리는 상당한 민주 발전을 이룩할 수도 있었을 것이다. 그러나 6·25의 전란이 있었고 휴전이 성립한 뒤에도 군사적 대치 상태가 지속 되었던 까닭에, 항상 '안보'의 논리에 밀려서 '자유민주주의'의 이름에 어울리는 정치 발전은 일진일퇴를 거듭해 왔다. 전시(戰時)에 가까운 상황이 장기화했던 까닭에, 자연히 군인들이 세력을 잡게 되었던 것이다. 군인들이 정치권력을 장악하면 그 나라의 민주주의는 후퇴하기 마련이다.

그러나 1987년 이후에 남한의 정치는 새로운 계기를 마련하게 되었고, 이제는 군사독재의 조류는 일단 물러갔다고 보아도 좋을 것으로 생각된다. 앞으로는 '자유민주주의'라는 이름에 어느 정도 부합하는 정치 발전이 궤도에 오를 것으로 기대해도 좋을 것이다.

그러나 독재의 위험이 사라지고 자유민주주의의 겉모습을 갖춘 정치가 실현되는 것만으로 살기 좋은 세상이 되리라고 기대하기는 어렵다. 크고 작은 모든 제도가 자유민주주의의 형식을 갖추었다 하더라도, 그 형식 속에 자유민주주의의 근본정신이 담기리라는 보장은 없다. 그리고 '자유민주주의'라는 이름으로 불리는 이데올로기 그 자체에도 어떤 결함 또는 한계가 있을 수 있다는 사실도 잊지 말아야 할 것이다.

남한의 자본주의 경제는 민족자본의 축적과 과학 기술의 축적이 거의 없던 상태에서, 외국의 자본과 기술의 도입으로 출발하여 급성장하였다. 무(無)에서 출발하여 단시일 안에 산업화를 이룩했다는 점이 높이 평가될 수도 있으나, 바로 그 점이 문제점으로 연결되기도 한다. 그 급성장 과정에서 탄생한 한국의 재벌은 정치권력이 보호와 지원에 의존한 바 컸고, 그 의존의 대가를 정치자금 또는 뇌물성 현금으로 시불해야 했다. 막대한 경제 외적 지출을 감수하면서 급성장을 성취해야 했으므로, 남한의 기업은 공정 분배와 공해 방지 등 기업 윤리의 문제를 돌아볼 여유가 없었다. 자본주의의 생리가 본래 이윤의 극대화를 최우선 목표로서 추구하는 경향을 갖기도 했지만, 윤리를 외면한 기업의 성장에는 여러 가지 문제가 따르기 마련이다.

자본주의 경제가 건전한 발전을 이룩하기 위해서는 근면과 절약, 창의성과 기업 합리화, 공정한 분배, 환경오염의 방지 등 기본 덕목과 기본 원칙을 존중해야 한다. 그러나 우리 남한의 자본주의는 "모로 가도 서울만 가면 된다."는 분위기 속에서 자랐던 까닭에 많은 폐단을 수반하였다. 예컨대, 불로소득으로 치부를 꾀하는 기업 풍토, 조악한 제품의 생산, 불공정한 분배, 환경오염의 방치 등은 그 폐단의 대표적인 것이다.

손쉬운 방법으로 갑자기 큰돈을 벌게 된 사람들은 소비생활에서도 정도(正道)를 벗어나게 되었다. 권력의 특혜 또는 투기 등으로 졸부가 된 사람들과 그들의 가족은 돈을 물 쓰듯 했으며, 그들의 사치와 낭비의 풍조는 다른 사람들에게까지도 번져 갔다. 자원의 절약과 환경의 보호가 절실하게 요청되는 이 시대에, 사치와 낭비를 일삼는다는 것은 결코 가볍게 생각할 수 없는 어리석음이다.

자본주의 경제가 대체로 빈부의 격차를 크게 벌리는 경향이 있거니와, 우리 남한의 경우는 오로지 성장에만 주력했던 까닭에 빈부의 격차가 유난히 심하다. 이 지나친 빈부의 격차는 사람들 사이에 계층적 위화감을 조장하여 국민적 단합을 저해하고 있다. 평등에 대한 요구를 외면할 수 없는 것이 현대의 상황이라면, 공정한 분배를 통하여 빈부의 격차를 적절한 선까지 좁히는 것이 우리들의 중대한 과제의 하나가 아닐 수 없다.

남한 사람들의 의식구조의 문제점을 짧게 요약하기는 어려운 일이나, 가장 기본적이라고 생각되는 것만을 지적하고 넘어가기로 한다. 남한 사람들의 의식구조의 가장 큰 문제점은 재물과 권력 또는 관능적 쾌락 따위의 외면적 가치를 인격과 생명, 예술과 학문, 사상과 종교, 사랑과 우정, 자유와 평화 등 내면적 가치보다도 더욱 중요시하는 가치관의 전도(顚倒)에 있다. 질문서나 면접을 통한 사회조사의 통계에 따르면 내면적 가치를 더 존중하는 것으로 나타나나, 실천적 행동의 세계에서는 외면적 가치가 내면적 가치를 압도하는 것이 우리들 대다수의 생활 태도다.

외면적 가치의 우세를 '가치관의 전도'라고 부르는 까닭은, 가치론적 견지에서 볼 때 내면적 가치가 외면적 가치보다 귀중하다는 사실에 있다. 내면적 가치가 더욱 중요하다고 보는 근거를 제한된 지면을 가지고 소상하게 제시하기는 어렵다. 다만 가치의 수명, 가치가 사람들에게 줄 수 있는 혜택의 크기와 범위, 가치의 목적성과 수단성 등을 기준으로 삼고 비교할 때, 내면적 가치의 우위를 결론으로 얻게 된다는 말로 대신하고자 한다.

내면적 가치보다도 외면적 가치를 더욱 선호하는 생활 태도가 잘못된 것임은, 그러한 생활 태도가 사회 현실에 미치는 영향을 통하여 더욱 현저하게 나타난다. 다시 말하면, 외면적 가치에 지나치게 애착하는 생활 태도는, 향상된 물질생활에도 불구하고 정신생활에서는 빈곤한 우리의 현실을 초래하는 데 결정적 요인이 되고 있다. 그리고 이 사실은 우리들의 가치관에 문제가 있음을 알기 쉽게 보여준다.

한 나라가 일정한 시기에 보유하고 있는 외면적 가치의 총량은 뚜렷한 한계를 가지고 있다. (예컨대, 우리나라가 소유하고 있는 토지의 면적이나 국무위원의 수를 함부로 늘릴 수는 없다.) 그런데 외면적 가치를 삶의 최고 목표로서 추구하는 가치 풍토 속에서는, 외면적 가치에 대한 사람들의 탐욕은 자족(自足)을 모르고 한도 끝도 없이 커간다. 그러므로 여기 외면적 가치를 둘러싼 무자비한 경쟁이 불가피하게 되며, 모든 사람이 모든 사람을 물리치는 살벌한 사회 분위기가 형성된다. 따라서 공동 목표를 위한 협동이 어려워지는 동시에, 공동체의 발전과 번영은 지극히 어려운 과제로서 남게 된다. 외면적 가치에 대한 지나친 애착은 이기주의적 인간상을 형성하고, 이기주의의 범람은 공동체를 파괴한다.

여기서 우리는 매우 중대한 물음 앞에 서게 된다. "소유의 극대화 또는 향락의 극대화를 추구하는 인간상은 자본주의의 필연적 산물인가?" "인간은 어떤 경우에 이기주의를 넘어설 수 있는가?"

3. 철학자의 마음가짐

북한은 북한대로 시정해야 할 문제점으로서의 모순과 비리를 안고 있을 것이다. 그 모순과 비리의 뿌리를 파헤치고 시정의 방안을 탐구하는 일에 앞장을 서야 할 사람들은 북한의 철학자들이다. 소련과 동구의 여러 나라들이 근자에 보여주고 있는 변혁 등으로 미루어 볼 때, 북한의 현실에 어떤 문제점이 있을까에 대하여 어느 정도 짐작이 간다. 그러나 불충분한 정보만을 가지고 어설픈 지적을 시도하는 것은 적합하지 않을 것으로 보인다.

남과 북의 철학자들이 각각 자기들에게 익숙한 사회의 모순과 비리를 파헤치고 그 시정의 방안을 탐구하는 일은, 우리 민족의 과제인 통일을 순조롭게 달성하는 데 매우 중요한 구실을 할 것이다. 문제를 정확하게 진단하는 것은 그 문제의 해결을 위한 믿음직한 출발점이 될 것이다. 그리고 남과 북이 각각 그들의 사회가 안고 있는 모순과 비리를 시정하는 일에 성공할수록 우리의 통일이 순조롭게 이루어질 것이며, 그 후유증도 극소화하게 될 것이다.

현재 남과 북이 안고 있는 모순과 비리를 파헤친다 함은, 어떤 비판적 관점에서 현실을 분석함을 의미한다. 그리고 비판적 관점에서 현실을 분석하기 위해서는, 장차 건설하고자 하는 사회의 청사진 내지 전망의 원칙이 앞서야 한다. 여기서 순조로운 민족의 통일을 위하여 절실하게 중요시되는 것은, 장차 건설하고자 하는 사회의 청사진 내지 전망에서 남쪽의 시각과 북쪽의 시각이 일치해야 한다는 사실이다. 민족의 순조로운 통일을 위해서는 남과 북이 모두 변해야 하거니와, 그 변화의 방향이 같은 곳을 가리키지 않으면 순조로운 통일을 기대하기 어렵다.

장차 건설하고자 하는 우리 사회의 청사진 내지 전망의 원칙을 세우는 일은, 우리 한민족의 철학자들이 맡아야 할 중대한 임무다. 이제까지 남측의 입장에 섰던 철학자들과 북측의 입장을 지지했던 철학자들이, 우리 민족과 우리 국가의 미래상을 위해서 공통된 청사진 내지 전망의 원칙을 세우는 임무를 감당해야 하는 것이다. 이 막중한 임무를 감당하기 위해서는 한민족 철학자들이 각별히 슬기로운 마음의 자세를 취해야 할 것이다. 여기서 요청되는 슬기로운 마음의 자세가 구체적으로 어떠한 것인가를 함께 생각해 보기로 한다.

첫째, 우리는 백지(白紙)에서 출발하는 마음가짐으로 민족의 앞날을 내다보아야 할 것이다. 바꾸어 말하면, 우리가 하나였던 분단 이전의 시점으로 되돌아가서 우리의 미래를 전망해야 할 것이다. 이제까지 우리는 밖으로부터 온 상반된 이데올로기가 만들어 낸 서로 다른 사회의 서로 다른 모순과 비리 속에 살아왔으며, 모두가 다소간 이 모순과 비리에 오염되었다고 보아야 할 것이다. 이 오염으로부터 벗어나지 않는 한 우리는 순조로운 통일이 요구하는 올바른 민족의 미래상을 제시하지 못할 것이다.

둘째, 우리는 남과 북의 현실을 각각 계승해야 할 유산으로 보기보다는, 극복을 통하여 변증법적으로 종합할 부정적 매개로 보는 시각을 취해야 할 것이다. 남과 북의 현실에는 각각 보존해야 할 장점이 있을 것이다. 이 장점들은 귀중한 유산으로서 마땅히 살려야 할 것이다. 그러나 그 장점들을 살리기 위해서 반드시 현실을 전체로서 옹호할 필요는 없으며, 그것들은 현실을 부정적 매개로 삼는 변증법적 종합을 통하여 충분히 살릴 수 있을 것이다.

셋째, 우리들은 기존의 현실 속에서 이익을 발견하는 정치인들의 손아귀를 벗어나야 할 것이다. 설령 우리 자신이 기존의 현실 속에서 이익을 발견하는 계층의 주변에 속해 있다 하더라도, 우리는 모순과 비리가 가져다 주는 이익에 대해 연연하지 않도록 자신과 싸워야 할 것이다. 이것은 결코 쉬운 일이 아니다. 그러나 우리가 순조로운 통일과 바람직한 민족의 미래를 진실로 염원한다면, 논리의 일관성의 원칙이 이 어려운 길을 우리에게 지시한다. 이것은 인간이 어느 정도까지 이기심을 극복할 수 있느냐 하는 또 하나의 물음으로 연결된다. 성현이 아닌 우리들이 이기심의 극복에서 완전을 기하기는 어려울 것이다. 그러나 최선을 다할 수는 있을 것이며, 우리가 철학의 길을 선택했다는 사실이 이 문제 앞에서 최선을 다해야 할 우리들의 짐을 더욱 무겁게 만든다.

남과 북에서 기존의 체제로 인하여 남다른 혜택을 입고 있는 사람들이 그들의 기득권을 완강하게 고집하는 동안, 우리가 바라는 순조로운 통일이 실현되기는 어려울 것이다. 다시 말해서, 현재 남과 북에서 특권을 누리고 있는 사람들이 자의에 의해서든 타의에 의해서든 가진 것의 일부를 포기하지 않고서는 통일의 후유증을 극소화하지 못할 것이다. 밖으로부터의 압력에 의해서보다는 자진해서 가진 것의 일부를 포기하는 편이 바람직하거니와, 철학자들까지도 각자의 이익을 고수하는 일을 최우선의 목표로 삼는다면, 현실 속의 모순과 비리를 제거하고 새로운 길을 추구하는 일에 특권층의 적극적 참여를 기대하기는 어려울 것이다.

넷째, 우리 민족의 미래상을 구상할 때, 우리는 우리 문화의 특수성과 우리 한반도가 현재 처해 있는 특수 사정을 충분히 고려하고 존중해야 할 것이다. 우리의 특수성을 고려함이 없이 단순히 추상적인 논리를 따라서 마음껏 아름답게 그려진 이상도(理想圖)는, 실현성이 희박하다는 치명적 약점을 갖게 된다. 우리는 실현이 가능한 민족의 미래를 구상해야 하며, 그렇게 하기 위해서는 우리 자신에 대한 깊고 정확한 인식을 결론 도출을 위한 전제의 중요한 일부로 삼아야 할 것이다.

우리 민족의 미래상에는 정치와 경제의 제도는 물론이요, 학문과 예술 그리고 인간상을 포함한 문화 전반의 윤곽이 담겨 있어야 한다. 전체로서의 삶의 양식을 의미하는 문화는 전통에 뿌리를 두고 다시 창조를 추가해야 할 것이다. 그러므로 우리 문화의 발전 방향과 그 미래상을 바르게 제시하기 위해서는, 우리 민족문화의 전통과 우리 민족성의 특색을 존중하지 않을 수 없다.

다섯째, 우리 민족의 문제를 인류와 세계의 문제의 일환으로서 다루는 넓은 시야를 항상 유지해야 할 것이다. 다시 말하면, 우리가 우리 민족을 아끼는 마음이 민족적 이기주의로 흘러서는 안 될 것이며, 우리 민족을 포함한 인류 전체를 생각하는 광범위한 관심과 원대한 안목을 견지해야 할 것이다. 민족주의는 언젠가는 딛고 넘어서야 할 한계를 가진 사상이다. 우리는 개별의 문제를 넘어서서 다시 보편의 문제로 돌아감으로써 철학자 본연의 자세를 지켜야 할 것이다.

세계가 날로 좁아져 가고 있다. 어떤 나라도 단독의 힘으로는 살아남기 어려운 시대다. 인구는 기하급수적으로 늘어나고 있으며, 지구가 가지고 있는 자연 자원은 고갈의 위기에 처해 있다. 오염된 대기와 오염된 하수는 국경을 무시하고 지구 전면으로 퍼져 흘러간다. 전 인류가 힘을 다하여 하나밖에 없는 지구를 지켜야만 한다. 현대를 사는 이 땅의 철학자로서, 우리는 한편으로는 우리 민족을 사랑해야 하고 다른 한편으로는 인류 전체를 생각해야 한다.

후기: 이 글은 1991년 8월에 서울에서 열린 '제1회 한민족 철학자 대회'에서 발표한 기조 연설의 원고를 옮긴 것이다. 그 모임에는 세계 각지에서 활동하고 있는 다수의 한민족 철학자들이 참석하였고, 북한에서도 10명의 철학자를 보내겠다는 공식 통지가 있었다. 회의가 열리기 수일 전에 갑자기 못 오겠다는 북한으로부터의 통보가 와서, 결국 북한 철학자들의 참석은 불발로 그쳤다. 이 원고를 쓰면서 나는 북한 학자들의 참석을 예상하고 그들의 참석을 의식했다는 사실을 여기에 밝혀 둔다.

(1991)

3. 우리는 왜 이렇게 메말라졌는가

1. 우리들의 정신 풍토

우리 조상들은 가난한 가운데서도 마음의 여유를 가지고 느긋하게 세상을 살았다. 본래 낙천적 기질이 강했던 우리 조상들은 쪼들리는 물질생활 속에서도 풍류와 멋을 알았고, 몸의 고달픔을 해학의 웃음으로 달래는 슬기를 보이기도 하였다.

우리의 조상들은 춥고 배고픈 어려움 속에서도 서로 돕고 아끼며 오순도순 따뜻하게 산 사람들이 많았다. 농사짓는 것을 생업으로 삼은 우리 조상들은 공동 작업을 통해서 협동을 익혔고, 혈연과 지연으로 얽힌 소규모의 집단 생활 속에서 따뜻한 정을 키워 나갔다. 농사라는 것은 작업의 협동 없이는 지을 수 없는 생업이었고, 농토는 개인 각자의 소유가 아니라 가족의 공동소유였다는 사실은 우리 조상들에게 강한 공동체 의식을 심어 주었으며, 그들의 사회를 인정 많은 사회로 만드는 데 크게 기여했을 것이다.

혈연과 지연에 바탕을 둔 공동체 의식이 강했던 우리 조상들은, 마을 단위로 한데 어울려서 고락을 같이하며 정겹게 살았다. 개인 각자의 독립된 생활이 있기에 앞서서, '집안의 살림' 또는 '마을의 행사' 등 공동의 관심사가 우선적 위치를 차지하고 있었다. '내 집', '내 마을', '내 어머니'라는 말은 쓰이지 않고, '우리 집', '우리 마을', '우리 어머니'라는 말이 쓰였다는 사실이 암시하듯이, 우리 조상들의 생활 감성 속에서는 '나'보다 '우리'가 더욱 큰 비중을 차지했다.

그러나 근대화 내지 산업화의 물결이 밀려온 뒤부터 상황은 크게 달라졌다. 사회구조와 생활양식의 변화를 따라서 사람들의 의식구조와 사고방식에도 변화가 왔다. 사회구조와 생활양식의 변화가 너무나 빠른 속도로 찾아온 까닭에, 우리들의 의식구조와 사고방식은 이 급격한 변화에 미처 적응을 못하고 혼란에 빠졌다. 혼란을 겪는 가운데 생긴 의식구조와 생활양식의 변화였던 까닭에, 그 변화는 많은 문제점을 수반하였다.

산업화를 지향한 경제개발이 어느 정도 성공을 거둔 덕분에, 우리들의 물질생활은 현저하게 개선되었다. 그러나 물질생활의 개선이 반드시 정신생활의 개선을 함께 가져오지는 않았다. 물질생활의 풍요 속에서 정신생활은 도리어 빈곤해진 측면도 적지 않았다. 사람들은 마음의 여유를 잃고 항상 분주하게 살아가는 모습이 현저하며, 늙음 속에 뜻없고 지루한 시간을 보내는 사람은 많으나 느긋한 심정으로 깊은 삶을 음미하는 즐거움을 갖는 사람은 많지 않은 편이다.

낙천적이던 우리 조상들과는 달리, 오늘의 우리들은 불확실한 내일을 내다보면서 마음 한구석이 항상 불안하다. 광란에 가까운 유흥 속에서 한때를 즐기는 사람은 많으나, 조용한 기쁨 속에 멋과 풍류를 즐기는 사람은 그리 많이 보이지 않는다. 몸은 편안하나 마음은 편안하지 않은 그런 세상이다.

마음이 편안하지 않은 사유 가운데서 가장 큰 비중을 차지하는 것은, 사람과 사람의 사이가 옛날처럼 원만하지도 따뜻하지도 않다는 사실이라고 생각된다. 옛날의 우리 조상들은 어려운 가운데서도 서로 돕고 서로 아끼며 마음이 훈훈한 삶을 가지는 경우가 많았다. 그러나 오늘의 우리들은 풍요로운 물질생활에도 불구하고 상호간의 무관심 또는 갈등 속에서 냉랭하게 사는 경우가 압도적이다.

우리 조상들은 고부간의 갈등을 제외하면 그 밖의 가족들은 대체로 하나의 '우리'로서 살았으나, 요즘은 부부 사이의 갈등, 부모와 자식 사이의 갈등 또는 형제간의 갈등을 겪는 가정이 적지 않다. '이웃사촌'이라는 관념도 크게 약화되었으며, 대도시에서는 서로가 이웃을 모르고 상호 무관심 속에서 사는 사람들이 다수를 차지한다.

옛날에는 없었던 새로운 종류의 사회적 갈등이 도처에서 일어나고 있다. 이데올로기의 갈등, 노사간의 갈등, 세대간의 갈등, 도시와 농촌의 갈등, 지역과 지역의 갈등 등 옛날에는 없었던 새로운 종류의 갈등이 심각한 사회문제로 등장하고 있다. 이러한 새로운 종류의 갈등은 집단 사이의 갈등인 까닭에, 개인 사이의 갈등보다도 사회 전체의 분위기를 불안하게 만드는 요인으로서 작용한다.

집단과 집단 사이의 갈등이 심하다는 사실이 반드시 집단주의적 인간상(人間像)을 의미하지는 않는다. 이해관계가 일치하는 범위 안에서, 그리고 전략적 필요성을 따라서 같은 집단에 속하는 사람들이 협동하고 단결하는 것은 사실이나, 그들의 자아는 '우리'가 아니라 '나'인 까닭에, 같은 집단 내부에서도 개인적 갈등의 요인은 항상 잠재해 있다. 결국 그들도 대개는 고독한 인간관계 속에서 살고 있는 것이다.

옛날에 비해서 대체로 인심이 각박하고 황폐한 가운데 범죄 사건도 날로 늘어 가는 추세에 있다. 옛날에도 범죄 사건이 더러 있기는 했으나 좀도둑 정도의 경미한 것이 대부분이었고, 그 빈도도 낮았다. 그러나 요즈음 우리나라에서는 살인과 강도, 유괴와 인신매매 등 흉악한 범죄가 빈번하게 일어나고 있다. 청소년의 범죄가 날로 늘어 가고 있으며, 범법자의 평균연령이 점점 낮아지는 추세를 보여, 우리나라 교육에 심각한 문제점이 있음을 시사한다.

2. 왜 그렇게 되었는가

우리 조상들이 살았던 농경시대의 사회구조와 극도의 산업화로 치닫는 현대의 사회구조 사이에는 현격한 차이가 있으며, 사회의 전체적 구조와 사회를 형성하는 개인들의 의식구조 사이에는 밀접한 상호 관계가 있다. 그러므로 옛날 농경 사회의 정서와 인심을 오늘의 산업사회에서 그대로 보존하기는 어려운 일이다. 사회의 양상이 바뀌면, 사람들의 의식구조와 사고방식에도 변화가 오는 것은 당연한 일이다. 그러나 공업화를 이룩하여 산업사회가 된다고 해서 반드시 오늘의 한국의 경우와 같이 정서가 황폐하고 인심이 각박할 수밖에 없다는 필연성이 있다고는 생각되지 않는다. 우리나라의 산업화가 불가피했다 하더라도, 어떤 구조를 가진 산업사회를 만드느냐에 대해서는 어느 정도 선택의 자유가 있다고 보아야 하며, 산업화에 따르는 의식구조의 변화가 불가피했다 하더라도, 반드시 오늘의 우리 사회가 경험하는 바와 같은 각박한 인심만이 유일한 가능성은 아닐 것이다.

산업사회에도 여러 가지 유형이 있고, 산업사회의 인심과 정서 생활 및 문화 일반에도 여러 가지 모습이 있을 수 있다. 현대의 국제사회에서 살아남기 위해서는 공업화 내지 산업화가 불가피하다는 것을 인정한다 하더라도, 어떤 유형의 산업사회를 형성하고 어떤 모습의 의식구조와 정서 생활을 갖느냐 하는 문제는, 결코 숙명론적으로 대답될 성질의 물음이 아니다. 우리 사회와 인심의 변화를 바람직한 방향으로 유도할 수 있는 자유의 여지가 우리에게 있으며, 그 방향의 유도에서 어느 정도까지 성공하느냐는 우리들의 선택에 달린 문제다.

우리들의 정서와 인심 그리고 문화의 모습을 바람직한 방향으로 유도하기 위해서 우선 해야 할 일은, 현재 우리가 가지고 있는 황폐한 정신적 상황이 어떠한 원인에서 연유하는가를 살펴보는 일일 것이다. 지면의 제한을 감안하여 기본적인 것만을 간략하게 살펴보기로 한다.

　우리나라의 정신적 상황이 황폐하고 각박하게 된 가장 큰 원인의 하나는, 가치 체계 안에서 돈의 위상이 지나치게 높은 자리로 올라갔다는 사실일 것이다. 자본주의 사회의 가치 체계에서 돈의 위상이 높아지는 것은 일반적 현상이라 하겠으나, 우리나라의 경우는 그 정도가 유난히 지나치다. 그 정도가 지나치게 된 이유의 하나는 절대 빈곤을 벗어나고자 하는 강한 집념이 물질의 가치를 극도로 강조했다는 사실에서 찾아볼 수 있을 것이며, 그 이유의 또 하나는 돈만 가지면 모든 문제를 해결할 수 있을 정도로 부정과 부패가 만연한 우리나라의 정치적 타락에서 찾아볼 수 있을 것이다. 그 원인을 소상히 밝히기는 어려울 것이나, 어쨌든 우리 사회에는 돈을 최고의 가치로 여기는 졸부(猝富)의 심리가 팽배하고 있다.

　돈을 최고의 가치로서 숭상하게 되면, 예술, 학문, 사상, 인격, 도덕 등 정신적 가치는 상대적으로 위축되기 마련이다. 돈을 최고의 가치로 오인하는 사회에서는 돈을 목표로 삼는 경쟁이 극도로 치열하게 된다. 돈에 대한 욕심은 끝없이 부풀게 되고, 수단을 가리지 않고 돈에 집착하는 풍조가 지배하게 된다. 지나친 집착으로 소유의 극대화를 꾀하는 사람이 많을수록 빈부의 격차가 심하게 되고, 빈부의 격차가 지나치면 소외된 계층의 불만과 위화감을 막을 길이 없다. 그리고 다수가 느끼는 불만과 위화감은 사회와 인심을 거칠고 메마르게 만든다.

　돈과 물질을 최고의 가치로 오인하는 사회에서는 향락과 과소비의 풍조가 일어나기 쉽다. 향락과 과소비의 풍조는 예술과 학문 또는 사상 등 창작적 활동에 경주되어야 할 정력을 헛되이 낭비하게 함으로써 건전한 문화의 창달을 방해하며, 퇴폐적인 문화를 조장한다.

향락과 과소비에 대한 욕구는 돈이 많은 사람들만이 갖는 특수한 심리가 아니며, 그것은 돈이 없는 사람들에게도 다름없이 일어난다. 정상적 방법으로는 많은 돈을 벌 길이 막힌 사람들이 향락과 과소비의 욕구를 충족시키는 길은 오직 범법(犯法)을 감행하는 길뿐이다. 특히 자제력이 약하고 사회에 대한 불만이 많은 청소년들에게는 범법을 감행해서라도 유흥의 욕망을 충족시키고 싶은 욕구가 강하게 대두되기 쉽다. 여기서 범죄의 피해를 두려워하는 불안이 퍼져 가고, 범죄의 피해에 대한 불안은 상호간의 불신을 조장하여 각각 자기의 둘레에 성을 쌓고 사는 폐쇄적 인간관계를 결과한다.

우리나라의 정신적 상황을 황폐하고 각박하게 만든 가장 큰 원인의 또 하나는, 이기주의로 궤도를 이탈한 잘못된 개인주의에서 찾아볼 수 있을 것이다. 자본주의에 입각한 산업화 사회는 개인주의적 인간상과 불가분의 관계를 가지고 있거니와, 자본주의와 함께 우리나라에 들어온 개인주의는, 서구에서 형성된 개인주의와는 좀 다른 방향으로 흘러서 이기주의의 색채를 강하게 나타내고 있다.

우리나라에 들어온 개인주의가 이기주의의 방향으로 흐른 것도 여러 가지 원인들이 복합적으로 작용한 결과라고 생각된다. 첫째로 개인주의가 이기주의로 흐르지 않기 위해서는, 나와 남을 공정하게 대접하고 자타가 함께 뜻을 이룰 수 있도록 최선의 방법을 강구하고자 하는 합리적 정신이 선행되어야 하는데, 우리나라는 아직 이 합리적 정신의 전통이 형성되지 못한 상태에 있다. 우리 한국인은 본래 이지보다도 감정이 우세한 기질을 가지고 있으며, 농경 사회에서 산업사회로 변하는 과정이 급격했던 까닭에, 합리적 정신을 충분히 체득하기까지에는 좀 더 많은 시일이 필요할 것으로 보인다.

우리나라에 들어온 개인주의를 이기주의의 방향으로 몰고 간 또 하나의 사유로서는, 앞에서 말한 바 있는 금전만능의 사고방식을 지적할 수 있을 것이다. 돈과 재물은 배타적 경쟁성이 강한 목표인 까닭에, 소유의 극대화를 삶의 최고 목표로 삼는 가치 풍토 안에서는, 남을 고려할 마음의 여유를 잃고 나의 이익에만 집착하는 이기주의로 흐르기가 쉽다.

우리나라에 이기주의적 생활 태도가 팽배하게 된 세 번째 사유로서, 우리는 우리 사회가 법질서 확립에 실패했다는 사실을 지적할 수 있을 것이다. 우리나라는 해방 이후에 많은 정치적 혼란과 사회적 혼란을 거듭해 왔으며, 안정되고 권위 있는 정부를 갖지 못했던 까닭에, 무법자들의 횡포를 공권력으로 막을 수 있는 법질서를 확립하지 못하였다. 책임이 막중한 높은 자리에 앉은 사람들까지 법의 정신을 어기는 사례가 많았던 까닭에, 일반 사람들의 이기주의적 비행을 억제할 수 있는 실천적 장치가 부실한 사회가 되고 말았다.

우리나라의 정신적 상황이 황폐하고 각박하게 된 네 번째 이유로서, 우리는 인간 교육의 실패를 지적할 수 있을 것이다. 누차 지적되어 온 바와 같이, 우리나라는 교육열과 교육 수준은 높음에도 불구하고 건전한 정서교육과 가치관 교육을 주축으로 삼는 인간 교육 내지 전인교육에는 실패를 거듭했다는 사실을 자인하지 않을 수 없다. 정서교육과 가치관 교육은 뒤로 미루고, 금력과 권력을 성공의 척도로 여기는 사회 경쟁에서 이길 수 있는 기량과 기술을 가르치는 일에만 열중했다는 사실이 우리나라의 정신 풍토에 미친 나쁜 영향을 여기서 길게 나열할 필요는 없을 것이다. 한 나라의 정신 풍토와 문화적 환경을 바르게 마련하는 문제는 결국 넓은 의미의 교육 문제로 귀착한다.

우리나라의 정신적 상황에 대한 이상의 고찰은 매우 소략한 것에 불과하나, 그것은 앞으로 우리의 정신 풍토를 어떤 방향으로 고쳐 가야 하며 그 고치는 방안이 무엇인가에 대한 다소의 의견을 함축하고 있다. 그러나 그 함축이 무엇인가를 구체적으로 밝혀서 전개하는 일은 여기서는 다루지 않겠다.

다만 맺는 말을 겸해서 한 가지만 더 언급하고자 한다.

이상에서의 우리들의 고찰은, 오늘날 우리나라의 황폐한 정신 풍토를 개선하기 위해서는, ① 돈을 정점으로 삼는 가치 체계를 바로잡는 일, ② 이기주의와는 구별되는 건전한 개인주의 정립, ③ 법질서의 확립, ④ 정서교육과 가치관 교육을 포함한 전인교육의 성공적 실시 등이 필수적임을 암시한다.

이들 선행해야 할 과제들을 성공적으로 수행할 책임은 모든 사람들이 나누어서 져야 할 성질의 것이다. 그러나 그 가운데서도 그 과제를 수행함에 즈음하여 가장 큰 영향력을 가지고 있으며, 따라서 가장 많은 책임을 져야 할 위치에 있는 이들은 정치에 종사하는 사람들이라는 사실을 여기에서 언급하지 않을 수 없다. 현대 국가에서 정치가 차지하는 비중이 너무나 큰 까닭에, 올바른 정치를 외면하고 올바른 정신 풍토를 조성할 것을 기대하기는 매우 어렵다.

국민의 가치관 교육 또는 정서교육을 통하여 올바른 정신 풍토를 조성하는 일에 정부가 표면에 나서서 직접적으로 관여할 경우는 말할 것도 없으며, 정부는 뒤에서 후원만 하는 위치에 머물러 있을 경우에도, 한 나라의 정치 풍토가 그 나라의 정신 풍토 전반에 미치는 영향은 거의 절대적이다. 전 국민의 신뢰와 지지를 받는 민주적 정부를 갖느냐 못 갖느냐에 따라서, 우리나라의 정신 풍토와 문화 일반의 양상이 크게 달라질 것이다.

(1991)

4. 철학과 현실

1.

　정치와 경제를 비롯한 여러 분야에서 일어나는 여러 가지 현상들을 통틀어서 '현실'이라고 부른다면, 오늘의 현실에는 실로 많은 문제들이 있고, 그 문제들은 과거 어느 때보다도 어려운 양상을 띠고 있다. 인구가 많고 사회의 구조가 어수선할 뿐 아니라 사람들의 의식구조까지 복잡하고 그들의 소망과 의견 또한 다양한 까닭에, 오늘의 현실에 어려운 문제들이 많은 것은 당연한 일이기도 하다.

　다른 동물들의 경우는 삶의 과정에서 부딪치는 문제를 본능의 힘으로 해결하지만, 인간만은 많은 문제들을 사유(思惟)의 힘으로 해결해 왔다. 생각하는 능력이 강했던 까닭에 인간은 생물계의 패권을 차지하게 되었고, 그 능력으로 말미암아 복잡하고 어려운 문제들을 자초했으며, 그 문제들과 대결하는 가운데 생각하는 능력 즉 지성(知性)은 더욱더 발달하는 일종의 순환을 거듭하였다. 인간은 선사시대부터 작고 큰 집단을 이루고 살아왔으며, 모여 사는 사람들의 수가 늘고 생각이 많아질수록 그들은 점점 복잡하고 어려운 문제와 부딪치게 되었다. 생각이 많을수록 욕구의 폭이 넓어지고, 많은 욕구를 가진 사람들의 집단이 커질수록 인간적 갈등이 심화되기 마련이다. 갈등은 풀어야 할 문제이며, 복잡하고 어려운 문제들을 앞에 놓고 생각하는 가운데 사람들의 지성은 점점 발달하고, 발달한 지성은 다시 새로운 문제들의 근원이 되곤 하는 것이다.

문제가 복잡할수록 그 해결을 위해서는 사유의 폭이 넓어야 하고, 문제가 어려울수록 생각의 심도가 깊어야 한다. 하나의 문제를 가지고 여러 각도에서 폭넓게 고찰하는 동시에, 하나하나의 각도를 깊이깊이 생각해 들어가는 사유의 과정에 붙인 이름이 다름 아닌 '철학'이다. 여러 시각에서 종합적으로 생각하고 하나의 시각에서 깊이 분석하는 사유의 노고가 있는 곳에는 어디에나 철학이 있다. 때로는 거창하고 모호한 것을 가리키는 이름 같은 인상을 주기도 하지만, 실은 '철학'이란 그 이상의 것도 그 이하의 것도 아니다.

현실의 문제 즉 실천 생활의 문제만이 인간을 생각하게 만드는 문제의 전부는 아니다. 언제부터 그렇게 되었는지는 모르겠으나, 적어도 일부의 사람들은 사유 그 자체를 즐기게 되었고, 자연과 인간사의 불가사의한 현상 또는 사건에 대해서 느끼는 궁금증이나 의문도 사유를 즐길 수 있는 여유를 가진 한가로운 사람들에게는 착실한 문젯거리가 되었다. 사실상 서양철학의 발생지로 알려진 고대 그리스 이오니아 지방의 철학은, 실생활과는 직접 관계가 없는 사치스러운 문제들에 대한 한가로운 사람들의 사유의 기록이었다.

공자와 노자 그리고 석가모니 등을 대표자로서 자랑하는 동양의 철학은, 윤리와 종교 또는 정치 등 주로 실천적 삶의 문제에 대한 사색이 그 주류를 이룬다. 한편 플라톤과 아리스토텔레스 또는 칸트와 헤겔 등을 대표자로서 손꼽는 서양의 철학은, 실천적 삶의 문제뿐 아니라 실천과는 직접 관계가 없는 사변적인 문제 또는 순전히 이론적인 문제도 큰 비중을 두고 다루는 전통을 세웠다. 동양의 철학적 사상가들은 주로 삶의 지혜를 가르치는 스승으로서 자처했으나, 서양의 철학자들은 주로 전문화된 철학 체계 그 자체를 가르치는 이론가로서 자처하였다. 또 서양에서는 일찍부터 철학을 전문적으로 가르치는 학교가 설립되어 철학의 이론적 연구에 크게 이바지하였다.

철학이 전문화되고 철학을 가르치는 일을 직업으로 삼는 사람들이 늘어감에 따라서, 철학은 조금씩 현실과 멀어져 가는 경향을 보였다. 철학을 직업으로 삼는 전문적 학자가 되기 위해서는, 우선 과거의 저명한 철학자들의 저술을 두루 섭렵하고 그들이 다룬 문제들과 그들이 사용한 방법 및 그들이 도달한 결론에 대해서 충분한 이해가 있어야 한다는 것이 직업적 철학자들 사이의 상식이 되었다. 철학을 가르치고자 하는 교수와 철학을 배우고자 하는 학생들이 제일 먼저 물어야 할 물음은 "과거의 저명한 철학자들은 어떤 문제를 어떤 방법으로 다루어 어떤 결론을 얻었는가?"이다. 그리고 이 물음에 대한 대답은 선철들이 남긴 고전적 저술들 또는 현대의 천재들이 발표한 연구 보고에서 찾아야 한다. 2천 5백여 년의 역사를 가진 철학의 고전과 신서(新書)는 그 수가 방대하며, 대개는 그 내용이 난삽하다. 더욱이 그것들은 여러 나라의 말로 기술되어 있는 까닭에, 그 일부만을 정독하기에도 시간이 부족하다. 결국 삶의 현장에서 만나는 현실의 문제들과 정면에서 맞설 여가가 없는 것이다.

교단에서 학문을 강의하는 일을 직업으로 삼는 사람들이 선학(先學)들의 연구에 의존하는 것은 오히려 당연한 일이다. 이미 이룩해 놓은 업적을 계승하는 것은 학문을 위한 가장 빠르고 안전한 길일 뿐 아니라, 자기가 직접 연구한 새로운 견해를 발표함으로써 강의 시간을 메워야 한다면, 한 달 동안 열심히 준비한다 해도 한 시간 가르칠 거리를 얻기조차 힘들 경우가 많을 것이다.

자기가 직접 연구한 것을 교단에서 강의한다는 것은 예외적 천재가 아니고는 불가능하다는 현실적 이유를 떠나서도, 학자를 선학들의 업적에 매달리게 한 더 큰 이유가 있다. 학문은 보편적 진리의 발견을 목적으로 삼으며, 진리는 하나라는 통념이 그것이다. 학문 가운데서도 철학은 특히 절대적이요 보편적인 하나의 진리를 표방해 왔거니와, 보편적이요 하나인 진리를 세우는 것이 학자 특히 철학자의 사명이라면, 한 세기에 한 사람 정도 나올까 말까 한 천재도 아닌 주제에 저마다 그 하나밖에 없는 진리를 찾겠다고 나서는 것은 분수를 모르는 짓이다. 특히 후진국의 학자들은 세계사를 빛낸 소수의 위대한 석학들의 고전에 주석을 다는 것만으로 마땅히 만족해야 할 것이며, 또 그것만으로도 충분한 영광이 될 것이다.

진리는 보편적이요 하나라는 견해는 오로지 사실만을 밝히는 순수 이론의 분야에서만 주장된 것이 아니다. 삶의 현장에서 부딪치는 실천의 문제를 다루는 분야에 있어서도, 진리는 보편적이요 하나일 수밖에 없다는 주장이 오랫동안 철학의 세계를 지배하였다. 보편적인 하나의 진리를 구체적 현실 문제에 적용하는 마당에서 다소간 응용의 재간이 필요하겠지만, 근본원리는 옛날의 위대한 선철들이 가르친 그것으로 충분하고 또 그것이라야 한다고 믿어 왔다. 유가들도 그렇게 믿었고, 불가에서도 그렇게 믿었으며, 기독교의 지도자들도 그렇게 믿었다. 요즈음은 마르크스의 철학이 바로 그 하나밖에 없는 보편적 진리에 해당한다고 믿는 사람들이 적지 않다. 위대한 선철들의 가르침이 단순한 학문의 영역에 머물지 않고 종교의 권위까지 획득했다는 사실이, 이러한 믿음을 더욱 공고한 지반 위에 올려놓았다.

2.

우리 한국은 세계 여러 나라와 비교할 때 학문 내지 사상의 선진국 가운데 손꼽을 수도 있다고 생각되나, 세계 전체의 학문 또는 사상을 이끌 수 있는 최선진국임을 자부하기는 좀 어려운 실정이다. 옛날에는 중국과 인도에 한

발 뒤졌고, 현대에는 미국과 유럽 여러 나라에 한발 뒤지고 있다.

한국이 학문과 사상에 있어서 세계에서 가장 앞선 나라라고까지는 자부하기 어렵다는 자기 진단은, 한국의 학자와 사상가들로 하여금 남의 나라의 위대한 고전과 천재적 신간을 소개하고 주석을 다는 것으로 만족할 수밖에 없게 하였다. 옛날에는 불교의 경전 또는 유교의 고전을 이해하고 주석을 다는 일에 큰 보람을 찾아야 했고, 현대에는 서구의 위대한 고전 및 빛나는 신간과 씨름을 하는 일에 전력을 기울이는 것이 정도(正道)일 수밖에 없었다. 불교의 경전 또는 유교의 고전을 소개하는 과정에서, 어쩌다 인도나 중국의 학자와 다른 해석을 하거나 본고장 사람들도 미처 생각하지 못한 새로운 주석을 달게 되면, 그것을 우리나라 학문과 사상의 독창성을 증명하는 확고한 근거로서 내세우는 경향도, 세계 안에서 차지하는 우리나라의 이제까지의 위치를 고려해 볼 때 충분히 이해할 수가 있다. 외국어에 능통하여 서구의 신구 학설들을 남보다 먼저 그리고 남보다 정확하게 소개하는 것만으로도 권위자가 될 수 있는 우리나라 학계의 실정도 같은 맥락에서 이해할 수 있을 것이다.

서구적 개념으로서의 '철학'이 한국에 들어온 것은 19세기 말 이후의 일이고, 그것을 본격적으로 연구하기 시작한 것은 해방 이후의 일이다. 철학을 한국에 처음 들여온 학자들은 한 사람 이외에는 모두가 일제하의 대학에서 공부한 사람들이고, 당시의 일본 대학에서 가르친 철학은 거의 모두가 독일의 철학이었다. 일본을 거치지 않은 유일한 조선의 철학자 안호상 박사도 독일에서 수학을 했으니, 초창기의 우리나라 서양 철학은 독일 철학 일변도가 된 셈이다.

독일 철학 가운데서 그 당시 우리나라에 들어온 것은, 칸트와 헤겔이 대표하는 고전적 관념론과 하이데거와 야스퍼스가 대표하는 실존철학이 주류였다. 고전적 관념론은 주로 사변적 탐구의 체계이고, 그 가운데도 현실과 실천의 문제에 관한 처방으로서의 함축이 전혀 없는 것은 아니나, 우리 한국의 실정으로 볼 때는 그것들은 대체로 현실과는 거리가 먼 이론이라고 볼 수가 있다. 제2차 세계대전의 불안한 시대를 배경으로 삼고 꽃을 피운 실존철학은 삶에 대한 고뇌와 구원에 대한 암시를 담고 있기는 하나, 자아의 내부로 침잠하는 이 철학 역시 격동하는 오늘의 현실 문제를 적극적으로 해결하는 처방이 되기에는 매우 미흡하다.

독일의 철학 가운데도 현실과 실천의 문제에 초점을 둔 마르크스와 엥겔스 등의 사회주의 사상이 있기는 하나, 그 계열의 철학은 종전 이전의 일본에서는 금기로 되어 있었다. 일제시대의 조선 철학도 가운데 마르크스주의를 숨어서 공부한 사람들이 소수 있었으나, 해방 후에 모두 북한으로 도피하였다. 이리하여 결국 해방 후에 새로 출범한 한국의 대학이 가르치고 연구한 철학은, 현실 내지 실천과는 거리가 먼 독일의 관념 철학이 주류를 이루는 결과가 되었다.

학문의 영역에서도 미국과의 교류가 빈번하게 됨에 따라서 한국의 철학계에 영미의 철학이 들어오기 시작했고, 그 세력이 조금씩 커져서 1990년대 초반에 들어선 현재에 있어서는 유럽 대륙의 철학과 대등할 정도의 판도를 차지하게 되었다. 영미의 철학은 본래 경험에 토대를 두었고, 영국은 실천 문제를 다룬 윤리학과 정치철학에서 혁혁한 전통을 세웠으며, 미국도 실천적 관심에 바탕을 둔 프래그머티즘을 한때 자랑하였다. 그러나 근대 우리나라에 들어온 영미 철학의 주류는 그 고전적 실천철학이 아니라 20세기 전반을 풍미한 분석철학 내지 언어철학이다. 그리고 널리 알려진 바와 같이, 분석철학은 철학의 방법론 내지 철학 연구의 도구로서의 성격이 강하고, 언어철학의 본령은 규범 윤리학이나 정치철학보다는 인식론과 형이상학에 가깝다고 보아야 한다. 결국 우리나라에도 영미의 철학이 들어오기는 했으나, 실천과 관계가 많은 전통적 학설은 별로 들어오지 않고, 이론철학에 가까운 새로운 경향이 주로 들어왔다는 이야기가 되는 셈이다.

　동양철학의 전문가로 알려진 사람들과 한국 철학의 전문가로 알려진 사람들도, 현실이나 실천과는 거리가 있는 학문을 해온 점에 있어서는 별로 다를 바가 없다. 동양철학이나 한국 철학의 고전 가운데는 윤리와 정치의 문제를 다룬 것이 많이 있기는 하나, 그 고전들이 쓰인 시대의 사회상과 오늘의 그것이 너무 다르기 때문에, 중국이나 인도 또는 한국의 철학적 고전에 나타난 사상을 오늘의 현실 문제에 직접 적용하기에는 많은 어려움이 있다. 동양철학 또는 한국 철학을 전공한 사람들도 강단에 서서 강의하는 일이 급선무였던 까닭에 우선 고전에 매달릴 수밖에 없었고, 그 고전 가운데 담긴 사상을 오늘의 현실 문제에 연결시키는 일까지에는 힘이 미치지 않았다. 개중에는 우리나라의 전통 사상 가운데 오늘의 현실 문제를 해결할 수 있는 귀중한 지혜가 충분히 들어 있다고 주장한 사람도 있었다. 그러나 그 주장을 설득력 있게 뒷받침할 만한 이론을 전개해 보여준 사람은 없었다.

　그동안 "한국에는 철학이 빈곤하다."라는 말을 여러 번 들은 적이 있다. 해방 이후에 많은 혼란과 어려움을 겪으면서 문제 해결의 방향을 제시하는 철학의 언어를 기대했던 사람들이, 오늘의 강단 철학에 대해서 느낀 실망을 그러한 말로 표현했던 것이다. 그러나 해방 이후에 한국의 철학이 걸어온 길은 그럴 수밖에 없는 과정이었고, 길게 보면 차라리 잘된 일일지도 모른다.

　이퇴계(李退溪), 이율곡(李栗谷)이 대표하는 성리학의 전개가 있었고, 유반계(柳磻溪), 이성호(李星湖), 정다산(丁茶山) 등으로 이어지는 실학사상의 발전이 있었으나, 일제의 침략을 계기로 우리나라의 철학은 일단 그 맥이 끊겼다. 일제시대에도 대학에서 철학을 공부한 사람들이 있었으나, 그 수도 적었고 그들이 공부한 것은 주로 독일 관념론이어서, 우리나라의 현실 문제에 도전하기에는 너무 미약한 명맥이었다. 결국 해방을 계기로 한국의 철학은 다시 시작됐다 하여도 과언이 아닌 실정이었고, 이와는 대조적으로 우리나라가 당면한 현실의 문제들은 너무나 무겁고 어려웠다. 겨우 의과대학 예과에 입학한 학생들 앞에 큰 수술을 요하는 중상 환자가 나타난 격이다. 사전을 찾아 가며 외국어로 기록된 원전과 씨름할 단계의 실력으로서, 어떤 방향이나 처방을 제시할 수 있는 그런 처지가 못 되었다. 이런 상황에서 한국의 철학은 강단과 연구실 안으로 움츠리게 되었고, 이러한 추세는 모르는 사이에 학풍(學風)으로 굳어져 갈 조짐을 보였다.

연구의 축적이 없는 한국의 철학계가 처음부터 현실과 그 개혁을 논하면서 성급한 제언을 서둘렀다 하더라도, 크게 얻는 바는 없었을 것이다. 상식 수준의 견해를 '철학'의 이름으로 갑론을박하는 가운데, 깊이 있는 철학의 기반을 닦는 일만 늦어졌을 가능성이 크다. 학문에 있어서도 기초가 중요하다는 것은 이론의 여지가 없거니와, 철학의 기초를 다지기 위해서는 선철들의 고전과 선진국의 새 학설을 연구하는 일이 필수의 과정이다. 특히 학문에 있어서 방법이 매우 중요하며 방법론에 있어서 서양의 철학이 크게 앞서 있다는 사실을 고려할 때, 우리가 서양철학의 진수를 익히기 위하여 많은 세월을 바친 것은 결코 공연한 낭비가 아니었다고 생각된다.

우리나라의 철학자 인구가 그리 많지 않은 가운데도 어느 한 가지 계열로만 쏠리지 않고 동양과 서양의 철학을 널리 나누어 연구했으며, 또 서양의 철학도 유럽 대륙의 것과 영미의 것을 아울러 받아들이게 된 것도 긴 눈으로 볼 때 잘된 일이다. 여러 계열의 철학설이 두루 연구되고 있다는 것은 우리나라의 철학이 어떤 편견에 사로잡히는 것을 막는 데 크게 이바지할 것이며, 장차 우리나라 철학의 발전을 위해서 소중한 밑거름이 될 수 있을 것이다.

한국의 철학이 새로운 출발을 한 지도 벌써 40여 년이 지났다. 이제는 기초적 이론 연구에만 국한하던 관심의 영역을 넓혀서, 절실한 현실 문제에도 시선을 돌릴 때가 되었다고 생각된다. 철학이라는 것이 본래 남의 생각을 되씹는 가운데 성립하는 것이 아니라, 우리 자신의 문제를 우리 자신의 머리로 생각하는 과정에서 탄생하는 무엇이라는 사실을 다시 한 번 깊이 생각할 시점에 이르렀다고 보는 것이다. 옛 시대 또는 남의 나라를 배경으로 삼고, 남이 써놓은 책들에서 시작하여 그 책들 안에서 끝나 버리는 이야기에 종사하여 밥을 먹는 것만으로, 철학자가 할 일을 다 하고 있다고 떳떳이 얼굴을 들 수 있던 시대가 꼬리를 감추려 하고 있는 것이다. 이제는 더 이상 현실 문제를 외면할 명분이 없다고 생각한다.

모든 한국의 철학자들이 현실 문제에 달라붙어야 된다는 뜻은 물론 아니다. 의학의 수준이 아무리 높이 올라간 나라에 있어서도 기초의학에 종사할 사람은 계속 연구실을 지켜야 한다. 해부학자나 생화학자까지도 개업의가 되겠다고 나선다면 말도 아니다. 철학에 있어서도 기초 이론에 대한 연구는 계속되어야 할 것이며, 순수한 학문을 위해서 철학을 연구하는 사람도 계속 있어야 할 것이다. 내가 하고 싶은 말의 뜻은, 한국의 철학자들 가운데 적어도 상당수는 우리 현실 문제와 정면에서 대결함이 바람직하며, 순수한 학문으로서의 철학을 위해서도 우리 자신의 창의에 호소하는 용기를 가질 필요가 있다는 사실을 지적하고자 함에 있다. 우리가 남의 나라 사람들의 철학책 속에만 갇혀 있는 동안, 철학다운 한국의 철학은 나오지 않을 것이다. 우리가 우리 조상들의 옛 문헌에만 매달리는 동안, 한국 철학에는 이렇다 할 발전이 없을 것이다. 우리는 한국 철학의 처녀지를 바로 우리의 현실과 우리 자신의 두뇌에서 찾아야 한다.

3.

지금 우리 앞에는 어렵고 심각한 문제들이 겹겹이 쌓여 있다. 고등학교 또는 대학교에 진학하기를 희망하나 가지 못하고 방황하는 젊은이들이 해마다 늘어나고, 그들 가운데 적지 않은 숫자가 '불량 청소년' 또는 '청소년 범죄자'의 길로 전락한다. 사람들의 인권 의식 내지 평등 의식은 날로 높아지는데 빈부의 격차는 도리어 벌어지는 추세여서, 저소득층의 불평과 불만이 은연중에 누적되어 간다. 일부의 대학생들은 교수들의 강의는 외면하고 금서 목록에 오른 이념 서적만 탐독할 뿐 아니라, 과격한 행동으로 학원 내외는 고요할 날이 거의 없다. 해마다 늘어나는 인구가 도시로 집중하는 가운데, 도시는 실업자로 고민하고 농어촌은 일손 부족으로 피로하다. 그리고 그 밖에도 결코 소홀히 생각해서는 안 될 문제들이 일일이 열거할 수 없을 정도로 도처에 흩어져 있다.

우리들을 괴롭히는 문제들의 근원은 대부분의 경우 욕구의 대립에서 오는 인간적 갈등이다. 남한과 북한의 대립에서 오는 민족의 비극은 말할 것도 없거니와, 학원 문제나 청소년 비행의 문제도 그 뿌리를 파고 들어가면 거기 반드시 욕구의 대립이 있고 인간적 갈등이 있음을 본다. 욕구의 대립과 인간적 갈등은 사람들이 모여서 사는 곳이면 어디에나 있는 일반적 현상이다. 그러나 오늘날 우리가 겪고 있는 인간적 갈등의 문제는 두 가지 이유 때문에 과거 어느 때보다도 훨씬 더 어렵고 심각한 양상을 띠고 있다.

오늘의 갈등의 문제가 특별히 어려운 첫째 이유는, 현재 우리가 경험하고 있는 갈등은 그 범위가 넓을 뿐 아니라 다중적(多重的)이라는 사실에 있다. 오늘의 인간적 갈등이 광범위하다 함은, 교통과 통신 그리고 교역의 놀라운 발달로 말미암아 인간의 접촉 범위가 넓어졌고, 따라서 욕구가 충돌할 수 있는 범위도 그만큼 넓어졌다는 사실을 가리킨다. 옛날 농경시대에는 사람과 사람이 접촉하는 범위가 대개 인근 부락을 넘어서는 경우가 적었으나, 오늘날은 전국이 하루 생활권으로 좁아졌고 지구 전체가 한 덩어리가 되어 움직이고 있는 까닭에, 사람들이 직접 간접으로 접촉하는 범위가 한없이 넓어졌다. 접촉 범위가 넓어졌다는 것은 이해관계가 대립할 수 있는 범위, 즉 사회적 갈등의 범위가 그만큼 넓어졌음을 의미한다. 그리고 오늘의 갈등이 다중적이라 함은, 크게 한편이 되어서 싸우는 큰 집단이 다시 내부에서 분열하고, 그 분열한 중간 집단이 또다시 분열하며, 그러한 분열이 또 계속된다는 사실을 가리킨다. 세계가 둘 또는 세 진영으로 나누어지고, 그 진영이 다시 여러 국가로 나누어져서 각기 자기 나라의 이익을 위해서 싸운다. 한 국가 내부에서도 다시 가진 계급과 못 가진 계급의 갈등이 있고 도시와 농어촌의 갈등이 있을 뿐 아니라, 늙은 세대와 젊은 세대의 갈등이 있고 남성과 여성의 갈등이 있다. 한 가족 내부에서도 고부간의 전통적 갈등뿐 아니라 부자간에도 갈등이 생기고 형제간에도 갈등이 생긴다. 개인주의가 지나쳐 이기주의에 이른 현대인의 의식구조가 자초한 다중적 갈등이다.

오늘의 갈등을 유별나게 어려운 문제로 만든 둘째 이유는, 갈등을 다스려 온 종래의 장치가 도전을 받고 있다는 사실이다. 갈등을 다스려 온 전통적 장치로서 윤리와 법이 있거니와, 지금 우리나라에서는 종래 사용해 온 이 두 가지 장치가 모두 도전을 받고 있는 것이다. 우리나라의 전통 윤리가 도전을 받게 된 이유는, 우리의 전통 윤리가 갈등 해결의 장치로서 구실을 하던 농경 사회와 오늘의 도시화된 산업사회의 양상이 너무나 다르다는 사실에 있다. 혈연과 지연으로 맺어진 좁은 사회 안에 활동의 범위를 국한하고 오순도순 살던 인간관계에 적합했던 가족주의적 윤리만으로는, 듣지도 보지도 못한 사람들과도 이해관계가 가로세로 얽혀 있는 오늘의 복잡한 인간적 갈등을 해결하기가 매우 어려운 것이다. 다음에 우리나라의 현행법이 도전을 받게 된 첫째 이유는 법을 만든 사람들이 법을 지키지 않았다는 사실에 있으며, 그 둘째 이유는 우리나라의 현행법이 딛고 선 바탕을 이루는 이데올로기와 대립하는 또 하나의 이데올로기가 우리나라에 침투했다는 사실에 있다. 우리나라의 역대 정권은 법의 모체인 헌법을 편리한 대로 뜯어고쳤고, 그 밖의 법망도 강자들은 흔히 뚫고 나갔다. 앞장서서 법을 지켜야 할 사람들이 법을 지키지 않았으니, 법의 권위가 무너지면서 서민층도 법을 무시하는 풍조가 생겼다. 그리고 우리나라의 법체계가 딛고 선 이데올로기적 바탕은 자유민주주의 정치 이론이거니와, 위정자가 '자유민주주의'의 이름만 내건 채 실천은 외면한 틈을 비집고, 사회주의 이데올로기가 숨어 들어와 우리나라 법체계의 바탕을 흔들고 있는 것이다. 위정자들은 법과 물리의 힘으로써 사회주의의 유입을 막으려 했으나 사상이란 본래 그렇게 막을 수 있는 유형(有形)의 것이 아니며, 우리는 자유민주주의의 기본 정신을 배반함으로써 그 반대 이데올로기가 침투할 수 있는 허점을 확대한 셈이다.

문제가 어렵고 복잡할수록 그 해결을 위한 처방은 넓고 깊은 생각에 입각해야 한다. 보통 상식이나 주먹구구 또는 우연적 발상으로 해결을 모색하기에는, 우리들의 문제는 너무 복잡하고 심각하다. 여러 시각에서 널리 고찰하고 치밀한 논리로 깊이 분석하는 사유의 과정에 붙인 이름이 '철학'이라고 말한 이 글 첫머리의 도입을 받아들인다면, 지금 우리의 현실은 절실하게 철학을 요구하고 있는 것이다. 그리고 이 절실한 요구에 일차적으로 응해야 할 책임은, 40여 년의 세월을 바쳐 철학적 사유의 기초를 닦은 한국의 직업적 철학계가 짊어져야 한다고 보는 것이 사리에 맞을 것이다.

그러나 우리들의 복잡한 문제들을 직업적 철학자들의 힘만으로 풀어 갈 수 있다고는 아무도 생각하지 않는다. 철학이란 본래 일부 직업인이나 전문가를 위한 전유물이 아니며, 따라서 철학적 현실 문제에 대해 전문적 철학자만이 책임을 져야 한다는 논리가 성립할 수 없을 뿐 아니라, 실제로 오늘의 우리 문제는 전문적 철학자들만의 힘으로는 도저히 해결할 수 없는 그런 성질의 문제들이다. 우리들의 문제가 실천적으로 해결되기 위해서는 철학과 사회과학 및 자연과학의 협동이 필요함은 물론이요, 위정 당국과 일반 국민의 협력까지도 필요하다는 것은, 우리들이 당면한 문제의 예를 조금만 구체적으로 떠올려 보면 곧 알 수가 있다.

우리들의 현실 문제 가운데 가장 근본적인 것의 하나는 정치와 경제에 관한 문제다. 대한민국 정부가 수립된 이후, 우리는 줄곧 '민주정치'를 내세우고, '자유경제'를 추구해 왔다. 내면적으로 긴밀한 연관성을 가진 이 두 갈래의 영역에 있어서 우리는 많은 시행착오를 겪었고, 현재도 풀리지 않은 어려운 문제들을 안고 있다. 정치의 분야에 있어서는 '민주주의'의 이름만을 애용하고 그 참된 내실을 가꾸지 않았다는 사실에서 비롯한 여러 가지 문제가 있고, 경제의 영역에 있어서는 국민총생산의 증대라는 점에서 성과를 올린 바도 없지 않으나, 빈부의 격차와 외채의 누적 등에 관련된 어려운 문제들이 심각한 상태로 남아 있다. 정치와 경제의 분야에서 우리가 부딪치고 있는 문제들은 단순한 정책 결정의 문제가 아닌 더욱 근본적인 문제이며, 정치와 경제를 연구하는 사회과학과 같은 분야를 대상으로 하는 사회철학이 힘을 합해서 도전해야 할 성질의 문제들이다.

현실의 문제가 실천적으로 해결되기 위해서는 사회과학자들과 사회철학자들의 폭넓은 협동만으로도 부족하다. 타당성과 설득력이 있는 이론의 수립을 위해서는 연구의 자유가 보장되어야 하고, 타당성을 가진 이론이 실천에 옮겨지기 위해서는 정치와 경제의 실력층은 물론이요, 국민 전체가 대국적인 협력을 아끼지 말아야 한다.

자유민주주의를 표방해 온 한국의 역대 정권은, 사회주의 계열의 사상을 원천적으로 봉쇄하기 위하여, 이른바 '이념 서적'들을 법으로 막는 동시에 전문적 학자들에게도 그 방면의 연구는 원칙적으로 금지해 왔다. 그렇게 한 결과로서 대학교수들의 사회주의 연구를 막는 데는 성공했으나, 일부 젊은 대학생들이 숨어서 하는 '이념 공부'는 막지 못했다. 학생들의 사회주의 연구가 어느 정도의 폭과 깊이를 가진 것인지는 일률적으로 말하기 어려울 것이나, 그 방면의 연구에 제약을 받은 교수들이 감당하기 어려울 정도에 이른 사례는 허다하다. 이제는 법의 힘으로 사상을 막으려는 정책은 지양해야 할 때가 왔다. 적어도 전문적 학자들에게는 연구의 자유를 보장하는 동시에,

정책적으로 선택된 결론을 정당화하는 일에 능한 학자들을 지원하는 대신, 자유롭고 성실한 연구와 대화를 통해서 우리나라 현실에 맞는 결론에 도달하도록 후원해야 할 것이다.

우리에게 적합한 좋은 이론을 정립하고 그것을 실천에 옮기기 위해서는, 지하에서 '이념 서적'을 읽는 젊은이들을 포함한 모든 국민의 — 적어도 문제의식을 가진 모든 국민의 — 광범위한 협력이 필요하다. 교수와 학생이 편을 갈라서 따로따로 이념 문제를 연구할 일이 아니라, 열린 광장에서 함께 만나 공동의 관심사를 놓고 허심탄회하게 충분히 서로 이야기할 일이다. 자기가 옳다고 믿는 사상을 옹호하기 위한 논리의 전개에 있어서 각각 성실성을 발휘해야 할 것이며, 상대편의 주장을 들어 줌에 있어서도 다 같이 성실해야 할 것이다. 그리고 상대편의 주장의 옳은 점을 시인함에 서로 인색함이 없어야 할 것이다.

현실 문제의 해결을 위한 원칙을 탐구함에 있어서, '진리는 하나요 보편적'이라는 전제는 일단 접어 두어야 할 것이다. 적어도 과거에 누가 주장한 학설을 절대적 진리로 가정하고 그것을 종교적 정열로써 신봉하는 태도는 버려야 한다. 로크든 마르크스든 또는 그 밖의 어떤 철학자가 주장한 실천 이론을 어느 나라에서나 타당성을 갖는 절대적 진리라고 밀어붙이는 태도는 철학적인 태도도 아니요, 과학적 태도도 아니다. 무릇 당위(當爲)와 처방(處方)의 체계로서의 실천 이론의 타당성 여부는, 그 이론 자체가 가진 내용과 논리를 따라서 단독으로 결정되는 것이 아니라, 그 이론과 그 이론이 적용되는 대상의 조건들과의 관계에 따라서 결정된다. 예컨대, 어떤 정치철학의 실천 이론이 타당성을 갖는가 아닌가는 그 이론만을 따로 떼어서 분석하는 것만으로는 판단할 수 없는 문제이며, 그 이론이 적용될 국가의 사람들의 의식구조를 위시한 여러 가지 조건들과의 대조를 통해서 결정될 수 있는 문제다. 어떤 실천 이론의 시행 그 자체에 본래적 가치가 있는 것이 아니라, 그 이론을 실천에 옮김으로써 바람직한 사회를 건설하는 성과를 거둠에 궁극의 목적이 있다. 그런데 채택된 실천 이론을 적용했을 때 어떤 결과가 생기는가는 그 이론 자체에 내재하는 단독의 힘에만 의존하는 것이 아니라, 그 이론이 그것을 채택한 사회의 실정에 맞는가 안 맞는가에 주로 달려 있다. 따라서 실천 이론의 타당성 여부는 그 이론이 적용되는 사회가 어떤 사회냐에 따라서 달라지는 것이니, 어떤 이론도 절대 보편적 타당성을 가졌다고 주장되기는 매우 어려움을 우리가 여기서 엿볼 수 있다.

우리가 당면한 현실 문제를 전문적 철학자들의 힘만으로 해결할 수 없음은, 젊은 세대의 교육과 같은 일상적인 문제에 있어서도 다를 바가 없다. 우리가 당면한 젊은 세대의 교육 문제 가운데는, 젊은이들을 어떠한 인품으로 길러야 하느냐 하는 인간 교육의 문제가 있다. 오늘의 한국 젊은이들 가운데는 부모의 의사나 어려움은 외면하고 경제적 뒷받침만을 요구하는 이기적 풍조가 강하거니와, 이러한 상황에서 자녀를 어떠한 인간으로 어떻게 교육하느냐 하는 것은 매우 어려운 문제다. 그 밖에도 우리들이 해결해야 할 교육의 문제 가운데는 입학시험제도의 문제, 비행 청소년 선도의 문제 등 여러 가지가 있다. 이 여러 가지 문제들이 실천적으로 해결되기 위해서는, 교육의 기본 목표 설정에 관한 철학적 성찰이 필요할 뿐 아니라 교육제도, 교육 방법론 등에 관한 교육학자들의 연구도 있어야 하고, 연구의 결과를 실천에 옮기는 단계에서는 문교 당국의 현명한 결정과 일선 교사 및 학부모들의 적절한 노력이 절대적이다. 요컨대, 우리는 젊은 세대 교육의 문제도 국민 전체의 협동을 요구하는 종합적 문제라는 결론에 도달한다.

현실 문제의 해결을 목적으로 삼는 협동적 노력에 있어서, 시간적으로 가장 먼저 해야 할 일은 해결의 기본 원칙을 탐구하는 철학적 작업이다. 앞에서 말한 바와 같은 사정으로 지금까지는 한국의 철학계가 이 작업에 거의 손을 대지 못한 실정이나, 이제는 서서히 움직여야 할 시점이 아닐까 한다. 우리들의 과학적 고찰을 기다리는 현실의 문제는 정치, 경제, 사회, 교육, 문화 등 여러 분야에 걸쳐서 무수히 많고, 그 어느 것도 어렵지 않은 것이 없다. 이 많은 난제들을 오늘 한국 철학계의 역량으로 만족스럽게 처리할 수 있다고 생각하는 것은 아니다. 그러나 문제들과 씨름을 하는 가운데 우리의 역량도 점차 커갈 것이다. 무리하게 서두를 필요는 없을 것이나, 기약 없이 늑장만 피울 수도 없는 상황이다.

백지장도 맞들면 가볍다고 하였다. 작은 힘도 여럿을 합하면 큰 힘으로 작용할 수가 있다. 현재 우리 한국이 고민하고 있는 현실의 문제들은 한두 사람의 힘만으로는 엄두도 내기 어려운 문제들이다. 그러나 이 나라의 지성인으로서 숨쉬고 있는 우리가 우리들의 사명에 비추어 힘을 합한다면, 언젠가는 노력한 만큼의 열매를 거두게 될 것이다.

"시작이 반이다."라고도 하고, "낙락장송(落落長松)도 근본은 한 알의 씨"라고도 하였다. 길게 내다보고 꾸준히 걸어가면 천 리 길도 목적지가 보일 날이 있을 것이다.

(1988)

편　　집 : 우송 김태길 전집 간행위원회

간행위원 : 이명현(위원장), 고봉진, 길희성, 김광수, 김도식,
　　　　　 김상배, 김영진, 박영식, 손봉호, 송상용, 신영무,
　　　　　 엄정식, 오병남, 이삼열, 이영호, 이태수, 이한구,
　　　　　 정대현, 황경식

우송 김태길 전집

삶이란 무엇인가
삶과 그 보람

지은이　　김태길

1판 1쇄 인쇄　　2010년 5월 20일
1판 1쇄 발행　　2010년 5월 25일

발행처　　철학과현실사
발행인　　전춘호

등록번호　　제1-583호
등록일자　　1987년 12월 15일

서울특별시 종로구 동숭동 1-45
전화번호 579-5908
팩시밀리 572-2830

ISBN 978-89-7775-720-2 94100
　　　978-89-7775-706-6 (전15권)
값 20,000원

●잘못된 책은 교환해 드립니다.